青州文库

杨玉圣　崔照忠　主编

主编简介

夏永军　1959 年生，山东青州人，中学高级教师，曾任青州第二职业中专校长，青州二中校长，青州市教育局副局长兼教研室主任，青州一中校长、党委书记。系山东省教育先进工作者、山东省优秀教师、山东省富民兴鲁劳动奖章获得者、山东省优秀校长。

王　岩　1971 年生，山东青州人，教育硕士。现任教于青州一中，中学一级教师，松林书院文化研究中心主任。在《大众日报》《联合日报》《潍坊晚报》《潍坊日报·今日青州》《青州通讯》等多家媒体发表有关研究文章数十篇。

扉页题签：李有华

松林書院及其文化傳承

夏永军　王　岩　主编

社会科学文献出版社
SOCIAL SCIENCES ACADEMIC PRESS (CHINA)

青州一中新貌

"书院松涛"为明代青州府八大景之一

明成化五年（1469）青州知府李昂正式创建松林书院

松林书院前讲堂，"勤朴公勇"四个大字由蔡元培题写

（宋）三元宰相王曾塑像及读书台

（明）松林学子，户部尚书、礼部尚书、兵部尚书陈经

（明）松林学子，南阳知府杨应奎

（清）松林名师，著名现实主义诗人、诗论家、书法家赵执信

（清）松林学子，藏书家、目录学家、金石家、方志学家李文藻

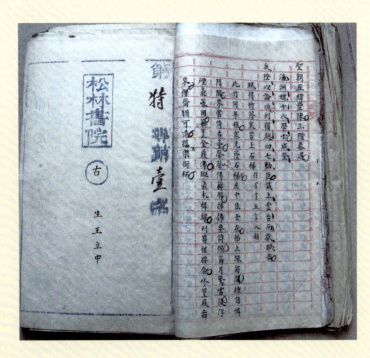

（清）松林书院生员王立中课卷，评定为"第特等第一名"

老校友聚会松林书院，从左至右：李荆和、刘鸿轩、冯毅之、彭瑞林、金明、王子政

1934年5月30日，冯玉祥将军在松林书院作抗日爱国演讲

曾执教于山东省立第十中学（青州一中前身）的中国韵文散文作家、理论批评家、美学鉴赏家、讲授艺术家、国学大师顾随

| 目 录 |

下　编

附录　松林书院有关文献资料

认真对待松林书院文化遗产

——兼谈"青州学"与"文化青州"建设

（代序）

杨玉圣

一 书院文化的中国传统

按照中国古代教育史专家王炳照教授在《中国古代书院》中的考证：书院之名，始于唐中叶贞元年间官方设立的丽正书院和集贤殿书院。作为中国传统的官学与私塾教育之外的重要形式，学界一般认为，书院在五代北宋时正式确立。在书院发展的高峰期——宋代，江西庐山的白鹿洞书院、湖南善化的岳麓书院、河南登封的嵩阳书院和河南商丘的应天书院，并称"四大书院"，极一时之盛。学者的研究表明：无论是宋明理学还是乾嘉汉学的兴盛，均与书院文化密切相关。其中，大儒朱熹与书院息息相关，他先后创建书院 4 所，修复书院 3 所，在 20 所书院讲学，为 7 所书院撰记或题诗，为 6 所书院题词或题额。与朱熹相媲美的是另一位大儒王阳明，先后创建、讲学的书院有数十所。乾隆、嘉庆年间的乾嘉学派，包括以 1713 年创建的苏州紫阳书院为大本营的吴派（以钱大昕等影响尤大），创建于南宋、重建于 1790 年的徽州紫阳书院为主的皖派，以扬州安定书院、梅花书院为主的扬州学派（赵翼、戴震等为代表），蔚为大观，为传统文化的总结、传承，立下不朽功业。

书院废行，近代以降，仍有坚持书院文化传统的机构，如毛泽东、何叔衡等 1921 年在长沙创办的湖南自修大学，钱穆、唐君毅等在香港创办的新亚书院，梁漱溟、冯友兰、张岱年、季羡林等1984年在北京创办的中国文化书院，都被认为是书院传统的现代延续。

进入20世纪90年代后，学术界重新"发现"并高度重视书院史研究。与此前出版的少数书院著作①相比，最近20年来，无论是学术研究的质量还是著作出版的数量，都有了一个飞跃性的进步。其中，既有研究性的专著②，也有普及性的作品③，还出版了《中国书院》④和《中国书院论坛》⑤等学术集刊，编辑出版了有关辞书和文献史料⑥。其中，最为彰著的是关于岳麓书院的研究，既有专著⑦、通俗

① 盛朗西：《中国书院制度》，中华书局，1936；陈元晖、尹德新、王炳照编著《中国古代的书院制度》，上海教育出版社，1981；章柳泉：《中国书院史话》，教育科学出版社，1981；张正藩：《中国书院制度考略》，江苏教育出版社，1985。

② 杨布生、彭定国编著《中国书院与传统文化》，湖南教育出版社，1992；李国钧主编《中国书院史》，湖南教育出版社，1994；白新良：《中国古代书院发展史》，天津大学出版社，1995；陈谷嘉、邓洪波主编《中国书院制度研究》，浙江教育出版社，1997；王炳照：《中国古代书院》，商务印书馆，1998；徐梓：《元代书院研究》，社会科学文献出版社，2000；邓洪波：《中国书院史》，东方出版中心，2004；李才栋：《中国书院研究》，江西高校出版社，2005；李才栋：《中国书院史论文集》（中、日文版）；卞孝萱、徐雁平：《书院与文化传承》，中华书局，2009。

③ 朱汉民主编《中国书院》，上海书店，2002；杨慎初：《中国书院文化与建筑》，湖北教育出版社，2002；李广生主编《趣谈中国书院》，百花文艺出版社，2002；江堤：《书院中国》，湖南人民出版社，2003；朱汉民：《中国书院文化简史》，中华书局，2010；李弘祺等：《中国书院》（画册），上海教育出版社，2002；曹华清、别必亮：《中国书院的故事》，山东画报出版社，2011；邓洪波、彭爱学主编《中国书院揽胜》，湖南大学出版社，2005；陈海波、邓洪波、雷树德编《中国书院楹联》，广州文化出版社，1989；邓洪波编著《中国书院楹联》，湖南大学出版社，1999；邓洪波编《中国书院诗词》，湖南大学出版社，2002；肖东发主编《中国书院藏书》，贵州人民出版社，2009；邓洪波编著《中国书院学规》，湖南大学出版社，2000；邓洪波主编《中国书院学规集成》（3卷），上海百家出版社，2011；梁申威编著《中国书院对联》，山西教育出版社，2002。

④ 朱汉民等主编，湖南教育出版社出版，从1997年到2006年，已出版七辑。

⑤ 高峰、胡青、赖功欧、叶存洪主编《中国书院论坛》，作家出版社，2007；闵正国主编《中国书院论坛（第一辑）》，中国文联出版社，2000；闵正国主编《中国书院论坛（第二辑）》，中国戏剧出版社，2001；闵正国、胡青主编《中国书院论坛（第四辑）》，中国文联出版社，2005；任方主编《中国书院论坛（第六辑）》，作家出版社，2009；黎华等主编《中国书院论坛（第七辑）》，江西人民出版社，2011。

⑥ 季啸风主编《中国书院辞典》，浙江教育出版社，1996；陈谷嘉、邓洪波主编《中国书院史资料》（上、中、下三册），浙江教育出版社，1998；本书编委会《中国书院志》（12册），全国图书馆文献缩微复制中心，2005。

⑦ 杨布生：《岳麓书院山长考》，华东师范大学出版社，1986；杨金鑫：《朱熹与岳麓书院》，华东师范大学出版社，1986；朱汉民：《湖湘学派与岳麓书院》，教育科学出版社，1991；朱汉民：《岳麓书院的历史与传统》，湖南大学出版社，1996。

读物①，又有文献整理②、文集③和丛书④，硕果累累，可谓一枝独秀，令人刮目相看。

近年来，面对高校大规模扩招、高等教育越来越大众化而高校教育教学质量严重滑坡的困境，复旦大学等一些综合性大学开始"探索恢复'书院文化'"。⑤与此同时，"书院文化"也日益受到重视。比如，北京大学

---

① 杨慎初、朱汉民、邓洪波：《岳麓书院史略》，岳麓书社，1986；江堤、彭爱学编著《岳麓书院》，湖南文艺出版社，1995；王平主编《岳麓书院》，湖南文艺出版社，1995；赵岚编著《岳麓书院》，吉林人民出版社，1996；陈谷嘉主编《岳麓书院名人传》，湖南大学出版社，1988；江堤：《诗说岳麓书院》，湖南大学出版社，2002；朱汉民主编《岳麓书院——千年学府》，湖南大学出版社，2005；朱汉民：《岳麓书院史话》，岳麓书社，2006；杨慎初编著《岳麓书院建筑与文化》，湖南科学技术出版社，2003；唐子畏编著《岳麓书院概览》，湖南大学出版社，2004。

② 朱汉民、陈松长主编《岳麓书院藏秦简》，上海辞书出版社，2011；谭修、周祖文选注《岳麓书院历代诗选（注释本）》，湖南大学出版社，1986；周旭编《岳麓书院诗词选》，湖南大学出版社，2001；（清）赵宁纂修《新修岳麓书院志》，广陵书社，2010。

③ 湖南大学岳麓书院文化研究所编《岳麓书院一千零一十周年纪念文集（第一辑）》，湖南人民出版社，1986；《儒家教育理念与人类文明国际研讨会暨岳麓书院创建1020周年纪念会文集》，湖南大学，1996；湖南大学工会书画协会摄影协会主编《岳麓书院创建1030周年暨湖南大学定名80周年书法美术摄影展作品集》，湖南大学出版社，2006。

④ 除湖南大学岳麓书院研究室从1982年起编辑内部资料《岳麓书院通讯》外，湖南大学出版社还陆续出版《岳麓书院学术文库》《岳麓书院文化丛书》《岳麓书院千年论坛丛书》《岳麓书院世纪论坛丛书》，其中包括朱汉民主编《智者的声音——在岳麓书院听演讲》，湖南大学出版社，2002；朱汉民等主编《思想的锋芒——在岳麓书院听演讲》，湖南大学出版社，2003；朱汉民主编《千年讲坛——岳麓书院历代大师讲学录》，湖南大学出版社，2003；江堤、陈孔国、肖永明选编《寻找文化的尊严——余秋雨、杜维明谈中华文化》，湖南大学出版社，2000；江堤选编《给艺术两小时——余光中、黄永玉谈文学与艺术》，湖南大学出版社，2001；江堤编选、余光中著《与永恒拔河》，湖南大学出版社，2001；江堤、陈孔国编选、余秋雨《寻找文化的尊严》，湖南大学出版社，2001；朱汉民、肖永明编选、杜维明《文明的冲突与对话》，湖南大学出版社，2001；江堤编选、樊纲著《全球化与中国》，湖南大学出版社，2001；江堤、杨晖编选、金庸著《中国历史大势》，湖南大学出版社，2001；江堤编选：《跨越三百年的自卑——张朝阳谈网络、网络文化与生活》，湖南大学出版社，2003。

⑤ 据媒体报道，复旦大学2011年新学期在"通识教育"的基础上，在个别学院试点"四年书院制"。2011年9月，苏州大学"敬文书院"招收首批111名大学生。深圳新创办的南方科技大学创设了"致仁书院"。此外，作家老舍之子、中国现代文学馆馆长舒乙创办了以"传统文化素质教育为特色"的九年义务制教育课程寄宿制学历学校——"北京圣陶实验学校"。

楼宇烈教授把书院视作"是对现行教育模式的一种有益补充"。在这位年近八旬的哲学史家看来，"理想的书院教育能打通中国传统文化中的文史哲，同时融汇人文科学和自然科学"。北京大学青年研究中心主任蒋广学认为，"中国传统书院教育有鲜明的文化性和民族性，以研究和传播经典文化为己任，教人以修身、齐家、治国、平天下之道，经世安邦之策，充分体现中华文化生生不息、刚毅诚信、博厚悠远、仁爱通和精神。对于今天的青少年继承中华民族优良传统、领会传统经典文化具有一定的作用"。

平实而论，存续千年的书院文化确实有值得我们珍视的文化遗产。如《白鹿洞书院揭示》即《白鹿洞书院学规》中的一些规定："为学之序"为"博学之、审问之、慎思之、明辨之、笃行之"；"处事之要"为"正其谊不谋其利，明其道不计其功"；"接物之要"为"己所不欲，勿施于人，行有不得，反求诸己"。如此等等，正是博大精深的中国传统文化的精髓之所在。

二　书院文化的青州活化石

就全国范围来看，书院在山东也曾相当发达。据陈谷嘉、邓洪波主编《中国书院制度研究》提供的数据，元代在全国19个省区创建书院296所，其中山东23所，仅次于江西（94所）和浙江（49所）而居第三，在北方则稳居第一；明代创建书院1699所，超过唐、宋、元三代之总和，其中山东69所，在江西（287所）、浙江（199所）、广东（156所）、河南（112所）、湖南（102所）、安徽（99所）、河北（70所）之后，居全国第八位；清代计创建书院3868所，其中山东149所，较之浙江（395所）、四川（383所）、广东（342所）、江西（323所）、河南（276所）、云南（229所）、广西（183所），亦居全国第八位。

作为齐鲁文化的发祥地之一、明代中期之前山东半岛长达千年的政治与文化发展的中心之一，青州历史上也曾出现过辉煌灿烂的书院文化。据李良智先生整理的《青州古书院》载，宋代以降，青州计有十多所书院：

除宋代松林书院外，尚有明代的青州府文庙、益都县文庙、云门书院和清代的旌贤书院、海岱书院、宏远书院、广德书院、培真书院、白龙洞书院、崇义书院、凝道书院、汪公书院、荣保书院、张公书院、崇道书院 ①。

在这些青州的古代书院中，以千年以上的松林书院的历史最为悠久，其生命力也最为强盛：从物化的古松柏、古院落、古建筑，到香火绵延、一脉相承的青州一中，松林书院完全可以说是"活"的书院文化。

古往今来，沧海桑田。随着时代、时势的变迁，许多历史上盛极一时的文化景观，早已随风而去，了无痕迹。晚清以降，数以千计的书院的悲惨命运，亦复如此。现在保存下来的书院，据估计约有400所，但大多是以文化遗迹的形式留存，或者是游人如织的"旅游市场"（最典型者，莫如岳麓书院），或者是某一级别的"文物保护单位"，但冷冷清清，被人遗忘。就一般情形而言，从文化传承的角度说，书院这一脉的千年"香火"，在当代的华夏大地大致是"断"了的。

与已成为历史遗迹或根本不复存在的书院相比，青州松林书院又是不幸中万幸的：依托书院 – 学堂 – 中学的载体，绵延至今，生生不息。

据不完全考察，和松林书院——青州一中的传承一样，也有一些历史上的书院后来演化为现代的中学，如江西省抚州市第一中学的前身是兴鲁书院（创始于 11 世纪中期）、湖北省十堰市郧阳中学的前身郧山书院（创始于 1547 年）、福建省长汀县第一中学前身为龙山书院（创始于 1681 年）、湖南省安化县第一中学的前身是中梅书院（创始于 1692 年）、广东省中山市第一中学的前身是丰山书院（创始于 1751 年）、河北省宣化第一中学的前身是柳川书院（创始于乾隆年间）、浙江省台州市黄岩中学的前身是萃华书院（创始于 1789 年）。然而，这些书院的历史都没有松林书院的千年历史这般久远；同样，这些以书院为基础的中学，从建制上讲，也都没有青州一中如此逾一个世纪另十载的办学历史。就意义而论，从文化传承与历史底蕴的双重视角考

---

① 见李良智的博客 http://blog.sina.com.cn/s/blog_5e29c4f101019fep.html。

量，以千年书院为文化根基的现代中学，举国之内，青州一中可以说是独一无二的。①

三 "青州学"的文化标本

2012 年 2 月，我在《"青州学"论纲》一文中曾率先提出："像研究徽州而有'徽学（徽州学）'一样，也应该使研究青州成为一门新的专门学问，即'青州学'"，故主张创建一门独成学术体系的"青州学"②。

在上述拙文中，我列举了五点理由：第一，青州是齐鲁文化的缩影；第二，青州是传统儒学的镜像；第三，青州是书院教育传统的活化石；第四，"青州学"属于再典型不过的区域研究范畴；第五，"青州学"也与时下方兴未艾的"国学热"相契合。同时，还提出了组编《青州历史与文化小丛书》、编纂《青州文库》、创办"青州论坛"、创设"青州学研究中心"、编辑出版《青州学》集刊等具体建议。

应该说，随着"文化青州"理念的提出，"文化青州"建设的加强，基于学术研究和文化建设的立场，开展"青州学"研究的大文化环境，已基本具备。

值得特别强调的是，最近 20 年来，学术界围绕青州古代历史与文化的研究，已经出现了一批可观的成果，从《青州史志》到《青州通史》的综合性著述③，

① 参见杨玉圣《作为"Party"的校庆——青州行记（之五）》，学术批评网，2012 年 10 月 8 日。

② 参见杨玉圣《"青州学"论纲》，学术批评网，2010 年 2 月 17 日；杨玉圣：《学术共同体》，河北人民出版社，2012，第 336~338 页。

③ 本书编纂委员会编《青州市志》，南开大学出版社，1989；王立胜主编《青州通史》，中国文史出版社，2008；延伟东编《青州文明图典》，云南教育出版社，2011；刘序勤主编《青州石刻文化》，文化艺术出版社，2006；郭长建主编《中国青州石雕》，五洲传播出版社，2001；李建华主编《青州民间文学集成》，山东文艺出版社，1989。

到青州考古学的重大发现与总结性探讨 ①，再到对青州古史的深入探

---

① 王华庆主编《青州龙兴寺佛教造像艺术》，山东美术出版社，1999；王建琪、王华庆主编《青州北朝佛教造像》，北京出版社，2002；夏名采：《青州龙兴寺佛教造像窖藏》，三联书店，2004；李森：《龙兴寺历史与窖藏佛教造像研究》，博士学位论文，山东大学，2005；邱忠鸣：《北朝晚期青齐区域佛教美术研究》，博士学位论文，中央美术学院，2005；董立军：《青州佛教造像艺术研究》，硕士学位论文，中国艺术研究院，2002；李佳：《青州龙兴寺佛教造像艺术初探》，硕士学位论文，东南大学，2005；苏允桥：《三维技术数字化复原青州佛像综合研究》，硕士学位论文，烟台大学，2008年；邱枫：《山东青州傅家画像石艺术研究》，硕士学位论文，武汉理工大学，2008；陈琪：《青州北朝背屏式佛教造像中飞天伎乐研究》，硕士学位论文，陕西师范大学，2011；贾素静：《论青州龙兴寺造像艺术特征及写意精神》，硕士学位论文，曲阜师范大学，2012；都江：《青州北齐立像艺术风格研究》，硕士学位论文，广西师范大学，2012；苏秉琦：《环渤海考古与青州考古》，《考古》1989年第1期；夏名采、杨华胜、刘华国：《青州龙兴寺佛教造像窖藏清理简报》，《文物》1998年第2期；夏名采：《青州傅家北齐线刻画像补遗》，《文物》2001年第5期；陈冬梅：《佛像起源和青州龙兴寺窖藏佛像》，《潍坊高等专科学校学报》2001年第3期；刘凤君：《青州地区北朝晚期石佛像与"青州风格"》，《考古学报》2002年第1期；金维诺：《青州佛教造像的艺术成就》，《美术》2002年第12期；庄明军、杨华胜、王瑞霞：《山东青州出土北朝石刻造像》，《文物》2005年第4期；邱忠鸣：《北齐佛像"青州样式"新探》，《民族艺术》2006年第1期；刘华国、徐清华：《青州龙兴寺诸院初考》，《潍坊学院学报》2008年第1期；李森：《试析青州龙兴寺造像贴金彩绘并非均系北朝装饰》，《世界宗教研究》2008年第2期；李森：《青州龙兴寺造像中龙的名称、造型来源及流行原因》，《敦煌学辑刊》2008年第2期；李森：《青州龙兴寺院落考证》，《中国文化研究》2008年第4期；王卫华：《青州龙兴寺佛教造像造型研究》，《美术》2009年第10期；沈玺：《北朝时期"青州风格"石雕佛教造像赏与鉴（上、下）》，《文物鉴定与鉴赏》2010年第3、5期；邱忠鸣、王新：《佛衣上的"净土"——一件北齐青州立佛像胸部母题的图像志研究》，《装饰》2011年第4期；张荣国：《青州北朝佛教造像风格的"混流"》，《新疆艺术学院学报》2011年第2期；姜建成、庄明军：《山东青州市冢子庄汉画像石墓》，《考古》1993年第8期；郑同修、魏成敏：《山东青州市戴家楼战国西汉墓》，《考古》1995年第12期；夏名采、刘华国：《山东青州市苏埠屯墓群出土的青铜器》，《考古》1996年第5期；郑同修、杨爱国：《山东汉代墓葬出土陶器的初步研究》，《考古学报》2003年第3期；周麟麟、兰德省、容波：《彩绘陶器保护修复规范化操作初步研究——以山东青州汉墓出土彩绘陶马为例》，《文博》2009年第6期；王燕玲：《山东青州香山汉墓出土彩绘陶俑初探》，《文物春秋》2010年第2期；石可昌、庄明军等：《山东青州西辛战国陪葬墓发掘简报》，《文物》2010年第7期；魏书亚、马清林、Manfred Schreiner：《山东青州香山西汉墓彩绘陶俑胶接材料研究》，《文博》2009年第6期；张治国、马清林、Heinz Berke：《山东青州西汉彩绘陶俑紫色颜料研究》，《文物》2010年第9期；庄明军、李宝垒、王岩：《山东青州市仰天山路宋代砖室墓的清理》，《考古》2011年第10期；杨泓：《关于南北朝时青州考古的思考》，《文物》1998年第2期；王瑞霞、周麟麟：《以青州为例看山东的可移动彩绘陶质、石质文物》，《文博》2009年第6期。

讨①，加之对当今社会、经济与文化发展的"青州之路"或"青州经验"的初步总结②，大致说来，综合性、跨学科、全方位的"青州学"，可谓曙光初现、呼之欲出了。

---

① 冯蜂鸣编著《青州古代沿革简史》，中国广播电视出版社，2004；王立胜主编《东夷文化与青州——山东青州东夷文化研讨会文集》，齐鲁书社，2009；宋艳波：《海岱地区新石器时代的动物考古学研究》，博士学位论文，山东大学，2012；张锟：《东夷文化的考古学研究》，博士学位论文，中国社会科学院研究生院，2010；张莉：《两汉青州官吏研究》，硕士学位论文，郑州大学，2007；程少燕：《日僧圆仁视野中的唐代青州》，硕士学位论文，中国海洋大学，2008；杨会：《北朝时期青州地区弥勒信仰研究》，硕士学位论文，华东师范大学，2010；王婷：《明清时期青州府进士研究》，硕士学位论文，曲阜师范大学，2011；孙洪江：《明代中后期青州刘氏诗歌研究》，硕士学位论文，山东大学，2011；刘保富：《北宋青州知州考略》，《昌潍师专学报》1997年第1期；李嘎：《从青州到济南：宋至明初山东半岛中心城市转移研究——一项城市比较视角的考察》，《中国历史地理论丛》2011年第4辑；赵红卫：《欧阳修在青州的归隐心态探究》，《潍坊学院学报》2008年第1期；于中航：《赵明诚题名和乡居青州考》，《文物》1984年第6期；王宪明：《青州衡王府与〈红楼梦〉》，《昌潍师专学报》1996年第4期；程少燕：《日僧圆仁途经青州路线考述》，《中国海洋大学学报》2008年第3期；严屏、孙建、张振伟：《山东青州衡王府牌坊的雕刻艺术》，《文艺争鸣》2010年第14期；定宜庄：《辛亥革命后的八旗驻防城：山东青州满城个案考察》，《满族研究》2008年第4期。

② 李安增主编《科学发展的青州之路》，人民出版社，2009；孟庆刚等主编《青州民俗》，中国文史出版社，2009；于萍：《青州方言内部差异研究》，硕士学位论文，山东大学，2005；马佳：《山东青州回族文化变迁研究》，硕士学位论文，西北民族大学，2008；张伟锋：《青州蜜桃优质高效生产技术研究》，硕士学位论文，山东农业大学，2008；刘伟卿：《青州市城市绿地系统规划初探》，硕士学位论文，山东农业大学，2008；康效生：《青州市蔬菜质量安全控制的研究》，硕士学位论文，中国农业科学院，2008；王新民：《青州市失地农民就业问题研究》，硕士学位论文，中国农业科学院，2008；马佳：《山东青州回族文化变迁研究》，硕士学位论文，西北民族大学，2008；侯成果：《山东省青州市花卉产业发展与对策研究》，硕士学位论文，中国农业科学院，2009；祝大立：《2008年东坝村上访事件的调查与分析》，硕士学位论文，山东大学，2009；陈华：《青州市基层政府工作人员的绩效考核体系改进研究》，硕士学位论文，山东大学，2010；郝益芳：《青州市"迁村并点"问题研究》，硕士学位论文，西北农林科技大学，2011；钟读民：《山东省青州市农村老年人社会保障问题研究》，硕士学位论文，中国农业科学院，2010；张琳：《山东青州夏钦园回族村福寿田存之探析》，硕士学位论文，中央民族大学，2010；杜先伟：《青州地方语文课程文化资源的开发与利用》，硕士学位论文，山东师范大学，2010；许彩霞：《山东省青州市村级集体经济研究》，硕士学位论文，中国农业科学院，2010；李海波：《青州城市社区管理研究》，硕士学位论文，西北农林科技大学，2011；丁爱辉：《青州市矿山地质环境治理研究》，硕士学位论文，西北农林科技大学，2011；王尚诚：《青州市云驼风景综合旅游区项目可行性研究》，硕士学位论文，哈尔滨工程大学，2011；王艳波：《山东省青州市农村妇女就业问题探讨》，硕士学位论文，西北农林科技大学，2011；王立学：《山东省青州市农业产业结构调整中的政府职能定位研究》，硕士学位论文，西北农林科技大学，2011；张洪刚：《基于利益相关者角度的青州市乡村旅游SWOT分析》，硕士学位论文，西北农林科技大学，2011；李红伟：《青州集约化农业发展对策研究》，硕士学位论文，西北农林科技大学，2011；杜志勇：《青州市蔬菜营销渠道整合研究》，硕士学位论文，西北农林科技大学，2011；吴兆美：《青州市农业推广模式研究》，硕士学位论文，西北农林科技大学，2011；赵建东：《青州市农民专业合作社发展研究》，硕士学位论文，西北农林科技大学，2011；徐继中：《山东省青州市花卉产业发展战略研究》，硕士学位论文，西北农林科技大学，2011；王红霞：《山东省青州市有机农业发展现状及对策研究》，硕士学位论文，西北农林科技大学，2011。

问题在于：如何把青州丰厚的历史文化遗产创造性地转化为文化财富？如何把已有的学术研究成果创造性地转化为"文化青州"建设的学理支撑？

事实上，至少在县域层面上，"青州"本身就是一个既有历史底蕴、又有文化品位的巨大的无形资产。打好"青州"牌，本来就是"文化青州"建设的题中应有之意①。

四 建设"文化青州"品牌

首届"松林书院文化论坛"之筹办，正式开启了青州松林书院文化的研究历程。这是一个令人鼓舞的里程碑式的标志。

如何把"松林书院文化"、青州学、"文化青州"建设有机地联系在一起，打通古今，进行扎扎实实的跨学科的研究，仍大有文章可做。

兹提出如下初步建议，供参考：

第一，从松林书院这一个案入手，还原松林书院的整体历史；总结松林书院的教育遗产、文化传统，切实改变目前对松林书院历史研究薄弱的现状②。此乃当务之急。

第二，从第二届"松林书院文化论坛"起，有意识地邀请专门从事中国书院史的专家介入，请这些专家从书院史的全国格局认真对待松林书院、检讨松林书院在中国书院史上的恰当定位。

第三，珍视松林书院这一活水源头与青州一中一脉相承这一特有历史传承，把青州一中办成现代教育与书院优良传统契合、古今合璧的中学教

---

① 顺便说一句：我对于前些年所谓的青州"东夷文化"说，一直是持不以为然的反对态度的；至于云门山下的所谓"东夷文化广场"，更是其中最大的败笔。众所周知，"东夷"是相对于"西戎""北狄""南蛮"而言的。放眼全国，试问有哪一个历史名城建有"西戎文化广场"或者"北狄文化广场"抑或"南蛮文化广场"？"东夷文化广场"之立于古青州，与其说荣光，不如说是自取其辱。此乃不懂历史的代价与惩罚。在此，我郑重建议青州市委、青州市人民政府尽快摘掉"东夷"这块莫名其妙的牌子，拨乱反正，把"东夷文化广场"更名为"青州文化广场"。这也可以看作是"文化青州"建设的具体步骤之一。

② 李森：《松林书院记石碑考释》，《中国文物报》2006年12月13日；李凤琪：《青州满族的海岱书院》，《满族研究》2012年第2期。

育的中国典范 ① 。

第四，以青州一中做依托，青州市人民政府大力支持，创建"青州松林书院文化研究院"这一实体机构，统筹有关论坛、研究及其成果的编纂、出版和推广事宜。

第五，统筹规划"松林书院文化"、青州学、"文化青州"建设，如同我在《"青州学"论纲》中建议的，以"青州论坛"为平台，创办《青州学》丛刊，编纂《青州文库》，以"文化青州"建设为中心，在全国范围内营造"文化青州"品牌。

2012 年 12 月 4 日
于中国政法大学逸夫楼办公室

2012 年 9 月，青州一中建校 110 周年之际，教育部部长袁贵仁教授发来贺信

---

① 教育部部长袁贵仁教授 2012 年 9 月 17 日在致山东省青州第一中学 110 周年校庆的贺信中曾明确指出："青州一中传承书院文化精髓，具有优良的办学传统……积极推进教育教学改革，形成了鲜明的办学特色，培养了一大批优秀人才，赢得了社会的广泛赞誉。"

上

编

青州松林书院的历史及其现代传承

夏永军　王　岩

　　松林书院，宋代称为"矮松园"，三元及第的名相王曾早年读书于此，至明代改称"松林书院"，1902年改为"青州府官立中学堂"，是山东官立中学堂之始，后改称山东省立第十中学（以下简称"省立十中"）、山东省立益都中学，1948年6月，中共华东局领导创办山东省立青州中学，是当时全省唯一的直属中学，1952年，改称山东省益都第一中学，为省属重点中学。1986年益都撤县改市，改称山东省青州第一中学（以下简称"青州一中"），为省重点中学、首批省级规范化学校。在1000多年的书院教育和100余年的现代教育中，书院文化始终薪火相传，滋养了一代代松林学子和一中人。

一　东夷胜处，治学福地

　　古代的书院，一般选择在环境宁静、绿水近绕、景色秀丽的名山大川。书院的建造蕴含着深厚的山水人文的审美情趣，足发圣贤玄奥，以利澄心治学。松林书院位于古九州之一的青州大地，她南眺巍巍云门山，北临潺潺阳河水，东有汤汤弥河水，西有久负盛名的瀑水涧[①]，西北有历史悠久的

[①]　瀑水涧，又称石子涧，在今青州市区王府游乐园附近，为南阳河支流，原有一瀑布，明清时著名景点，今不存。光绪《益都县图志》第129页："瀑水涧，即石子涧，在府城西南。"《水经注·淄水篇》："阳水，又东北流，石井水注之。水出南山，北流注井，井际广固城东侧。三面积石，高深一匹有余，长津激浪，瀑布而下，澎赑之音，惊川聒谷，濌濟之势，状同洪河，北流入阳水。"

龙兴寺①、范公亭，西南有闻名遐迩的驼山，山水形胜，风景秀美。松林学子陈经曾写诗赞道："长风夜撼千虬动，巨浪时喷万壑来。"② 明清时有松柏数百株，古木参天，郁郁森森，长风吹过，有万马奔腾、巨浪喷壑之势，煞是壮观。嘉靖《青州府志》载"青州有八景，而书院松涛居其一"。③ 在古老的青州府，此处可谓士子治学的绝佳福地。

松林书院幽居百年名校——青州一中院内，占地3000多平方米，其格局为我国古代标准的以南北为中轴、左右作对称式的配列建筑。大门坐北面南，石砌台阶，配左右耳房；二门为垂花门。大门至二门间长方形院内，有十字交叉甬道，东、西院墙各开小拱门，西门外建有数排书斋，东门外原建有文昌阁、四照亭、十三贤祠和乡贤祠。二门以里，为南北二进大院，前院正房是前讲堂，后院正房为后讲堂。前、后讲堂前均筑条石砌边的青砖铺面台墀，均配建带有前廊的东西厢房。后讲堂西山墙外筑有"王沂公读书台"，与东厢房之间有连山游廊，藏历代碑碣。大门南有牌坊一座，名曰"育人坊"，正面书"敬道崇德"，背面书"知行合一"，共同构成了松林书院文化的精髓。

二 史韵悠悠，上溯千年

松林书院是古青州的教育圣地，她的历史可以追溯到1000多年前的宋朝，当时称为矮松园。园因奇诡二松而得名④，且胜地中早有一处书塾，王曾青少年时就读于此，后状元及第，官至宰相，政绩卓著，封沂国公，时

---

① 龙兴寺：故址在南阳城内西北隅，今青州市博物馆南邻，非今驼山下新建之龙兴寺。1996年，在此出土大批窖藏佛教石刻造像。

② 嘉靖《青州府志》（据天一阁藏本点校），第209页。《国朝郡人尚书陈经松涛诗》：昔人曾筑读书台，台畔苍松次第栽。芸阁密围青玉幄，牙签深护翠云隈。长风夜撼千虬动，巨浪时喷万壑来。雨露尚须滋养力，庙堂今重栋梁材。

③ 嘉靖《青州府志》（据天一阁藏本点校），第254页。"松林书院，宋王文正公读书处，名矮松园，今为名宦乡贤二祠。青州有八景，而书院松涛居其一。宦游者多瞻谒赏憩于此，挥洒满目，因并记之。"

④ 嘉靖《青州府志》（据天一阁藏本点校），第210页。《宋郡人中书门下平章事沂国公王曾赋》："齐城西南隅矮松园，自昔之闲馆，此邦之胜概。二松对植，卑枝四出。高不倍寻，周且百尺。轮囷偃亚，观者骇目。盖莫知其年祀，亦靡记夫本源，真造化奇诡之绝品也。"

人遂于园中筑读书台以志纪念。

元明之际，佛教兴起，此处一度成为佛刹。明成化二年李昂始知青州，一日偶造城西南隅，见矮松园面山为屏，清致可爱，于是奏请将府治仪门之西的"名宦祠"移建于此。"名宦祠"祀有宋朝十三位有惠政的青州知州，故又称"十三贤祠"，并建"思齐""仰止"二斋和"藏修""游息"二轩，"延四方有学行者居之，以为师。檄属邑子弟知乡方而愤孤陋者，教育于兹……其门曰松林书院"①。时在成化五年（1469），松林书院正式创立。

万历八年（1580），阁臣张居正废天下书院，松林书院也遭受厄运②。清康熙三十年（1691）书院重建③，此后的200多年，办学一度达于鼎盛。1901年，清廷一纸诏书，废科举，兴学堂。1902年，松林书院改设为青州府官立中学堂④，校舍校院由松林书院向北、向西、向东扩建，书院成为"校中之校"。直至"文化大革命"，半个多世纪内，作为各个时期校长办公室、主任及处室办公室、会议室的讲堂厢房不断有所修葺。1977年后教育复苏，教职工增多，松林书院一度成为教职工办公和居住之所。著名古典园林建筑学家、同济大学教授陈从周于1986年到此考察，他感慨地说："全国幸存下来的书院为数不多，松林书院是其中保存完好的一处。要

---

① 嘉靖《青州府志》（据天一阁藏本点校），第280页。《祭酒陈鉴〈记〉》曰："成化丙戌，仁和李侯文举来为守。府旧有祠，祀宋诸贤之有惠爱于青民者，后祠废，衬其主于土神之祠。祠既庳隘，位亦贬损，非所以崇贤报德，侯心歉焉。既而，得隙地，高亢明爽，为浮屠所据。因撤其像，进其徒，尽易旧规，一由新观。迁主其中，仍塑诸公之像，衣冠皆如宋制，匾其楣曰：'名贤祠'。前为两斋，左曰'思齐'，右曰'仰止'，以为致斋之所。缭以周垣，而门其中。垣之外复为二轩，左曰'藏修'，右曰'游息'。延四方有学行者居之，以为师。檄属邑子弟知乡方而愤孤陋者，教育于兹，馆谷于兹。复垣其外，而统题其门曰'松林书院'"。

② 光绪《益都县图志》，第153页："万历八年，阁臣张居正废天下书院，伐其树，后易之以柏。"

③ 陈斌如：《重建松林书院碑记》：康熙二十八年陈斌如奉命观察青州，见松林书院、十三贤祠"仅一荒土丘耳，满目荆棘"，"欲思重置，苦力之不赡。适人省言诸藩长尔锡卫公，公跃然出俸羡倡之，余倾赀佐之，又诸僚属各闻风捐餐钱"，"动工于辛未之二月"（康熙三十年二月），"落成于壬申之四月"（康熙三十一年四月）。

④ 《光绪朝东华录》卷169。光绪二十七年（1901）九月清廷下《兴学诏》："除京师已设大学堂应切实整顿外，着各省所有书院，于省城均改设大学堂，各府厅直隶州均改设中学堂，各州县均改设小学堂，并多设蒙养学堂。"光绪二十八年（1902），松林书院改设为青州府官立中学堂，翌年改称青州府公立中学堂。《教育年鉴》丙编记："青州府松林书院改为青州府官立中学堂，是为山东官立中学堂之始。"

好好保护，谁毁掉它，谁就是千古罪人！"后来在省、市各级政府的关注之下，相关部门对松林书院进行了大规模修缮。原山东省委书记苏毅然题写的"松林书院"匾额，悬挂于书院大门之上；原山东省委书记梁步庭题写的"校史展览馆"匾额，悬挂在后讲堂门楣之上。后讲堂与东厢房之间有连山游廊，藏历代碑碣。而四书斋、文昌阁、四照亭、十三贤祠、乡贤祠等位于院墙以外，在早年校舍扩建中已拆除，留下了永远的遗憾。

从宋真宗咸平五年即 1002 年王曾中状元起，至 2014 年，松林书院历经沧桑，其历史至少有 1012 年。

三 书院教育，功能齐备

（一）书院的教育管理

1.管理机构精简化

相较于府学、县学，书院冗员较少。书院的主持人称为山长或院长，一般由著名学者担任。松林书院较为知名的山长，如乾隆三十九年（1774）举人杨峒[①]，被称为一代"通儒"；再如安邱进士严锡绥[②]，学问渊博，德高望重，深受学生爱戴。松林书院最后一任山长——法小山[③]，是光绪《益都县图志》的总编，他所编县志纲举目张，史料翔实，具有很高的资料价值，受到现代方志学家的高度评价。

---

① 杨峒，字书岩，应奎族人。乾隆三十九年（1774）举人。《益都县图志》第792页："博极群书而不骋其辨，参稽众说而不纷其心，一时推为通儒"，"知府汝阳李照、武功张玉树，先后折节订交，且延主松林书院。十应礼部试，不第。嘉庆九年，卒，年五十七。"

② 严锡绥：据清代名士李文藻《南涧文集》记载：乾隆十八年（1753）至二十三年（1758），松林书院山长为前安邱知县浙江余杭人严锡绥，主讲期间，肄业附课于书院的"举贡生童"多达80余人。1758年，严先生病卒于松林书院，当时，在院生徒"各服吊，服加麻"，十日后，受知于严先生的举贡生童、远近僚宾上百人哭灵前，"靡有不恸"，一时被传为尊师佳话。弟子李文藻写下《严先生诔》一文表达对严先生的崇敬和悼念之情。

③ 法小山：字伟堂，胶州人，松林书院最后一任山长，也是书院改制为青州府官立中学堂后的第一任监督。光绪十三年（1887）主讲旌贤书院，约于光绪十九年（1893）任松林书院山长。主讲旌贤书院时，知县张承燮始谋增修《益都县志》，被委为总编。历十余年编修而成的《益都县图志》，纲举目张，翔实详尽，具有很高的资料价值，受到现代方志学家的高度评价。同时，从中体现出先生治学严谨，运以精心。光绪三十年（1904）冬，先生应济南师范学堂教习之聘，离开青州。

山长之下，有"教习"掌管教学，有"首事"分管行政、财务诸项。职事人员称"书办"或"书吏"，经办文书，造其经费清册、生徒名册，散发课卷、膏火等。生徒中有首领，称为"斋长"，一般由山长从生徒中择优充任，其职责是协助山长、教习等工作，劝善规过，倡率诸生学习。

2. 管理章程制度化

书院建立各项章程，进行规范化、制度化的管理。书院所定制度要求师生共同遵守，互相监督。《学程》《条规》《训规》《训约》与《德业簿》《日课簿》《日记册》等规章制度，相互配套，形成制度网络。另外，松林书院还有完善的奖学金制度，对于品学兼优者予以一定奖励。生员类考课成绩分为超等、特等、一等三个等第，童生类考课成绩分为上取、中取、次取三个等第，每等内再划分名次，按等第给予膏火奖，这在书院碑刻 ① 中有很详细的记载（图1）。

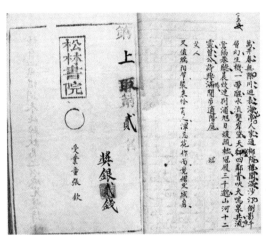

图1 松林书院受业童张钦课卷，评定为"第上取第二名"，并"奖银二钱"

（二）书院的教学 ②

1. 书院教育，在于不仅传授知识，更重要的是培养德行即道德修养

书院自创办之日起，便制定学规，首先指出为学方向、学习目的是道德修养，通过进德修身，逐渐成就理想人格。松林书院一开办，即立

---

① 《特授青州府正堂加三级纪录七次李札》碑。碑文为府捐库银存益和当店生息用作书院月课加奖经费的条例，颁十一县。其中有云门书院（咸丰《重修青州府志》叙述"松林书院"沿革时曰："今圮其门曰云门书院非明云门书院地也。"晚清，试院"专为学使按试之所"，云门书院未建新校址，迁入松林书院）月课奖励经费开支陈述，是为研究书院重要资料。碑高106厘米，宽206厘米，藏松林书院碑刻游廊。

② "书院的教学"部分内容参考《中国古代书院》（任继愈主编）一书和《中国成人教育》（2006年9月）《中国古代书院的文化精神》（作者李贞涛、解辉）一文。

"十三贤"为表率，启迪诸生"仰止"并"思齐"。

2.要求学习者立志，立定方向勤奋学习

书院的最大特点是体现出知识追求与价值观统一的精神，既然道的信仰必须建立在知的基础之上，那么求道与求学就是统一的。因而，勤奋学习便能实现修身、治国、平天下的理想。

3.书院的教学内容主要是儒家经典

主要包括《易》《诗》《书》《春秋》以及《论语》《孟子》《四书集注》《孝经》，某些时代，还涉及律历、算术、天文、地理，甚至道德性命之说，教学内容与科举考试的内容是相互关联的。光绪二十四年（1898）颁发新诏，各级考试"一律废除八股文，改为策论文"，教学内容相应调整。

4.书院的教学方法主要是自学

自学既与共同讲习相结合，又与院师的指导相结合。诸生自学，书院建立《日记册》，记录、考查诸生每天课业的情况；《日课簿》或称《考问册》，每日将用过功夫登记入簿，沿用至中学堂时期；《德业簿》，记录、考查诸生的学业成绩和品行修养情况。

5.书院的授课形式

主要是"升堂讲说"，即集体授课，导师召集生徒，进行集体讲解，师生可当堂质疑答辩；另有"分班回讲"，每月规定时日讲书，生童环听。

6.师生关系融洽

硕儒院师往往以其人格力量影响、感化诸生，在潜移默化中实现品学承传，成为我国传统教育的特色，在书院教育中尤为明显。

7.考课制度化

书院统一印制课卷，年初的开学考试，谓之"开课"；生童经甄别录取后，官府主持，岁试官课八次，曰"大课"；每"大课"后随之"小课"，为山长主持的考试。月课以外每年又有四次"季课"。

（三）书院的祭祀

书院除去教育教学外，还有祭祀功能。松林书院祭祀对象个性化。松林书院创立后，除去祭祀至圣先师孔子外，还设有名贤祠和乡贤祠。名贤祠亦称"十三贤祠"，祭祀北宋寇准、王曾、范仲淹、富弼、欧阳修、曹玮、庞籍、程琳、李迪、吴奎、赵抃、张方平、刘挚13位有惠政的青州知州；乡贤祠祭祀房玄龄、刘珝、冯裕、石茂华、邢玠、赵秉忠、冯溥等异地为官、颇有成就的青州知名人士。书院祭祀同宗教祭祀不同，它注重对生徒的教育功能。名儒、诗人陈梦鹤曾回忆说："予自童子时辄闻吾青有名宦、乡贤二祠，心窃慕之。稍长，为诸生，习举子业于松林书院，二祠巍立院中，因见所谓名宦者有若人焉，为乡贤者有若人焉，乃历指而究之……"[1] 作为一笔很好的教育资源，二祠时刻教育松林学子以名宦乡贤为榜样，刻苦攻读，建功立业。

（四）书院的藏书

书院诞生之初就与修书、藏书紧密相连。在松林书院东边，原建有四书斋，有数量可观的藏书，种类多为经籍。藏书来源，一是朝廷赐书。早在北宋时期，宋仁宗就曾御赐矮松园四书五经一批，并诏示各州以青州为榜样，大办儒学。二是官府购置捐赠、社会贤达及书院肄业生徒捐赠。王曾任青州知州期间，捐薪助学，兴办学校，并且把家中所藏大量书籍捐献给自己就读的矮松园。[2] 三是书院山长、院师、生徒所著书籍或校勘的书籍。四是书院自行刊刻的书籍等。青州一中图书馆藏书院珍藏有一定数量的清代书院书籍、课卷等，有着非常重要的文物价值和研究价值。

四 书院名人，群星璀璨

松林书院自创建之日起便以名宦乡贤为榜样，对学子进行理想人格的塑造与培养，传播儒家文化，培养精英人才。下面简要介绍部分书院名人如下：

北宋矮松园：三元宰相王沂公

王曾，字孝先，北宋青州郑母人，少年时就读于矮松园，参加科举，在州试、省试和殿试三级考试中，取解元、会元、状元三个第一，连中三

---

[1] 嘉靖《青州府志》（天一阁藏明代方志选刊），第282页。《郡人副使陈梦鹤记》一文。
[2] 王法颜编著《潍坊简史》，第76页，《宰相状元王曾》第101页亦有记载。

元，是中国科举史上第五个荣膺"三元"者，官至同中书门下平章事，即宰相，被人誉为"三元"宰相，这在中国历代状元中极为罕见。

王曾品性端厚，为政清廉，忧国爱民，敢于直谏。他公正无私地推荐人才，范仲淹、包拯等人皆经他提拔。欧阳修说他"为人方正持重，最为贤相"[①]，著名学者石介说他"人不能及，人不可及"。京剧包公戏中那位善良智慧的王丞相的原型就是王曾。

他非常重视教育，担任青州知州时，不但把自己的藏书都捐给了学校，还划拨 30 顷土地，捐资盖了 120 间房子，从全国聘请著名学者授课讲学。宋仁宗下诏昭示全国各州要以青州为榜样，大力兴办州学。王曾 61 岁病逝，为表彰他的政绩和操守，宋仁宗亲自为他撰写了"旌贤碑"的碑额，后又把他的乡里改名为"旌贤乡"[②]（即原青州市郑母镇）。

王曾不仅官做得好，而且博学多才。他书画俱佳，尤工诗赋，代表作《矮松园赋并序》《有物混成赋》《有教无类赋》都脍炙人口，传诵一时。

明清松林书院：群星璀璨著华章

黄　卿　字时庸，号海亭，益都人。正德三年（1508）进士，官至浙江右参政，再迁江西，晋左布政使。平生嗜学，老而弥笃，虽隆冬盛暑，不费览阅。嘉靖年间回乡省亲，参与青州海岱诗社活动。著有《编苕集》《编苕诗话》《闲抄漫记》《拟珠集》等。

刘澄甫　字子静，号山泉，青州朱良人，大学士刘珝之孙，正德三年（1508）进士。历任广西道监察御史、两淮巡盐兼治理河道、宣府大同巡按御史、山西左参议等职。他办事干练，为官清正，不畏权奸。后因得罪宦官中贵，被谗言陷害，被迫致仕。返乡后曾在松林书院讲学，居青州城南云门山东麓花林疃，建"山泉精舍"，赋诗作画，以文会友，与冯裕、陈经等联手创办海岱诗社。后冯裕三子冯惟敏也从师于刘澄甫，习举子业，并于 1537 年中举，后来成为著名的散曲大师，被称作明朝北曲第一人。

杨应奎　益都东关人，回族。正德六年（1511）进士，官至南阳府知

---

① 光绪《益都县图志》，第 674 页。

② 光绪《益都县图志》，第 675 页。皇祐中，仁宗为篆其碑曰"旌贤之碑"，后又改其乡曰"旌贤乡"。大臣赐碑篆自王曾始。

府。值岁荒，设法赈济，活数万人；主编《临洮府志》《南阳府志》。长子杨铭，万历初荐太学生，任襄垣训守。

陈 经 正德九年（1514）进士，官至户部尚书、礼部尚书、兵部尚书。在朝谠直敢言，尤恶奸党。性方介，为官 30 年，门无私谒。卒之日，囊橐萧然。其子陈梦鹤，嘉靖二十六年（1547）与异母弟梦草同科进士，为一代名儒。

赵执信 字伸符，号秋谷，晚号饴山老人，博山人，清初著名的现实主义诗人、诗论家、书法家。14 岁中秀才，17 岁中举人，18 岁中进士，24 岁任右春坊右赞善兼翰林院检讨，27 岁因被忌才罢职，回乡后曾在松林书院讲学。康熙五十一年五月（1712），赵执信于松林书院撰"黄崑圃政绩碑"，赞扬了山东督学黄崑圃先生（名叔琳）重视教育、兴复书院、加强人才培养的重大贡献。

徐士林 字式儒，号雨峰，文登人，进士，曾为皇子皇孙授课，乾隆皇帝也在其学生之中。官至江苏巡抚。30 多年宦海生涯，亲奉康熙、雍正、乾隆三帝，敢于直言，立身端方，为官清廉，堪为师表。去世后，乾隆帝下旨将其画像请进"贤良祠"，与开国元勋和辅佐重臣同等待遇，他是清朝任巡抚职务之人死后进"贤良祠"的第一人。

李元直 本名李元真，字象山，号愚村，高密人，进士，选翰林院庶吉士，散馆授编修，后为四川道监察御史。雍正八年（1730），奉命巡视台湾，次年告老还乡，家居 20 余年而卒。与御史李慎修因有直声而并称"山东二李"。清世宗评价他"不爱财""人才太难得"。

马长淑 字汉荀，安邱人，雍正八年庚戌（1730）以第三甲中进士。初授保定知县，官至直隶磁州知州。70 岁辞官回籍，家居诵读不辍，一时俊彦多出其门。曾编纂《渠风集略》十卷，收入《四库全书》。

董思恭 字桂川，号雨亭，寿光人，康熙五十六年（1717）乡试第一名，为"解元"，康熙六十年（1721）中进士。初授翰林院庶吉士，官至湖南粮储道。治理追求实效，所至皆有令名。工诗，著有《晦庵文稿》等。

杨 峒 字书岩，乾隆三十九年（1774）举人。他博闻强识，精心研究古学，博览群书，一时被人们举荐为"通儒"。教人学习，必先解释古文，加以注解。县人从前没有读《说文》《尔雅》的，有自杨峒始。青州知府汝阳人李照、武功人张玉树，先后降低身份与之结交，并延请杨峒做松林书院山长。著有《毛诗古音律服》《考古录》等。

李文藻 字素伯，号南涧，曾就读于松林书院，师从山长严锡绶，1758年，严先生病卒于松林书院，弟子李文藻写文表达对严先生的崇敬和悼念之情①。乾隆二十五年（1760）进士，官至桂林府同知，藏书家、金石学大家、目录学家。金石学著作有《益都金石考》等，诗作有《岭南诗集》。其余著述还有《南涧文集》等数十种。此外，他编纂了大量的地方志，其中的《历城县志》和《诸城县志》被列为全国名志。

据考证，松林书院招生范围不仅仅是青州府所辖的 11 个县（益都、博山、临淄、博兴、高苑、乐安、寿光、昌乐、临朐、安邱、诸城），还包括文登、高密、日照、栖霞等县，可见松林书院在山东省的名气是很大的，从而吸引了全省各地的优秀生源。经查清代举人和进士的数据，康熙五十年（1711），山东省考取举人 46 名，而松林书院培养的就有 6 名②；康熙五十一年（1712），山东省考中进士 12 名，松林书院培养的就有 2 名③；康熙五十二年（1713），山东省考中进士 7 名，松林书院培养了 2 名④。由此可见，松林书院在康熙、乾隆年间办学盛况之大，培养人才之众，在整个山东省是名列前茅的。

可以说，松林书院在明朝正德、嘉靖及隆庆年间办学达到了一个高峰，而清朝"康乾盛世"时松林书院的办学又达到一个高峰。

五　书院文化，遗泽如新

明代诗人杨琅在描写松林书院时写道，"庙貌宗先哲，巍巍列缙

---

① 李文藻《严先生诔》："沂公书屋，号曰松林，皋比教授，每难其人。前观察使，知师实深，谋于太守，贽质相迎。师以道尊，负笈者众。鹿洞鹅湖，后先辉映。""藻前一日，问师于床，执师之手，聆言琅琅，谁期信宿，溘然帝乡。於虖哀哉！巨篴东流，云门南峙，山水茫茫，非师故里，以师之好德，而竟至此，於虖哀哉！"

② 据《山东通志》卷 94~99《学校志》统计，其中，松林书院培养的为徐士林、马长淑、刘轶政、王瀛、林仲懿、李元直共 6 名举人，名载《松林书院记》碑。

③ 据《山东通志》卷 94~99《学校志》统计，其中，松林书院培养的为刘轶政、王瀛 2 名进士，名载《松林书院记》碑。

④ 据《山东通志》卷 94~99《学校志》统计，其中，松林书院培养的为徐士林、李元直 2 名进士，名载《松林书院记》碑。

绅"，"至今千载下，遗泽尚如新"。① 1000多年来，书院文化的精髓深沉积淀，书院所成就的一代又一代的先贤名宦、硕师大儒，留给后世学子的遗泽是巨大的，书院文化带给后人的影响是深远的。

图2　1932年，北京大学老校长蔡元培为山东省立第十中学（今青州一中）题写校训"勤朴公勇"，1937年5月，山东省教育厅厅长何思源为山东省立第十中学（今青州一中）十级毕业生《同学录》题词"敬业乐群"

书院教育强调"敬道崇德"，历来把对道德的追求作为首要使命。从松林书院十三贤祠对十三贤的祭祀，到对房玄龄、刘珝、赵秉忠、冯溥等乡贤的尊崇和对陈经、陈梦鹤、徐士林、赵执信、李文藻等书院名人的敬重，无一不体现了书院文化对"敬道崇德"的要求。

1932年和1937年原北京大学校长蔡元培先生和山东省教育厅厅长何思源先生分别为山东省立第十中学题写"勤朴公勇""敬业乐群"，共同组成了青州一中的校训（图2）。与书院文化相一致，校训精神突出的是学子的德行观。书院文化和校训精神一脉相承，直接影响了代代松林学子投身革命，不畏艰险，前赴后继，用鲜血生命，为人类的正义事业谱写了光辉的篇章。

在漫漫革命征途上，不论是处在极端白色恐怖下，还是面对入侵者及帮凶带血的刺刀，深受书院文化和校训精神熏染的青州府官立中学堂、省立十中的革命师生始终站在革命的最前沿，抛头颅、洒热血、毁家纾难、浴血奋战，为人类的解放事业写下了不朽华章（图3）。

党的"一大"代表王尽美（图4），曾在十中读书，后多次来校宣传革命，指导成立青州第一个共青团支部、昌潍地区第一个中共党支部；李殿

---

① 嘉靖《青州府志》（据天一阁藏明代方志选刊点校本），第254页。《提学佥事莆田杨琅诗》："庙貌宗先哲，巍巍列缙绅。青齐联守出，黄阁总名臣。勖业昭前史，义刑肃后人。至今千载下，遗泽尚如新。"

图3　1934年5月30日，冯玉祥将军在松林书院作抗日演讲

图4　1918年夏，王尽美从省立十中考入山东省立第一师范学校

龙，青州第一名共青团员，早期的共产党员，曾任中共南京特委书记，领导革命，在南京雨花台英勇就义；王翔千，山东最早的共产党员之一，同王尽美、邓恩铭等一起发起成立"马克思学说研究会"，又秘密组织济南共产主义小组，以省立十中教员身份发展党员扩大革命力量；著名诗人臧克家的族叔、革命烈士臧亦蘧，"五四"时期的进步诗人、革命战士；革命烈士赵文秀，青州早期共产党员之一，"青州平民学会"的发起者，曾任共青团南京地委委员，在同军阀的战斗中英勇牺牲；刘子久，曾任中共河南省委书记、劳动部副部长；刘顺元，曾任江苏省委第一书记、中纪委副书记……这一批批令人高山仰止的革命家、英烈前辈，在这块光荣的土地上，谱写了一曲曲反抗压迫、争取独立、追求解放的革命赞歌，为民族独立和解放事业建立了不朽功勋。

书院教育强调知行合一。目标在于培养人才，"教诲之于兹书院，皆能有所成就"，"莅政如沂公者"①，期冀出庙堂所重的栋梁之材，重视以王曾、寇准、范仲淹诸先贤名宦的榜样力量来感化诸生，使其见贤

---

① 见松林书院收藏赵执信《黄崑圃政绩碑》。

思齐。自书院肇始至今日之青州一中，这方圣土成为四方英才汇聚之地，为国家培养了大批优秀人才。十数万学子，可谓俊采星驰，人才辈出：有叱咤风云的共和国将军，著作等身的文学巨擘，驰骋商海的企业巨子，熠熠生辉的演艺明星，学术精湛的专业精英。

中国戏剧家、现代教育学家、两度出任山东大学校长的赵太侔，曾任国务院秘书长、中共河北省委第一书记的金明，中国近代建筑史上第一代建筑师、建筑学家、建筑教育家唐璞博士，革命家、原山东艺术学院院长冯毅之，数学家刘书琴，著名教育心理学家、美育心理学创始人刘兆吉，将军书法家彭飞，剧作家胡可，国际著名藏学家、语言学家于道泉……他们都是书院文化和校训精神熏染出的松林学子的杰出代表。

书院这方圣土，名师灼灼，照亮莘莘学子前进的路。院师硕儒执着地传道授业解惑，在学识传承过程中，诲人不倦，同时以自己的言行和高尚的师德为学生们解除人生疑惑，春风化雨，润泽人生。严锡绥、赵执信等都是明清时期松林书院的名师；文脉绵延，到青州府官立中学堂时期，省立十中时期直至今天的青州一中更是大师辈出。

包天笑，青州府官立中学堂第二任监督，著名报人、鸳鸯蝴蝶派作家、现代文学史上白话小说大家；国学大师顾随，20世纪20年代曾任教于省立十中，后成长为中国著名的韵文、散文作家，理论批评家，美学鉴赏家，讲授艺术家，周汝昌、叶嘉莹等皆其弟子；罗竹风，省立十中国文教员，1948年被中共华东局任命为山东省立青州中学校长，因服从组织安排而南下，未就职，他是中国著名语言学家，宗教学家，出版家，辞书编纂家，杂文家；于明信，省立十中第五任校长，同盟会会员，民初山东四大教育家之一；朱骏声，省立十中第八任校长，总理校务近十年，发扬"思想自由，兼容并包"的办学精神，在任期间，学生毕业会考成绩列全省之首，校誉远扬……他们都是德艺双馨、令人景仰的师长丰碑。

书院教育师生关系融洽。教师以"人师"自律，学生以"醇儒"自策；弟子视师长如父兄，师长视学生如子弟，同学互相切磋，互学互助，有教无类，教学相长，和谐共进。这些书院教育之特点对于当前加快教育教学改革、推进素质教育有重要的借鉴意义和参考价值。

书院治学强调勤奋严谨，要求以自学为主，生徒是名副其实的学习主体，自觉地进行自我教育。这种以自学为主的学习方式，成为书院教育非常重要的特色之一，这对于学校在新课程改革的大背景下推进教学改革、发挥学生的主动性和创造性具有十分重要的意义。

松林遗风，世代传承。书院文化自宋代矮松园肇始，经明代松林书院一脉承传，再到山东省最早的国办中学"青州府官立中学堂"，直到今天的青州一中，虽历经千年沧桑，始终薪火相传，已成为今天青州一中教育观和管理法的源头活水，是青州一中的一笔宝贵的精神财富。如今，学校依托百年办学传统，汲取书院文化营养，把传统和现代结合起来，以"育才兴邦，服务天下"为办学宗旨，确立了"有教无类，教学相长"的教育理念，坚持"以质量立校，以创新立教，以素质立人"的办学思想，树立"责任比能力更重要"的工作理念，践行"精心施教，科学管理，周到服务"的工作要求，落实"爱、严、精、细、实、快、恒、先、拓、和"的十字管理方略，以育人为本，以提高质量为核心，深入实施素质教育，积极推进教育创新，不断深化课程改革，办学水平不断提高。

古老的书院教育已渐行渐远，但书院文化的精髓早已深深融进了每一位松林学子的血脉。在今后的教育教学中，青州一中将继续秉持"传承书院文化，发展现代教育"的办学特色，深入挖掘并传承书院文化，努力打造青州一中独特的文化品牌，把青州一中打造成书院文化浓郁的全国特色名校。

（原载《云梦学刊》2014 年第 3 期）

传承书院文化　发展现代教育

——青州一中教育观

夏永军

　　松林书院是青州一中的发祥地。书院文化对后世产生了深远的影响。松林书院教学把科举进仕和提高学生人文素养作为双重目标，特别重视以先贤的榜样力量来影响感化后人，塑造学生忠恕仁爱、谦让诚信、正直操守、廉洁勤政等理想道德人格。在松林书院祀"十三贤"，就是为莘莘学子确立进业坐标，继承弘扬中华传统道德文明。曾就读于松林书院的宋代宰相王曾品行端正，忠心为民，唯才是举，政绩卓著，高风亮节，流芳后世。受到王曾举荐并被列为松林书院十三贤之一的范仲淹"先天下之忧而忧，后天下之乐而乐"的千古咏唱激励着无数志士仁人奋发有为。书院教育德业并举，注重讲理明义，问难论辩；书院教学以独立研究为主，以答疑形式研究学问，同学互相切磋，师生教学相长；教师以"人师"自律，学生以"醇儒"自策；弟子视师长如父兄，师长视学生如子弟，互学共勉，德业并进，书院教学强调知识和道德在个人身上应有的内在统一，对于今天实施素质教育仍有重要意义。时至今日，松林书院书香犹在，古风犹存。

　　青州府官立中学堂是青州一中的前身。清末，西方教育思想开始影响中国教育，废除科举，改制书院，兴办学堂。以1902年松林书院改办为青州府官立中学堂为转折点，学校由封建教育模式转入近代教育体制，逐渐发展成为现在的山东省重点中学、山东省规范化学校，期间众多先贤学子以他们的实际行动诠释了"勤朴公勇、敬业乐群"的校训精神，展现了历代一中人与祖国同呼吸共命运的光荣革命传统，在我国近代中学演变发展史上写下了浓彩重笔。

学校作为传播文化的组织机构，其办学实践是在一定的教育观念指导下进行的。观念引领学校发展，先进的教育观念为学校各方面工作提供理论支持和策略指导，成为全体师生员工共同认可遵循的统一思想行为准则和学校进步发展的力量源泉；教师作为文化的传播者，在一定教育观念指导下履行教书育人、授业解惑的职责。模糊的教育观念容易导致工作无序，事倍功半；科学明晰的教育观念则导向学校发展大局，凝人心，聚人气，合众力，对统一思想、统一步调具有积极推动作用。教育改革改到深处是思想观念以及建立在思想观念基础上的制度，从这个意义上说，教育观念的确立和完善比其他物质条件的改善显得更为重要。

百年耕耘，春华秋实。出于书院文化传承和百年办学的必然，青州一中历来不乏各类教育思想和教育观念，如具有综合性教育意义的校训"勤朴公勇，敬业乐群"；学校前身松林书院的教育目标是"教诲之于兹书院，皆能有所成就"；省立十中时期第八任校长朱骏声提出了"思想自由，兼容并包"的办学思想；后来学校也提出了"传承书院文化，培养现代人才"等育人思想。青州一中办学百年，正是在不同时期各具特色的教育观念引导下，才由书院演变为学堂，由学堂转变为学校，并逐渐发展壮大到现在。今天，青州一中针对新形势、新要求、新目标，形成了包括办学思想、工作理念、"十字"管理法在内的比较系统的一系列教育观念和教育思想，坚持以育人为本、以提高质量为核心，静心抓管理，潜心搞教学，落实每一天，成功每一天，推动学校又好又快地发展。

与时俱进，再谱华章。作为千年书院、百年名校，青州一中所具有的深厚文化底蕴、悠久办学历史、光荣革命传统和成熟育人经验是一笔宝贵的精神财富。传承书院文化，发展现代教育，努力办好让人民满意、让师生受益的教育，这是我们全体师生员工义不容辞的共同责任。如今，学校依托百年办学传统优势，突出五大观念引领学校发展，即：树立"有教无类，教学相长"的教育理念，坚持"以质量立校，以创新立教，以素质立人"的办学思想，谨记"责任比能力更重要"的工作理念，践行"精心施教，科学管理，周到服务"的工作要求，贯彻"爱、严、精、细、实、快、恒、先、拓、和"十字管理法，借以完善育人策略，促进教师专业成长。

一　教育理念：有教无类，教学相长

教育是促进学生身心发展的事业，教师是塑造学生灵魂的职业，因而教育工作比其他行业更能触及人的心灵深处。青州一中的教育理念"有教无类，教学相长"（图1）正是如此，它恰似千年教育文明的结语娓娓道来，强调学校教育无差生的"生生平等观念"和以教导学、以学促教的"师生民主观念"，重在建立和谐进取

图1　青州一中的教育理念

的育人氛围，闪耀着灵动和理性的光辉。

在教育思想发展史上，孔子明确提出"有教无类"的主张，认为应该扩大教育对象，只要诚心求教，不分聪愚贫富，都应热心教诲，"是故无贵无贱，无长无少，道之所存，师之所存也"。孔子创办私学打破了官府教育垄断，使部分平民享有接受教育的机会，这是历史的进步。在今天，对"有教无类"可以宽泛理解，即不论学生基础怎样、禀赋如何、家境状况，都有接受教育的平等权利和自己的人格尊严，"有教无类"就是让所有学生共享一片蓝天，共同健康成长。

"有教无类"思想的实施，扩大了教育的社会基础和人才来源，对于全体社会成员素质的提高起到了积极作用。现代社会，教育权利全民共享，教育的全民性和普及性显得更为充分。贯彻教育公平原则，是国家多出人才、快出人才的根本保证，也是坚持教育伦理的具体表现。对青州一中来讲，"有教无类"折射出了人民教育为人民的朴实内涵，既要为优秀学生拓展成才空间，也要为更多的普通学生甚至是暂时落后的学生搭建成才平台，实现办学质量的全面提高，努力办好人民满意的教育。

孔子的"有教无类"思想突出了师德要求，至今仍有积极的现实意义。教育工作者肩负为国家培养合格建设者和接班人的历史责任，应当具有博大胸怀、良好师德和公正的教育态度，在平等基础上善待每个学生，能够容得下性格习惯不同、兴趣爱好各异的学生，不会因为学习成绩的好坏与家庭背景的不同高看或歧视某些学生。教育工作者是学生的良师，慈爱的长者，是学生的知心朋友；不仅关注学生的学业成绩，也关心学生的思想品行，更把学生的喜怒冷暖放在心间。尊重学生的人格，就是维护教师的尊严。同时，教师坚持"有教无类"所体现出的良好师德和平等态度对学生是一种莫大的安慰与激励，有助于学生自信心的建立，只要不懈努力，既可以使优生和后进生在不同基础上各有所得，"学会学习"，更重要的是教师以平等公正的实际行动提示了学生"学会做人"的道理。

然而，在现实教育工作中，孔子的"有教无类"思想中积极有用的成分并未得到很好的继承发扬，典型表现就是对学习成绩不理想或行为不规范的学生缺乏细致耐心的疏导，不注重教育转化工作，使他们遭受冷落，丧失信心。因此，做好后进生的转化工作是"有教无类"包含的一个主要教育思想。学生差异客观存在，教育就是帮助学生加快发展，使后进赶先进，先进更先进，这也是教育的存在价值。锦上添花固然可喜，雪中送炭尤为可嘉，对于暂时落后的学生，更要发现他们身上的"闪光点"，增强后进生的自信心，以此作为他们转化的起点；同时，教师应当通过各种渠道与后进生缔结感情纽带，学习上热情指导、生活上关心帮助，有的放矢，因人施教，帮助他们克服消极自卑心理，而转化后进生带来的效果可以激励所有学生，更能显示教师的高尚师德和不凡功力。

"教学相长"出自《礼记·学记》："学然后知不足，教然后知困。知不足然后能自反也，知困然后能自强也。故曰教学相长也。"大意为教和学两方面相辅相成，相互促进，共同提高，主要指师生平等和教育民主。孔子认识到教学过程中教师对学生不是单方面的知识传授，而是可以且应当"师生互动，教学相长"的。教育实践证明，只有在一个民主、平等、和谐的教育氛围中，教师对学生既讲民主，又讲集中；既严格要求，又热情指导；既尊重学生的独立性和首创精神，又发挥教师的主导和引导作用，彼此优势互补，杜绝师道尊严，才会有和谐高效的课堂气氛；学生能静心学习，安心思考，即使答错了，也不用担心老师责备和同学讥讽，学生才会因愉快的情感体验激发求知欲望，实现"教学相长，师生共进"。

"学然后知不足"，一方面，由于世界的复杂性和个人认识的局限性，即使我们身为人师，也不可能做到处处高明，要始终有学生学习成长，教师专业成长，师生共同成长的心理定位，正所谓"青出于蓝而胜于蓝"，"弟子不必不如师，师不必贤于弟子，闻道有先后，术业有专攻，如是而已"。在教学实践的某些环节中，教师把知识优势有意收敛，反而更能够激发学生的展示能力。低头需要勇气，抬头依靠实力，如果在个别问题上老师确实有失误，低头认错实为大智大勇。另一方面，当今信息时代知识更新加速，教育改革不断深化，新课程实施方兴未艾，教师专业技能也有一个完善提高的问题，所以，向书本学习，向实践学习，向同行学习，向学生学习，只要有"精益求精，进乎技矣"的愿望，到处都是成长的课堂，每个人都有值得称道的闪光点。更重要的是，这种"不耻下问，虚心谦和"的精神不但不会降低教师的身份，反而更能赢得学生的尊敬，培养他们向善求真的良好品质，促进学生学业进步。唯有如此，专业技能才日渐精进，调控课堂才得心应手，教学相长，师生共进，"知不足然后能自反也"。

"教学相长"的意义还在于，教学本身是教师与学生的双向活动，教师在引导学生探求知识的过程中起助推作用，但"一个巴掌拍不响"，教师也不可能唱独角戏，没有学生的积极配合、主动获取，教师纵有满腔热情、满腹经纶，也不能转化为教学成果，教师的辛勤劳动便会大打折扣，成为低效甚至是无效劳动。特别是高中教学已经开始注重由感性经验向理性认识的过渡，尊重和提高学生的思维能力是促进新课程改革，取得学生积极主动配合的必然要求，我们在教学中经常涉及的类似合作学习、探究学习等方式方法正是在向培养学生学习主动性这方面努力，这使得"教学相长"更具实践意义和现实意义。

"教学相长"不是一种虚与委蛇的主观标榜，而是一种切实当行、回报丰厚的育人境界，要达成积极效果，师生之间就要相互尊重。尊师重教是中华民族的传统美德，我们通常只强调学生要尊重老师，其实进入青少年时期的学生"成人感"增强，自尊心强，甚至有点虚荣心，更期望家长和老师的理解尊重，只是由于他们知识经验的局限，日常言行中经常出现差错，如果老师处理不当，很容易伤及学生的自尊心，导致学生采取一些不愿配合甚至是敌对性行为，进而影响到学习。所以，师生之间互相尊重更强调的是教师要给学生一些成长空间，以疏导、帮助、关爱和信任的激励性教育行为成就学生，平等对待他们，凡事以理服人。表扬也好，批评也罢，即便是情急之下对学生的合理惩戒，务必让学生心悦诚服，教师也终将赢得学生的敬重。

"教学相长"的理念既展示了教师的民主平等谦虚作风，体现了师生人格上的平等，也实实在在有助于提高课堂效果，符合教育认知发展规律，是优秀教育工作者成功的秘诀之一。只是由于教师对学生的地位、知识、阅历及心理等方面的优势，使得"教学相长"在实际教育教学工作中认同度不高。但是，我们不能低估它的作用，作为教育工作者，只有坚持优良教育传统，与时俱进，使教书育人工作常做常新，才能由"教然后知困"到达"知困然后能自强"的不败之境。

学无止境，教无止境。随着教育内涵的不断充实更新，现代社会赋予"有教无类"的意义更多的是教师对学生的民主态度，要求教师用平等心态去感化每个学生，让他们积极进取；"教学相长"更多的是强调教师在教学过程中要创造和谐的学习氛围，使得师生双方主动合作参与教学过程，达到教师教学与学生学习两方面共同提高。唯有在教育实践中坚持"有教无类，教学相长"，把提高学生素质和提高自身素质相结合，方能教学共进，师生共赢。

二　办学思想：以质量立校，以创新立教，以素质立人

教育是动态性较强的工作，办学思想是学校对各方面工作的统一性要求和指导性定位。办学思想作为原则性要求，各部门应当遵循并结合部门特点创造性地加以贯彻，强调的是把握准确，落实到位，把青州一中"以质量立校，以创新立教，以素质立人"的办学思想落到实处。

（一）"以质量立校"是学校办学的立足点

质量是学校的核心竞争力。教学质量是学校的生命线，也是关系到学生切身利益的核心问题。只有以教学为本，靠质量立校，学校才可以安身

立命，才可以做大做强。同时，"质量立校"是一个系统工程，依靠的是方方面面的教育合力，需要各方面从不同角度的协调配合。因此，我们必须坚持质量发展观，各系统、各部门要从不同角度采取得力措施持之以恒地抓好教学和协调服务工作，完美执行教学常规，扎实推进教学改革，切实把工作重点转移到全面提高教学质量上来，以质量立校，建质量名校，创质量强校。

纵观青州一中百年办学发展史，学校之所以能有今天的荣耀与辉煌，其中突出的经验就是依靠过硬的办学质量，成功的人才培养。百年办学，文脉传承，才俊辈出，从松林书院时期的宋朝宰相王曾、明代兵部尚书陈经，到近代原国务院秘书长、中国共产党中央顾问委员会委员金明，著名建筑学家唐璞，前解放军艺术学院院长、著名剧作家胡可，教授学者、著名作家马瑞芳，再到现代400余名获得博士以上学位的诸多名生，历代师生奋发有为、建功立业，众多先贤学子以他们的实际行动诠释了"勤朴公勇、敬业乐群"的校训精神，成为国家各个历史时期可以倚重的栋梁之材。与取得的辉煌业绩相对应的是，青州一中成为山东省属重点中学，山东省级规范化学校，获得了国家现代教育技术实验学校、中华传统文化教育实验学校、全国电化教育科研学校、山东省素质教育实验学校、山东省教书育人先进单位、山东大学优秀人才输送基地等诸多殊荣，中华传统文化教育论坛、全国素质教育研讨会、全国"诱思探究"开题会、全国"中华诵"夏令营活动先后在青州一中举行。凡此种种，说明了一个基本事实：青州一中的良好声誉和优质品牌是靠"质量"树起来的，是靠一代又一代一中人用辛勤的汗水赢得的。历史昭示未来，"以质量立校"是教育工作的永恒主题，也是教育工作者的本职和存在价值。

"以质量立校"突出了以教学质量为基点，但又不仅限于此。从培养对象上看，质量既包括优生培养，更强调让广大师生受惠，有教无类，让每位学子在不同起点上成人成才，各有收获，即为了一切学生；从教育层次上讲，质量突出学生学业水平，更强调综合素质，这是青州一中"以素质立人"办学思想和实施素质教育的应有之义，这也是对教育负责、对师生负责的具体体现。可喜的是，"以质量立校"现在已经成为青州一中全体师生员工达成的共识，学校积极推进名师培养工程，涌现出了一大批有实力、有实绩的优秀教师，一支管理有方、勇于担当的年轻干部队伍正在茁壮成长，他们德教双馨、辛勤耕耘，成为学校发展的宝贵财富。

实施"以质量立校"是一个具有全局性、挑战性和长期性的任务，全校各部门要高度重视，都应从自身工作职责出发，各司其职，各负其责，要把各项工作放到提高教育教学质量的框架中来考虑安排；要把坚持教学常规和教学改革相结合，行之有效的好办法要坚持完善，制约教学质量提高的因素要找准破解，及时研究解决教学工作中出现的新情况、新问题；要深入调查研究，力戒形式主义，倡导高效教学和有效教研，推进优生培养和后进生转化，推进教学工作和班级管理创新；级部、教学教研组室等教学主体实施单位要主动行动，善于破难，切实解决教育教学工作中存在的问题，同时要开展形式多样的教师培养、教学研讨、教学观摩活动，使教学管理与教学实践日渐精进；全体教师身处教学一线，潜心治教，精心施教，深入研究学科内涵，提高课堂效率，是提高教学质量的主体。

（二）"以创新立教"是提高办学质量的必由之路

"以创新立教"，突出了教学改革，归结到教学质量，它为学校工作不断进取发展提供了源源不绝的持续动力。教师从事教育创新，而不是一味被动地接受专家的指导、迷信专家的权威，不仅能有力推进教育改革，而且能使教师的工作获得生命活力，提升教师的职业形象。教师具有丰富的实践经验，处于最佳的研究位置，应该走出传统封闭的樊篱，重视教育创新研究，提高学术素养，把教育做成精品。

事物是变化发展的。随着社会发展，现代学生又具有新的特点，因此，教师在教学中要与时俱进，开拓进取，以自己的创造性活动来开辟教学工作新天地。同时，新课程改革也对教育创新提出了必然要求，不创新就无从适应，更谈不上驾驭和发展。因此，针对重视教学方法创新、忽视学生学法创新，重视课堂改革、忽视课余调控的倾向，"以创新立教"突出了要从学生的学习创新和教师的教学创新两方面下手，两手都要抓，课堂内外都要兼顾到。教师的教学创新是"以创新立教"的主题，而且主要指向课堂教学改革，也就是我们常说的"向课堂要效益，向四十五分钟要质量"；学生的学习创新有赖于教师的引导，主要是让学生明确树立创新意识，培养学生的创造性思维，鼓励他们通过求异思维以另辟蹊径，通过发散思维以拓宽视野，通过逆向思维以否定既有，等等。只是由于操作模式等方面的原因，学生创造能力培养还存在一些困难，相比而言，单纯的知识传授更容易一些，但学生发展缺乏后劲，开拓性人才难以脱出，"题目思路越来越灵活，观点材料越来越新颖"的高考对于考生不啻是一种挑战。

顺应时代潮流，教育界教学创新改革方兴未艾，青州一中教师也积极投入其中，取得了一些成果，得到了一些收获。创新立教首先要端正认识，不是"一改百了，改了就新"，防止表面鲜活，内里依旧，像行之有效的教学常规之类的教学技能之所以能够多少年坚持下来，就说明它具有得到广大教育工作者认可的生命力，而且它们本身就是教学创新的历史产物；同时，对优秀的教学传统也有一个随着时代变化不断丰富发展的问题，这是创新立教的重要方面。从对学生的要求来讲，创新立教并不意味片面要求学生标新立异，标榜另类，而是在尊重学生个性特点的前提下，教会学生善于从不同角度提出问题，善于用不同方法思考问题，善于靠创新思维来解决问题，敢于超越书本知识，敢于超越自己的老师。从学生长远发展看，创新能力是他们将来成为杰出人才的标志性特征。

创新立教还要提高对创新必要性的认识。人们的习惯一经形成就具有依赖性，改革创新意味着突破各种早已驾轻就熟的习惯，有点自讨苦吃的味道；或者方向偏颇，或者时机未到，改革见不到成效，这都会导致人们对改革的怀疑和放弃。新课程实施再次把改革创新提到整体性变革的高度，强调以课堂教学改革为核心，突出教师角色的转变和师生关系的重新构建，从传统的教材教法走向课程。新课程给教师专业发展带来的挑战是多方面的，其核心是要求教师确立课程创新意识，给教师角色重新定位，变"塑造灵魂的工程师"同时为学生潜能的开发者；变"辛勤的园丁"同时为学生发展的引导者；变"无私的蜡烛"同时为师生互补的发展者；变"甘为人梯的导师"同时为教育教学的创新者。其核心意义是要由封闭式教学转向开放式教学，由偏重教法转向偏重学法，由"以教师为中心"转向"以学生为中心"，由传授知识转向培养学生能力等等。观念更新了，创新教育才会有动力，教师在自己创新的同时，也促进学生去创新。同时，教师专业成长要提高六大能力：学习能力，谋划能力，实践能力，调控能力，沟通能力，反思能力。

如果说以上所述局限于观念更新和一般原则，那么，创新立教的具体措施还有赖于教学研究，在教学中研究，在研究中教学，做好研究型教师，努力实现从经验式教学到研究式教学的转变，让课堂充满智慧与活力。为此，学校提出的"静心抓管理，潜心搞教学"强调要沉心静气做学问，以研究的态度抓紧课堂，从学术的高度探寻策略。在创新立教过程中，应当树立"教学即教研""难题即课题""课堂即实验室"的观念，找课题、破难题、重效果，建立级部之间、学科之间、校际之间的教学信息共享，通过开展教师培养、观摩研讨、书院讲堂、专题突破、教师专业化成长设计、现代教育技术的课堂应用、高效课堂、学生学习主动性培养、学生学习方法和心理健康研究、学科竞赛等活动，推动教学研究走向深入，取得实效。同时，教学反思是创新立教的有效手段，反思就容易发现不足，存在问题就整改，找到经验就升华，这就需要我们敢于怀疑甚至否定自我，善于突破超越自我，使知识性教学转向教研式教学。

教研作为创新立教的有效杠杆，主要目的是解决教育教学实践中的问题。这个过程可能需要相当长的时间，会遇到种种困难，但教师一旦具备了较强的研究能力，就会使教书育人工作来的更具理性智慧，从而相对轻松，优质高效，所谓"磨刀不误砍柴工"。要坚持研究和实践相结合，突出教研课题针对性，教研过程规范性，教研成果实用性，积极探索并确立适合学科和学生特点的、具有良好可操作性的、形式灵活多样的课堂教学模式，多出"精品、优质、高效"项目，落脚点放在"减负增效，高效实效"，切实让广大师生受益。

需要注意的是，创新立教的关键点是"立教"，不是为创新而创新。"删繁就简三秋树，领异标新二月花"，只要有利于提高教学质量，简单也是创新，老办法也会出新意，教师的知识储备、精心设计教案教具、精湛的讲解基本功、习题的精确设计、对不同层次学生的兼顾、良好的师生关系等始终是大面积提高教学质量的不二法门。同时，创新立教对提高效率、保证质量、减轻师生负担具有积极作用，用最少的投入获得最大收益是教学创新改革的追求目标。

（三）"以素质立人"是教育工作的最终目标

素质教育体现国家对学校办学的法律要求，是"规范办学"的基础要求。青州一中的办学思想"以素质立人"为工作目标，始终不渝地坚持素质教育办学方向，在课程设置、作息制度、育人环境各方面认真执行上级要求，充分尊重学生身心发育特点，坚决摒弃以牺牲学生未来可持续发展甚至是身心健康为代价的应试教育模式，青州一中成为"山东省素质教育实验学校"，是上级对学校素质教育工作的肯定。实践证明，真正的素质教育对教育教学不仅不构成矛盾，反而是合二为一的，高质量的教学成绩和高水平的人才培养是素质教育成功的重要标志，培养的学生也是真正符合国家要求和社会发展的新型人才。

为进一步落实"以素质立人"的办学思想，全体教职员工需要不断提高师德素质和育人水平，做到全员育人、育人有方，抓好课堂渗透、课外熏陶，形成"内容多方面，形式多样化，参与多角度，活动重效果"的协作育人局面，重点在提高教育教学质量与减轻学生负担的有机结合以及学生自我管理、养成教育上狠下功夫，逐步实现学生由他律到自律的转变。

为了提高学生素质，要继续做好习惯养成教育工作。教育家叶圣陶说："教育就是习惯的培养"，好习惯的养成对学生来说是一笔终生受用不尽的宝贵财富。"养成教育"活动涉及卫生习惯、文明礼仪、安全习惯、学习习惯等方方面面，在"养成教育"活动中，学校从学生日常生活的细微之处考虑，从小处入手，循序渐进，全面推开，涉及课堂秩序、校园秩序、作息纪律、宿舍秩序与卫生、"三操"、文明礼貌、安全行为等。与我校"创新立教""质量立校"要求相一致，保持良好学习秩序、维护和谐校园环境、培养文明生活方式是逐步建立"养成教育"长效机制重要的、基本的方面。

通过开展各种活动加强学生自我管理、自我教育能力也是"以素质立人"的重要体现。自我教育作为学校德育的一种方法，要求教育者按照受教育者的身心发展阶段予以适当的指导，使他们能把教育者的要求变为自己努力的目标。我校以培养学生"学会做人，学会做事；提高能力，提升素质"为出发点，通过举办一系列学生喜闻乐见的活动全方位提高学生文明守纪的自觉性，诸如坚持升国旗制度，"八荣八耻"教育，清华大学、北京大学校友报告会，学子企业行，中华诵夏令营，新生军训，运动会，爱心助学等等。学生在活动中增长见识，扩展知识，陶冶情操，整体素质不断提升。

校园文化是素质教育的重要载体。学校借助于团结和谐的文化氛围，培养学生的人文素质和科学精神，提升学生的人格、气质、修养等内在素质，为学校发展提供有力的支撑平台。青州一中构建校园文化着重形成以下特色：文化内容丰富，以校风、教风、学风建设为核心，推动形成厚重的校园文化积淀和进取的校园文化氛围；文化形式多样，以优化校园文化环境为基点，以丰富校园文化活动为载体，使学生在日常学习生活中接受良好的人文精神陶冶；文化布局合理，对实体文化精心规划，整体见导向、细节显精神；文化精神突出，通过多渠道文化渗透，形成"做人做事做学问，尽心尽力尽责任"，"人品求真，学识求高，做事求好"的精神境界；文化追求高远，使文化建设服从于"促进学生未来可持续发展"这一主题，并达成全面推进素质教育的最终目标。

松林书院作为青州一中的独有文化资源，其教育目标是突出的人才观念，"教诲之于兹书院，皆能有所成就"；更期冀出庙堂所重的栋梁之材，"莅政如沂公者"。书院教育关于知识和道德在一个人身上所应有的内在统一对于今天青州一中倡导的"以素质立人"同样有着深刻意义。千年书院文化一直潜移默化地影响着后人，我们要充分挖掘利用书院文化资源，在发扬传统的同时融入现代文化的内容，建设平安和谐校园，增强学校的凝聚力和向心力。

青州一中作为一所具有百年历史的山东省属重点学校，具有悠久的办学传统和深厚的文化底蕴，是出优秀人才的地方，社会影响面大、群众关注度高。我们全体师生员工要务实求真，方法得当，不断提升办学质量，始终保持领先地位，全面建设发展好青州一中这所百年名校。展望未来，学校将进一步贯彻党的教育方针，坚持"以质量立校，以创新立教，以素质立人"的办学思想，践行以人为本的科学发展观和育人为本的素质教育观，努力办好让人民满意、让师生受益的现代教育，为国家输送合格优秀人才，为青州教育事业发展贡献力量，为学生奠基美好未来。

三　工作理念：责任比能力更重要

现实社会中的个人都扮演着不同的角色，每种角色又承担着不同的责任，与此对应也要求具备相应的能力，我们教育工作者更是不能回避"责任"与"能力"的拷问。"责任"与"能力"本无孰轻孰重的问题，两者相辅相成，如同"德智体"全面发展是对学生的要求，"德才兼备"是对干部的要求一样，他们就像鸟儿的双翼，共同达成飞翔的愿望。

人们的能力有差异这是客观事实，但并非天壤之别，况且"尺有所短，寸有所长"，人们还可以在履行职责的实践中不断增强能力，甚至后来居上，因此，从发展意义上看，能力源于责任，责任承载能力，责任比能力更重要！很难设想真正愿意和能够担负责任的人能力低下。在现实生活中，有能力的人常见，而同时又有很强责任观念的人却难能可贵，他们常常成为社会的中坚力量。从顾炎武的"天下兴亡，匹夫有责"，到田汉毕业歌"大家起来！担负起天下的兴亡"，再到毛泽东说的"一个人能力有大小，但只要有为人民服务的精神，就是一个高尚的人，一个纯粹的人，一个有道德的人，一个脱离了低级趣味的人，一个有益于人民的人"，这些都是强调责任和品德比能力更重要，其中可以体味出他们对责任和品德的看重。无论古今中外，何时何地，具有责任观念和高尚品德的人始终是人们所尊敬的。

责任是岗位赋予的，责任首先体现在职业道德。拥有了一个岗位，就多了一份责任，自然履行相应职责，即是"在其位，担其责，尽其职"。教书育人，授业解惑，教育管理工作涉及方方面面，只有进一步强化责任意识，做事出于心，才能尽量减少纰漏，把工作做精做细做出色。既然从事了教育事业，而且有继续做好的愿望，那就包含了义无反顾的自信心和义不容辞的责任心，在困难时能够把持，在成功时进取依旧，对岗位负责就是对学生负责，对学生负责就是对职业负责，即为拥有爱人和自爱之心。

责任比能力更重要，还是因为责任影响能力，责任可以提升能力，激发潜能，甚至创造奇迹，使我们教育工作者在专业成长的道路上走得更好更远；责任产生动力，保持对工作的一份热忱和激情，增加成功机会，拓展成长空间；责任产生信任和尊严，负责任的人是值得信任的，而学生对教师的信任建之不易，因而弥足珍贵，这种师生信任可以明显放大教书育人的效果。

教育工作者素质较高，大都具有良好的师德修养和责任意识，但仍然存在进一步强化提高的问题。强化责任心，一是端正工作态度，对教育岗位的重要性、平凡性和细致性有充分心理准备，努力克服职业倦怠，激发工作热情；二是把细节小事做好，责任面前无小事，教育细节特别多，小事和细节更能够体现责任心与行为品质，学校整体工作就是由一件件小事和细节组成的；三是讲求信誉，积极担责，加强业务，总结规律，遇到问题实事求是，只为成功想办法，不为失误找借口；四是学习先进，见贤思齐，因为先进教育工作者都是最优秀最负责的人，而且先进之所以成为先进，肯定有其过人之处；五是对职责履行精于思考，心中有谱，把握行之有效的教育教学方法，力求形成成熟的教书育人经验，减负增效。其他如良好工作习惯养成、同行间的沟通协调等也是工作责任心的具体表现。

担责履职是职业必需，是个人能力的展示，是惠及他人的美德，把它作为一种理所当然的正常工作习惯，就不至于衍变成为思想压力甚至沉重包袱。人无十全十美，事无尽善尽美，只要学习工作尽心尽力了，即便存在某些不足也是可以理解的，这就是"理解万岁"。只是由于履行职责的过程中必然涉及他人，特别是学生的未成年特点会给教育教学工作带来更多变数，所以育人工作"宁可不及，不可过正"，拿不准的问题先研究，拿准了的问题再思考，完成了的事情看看是否有弥补和圆满的必要，防止矫枉过正，过犹不及，避免陷入被动和僵局。这种履行职责的理性态度和求是精神可以减少疏忽和纰漏，从而合理释放职业压力，使担责履职成为个人内在习惯，更不至于因此影响工作前景和身心健康，这体现了青州一中"责任比能力更重要"工作理念的人本化一面。

作为教育工作者，肩负学生未来、家长期望、学校发展和社会进步多重职责，对待事业的责任心是干好工作的前提和基础，这是教育工作者的义务。如果渴望成功，那就必须做好准备，承担随之而来的责任，正如美国社会学家戴维斯所说："放弃了自己对社会的责任，就意味着放弃了自身在这个社会中更好生存的机会。"同时，"责任比能力更重要"并不意味能力不重要，不断提高业务技能和管理能力一直是担责履职的本来要求和实绩表现。我们要做到心中有责、肩上担责、手里履责，做一名以尽责为荣、失职为耻的德能勤绩俱佳的先进教育工作者——扛着责任，就是扛起了共同的未来！

四　工作要求：精心施教，科学管理，周到服务

履行岗位职责，做好分内工作，这是所有职业人的义务。不论是出于外在要求或是源于内在动力，人们大都有做好工作的愿望，肩负教书育人职责的教育工作者更是如此，突出表现在我们所应当具有的责任心、进取心和高度的自律性、自觉性上。工作要求可以用一个"好"字概括，问题是怎样做到好处、不同岗位有什么特殊要求等，还应当分解明确。青州一中提出的"精心施教，科学管理，周到服务"工作要求，涉及学校工作的教育教学、学校管理和各类服务，不同方面要求各有侧重，但主旨只有一个：做好各项工作，推动学校发展。

"精心施教"是教书育人的核心要求。教育是专业性很强的工作，教师是专业化很强的职业，既需要特有的知识技能，更需要把握遵循教育规律，提高责任观念和自律意识，否则就可能给学生学业进步和身心发展带来危害。我们从事的学科教学被认为是一种"专业"，如果我们所做的一切无法给学生"学科"和"专业"知识，我们的教学就是失败的。联合国教科文组织对教师专业化做了说明，提出"应把教育工作视为专门的职业，这种职业要求教师经过严格的、持续的学习，获得并保持专门的知识和特别的技术"。作为一种"专门的职业"，它既要经过学历教育，还需要"严格的、持续的学习"，借以提高专业水准，保证自己的"专业"地位。

教学工作对教师的自律性要求很高，这是由教学工作的自主性较强决定的。传统教师形象是以品、学为核心，提倡教师既要做经师，又要做人师。历代教育家提出的"为人师表""以身作则""循循善诱""诲人不倦""躬行实践"等，既是教师职业道德要求，又是教师人格魅力的体现。在学生心中教师是"社会的规范、道德的化身、人类的楷模、父母的替身"。当代教育学者林崇德把教师应具备的个性特征界定为：热忱关怀，真

诚坦率，胸怀宽阔，作风民主，客观公正，自信自强，耐心自制，坚韧果断，热爱教育事业等，现在我们常常把这些简化为"德能勤绩"。中央《关于深化教育改革全面推行素质教育的决定》中提出："教师要热爱党，热爱社会主义祖国，忠诚于人民教育事业；要树立正确的教育观、质量观和人才观，增强实施素质教育的自觉性；要不断提高思想政治素质和业务素质，教书育人，为人师表，敬业爱生；要有宽广厚实的业务知识和终身学习的自觉性，掌握必要的现代教育技术手段；要遵循教育规律，积极参与教学科研，在工作中勇于探索创新；要与学生平等相处，尊重学生人格，因材施教，保护学生的合法权益。"这些都是时代对现代教师提出的师表规范要求，需要我们在政治思想、工作态度、业务能力等方面与时俱进。

教师为人师表，教书育人，要做到专业精深，技能精湛，施教精心，效果精彩。一是要不断强化专业知识，丰富相关领域知识，对驾驭知识具有融会贯通、举一反三的结合控制能力，满足学生的求知渴望；二是不断更新知识体系，善于研究教学技能，学习吃透教育学、心理学、教育方法等方面的知识，把教育理论的最新研究成果引入教学过程，使教育教学的科学性和艺术性完美统一；三是熟练掌握现代教育技术的操作和应用，恰当有效地选择教学方式方法，把知识传授与能力创新结合起来，培养学生的主动创新精神；四是精心做好教学常规工作，在平凡中做出精彩，在耕耘中拓宽视野，在执教中升华技艺；五是教会学生学习，成为学生智力的开发者和学习的指导者，教师不仅传授知识，更要唤醒学生潜能。总之，"精心施教"应以三个有利于为标准：有利于新课程实施，与新课程考核要求保持同步；有利于调动学生学习积极性，进而学会主动学习，与教师授课意图保持一致；有利于提高教学质量，与青州一中"质量立校"要求保持统一。

在"精心施教"过程中，方法问题被摆到了特别位置。教学改革业已多年，各类方法层出不穷，颇有些"乱花渐欲迷人眼"的味道。这一方面说明方法的重要性已经成为广大教师的共识，教学方法大都来自课堂实践的经验总结，是老师们勤劳智慧的结晶，而且方法都包含一定的技巧和规律，具有提高授课效果和减轻师生负担的双重功用，因而理所当然受到重视；另一方面，为了避免不成熟的教学方法给教学造成的负面效应容易导致教师对教学改革失去信任与热情的现象，我们强调把优秀教学传统和时代变化要求相结合，适合自己的就是好的，有利于提高教学质量的就是改革成果。针对教学改革过于强调求变的倾向，要重拾传统教学的精华，教书育人，古今一脉相承，授业解惑，万变不离其宗；针对教学改革目标分支过多的倾向，要准确领会新课程理念，虽说条条大路通罗马，但在既定时间前提下选择最优化的"捷径"是教学改革的实用性要求。与教学方法改革相对应，学习方法改革也是常改常新，但这常常是没有引起足够重视的一面。"给学生一杯水，教师要有一桶水"，这是教师知识储备所必需；"授人以鱼不如授人以渔"则更进一步，那就是教给学生方法，引导学生学海泛舟，驾船如神。学习方法有多种，培养方式有多样，但学生必须首先树立方法意识。

关注优生培养，厚待弱势学生，实现全员发展，是"精心施教"的重要课题。青州一中倡导的"有教无类"理念强调"为了一切学生，使每位学生都各有所得"，其中就包括处理好优生培养和弱生提高的关系。对优生侧重于放手发展，对弱生侧重于亲手帮助，学生个体差异客观存在，"因材施教"是教育教学工作不能回避的问题。就优生培养而言，新高考的特点意味着那些阅读面广、思维和应变能力强的考生具有高考优势。从近几年高考试题可以看出，命题指导思想对学生的灵活性、创新性和思辨力要求高了，命题由知识立意向能力立意转变明显，这就为如何把素质相对较高的学生培养为优秀生提供了参照。"给他一个时间，让他自己去安排；给他一个问题，让他自己去寻找答案；给他一个困难，让他自己去解决；给他一个悬念，让他自己去讨论；给他一个题目，让他自己去创造；给他一个条件，让他自己去锻炼；给他一个对手，让他自己去竞争；给他一个权利，让他自己去选择；给他一个机遇，让他自己去抓住；给他一个空间，让他自己去发展。"这是浙江省嵊州市教委在培养尖子生方面提倡的"十个给他"，取得了很好的效果，它遵循"学习能力学"的观点，值得我们借鉴。就弱生提高而言，首先树立"优秀生成才，弱势学生同样也可以成才"的观点，只是教师要付出更多的辛劳，但转化弱生所得收获更多，对其他学生激励作用更强，对全面提高教学质量意义更大。弱生可以分为学业弱势、品行弱势、心理弱势、家庭弱势等，而且这些方面常常是相互渗透的。这些学生如果得不到关注，学习无动力，成绩下滑，缺乏信心，心理自卑，就会一直"弱"下去，成为真正的"弱生"。如何扶助弱势学生，实现全员发展，是每位教师特别是班主任面临的重要课题。所以，分类摸清弱势学生情况，具体问题具体分析，有的放矢制定目标，稳中求进，多方帮扶，联合攻关，照样能使弱势学生体会到成功的愉悦。重要的是让学生明确，人生没有什么固定方程式，成功的轨迹很简单：保持一股不甘落后的精神，树立一个天道酬勤的信念，拿出一种抱定成功的干劲，就会转弱为强，找到适合自己成长的道路。

"科学管理"是维系学校系统运作的基本条件。"科学"是管理的灵魂，"决策"是管理的前提。科学管理是学校发展的龙头，有"牵一发而动全身"的全局效应和"四两拨千斤"的放大效应，有时会产生"多米诺骨牌"式的连锁效应；科学的教育教学管理系统，甚至是一个好点子，有时会收到柳暗花明、点石成金之功效，这可以在很大程度上减少无效劳动，减轻工作负荷，确保工作质量；管理违背科学原则，就常常得不到大家的认可，执行起来就不顺利。特别是在班级管理中，教师必须强化管理意识，把班级管理当成一门学问来做，把个人权威转化为集体意志，为学生提供自我教育与管理的机会，优化班级管理环境，形成班级自治力和凝聚力，使班级管理纳入科学化轨道。有鉴于此，学校各方面在"以质量立校，以创新立教，以素质立人"的办学思想指导下，要潜心研究工作，坚持"大胆设想、谨慎决策、科学求证、精心实施、准确落实"的指导思想，对工作科学筹划、科学决策，避免随意和盲目。所谓"大胆设想"，是指面对当今教育出现的许多新问题，必须有创新精神和开拓勇气，寻求解决问题的最佳方案；所谓"谨慎决策"，是指教育是个系统工程，涉及方面广泛，教育管理决策必须慎之又慎；所谓"科学求证"，就是要有实事求是的科学态度，在充分调查的基础上研究管理方案的可行性、科学性；所谓"精心实施"，就是要有实干精神和细致作风，工作不走过场；所谓"准确落实"，就是确保工作结果和工作要求相比不走样，把落实进行到底。

"凡事预则立，不预则废"，"科学管理"中的筹划与决策是为实际工作预设的一条主线，目的是为顺利达成预期目标规划行动路线。如果出现规章不能顺利执行、有效贯彻的情况，相关部门首先要检讨是否存在决策失误。如果决策确实不存在问题，即便是遇到暂时的阻力也要继续贯彻，并且注意随着情况的变化加以修正，以实现教育教学目标为最佳定位。

学校管理处处有情，学校领导是"学校建设的协调人"。校领导通过个人品质、能力作风等一系列非职权性影响带动引导教职工，通过打造"认同感"调动一切积极因素、变不利因素为有利因素去提升师生的表现，把管理意志转变为教职工的自觉行动。苏联教育家苏霍姆林斯基说："领导学校，首先是教育思想的领导，其次才是行政上的领导。"学校领导以教育专家的科学严谨，行政领导的高瞻远瞩，必将带出一批批具有鲜明教育思想的教师，进而培养素质优良的名生才俊。为此，在管理实践中学校坚持"爱、严、精、细、实、快、恒、先、拓、和"十字法，"爱字为先，真严大爱"，既借助于严格的规章制度进行管理和考核，使管理工作有章可依、违章必究，同时又坚持以人为本，和谐管理，满足教师多方面、多层次的价值需求；遵循教育教学规律，以挖掘学生潜力、培养学生能力为目标，建设一个德润人心、依法办事、无事故隐患的平安校园，树立一种干事创业、和谐奋进的文化精神。

"周到服务"是教书育人工作的必备保障。教师职业的特殊性决定了教师工作的特殊性，周到的服务意识体现了积极的奉献精神。老师们的服务意识表现在立足本职工作，在实践中履行教书育人的责任。无论是教育教学服务，还是行政后勤服务，"周到服务"都是突出细心精心，体现保质到位。学校各类服务人员都是"服务网""质量链"中的一环，强调全员参与和团队配合，站好位、聚好劲、干好事，不断提高工作水平，以好的"质量点"打造好的"质量链"，把计划变为行动，让蓝图成为现实。

建设平安和谐校园是学校服务工作的重要环节，保证学生的生命健康安全是家长和社会对学校的第一要求。青州一中历来高度重视"平安校园"建设，近几年相继被评为山东省平安校园建设先进单位、潍坊市治安防范先进单位和平安青州建设示范单位。为了保持和巩固"平安校园建设"成果，营造和谐、安全、文明的校园环境，学校从多角度加大了安全工作力度。一是学校领导重视，在各种会议上要求时时讲安全、处处保安全，责任到人、层层把关，把保证学生安全与健康提到了关系学校工作成败的高度；二是相关职能部门经常对学生进行安全教育、法制教育、家校安全责任教育；三是加强学校内部安全管理和安全保卫工作，及时处理侵害学生合法权益、身心健康的事件，把侧重点放在预先防范和安全监督上，做到防患于未然；四是加强餐厅管理，保证师生饮食卫生安全，要求工作人员依法经营、定点采购、严把质量、严格消毒，让学生吃得舒心，吃得放心；五是行政后勤服务工作本着"服务育人、保障有力、勤俭持校、促进发展"的原则，严格细节管理，厉行节约，提高效益，全校师生员工努力营造出了安全和谐、文明祥和的校园环境。

在未来发展过程中，青州一中在学校管理中坚持"以广大教职工为本"，权为教职工所用、情为教职工所系、利为教职工所谋；领导班子团结协作，在政治上、工作上、生活上关心体贴教职工，树立"学生是学校的主人、教师为学生服务、领导为教师服务、后勤为教学服务"的观念，为教职工发挥聪明才智创造舞台，压担子、指点子、铺路子，努力创造充满人文关怀和理想精神的温馨家园。

五 "十字"管理法

影响办学的因素很多，教育管理是首要的、关键的因素。教师对学生的管理，班主任对班级的管理，领导对教职工的管理，上级对下属的管理，都对教育管理提出了很高的要求。教育管理包括"管"和"理"双重含义，"理"的意义在于创造"事前引导，过程指导，事后督导"的以"培育"为特征的管理氛围。"理"在很多时候要比"管"更重要，班级、学生和校际差异往往是由"理"而不是"管"造成的，"理"不顺畅，"管"就困难。

学校教育管理主要分为教师对学生、上级对下级两大纵向管理系统。从中学教育管理的实际来看，学生是最大的学校群体，教师对学生的管理、班主任对班级的管理是教育管理的主体，是影响办学质量的关键。为了加强教育管理的可操作性，青州一中结合传统教育思想和学校实际情况，把纷繁复杂的教育管理手段凝练简化为"爱、严、精、细、实、快、恒、先、拓、和"十个字，并为其注入丰富的时代内涵，借以实现"轻负担高质量"的目标。在管理实践层面上，我们要坚持"十字"管理法，处理好五大关系：

(一)"爱"与"严"（管理态度）

教育大计，"爱"字为先。从师生关系看，学生"亲其师，信其道"的前提是教师对学生的爱。"真爱"是教师对学生成才的渴望,"怜爱"是老师对学生错误的指正包容,"关爱"是长者对后生进步的关切,"慈爱"是像父母对儿女般的无私呵护,"热爱"是教师对学生成功的褒奖,这是教育工作者职业生涯的基础资源。可以说,教育根植于爱,爱是教育的源泉;没有爱就没有教育,"爱"就是教育。

教书育人首先是教会学生遵守常识并养成好习惯,而"爱"就是贯穿人类发展、家庭幸福和人际和谐的最基本的常识。关爱学生是教师特有的一种宝贵的职业情感,但更蕴含有一种教育者的责任,它与师德直接相关,是良好师生关系得以维系和学生学业进步得以发展的基础。如果教师辛苦工作,但是师生之间缺少爱的纽带,师生关系冷漠,学生也很难热爱学习,教师的辛勤付出便会大打折扣,这对师生双方来说都是令人痛心的损失。在教师对学生的管理中,"爱"包含了为师之道,体现了长者风范,闪耀着人性善良的光辉,彰显着师者的涵养和素质。大爱是本真与理性同在,在遵循教育规律的基础上培养学生对美好的渴望和理想的追求,从而,教师就进入了学生的心灵深处,融入了他们的精神世界,掌握了管理的契机和管理主动权,有的放矢,化解隔阂;密切关系,师生合一。

师爱是师德之魂。从孔子的"爱之,能勿劳乎?忠焉,能勿诲乎?"到夏丏尊的"没有爱就没有教育",从罗素的"凡是教师缺乏爱的地方,学生无论品格还是智慧都不能充分地或者自由地得到发展"到苏霍姆林斯基的"我把整个心灵献给孩子"……古今中外的教育家们教育思想虽有所不同,教育风格各有千秋,但有一点是共同的,那就是"爱的教育"。有"爱心教师"之称的李镇西说:"教育的爱不是为了达到某种教育目的而做出来的一种姿态;它是一种思想,一种情感,一种氛围……它自然而然地贯穿于教育的每一个环节,也不声不响地体现在教育的每一个细节,更潜移默化地浸润着每一个学生的心灵。"这就是说,平等观念和民主作风是教师爱心的直接体现,爱就是培养学生对未来的希望,就像苏霍姆林斯基说的那样:"让每一个孩子抬起头来!"教师"爱其生,导其行",学生"亲其师,信其道",生活学习双丰收,师生双赢,功到自然成。

在现实生活中,教师面临来自本身和学校内外的各种关系,在教育管理中难免受到影响甚至干扰,这就要求教师把职业生涯放在第一位,站在学生成长角度以合作者和指导者的角色将自己的理念以一种潜移默化的方式呈现出来，使自己成为一个交换意见的合作者，一位帮助他们发现问题、分析问题的指导者，一位时刻关心他们进步的师长。要理解学生存在不足是正常现象，学生毕竟未成人，他们心智发育还不成熟，考虑事情欠周到，常常出些纰漏甚至明显错误，但是，他们又渴望得到赞扬尊重和心理满足，要解决这种自我矛盾冲突就要帮助学生认识自己的问题，反省个人行为，激起学生自我谴责和自我教育的意识，从而引导学生主动追求进步。这就是说，教育的意义不在于学生是否犯错误，而在于帮助学生如何对待已经犯了的错误，并及时从错误中汲取进步的力量；同时，要站在学生的角度多理解学生，"动情，晓理，导行；有理，有利，有节"，必要时还要替学生打圆场，铺台阶，越是是非分明的事越要留有缓冲回旋余地，这更有助于我们有效引导教育学生。师生天天相处在一起，矛盾冲突常有，但不能激化矛盾，激化矛盾的责任首先归于教师，矛盾一旦激化教师先输无疑，挽回不良影响更费周折。在管理学生的过程中，首先注意一个"静"字，随时掌握学生动态，静思发展趋势，冷静处理各种矛盾；其次强调一个"宽"字，谅解厚待学生，避免伤害学生感情，赢得他们的心才能赢得教育成功的砝码；再次掌握一个"度"字，关爱不是偏爱，宽容不是纵容，爱到深处是真严，防止宽严皆误；最后崇尚一个"德"字，"学高为师，德高为范"，教师具有的职业修养和良好品德最能对学生产生影响力和说服力，能够培养他们对教师和班集体的"认同感"，这样学生才能学有榜样，赶有标准，心悦诚服。我们教育工作者要把教育管理做成一件撒播"爱心"的事业，坚持"有教无类，教学相长"的教育理念，用融洽的师生关系调动学生的积极情感和潜在能力，让学生愉快学习，积极生活，健康成长。

"爱字为先"是从管理思想上讲的，"严字当头"则是从管理实践上讲的，两者在根本上是一致的。教育中真正的爱意味着对学生的成长负责，意味着对学生不良行为的某种强制性纠正，因此这种爱必然包含着对学生的严格要求，乃至必要的合理惩罚。就是说，真严大爱，"严"是爱的另一种表现形式。学生自我约束能力差一些可以理解，但我们的要求和督促不能放松，要保证每一个学生都能够把潜力发挥得淋漓尽致，使他们的高中时代不留缺憾，这就是常说的"严师出高徒"，这就是真心实意爱护学生，这就是负责任的表现。不严不足以提高学生的追求境界，不严格要求学生就学不来真功夫，在竞争中必然落败。事实说明，学生对老师的严格管理即便是当时不理解，多年过后他们深感受益且念念不忘的，仍然是那些"严"传"神"教的老师，对这些老师他们满怀感激。当然，我们强调"真严"，是指要严而有理，严而有格；严中有爱，严中有情，使学生能够理解老师的严，接受老师的严格管理，关键在于因人、因事、因时灵活把握"爱"与"严"的尺度。简单生硬、师道尊严式的管理不可能赢得学生的真心，正如放松要求、偏爱溺爱式的态度不可能赢得学生的尊重一样。

师生关系作为学校存在的最基本、最广泛的人际关系，对办学质量具有决定性影响，教师对学生的管理也因此显得特别重要。"爱字为先，真严大爱"，是教育管理走向成功的必备条件。同时，教育管理中存在的上级对下属的纵向关系也成为影响学校发展的重要因素，虽然对象构成成分与师生关系相比有重大差别，但"爱"与"严"的处理尺度在原则上是一致的。

（二）"精"与"细"（管理行为）

难事做于易，大事做于细。科学的管理思想依靠科学的管理方案加以体现，而科学的管理方案则依靠精细的管理过程才能实现。精细管理有助于及时发现和修正管理过程中出现的问题，最大程度减少失误，有效落实管理目标。在实际管理工作中，粗放虚浮、得过且过的工作态度和行为必然制约工作实效，对一些看似无关紧要的事情随手放过的结果是问题越聚越多，直至积重难返，严重影响教育目标的实现，在客观上也会助长不良工作作风。为此，要围绕教育教学工作中心，进一步细化工作程序和标准，做到目标明确、实施到位、评价客观，对突出问题进行深入剖析，找出问题根源和解决办法，向精细管理要质量。

"精心"是一种工作态度，"精业"是一种工作水平，"精益求精"是一种工作追求。"没有最好，只有更好"，体现了精益求精的职业素养，也是个人价值最大化的实现前提。"精"是愿望所致，职责使然，更是事业心责任感的表现，要防止"不在状态"。教育工作是塑造灵魂的事业，事关学生的前途和身心，事关国民经济的发展和国民素质的提升，相比物质资料的生产又多了几分不确定性，也正是因此国家才把教育放到了优先发展的位置，对教育工作者的地位和待遇国家也优先考虑。"质量立校，质量强校；办精品教育，育优秀人才"，对教育工作者来说责无旁贷，这就缘于一个"精心"，要把教育办成精益求精的万世伟业，把学生育成德才兼备的精英人才。

"业精于勤而荒于嬉"，精细管理先在于"勤"。勤观察，以掌握管理的第一手资料，对症下药；勤教导，以摸准学生的思想脉搏，诲人不倦；勤解决，摸清了情况，发现了问题，应及时解决问题，防患于未然，解决问题于萌芽状态，不使问题扩大和激化，不给管理工作留下隐患；勤记录、勤总结，以发现管理的变化规律，从而少走弯路。

精细管理还在于"细"，要求观察敏锐，作风细致，抓细节，抓落实。"细心"一方面是职业操守和个人个性的反映，另一方面来源于"耐心"，并最终归结于"爱心"。教育工作是一项繁杂的工作，校园里有些事，在教育圈外的人看来微不足道，但对教育者来说，岁月过往，学生能记住当年学习生活中许多细节，是教师的言行潜移默化地影响过他们，甚至如影随形融入了他们的生命历程。

"知己知彼，百战不殆"，细心可以避免失误，可以避免不必要的疏漏，做到有的放矢，使管理延伸到每一个时段、每一个角落，确保学校工作井然有序，有条不紊，全面提升管理档次。教育管理未必刻意关注教育细节，只是把关注教育细节当成了一种本能。切实在细节上下功夫，把小事当成大事来干，把平凡事做出精彩，集腋成裘，聚沙成丘，才能在工作细化中实现突破。

"精"是一种深度，"细"是一种广度，两者相辅相成，相得益彰，成为教育管理的双翼。与之对照，"隔靴搔痒"式的粗放管理和"眉毛胡子一把抓"的事务主义则是对精细管理的误导和羁绊，必然出现管理梗阻，降低工作成效。

精细管理作为一种管理要求，强调的是管理责任；要把责任落到实处，还有赖于管理目标的确立，坚持"责权利相结合"原则，以好的"质量点"打造好的"质量链"，使管理工作在错综复杂的关系中不偏离总目标，并为科学分工和协作奠定良好基础，以系统达成目标、以效益作为核心。目标管理由于有了明确的方向作为引导和考核的标准，从而更大程度上激发师生员工为完成目标而努力。大到发展规划、队伍建设，小到学生进步、习题质量等都精细设计，目标明确，责任落实，保障教育教学效益。

（三）"实"与"快"（管理风格）

"实"具有做人和做事双重意义。对教育工作者来说，"实"既是个人品行诚实、朴实、务实的反映，也是工作风格实干、实效、实绩的展示。努力作为，反对作秀，实在做人，踏实做事，把心思花在干事上，把精力用在发展上，做到想干事、会干事、干成事、不出事，这就是教育成功的过程。

实干是成事之道、发展之基。实干兴邦，空谈误国，一步实际行动胜过一打纲领。教书育人是个细致活，非一日之功，特别是当不能收到立竿见影的效果时，更需要埋头实干的坚持精神。优秀教育工作者各有特点，但是他们有一个显著的共同点：实干精神。实干显德，实干破难，实干成事，教师精湛的专业能力就是在实干的磨砺过程中铸就的。当前，教育管理特别是中学教育并没有一成不变的灵丹妙药可以照搬套用，只有靠教育工作者在实践中不断探索总结，少说多干，狠抓落实，实干终会有收获。

实干的关键是端正认识，改进作风。端正认识，就是充分重视履行教师职责的必要性，明确肩负责任，根据不同的岗位要求做足做好应做的分内工作，这是"实干兴教"的理性前提；改进作风，就是要不骄不躁，戒浮华，去泡沫，不搞虚假繁荣，靠实绩说话，用工作赢人。为此，我们倡导树立"少说多干，狠抓落实"的工作态度，世事静方见，"少说"是为了多思，说到点子上，说到精要处，言必当，行必果，体现了教育工作者谦虚谨慎、戒骄戒躁、修身慎言、为人表率的师德风范；事难做才成，"多干"是狠抓落实的需要，不管事情多么繁杂，只有先动手做起来，才可能找到更好的解决方案。作为教育工作者，把心思定位在学生身上，把本领体现在实际工作中，则德树信立，业绩自彰，"实干兴教，质量立校"才真正落到了实处。

实干是基础、实效是追求、实绩是目标。"实干"要把务实和创新相结合，解放思想，狠抓关键，无哗众取宠之意，有实事求是之心，努力探求教育教学的有效切入点，找准关键点，使"实干"转变为"实效"、量化为"实绩"，借以获取提高质量的持续动力。

"快"强调的是工作效率，主要表现为时间观念和竞争意识。课堂上学生接受能力强，课后学生完成教师布置的作业快；工作中完成教育教学任务行动迅捷，抓紧落实到位；对工作规划抢时间，抢进度，有前瞻，无不体现为一个"快"字。教育工作时效性强，机不可失，时不我待，特别是有些工作时间紧、任务重，保质保量按时完成工作就需要克服困难，养成雷厉风行、只争朝夕的工作作风，树立不进则退的忧患意识和创优争先的竞争意识。

在管理实践中，坚持效率原则，就要加强相互合作，管理重心向基层倾斜，探索建立管理"快捷方式"。教育管理大量的问题直接产生于基层，在着力培养基层干部的基础上，从改革强化基层功能入手，优化管理层次，加强部门合作，畅通信息交流，问题处理及时，有利于提高效率，还有利于成员之间在磨合中走向协调，在工作交流中增强信任。

"快"与"精""细"管理要求应当具有一致性。"快"以保证质量、不出或少出纰漏为前提，"快切萝卜不洗泥"是误事，"不问青红皂白搞一刀切"是坏事。因此，"又好又快可持续"是科学发展观的基本点。

（四）"恒"与"先"（管理取向）

持之以恒的耐心和毅力历来备受世人推崇，"愚公移山""夸父逐日""精卫填海""卧薪尝胆"，都赋予事件一个完美结局。庄子曰："其作始也简，其将毕也巨。"有句话说："一个人做点好事并不难，难的是一辈子做好事，不做坏事。"这说明了凡事能够做到持之以恒、不失本色是多么不易！"百年树人"，学生的培养是一个漫长的过程，一朝一夕难以奏效，仅凭一时激情难以达到预期目标。因此，教育管理从学生进校就要抓起，围绕培养目标制定长远规划和分阶段、分层次的工作任务和目标，循序渐进，逐步提高。

"恒心"根源于"爱心"，服从于"责任心"，表现为"耐心"。有对学生和职业的热爱，有对己负责对人负责对工作负责的责任意识，教育管理就容易具备"耐心"和"恒心"，就可以在很大程度上做到"教而不厌、诲人不倦；春风化雨，润物无声"，尽可能避免由于职业倦怠带来的身心危害和工作成就感淡化。同时，"恒心"也是教育工作特别需要的，这是因为教育对象的未成年化，思想行为养成需要反复抓、抓反复所决定的。

持之以恒，领先一步；时时领先，步步领先。持久的努力，会把教育工作推向一个个台阶，逐步走向成功。"先"包括先进的教育理念和积极争先的工作态度，这都是做好教育工作不可或缺的重要构成。具备了这种"争先创优"精神，学习工作的积极性、主动性、创造性更强，责任心与使命感驱使我们积极进取，不敢懈怠。更重要的是，这可以起到改变环境，转变作风的作用，有利于建立高效积极的组织氛围，有利于实现个人和组织的双赢。

蔡元培先生指出："教育是帮助被教育的人，给他发展自己的能力。"叶圣陶先生说："教是为了不教。"这些话就德育工作而言，即培养学生良好的品行习惯，提高学生的自我管理能力；而就智育而言，是指教师应培养学生良好的学习习惯，主动地创造性地学习。学生自身"创优争先"的意识很强当然最好，如果缺乏进取精神，除了依靠多方面的教育引导外，重要的一点就是建立竞争机制。在教育管理中，提高学生对学习参与的积极性、主动性，学生不再有教师"周到细致"的"服务"作依靠，他们在独立探索、奋勇争先的前进过程中，作为人的主动性和创造性就在很大程度上调动起来了。这种观念一旦养成就会形成习惯，这种习惯坚持下去必然形成素质，真正实现学生的自强、自律、自立。当学生学习不再主要借助于外部督促，而是成为其自身内在追求的时候，教育对师生双方无疑都是成功的，令人愉悦的。

（五）"拓"与"和"（管理目标）

教育心理学家皮亚杰曾提出一个问题："为什么这样庞大的一支教育工作队伍，现在这样专心致志地工作着，却产生不出杰出的科学研究者，能够使教育变成一门既科学又生动的学问？"皮亚杰的这个问题指出了一个事实，即相当多的教育工作者不注重教育科学研究，不注重开拓创新，使教育管理局限为知识的"搬运工"。当然，很难出现"杰出的教育科学研究者"，目前教育工作很多方面是在实践中探索，在探索中前行。但是，随着教育改革的深化和新课程的实施，"开拓创新"会成为对教育管理者提出的必然的更高的要求，正如江泽民同志所言："创新是一个民族进步的灵魂，是一个国家兴旺发达的不竭动力。"

发展是硬道理，学校的前途在于求实、在于创新、在于发展。"拓"具有多重意义，改革教学方法，创新班级管理，拓展育人渠道，优化工作策略，引领工作发展，都离不开"改革开拓、创新创优"这一主旨。开拓创新，首先要解放思想，团结一致向前看，有开拓者的勇气和志气；其次要讲方法，看准路子，找对法子，有的教师或是习惯于驾轻就熟的老方法不愿花大气力去改革，或是怕搞不好改革反不如以前而不敢改变现状，这里就有一个方法问题；最后要讲策略，开拓创新意味着会遇到更多的新问题，牵扯因素方方面面，教育管理就需要审时度势，权衡利弊，趋利避害，使工作效果实现最优化和最大化。

教育管理注重对未知领域的不断探索，以期预见未来和控制过程，这就要求我们注重实践、勇于创新，努力成为教育教学改革的倡导者和践行者。在教育管理中，产生于工作实践中的"困难问题"往往最具研究价值，有时会遇到一些所谓"死结"，这也常常是制约工作发展的瓶颈，遇到困难绕着走就永远不会有所突破，开拓思维，创新实践，换个角度就可能发现更好的解决方案，使工作渐入佳境。创新的意义就在于寻求解决问题的更好方案，提高效率、优化结果。只有开拓创新，才能寻找到新的突破口，借以提高工作水平。我们要求干部教师树立"不怕困难、乐于破难"的积极工作态度，善于难题攻关，对重大教育教学难题有重大突破并取得实践效果的组织或个人要给予嘉奖。所以，我们倡导不断反思、开拓创新，勇于否定过去、正确把握现在、成功开拓未来，领先一步，步步领先。

在开拓创新的过程中，由于会遇到更多的新问题、新矛盾，稳妥改革、平衡发展是一个需要特别关注的问题，这就是"和谐"管理。胡锦涛同志在十七大报告中指出，"科学发展观，第一要义是发展，核心是以人为本，基本要求是全面协调可持续，根本方法是统筹兼顾"，其中的"以人为本""全面协调可持续""统筹兼顾"都是突出了"建设和谐社会"这一主题。从教育管理发展看，"和"是管理应当达成的目标。天地"和"则风调雨顺，人的五脏六腑"和"则身体健康，学生德智体"和"则标志素质教育的成功，人际关系"和"则同心同志同力，团队"和"则团结就是力量，社会"和谐"则国泰民安，科学发展。教育管理就是达到"和"的境界，建和谐校园、平安校园，创造和谐有序、积极高效的温馨精神家园。

"和"的思想作为中华民族共同的价值观念和理想追求，在博大精深的中华传统文化中占有十分突出的位置。《周易》有"天地交而万物通也，上下交而志同也"之说，孔子在《论语》中提出"礼之用，和为贵"，孟子提出"天时不如地利，地利不如人和"，《淮南子》有云"千人同心，则得千人力；万人异心，则无一人之用"；中国有古话叫"家和万事兴"，"和气生财"，"和则两利，斗则俱伤"等。今天，我们所说的"和"，包含了和谐、和睦、和平、和善、祥和等含义，蕴含着和谐共赢、和衷共济、政通人和、内和外顺等人生理念，对人们的学习、生活、工作、交往等各方面都具有根深蒂固的深刻影响。

"和"的思想表现在人与自然的关系上，强调"天人合一"，也就是利用自然、改造自然、顺应自然、保护自然的统一，谋求生态平衡，实现协调可持续发展；表现在人与人的关系上，要求"和睦相处"，做到处事公平、待人公心，和谐的人际关系有益身心健康，加强配合协作，提高工作效率；表现在教育管理中，就是突出"有教无类，教学相长"的教育理念，倡导"合作发展"的学校文化，在发展中加强合作，在合作中共同发展，形成教育合力，实现学生成才、教师成长、学校教育成功的多方共赢。

讲和谐就是讲团结。团结凝聚合力，团结铸就和谐；没有团结就没有稳定，没有团结稳定，一切无从谈起。李瑞环同志说："团结如何，决定着工作如何、局面如何，我们平时在工作中一定要讲团结，俗话讲，有缘千里来相会，能在一起工作是个缘分，有一段合作共事的历史应该留下美好的记忆。人总是有优点有缺点，有长处有短处，不能把自己的长处搁在脑袋上来回晃悠，把人家的缺点抠出来跟自己的优点比。友谊与谅解比什么都重要，同事之间人人都需要谅解和理解，要诚恳待人，平等待人，以理服人，一视同仁；要加强了解，增进理解，消除误解，达到谅解。"同事之所以为"同事"，前提是"同"，即团结，落脚在"事"，即工作；团结在一起做工作，就像毛泽东同志60多年前说的"我们都是来自五湖四海，为了一个共同的革命目标，走到一起来了"。全世界60多亿人，单单就我们在一起"同事"，其珍稀程度自不必说，仅就班级管理而言，我们要经常性地对学生进行以团结协作为主旨的集体主义教育，高中不过短短的三年时间，瞬间就会成为历史，应该为他人也为自己留下美好追忆。同学之间的某些问题往往首先源于不能正确判断和评价人与事，导致学生缺乏自律、自省精神。如果只看到和指责他人不足，僵化的同学关系不仅对双方是心灵的伤害，而且会波及日常学习生活，反映出来的是合作能力的缺失与团队力量的削弱。同学之间的摩擦多缘于个人因素，在社会上奋斗多年后追忆起来始觉同学师生情谊无价，但是宝贵的高中时光既失不再。所以，我们教育工作者要以师者和长者的双重身份引导学生宽以待人，严于律己，要讲"大道理"，建立起团结互助、愉快学习的优秀班集体，做好学生的修养导师和生活导游。

讲和谐就是讲自律。"和"的潜在意思是人无完人，需要通过自觉自律、相互包容促成和谐，需要通过扬长避短、取长补短来达成阶段性完美。教育工作者整天和学生相处在一起，遇到学生和家长不理解、不配合甚至是不公责难的情况时有发生，我们只有分析原因，改进方法，无条件地与学生和家长沟通，做到"问题问不倒，难题难不倒，气事气不倒"，才有利于工作开展和个人身心健康，这就是教育工作者的自律和自省精神。优秀教育工作者魏书生说："我们要用平平常常的心态，高高兴兴的情绪，快节奏、高效率地多做平平凡凡、实实在在的事情，让我们享受到为国家、为人民、为集体、为亲人尽到责任的快乐。"魏书生善于凡事换个角度想，站在对方角度想，当有人对他的改革成果表示怀疑甚至抨击时，他高高兴兴地对待，有则改之，无则加勉，在别人的监督下让自己进步。有一次，学校要求老师跟着学生在操场上跑步，有的老师不理解，魏书生却乐意与学生一起跑，一跑就是 5000 米。他说："用公家的时间来锻炼自己的身体，有多上算哪，何乐而不为？"所以，像魏书生这样的优秀教育工作者享受到了职业快乐，这与他的平和心态、自律意识和自省精神分不开。

"和"的实质是多方共赢，要求是统筹兼顾。"和"的思想主要针对相互关系，由于人与事的多样性和复杂性，对相互关系要妥善处理，这时最常用也最管用的方法就是公平协调。在教育管理中，学生之间的矛盾冲突最终能够妥善解决的原因常常来源于老师的公平协调作用和双方的协作意识。对学生来讲，树立"协调"思想很有必要，大树想成材，小草要成长，每个学生都有其特殊性，人们在认知方式、思维方式、生活方式各方面的差别客观存在，只要无碍大局，不涉是非，应当正视差异，提倡包容，在尊重他人的基础上发展自我，和谐共赢，善于包容，方能从容，正所谓"万类霜天竞自由"。当然，和的思想、和为贵的思想不是不问是非，丧失原则，而是"和而不同，殊途同归"，归于实事求是，归于公德法理，归于共同进步。对教育工作者来说，在坚持原则前提下的公平协调是教育管理的重要技巧，面对千差万别的学生，教育者首先是协调者，是中间人，是裁判员。所以，重视协调、善于协调是和谐社会的必然要求，是中华民族的优良传统，符合教育发展规律。

青州一中校训"勤朴公勇，敬业乐群"中的"乐群"思想是和谐文化的体现。个人是社会集体中的一员，人的活动常常是群体活动，这就需要人与人之间有更多的交流协作。乐群则人和，人和万事兴，只有与亲人、朋友、同学、同事之间融洽相处，才能广结善缘，人脉疏通。如果不善于合作，一则不能顺利融入社会，二则个人能力毕竟有限，而群体合作则可以通过相互取长补短来扩大个体优势，能够实现个人能力简单叠加所无法取得的成就。从这个意义上讲，"乐群"是建立在团队协作基础上的集体主义精神的必然要求。中华传统文化崇尚亲密的人际关系，主张人与人之间和谐、安定、团结、协作，强调个人融入群体之中，这是乐群的表现。从社会角度看，我国传统的乐群、爱群精神，对化解社会矛盾，增强人民团结，以至今天构建和谐社会都具有积极意义。从学校角度看，学生是最大的群体，把"乐群"这个体现人类和谐团结、进步发展的基本理念纳入校训，有助于学生之间和睦相处，友爱互助，这对于弘扬传统美德、树立时代新风、建设平安和谐校园都具有积极作用。

学海无涯，教无止境。"十字"管理法包含的五大关系是相辅相成的，它们共同构成教育管理的细节。在管理态度上，要把握"爱"与"严"的尺度；在管理行为上，强调"精"与"细"的要求；在管理风格上，彰显"实"与"快"的作风；在管理趋向上，体现"恒"与"先"的精神；在管理目标上，实现"拓"与"和"的追求。在推进教育管理"十字法"的过程中，全体教职工要精心领会，细心实施，真心落实。同时，随着工作的不断深入，一些新的问题又会摆在面前，还有一些方面亟待改进；"十字管理法"提出的是一般原则，实际上它涉及学生、教师、领导、职工，教学、教育、行政、后勤等方方面面，下一步需要各部门细化贯彻，强调"事前引导，过程指导，事后督导"，静心抓管理，潜心搞教学，落实每一天，成功每一天，要结合分担工作的特点创造性地加以应用，使之不断创新发展，以实际行动诠释和丰富"十字管理法",为学校教育管理探索出一条行之有效、优质高效的路子。

教育是一项庞大而复杂的系统工程,任何一个环节都必须打造牢靠。难事作于易,大事作于细,只有善于认识和把握教育规律,才能化繁为简,破难为易。教育管理工作涉及教师和学生,领导和群众,是一项极其重要的工作,它关系到整个学校工作的成败得失。虽然层面和对象各有特点,但管理思想具有高度的一致性,就需要在"爱、严、精、细、实、快、恒、先、拓、和"十字上下功夫。青州一中全体师生员工用自己的辛勤汗水和不懈追求在实践中创新、在探索中前行,矢志不渝地践行科学发展的教育理念,与时俱进,业绩卓著。我们有信心在未来的发展过程中内强管理、外塑形象、狠抓落实、提高质量,争取教学质量结硕果、教育活动出精品、制度建设重实效、校园文化助和谐,推动学校整体工作不断跨向新高度。

教育传承文明,观念引领发展。我们坚信,在正确的教育思想引导下,青州一中在质量立校、特色办学之路上一定会越走越好、越走越宽、越走越远!明天会更好!

书院文化和校训精神

夏永军

一　书院文化

书院是中国古代教育发展到一定历史阶段出现的独具特色的办学形式，最初只是官方修书、校书和藏书的场所。作为私人聚徒讲学的书院，萌生于唐末五代，兴盛于宋、明，普及于清代，在中国历史上延续千年，为我国古代教育发展和学术繁荣做出了重要贡献。书院扩大了中国古代教育的类型，在一定程度上弥补了官学和私学的不足。书院提倡自由讲学，注重讨论，学术风气浓厚，开辟了新的学风，积累提供了许多宝贵经验和有益启示。

始建于明成化五年的松林书院旧称"矮松园"，是青州一中的发祥地。书院从创始即为官府儒学，传播儒家文化，以先贤为榜样，对学生进行理想人格塑造。明朝后期朝廷忌讳讲学自由、议论政治，万历八年（1580）张居正废天下书院，松林被伐，房舍颓坏。清康熙三十年（1691）重建，此后历代皆有修缮。清末，受西学影响，松林书院改为青州官立中学堂。近代，中国共产党先驱王尽美、邓恩铭曾在这里传播马克思列宁主义。1923年校内成立青州第一个团支部，1925年校内建立中共青州支部。

书院是传承中华文明、传播中国传统文化的载体，和现代教育有着密切的关联。纵观中国书院发展历史，结合松林书院的地域特点，总结其办学经验和教育思想，对我们的教育工作仍有积极的现实意义和借鉴作用。概括地说，松林书院文化具有以下两个特征：

（一）以"敬道崇德"为核心的人文精神

　　书院是传承儒家文化的主要机构，"以诗书为堂奥，以性命为丕基，以礼义为门路，以道德为藩篱"（王会厘：《问津院志》）。儒家文化对士人的人格要求、价值体现和实践方式，都体现为对"道"的追求。书院将道德教育摆在教育活动的首要位置，并按照儒家的道德理想来设计书院的人才培养模式。为将道德教育渗透到教育教学活动的每一个环节，书院将其制度以章程、学规等形式实施，使书院重视道德教育的人文精神得以体现。

　　书院培养学生在"敬道修身"基础上树立"治国、平天下"的理想，穷则独善其身，达则兼济天下。这就把儒家对"道"的追求由"个体道德"的完善上升到积极参与社会政治和社会变革，以实现"社会道德"完善的高度。而在传统封建政治体制下，书院与社会政治的结合往往表现为对科举进仕的追求，大多数书院都将道德教育与科举应试教育统一起来，目的在于培养"德业"与"举业"并重的人才。

　　松林书院的办学方向根源于中华文化培养"道德个人"即德行的传统。作为以"化育人才"为己任的一种教育形式，在完成学业任务的同时，书院自始至终都表现出对于德行培养的高度重视。"道德个人"是早在孔子之前由我们的先民倡导的民族文化精神的重要方面，而后孔子提出了"夫仁者，己欲立而立人，己欲达而达人""己所不欲，勿施于人"的修己主张，之后又经历代学者的继承补充，在漫长的历史演变中逐渐形成了独特的"道德个人"文化。"道德个人"文化的精髓是追求个体人格独立的和谐与个人道德修养的完整，从个人的心性之"和"开始，然后向外延伸，进而推及人与人之和、人与社会之和、人与天地之和，即所谓的"修身齐家治国平天下"。

　　古人游学书院的目的主要是修德成才，古代书院都制定了适应这一目的的学规、章程。如朱熹为白鹿洞书院制定的《揭示》就属于这一类，其主要内容包括五条：第一，父子有亲，君臣有义，夫妇有别，长幼有序，朋友有信。第二，博学之，审问之，慎思之，明辨之，笃行之。第三，言忠信，行笃敬，惩忿窒欲，迁善改过。第四，正其谊不谋其利，明其道不计其功。第五，己所不欲，勿施于人；行有不得，反求诸己。《揭示》所用语言是一种真诚的情感表达，而不是外在秩序的强行压制。松林书院自创立之日便订立类似学规，师生共同遵守。松林书院学规明确指出了为学方向，学习目的是道德修养，做人第一。在做学问的过程中，更着重的是"礼"的品行培养，主张从日常行为举止出发，将"礼"具体化，一日三省，自觉养成；用道德伦理来约束规范学生的行为；祭祀先圣先贤，并以此为楷模，引导学生见贤思齐。通过各种进德修身制度的实施，书院培养出许多传承忠孝之道的伦理型人才，逐渐达到理想人格塑造的目标，这些原则都体现了传统文化的道德价值取向。

松林书院的教学体现出了"敬道崇德"文化的精髓。松林书院的教学内容，包括《诗》《书》《礼》《易》《春秋》《大学》《中庸》《论语》《孟子》《四书集注》《孝经》等，此外还涉及律历、算术、天文、地理。清代统治者为笼络汉族士大夫，对书院由消极抑制转向积极控制，故规定以考课为主要教学目的，"教读《通鉴》《通考》以充其学，选定《史记》《汉书》《春秋繁露》以博其义，择其才者教作诗赋、经解、策论"。光绪二十四年（1898）颁发新政诏书，各级考试"一律废除八股文，改为策论文"，教学内容相应调整。

松林书院管理人员的选用和学生的选取也体现出了"敬道崇德"文化的特征，书院山长（即院长）不是官方任命或委派的，多是当时社会上有感召力的学者文人，书院可以不计较出身或名号而延揽不同学派的"教习"（即教师）来掌管教学，有志于学问的人常常花费十几年时间在书院里游学研修，他们是因为书院山长的道德威望和学问自愿投奔到这里的，到书院来学做人是第一位的，学知识是第二位的。书院向广大平民弟子开放，教育打破了贵族、官学的特权，这也是对自孔子以来倡导"有教无类"平民教育的延续。

松林书院制定的行为目标取向，是重视以先贤名宦的榜样作用来感化后人，促使一代士人成为"才高德厚，先忧后乐；达济天下，不辱使命"的精英主体，从而使"使命感"成为士人的一种素质。同时，这种由使命感引发出来的责任意识、忧患意识、进取精神，把生徒的功利追求上升为道德理念，并一直影响、启迪着后学者。松林书院一开办，即立十三贤为表率，启迪诸生"仰止"并"思齐"。在"十三贤"中，有王曾那样的状元做求学路上的引航者，有范仲淹、欧阳修那样的大师伴读，吸引着一代又一代的学子在此就读、成才，中国传统文化将人衬托得透明而富有立体感。

（二）以"知行合一"为特征的致用精神

中国文化史上，儒家思想一直占主导地位。松林书院文化重视"知行合一"，强调在教育上要学用一致、学以致用，是为了求真才实学、养浩然之气，以达到高尚的道德境界和重在实践的行为方式，以培养报效国家的才能为追求宗旨。也就是说，要实现崇高伟大的理想，必须付出合乎实际、脚踏实地的努力。

松林书院的教育目标是突出的成才观念，"教诲之于兹书院，皆能有所成就"，更希冀出庙堂所重的栋梁之材，"莅政如沂公者（即王曾）"，对后生的殷殷期待之情溢于言表。在历史上，书院与中国古代科举有不解之缘，古代科举取士制度极大地提高了人们学习的积极性，来书院读书的人有的重视修身养性，有的是借读书以博得高名，而更多的则是为了读书提高以求治国安邦。松林书院作为古代一处治学、教育的胜地，哺育名儒的摇篮，备受历代朝野人士青睐。古代官吏到此观瞻、题诗的很多，松林书院文化渐成影响。读书为了成才，成才的标准是服务于国家和社会，这就必须有学为所用、学以致用的能力，达到"知行合一、躬行践履"的为学要求。

为达到这一要求，书院建立了完善的教学管理制度。松林书院的授课形式，主要是"升堂讲说"，即集体授课。导师召集生徒进行集体讲解，师生可当堂质疑答辩。另有"分班回讲"，每月规定时日讲书，生童循环听课。师生之间"质疑问难"，互相质询，是书院非常重要的优秀教育传统。这种"质疑问难"既有学生存着疑问向老师质询的，也有老师考问学生的。书院提倡学生自行读书、自行钻研、自行领会，其间老师予以指导。书院还建立了《日记册》，记录、考查诸生每天课业情况。诸生各立《日课簿》，每日将用过的功夫登记入簿，或看经书若干，或读古文、通鉴若干，以备官、师不定期"抽签稽查"。书院还建立《德业簿》，记录、考查诸生的学业成绩和品行修养情况。这种自主的学习方式，对于发挥学生的主动性和创造性具有十分重要的意义，成为书院教育非常重要的特色之一。

书院教育要求学生治学态度刻苦、严谨，对待学问刻苦自励、深入钻研，在学问上下艰苦持久的功夫，务使精确可信，反对"道听途说"；主张学有本源，全面系统做学问，反对东涂西抹、浮光掠影等。在松林书院学程中明确规定考课制度化，并有"开课""大课""小课"之分。

书院教育要求学生在治学方法上注重读书、勤集资料。第一，"读书成诵"，这是朱熹读书法的要求，就是把所读的书记得烂熟，并能背诵出来。第二，"温故知新"，这句出自《论语》的话很受书院教学的重视。顾炎武也是"每年有三个月温理，余月用以知新"。第三，"博学求精"，"博学"指不要只囿于"四书""五经"，而要综观诸子百家典籍，明古今百家之学。"求精"则指对有价值的书籍要反复钻研，以便需要时随时调取，这对探讨问题和解决问题有很大帮助。第四，"读书须有疑"，也就是说读书不能只是死记硬背，而要读后"玩索""思考"，加以精细分析比较评判，以求新意。要真正做到这点，书院教学认为读书时要下四种功夫："句读、评校、抄录、著述"，句读是最基本的要求，即通读全书，并标出重点；评校就是在读书过程中辨别出书中异同谬误之处；抄录指摘出书中精要处，并概括出书中段落的精神所在，这就需要动脑筋深思明辨；著述是读书的最高要求，不仅要彻底明确全书意蕴，还要有所创造突破，提出自己独到的见解，写出心得体会，这才达到了读书的真正目的。从这些要求中可以看出书院教学在治学时用力的辛勤和运思的周密。

书院治学实践告诉我们，真正要做到学有所成、学有突破必须下一番苦功夫，扎扎实实地读书，勤勤恳恳地积累文献资料，广征博引，多方考证，才能求得真知灼见。读书有分析、有比较，记得熟，钻得透，边学习边思考，"句读、评校、抄录、著述"四项功夫，一项都不能马虎，天长日久，独立分析、独立思考的能力自然而然就形成发展起来了，这正是新课程教学改革所追求的"学会学习，发展能力"的目标。

书院教育重视在日常生活学习中进行行为养成教育，有严格的祭祀先师的礼仪规范和平时学习生活的"日习常式"，书院还建立《德业簿》，记录、考查学生的学业成绩和品行修养情况。这些做法都强调了行为养成的重要性，也是"知行合一"的重要体现。

敬道崇德，知行合一，书院文化的这些特点对于推进素质教育、培养创新人才有重要的借鉴意义和参考价值。今天，我们在挖掘书院文化资源的基础上又要融入现代文化的内容，不仅要建设校园优美怡人的自然环境，更要建设一个德润人心、依法办事、无事故隐患的平安校园，建设一个人心思进，在思想上体现进步与创新，行为上体现文明与儒雅，心理上体现健康和愉悦，竞争上体现智慧与合作，评价上体现公正与科学的和谐的精神文化校园，把书院精神发扬光大。

二　校训精神

1932 年，北大学子、省立十中第八任校长朱骏声请北大老校长蔡元培先生题写校训"勤朴公勇"。1937 年 5 月，时任山东省教育厅厅长何思源到校视察，为十级毕业《同学录》题词"敬业乐群"。后来青州一中把"勤朴公勇，敬业乐群"确定为校训，这既是对学校办学文化的提炼，也为人才培养标明了方向，我们今天提出"办有灵魂的教育，育有底气的新人"也正缘于此。

与书院文化一致，校训突出的是"德行观"：劳作"勤"则不忧生计之虞，修养"朴"则不被虚名之累，品德"公"则不惧忐忑之祸，行为"勇"则不遭怯懦之扼；勤则朴，公生勇。同时，对事以诚谓"敬业"，真干实干，天道酬勤；对人以和谓"乐群"，"和"众则众"合"，同心同志则同力，难事亦易。

"勤"是治学之宝，立业之本。勤快做事、勤恳待人、勤奋学习、勤俭生活，这是中华民族的光荣传统，更是学子终生受益的宝贵财富。对求学来讲，成功的必备条件就是勤学、勤思、勤练、勤问。勤因志生，有追求必进取，有进取必勤奋，学而不厌缘于固志；勤因时短，光阴似水，逝者不再，唯有勤劳不辍、继晷焚膏；勤能精业，"少壮不努力，老大徒伤悲"，要想达成学业上的成就非下一番苦功不可，志存高远固然可嘉，脚踏实地必不可少，爱拼才会赢；勤能补拙，人的基础和禀赋有所不同，即便是暂时落后也可奋起直追，后来居上，功在于勤、功在不舍；勤助自信，心无旁骛，只求耕耘，努力有实力，实力有自信；勤助成功，劳筋骨、苦心志、乐其中，自然"天道酬勤"。有耕耘就会有收获，只要不懈努力，最大限度充实完善自己，就会有一个美好光明的未来。

"朴"是为人之质，求学之要。心地善良诚实的人，具有朴实厚道的特质，待人做事讲究自然的流露。日久见人心，质朴的人因顺其"自然"最能经得起时间的考验，洗尽铅华愈显风采。明代学者洪应明有云：文章做到极处，无有他奇，只是恰好；人品做到极处，无有他异，只是本然。所谓"恰好""本然"就是指"朴"，做文不做作，做人不虚伪，生活不浮华，讲的就是一个"真"。同学师生关系纯真而简单，老师教学生求真，学生也学做真人，有实事求是之心，无虚玄浮夸之风，做人做事做学问都当如此，谓之"境界"。

"历览前贤国与家，成由节俭败由奢。""勤朴"是美德之首，是成就一切的基础，勤朴精神是中华民族精神的重要内容。勤朴精神的"勤"体现在"勤于学习、勤于思考、勤于实践、勤于创新"上，"朴"体现在"诚信处世、谦虚做人、朴质务实、向善求真"上，这与"勤劳勇敢、自强不息"的民族精神一脉相承。青州一中坚持把"勤朴"教育作为民族精神教育的重要内容，构建以"习惯养成教育"为核心的德育工作体系，旨在充分发掘并有效利用学校独特的德育资源优势，把勤朴教育渗透进课堂教学中，以培育同学们的爱国情怀和勤朴作风。

"公"体现着人的社会性、责任感。亲情观念、友情观念是"小公"，国家意识、民族意识是"大公"，大公无私的爱国主义情操是其至高境界。"天下兴亡，匹夫有责"，"位卑未敢忘忧国"，体现了对国家对民族的责任意识。校训教诲师生要有"一心为公"的思想，学子当有爱国心、报国志，为国家发展和社会进步奋发努力，建功立业。1934年，爱国将领冯玉祥到学校讲演，岳飞"还我河山"的呐喊再次响起；青州一中校友精忠报国的热血男儿难以计数，求学报国成为学校书院文化的精髓。同时，"公"也是团队精神、集体主义的内核，同学互助、秉公处世、乐于济人、先公后私，树立大局意识，集体利益得以维护有助于确保个体利益的实现。

"勇"并非好勇斗狠，而是维护气节和正义的气质及胆识。"勇"的前提是自信，相信自己才能激发潜力，才能在各方面有上佳表现。京剧艺术家盖叫天说："凡事总要有信心，老想着'行'。要是做一件事，先就担心着：'怕不行吧？'那你就没有勇气了。"求学最忌丧失信心：丧失信心必然急躁，这会严重抑制心态和智力。当同学们能够相信自己、激励自己、战胜自我时，就会以坚定毅力克服困难走向成功。

勇以坚持正义、恪守公道为准则，勇敢与文明礼貌结合，与遵纪守法结合，民主法制社会才能建立，见义勇为风尚才能形成；勇以忠诚人格为灵魂，忠于朋友、忠于事业、忠于国家，有了这样的品质基础，才会有为国为民、天下为公之勇气；勇以创新精神和实践能力为表现，善于发现和提出问题，善于探究事物的内在规律，善于对知识的融会贯通和活学活用，敢为天下先；勇以坚强的意志品质做保证，困难和挫折面前坚忍不拔，攻破难点就是亮点。"红军不怕远征难，万水千山只等闲"，一个"闲"字，把长征路上红军战士勇敢顽强的精神表现得淋漓尽致。

追溯中国文化传统，"敬业乐群"出自《礼记》：一年视离经辨志，三年视敬业乐群，五年视博习亲师，七年视论学取友，谓之小成；九年知类通达，强立而不反，谓之大成。意为学生入学一年考察其经文句读，以辨其志向所趋；三年考查学生是否专注学业，是否善于与人相处；五年考查学生是否博学笃行，是否亲近师长；七年考查学生在学业上是否有独到见解，是否能善择良友，做到这些称为"小成"。九年时对知识能够举一反三，触类旁通，思想和行为坚定不移，就可称为"大成"。这段话形象地揭示了求学者的智力和心理发育特点及一般教育发展规律，其中，敬业乐群是大成的基础，敬业要求学生热爱并专注于学业，乐群则要求学生乐于并善于与他人合作。做到这一点，才谈得上化民易俗，进而协同共进。唐代孔颖达解释说："敬业，谓艺业长者，敬而亲之；乐群，谓群居朋友善者，愿而乐之。"朱熹也说过："敬业者，专心致志以事其业也；乐群者，乐于取益以辅其仁也。"又说："敬业谓专心学业，乐群谓与群众相切磋。"其意思应是专心学业，忠于职守，善于与他人商量切磋。这些先贤的说法，有助于我们理解"敬业乐群"这四个字的丰富文化内涵。

"业"有学业和职业之分。任何知识都是社会所需要的，关键在于自己是否掌握了真本领，是否树立了学为所用的意识；任何职业都是国家建设所需要的，关键在于自己要尽心尽力把事情做好，行行都可以出状元。因此，"敬业"即指笃学求精、勤勉创新，有为社会发展而奉献的价值追求和勤恳作风，也包含了现代的专业精神和职业道德；唯有如此，才能潜心于学、精通于业。梁启超说："凡做一件事，便忠于一件事，将全副精力集中到这里头，便是敬。"老师爱岗敬业，必然一切为了学生成人成才；学生潜心乐学、亲师信道，自然是教学相长，共同提高。同时，敬业还要做到"诚"。修学不诚则不成，做事不诚则事败，为人不诚则人怨。所以，敬业才能精业、敬学才能精学、敬人才能人敬。从社会意义上看，敬业也是奉献他人、奉献社会的道德责任感的具体表现，敬业是做事必备的精神。

校训教诲师生敬业，就是要做发展自己、惠及他人、有益国家和社会的人。作为学生要学而不厌、多学多思。我国书院教学就形成了"学思并重、学以致用"，"学""问""思""行"相结合的学风，尤其强调"思"的重要性，在讨论、争论中学习，提倡学生问难，认为"学"由"问"而来，提倡学生"有疑"，有疑有助于思维能力的提高，并能积极求师问友，学习就能深入，"疑解"就是进步。书院大师朱熹、陆九渊都曾指出：读书贵有疑，小疑则小悟，大疑则大悟；无疑处生疑，有疑处无疑，解疑而进。

师生敬业还来自相互敬重的师生关系。善教者使人敬其学继其志，善育者使人长其善救其失，"凡学之道，严师为难。师严然后道尊，道尊然后民知敬学。"真严大爱、视生如子，师生就会感情深厚、关系融洽。学生要乐学亲师，"安其学而亲其师，乐其友而信其道"，尊师不仅是因为老师学高德厚，还由于老师的辛勤劳动；"一日为师，终生为父"虽系古训，但老师对学生的付出和奖掖当永铭于心。同时，教学相长是和谐师生关系的表现，"当仁不让于师"，"弟子不必不如师"，"青出于蓝而胜于蓝"，这也是为师的期望，这样才能推陈出新，共进共赢。

"乐群"则强调个人与社会的关系，一方面是尊重个体成长，另一方面是倡导群体合作。人首先具有自然性，但其本质是社会性，自从成为人类集体中的一员，人的活动就常常是群体活动，这就需要人与人之间有更多的交流协作。乐群则人和，人和万事兴，只有与亲人、朋友、同学、同事之间融洽相处，才能广结善缘，人脉疏通。如果不善于合作，一则不能顺利融入社会，二则不能实现群体合作所能取得的成就，因为个人能力毕竟有限，而群体合作则可以通过相互取长补短来扩大个体优势，能够实现个人能力简单叠加所无法取得的成就。现代社会对交往协作的要求很高，人们只有在合作中竞争才能促进社会发展。因此，"善于相处"是现代人的必备素质，也是构建和谐社会对每个人的要求。从这个意义上讲，"乐群"是建立在团队协作基础上的集体主义精神的应有之义，是"公众意识"的具体体现。如果游离于群体和社会之外，协作意识必然弱化，个人价值随之最小化，那么，就会丧失对他人、对集体、对国家的存在价值。

乐群就要解决人生价值观问题，明确个体价值与群体价值的互动关系，树立"严于责己，宽以待人；与人为善，成人之美；三省吾身，见贤思齐"的积极处世态度，把帮助他人、成就他人当成自己应尽的责任。所以，乐群者必有高尚境界和远大理想，以有益于他人和社会为己任；乐群者必乐学乐业，师者乐教，学者乐学，共创和谐教学环境。中华传统文化崇尚亲密的人际关系，主张人与人之间要和谐、安定、团结、协作，强调个人融入群体之中，这是乐群的表现。从社会角度看，我国传统的乐群、爱群精神，对化解社会矛盾，增强人民团结，以至今天构建和谐社会都具有积极意义。学校是培养国家人才的机构，学生是最大的群体，把乐群这个体现人类和谐、团结、进步、发展的基本理念纳入校训，有助于同学之间和谐相处，友爱互助，能够促进和谐校园的建设，这对于弘扬传统美德、树立时代新风、构建和谐社会、实现民族复兴意义深远。

乐群是中华民族精神沉淀几千年留下来的精华。在古希腊强调普罗米修斯个人英雄主义的时候，我国古代就已经重视团体的力量了，人们对"众人拾柴火焰高""十根筷子折不断""一个好汉三个帮""团结就是力量"的说法早已耳熟能详。英雄固然可敬，但孤独的英雄也有脆弱的一面，而团结起来的人民却犹如亿万群星可以汇成灿烂银河。现在，时代发展赋予了"敬业乐群"以新的内涵。今天的"业"不再限于学业和职业，它已扩大到中国特色社会主义事业，专心学业、恪尽职守与勤于社会主义事业紧密联系；今天的"群"也不限于狭义的朋友，它泛指广大人民群众，自觉为大众谋福利是历史传承和时代要求，更是大众可倚重的高贵人格的显现。

勤朴公勇薪火传，敬业乐群谱新篇。"八字"校训涵盖了以"德、知、行"为特征的"做人做事做学问"的各种优秀品质，凝聚了传统文化中理想人格的基本特征，力图囊括对师生的综合素质要求，即便今天看来仍是高瞻远瞩。勤必朴，踏实勤恳、励精图治，自然朴实无华、纤尘不染；勤勉才能敬业，敬业才能精业。朴则勤，勤奋态度源于淳朴人格和俭朴作风，行"勤"是质"朴"的表现。公生勇，无私方能无畏，公正才有威信；有天下为公的大气，才会有玉洁冰清的正气；有敢于争锋的勇气，才会有主动进取的志气。敬业是人的生存之源，敬业者必"勤朴"；乐群是立身之本，乐群者必有公道、公正、公勇之心。"八字"校训相辅相成，相得益彰，集中概括了修学处世的积极人格，也凝聚了士人所应有的高风亮节。

校训作为青州一中的育人目标具有鲜明的导向作用，它以书院文化为底蕴，并与之融合为对师生的素质要求，激励着代代师生奋发有为、建功立业。众多先贤学子以他们的实际行动诠释了"勤朴公勇，敬业乐群"的校训精神，他们成为国家各个历史时期可以倚重的栋梁之材。青州一中"省立十中"时期第五任校长于明信支持学生爱国活动，力拒日本人名禄诱惑，体现了中国人的铮铮铁骨；第六任校长隋星源变卖家产，发放教职工工资，美名流传；第八任校长朱骏声坚持"兼容并包、思想自由"的教育思想，推行科学民主的治学方针，重视学生自学能力，培养了一大批有识之士，抗日救亡舍身保护学生。新中国成立后，老校长闫石庵主持学校工作近20年，在旧教育的废墟上带领师生艰苦创业，把学校创办成山东省首批重点中学；他用个人钱物接济贫家子弟，使他们发奋成为品学兼优的人才；在以"阶级斗争为纲"的年代里，他保护、培养、重用了不少"异己"的优秀知识分子，使他们成为办学骨干力量。一代代一中人践行着"勤朴公勇、敬业乐群"的校训精神，无数学子成为国家各个历史时期的英杰才俊，其中包括省部级干部、将军、教授、著名艺术家、科学家、文学家上千名，在他们身上闪烁着"勤朴公勇，敬业乐群"的璀璨光辉。

千年书院传承文明，百年一中与时俱进。现在，学校依托百年办学传统优势，树立"有教无类，教学相长"的教育理念，坚持"以质量立校，以创新立教，以素质立人"的办学思想，践行"精心施教，科学管理，周到服务"的工作要求，形成了严格的校风、严谨的教风和优良的学风，教育教学成绩显著，这为教师专业成长和学生学业进步提供了良好条件。世界因教育而精彩，社会因教育而文明。松林书院兴学乐教，历经沧桑，教育信念从未泯灭，教育理想依然执着。她像一位世纪老者，求索不止，永不言弃。书院文化蕴含的这种通过对教育事业的赤诚表露出来的对莘莘学子的奖掖提携和认真负责态度，又可以上升为中华民族繁荣昌盛、生生不息的原动力，这正是留给后人最为宝贵的精神财富！

秉古城松风　办现代书院

傅有德

　　松林书院曾是我国北方著名的书院，历史上文人荟萃，英才辈出。今天开办论坛，标志着这所千年古校的恢复。作为青州人，我对此感到特别高兴。下面就书院的建设和发展谈几点不成熟的想法。

　　首先，关于书院教育的功能。我国的书院始于唐代，宋朝最为昌盛，明清时期在起伏跌宕中存续，至清末衰微，终被现代的大学、中学取而代之。可见，书院兴起与存续之际，中国尚无现代教育制度。那时的书院，在科举制度的边缘办学，担负着教书育人，传承文化的功能。而今，现代教育制度完备，大中小学校遍布全国各地城镇乡村，传统书院的功能已由现代的学校制度所取代。在这样的背景下恢复的书院，应该做什么，能够做什么，怎么做，都不能不首先考虑它与现行教育制度的关系问题。

　　我认为，恢复书院的目的不是与现行教育相抗衡，而应该成为现行教育体系的有效补充，即甘当配角，做现行教育机构没有做或做了而未尽完善的事情。反思我国的普通教育制度，尽管几乎全面担负起了国民教育的任务，但仍然存在一些不尽如人意的方面。大致说来，现行普通教育是应试教育，学生在各个阶段的学习主要是为了升学；现行普通教育已不同程度地沦为职业教育，学生上学只是为了毕业后的就业；现行普通教育是顺民教育，侧重意识形态和知识的灌输，导致本本主义、教条主义流行，独立精神、自由人格、尊严感、个人权利、社会责任和创造精神皆有欠缺；现行的教育过度崇尚科学和技术，没有突出人格教育和德行培养，以致一些年轻人缺乏人文素养、君子风范、道德情操，甚至起码的社会公德。换言之，现行的普通教育重知识而轻道德，重科技而轻人文，重意识形态而轻公民素质。就是说，道德教育、人文教育、公民素质教育是现代中国的普通教育做了但又不完善的弱项。对此，凡是经历完整学历教育的过来人都是很清楚的。

我国目前处在社会主义初级阶段，物质财富的增长仍然是"硬道理"，道德和文化素养之类的"软指标"，在可见的未来不可能真正取得与科技知识"同等重要"的地位，因而还将"疲软"相当长的时间。但是，人按其本性，不仅是只需要物质财富的生物人、动物人，还需要在道德和精神上不断提升自己，追求更高的境界，实现人之为人的多维本性；同时，人的道德水平与精神面貌的改善也是良好的社会秩序、风气和制度建设所需要的。既然现代小学、中学和大学教育在道德、人文、公民素质教育领域是薄弱环节，而在短期内无力通过自身的改进而臻于完善，那么，书院教育就有了用武之地。换言之，书院应该责无旁贷地在道德、人文和公民素质教育领域发挥作用，借以弥补现代中国普通教育存在的不足。

其次，关于书院的主体——学生与教师。一个学校由三部分人组成：学生、教师和教辅人员。有学生听课、教师讲课，再加上教辅人员协调组织，学校就办起来了。书院也是如此。这里最重要的是学生和教师。先说学生的来源问题。历史上的书院是面向所有读书人的，其目标是承续和传递儒家文化，使他们成为具有人文素养的官员和文化人，与现在的学历教育有类似之处。如今，有的书院早已成了大学的一部分，例如岳麓书院即成为湖南大学的一部分，担负着中国哲学专业的学生培养和学术研究任务。但是，多数书院仍然属于学校以外的民间办学机构。对于它们，学生从哪来是首要的问题。在当今的中国，正规的普通学校——小学、中学和大学，几乎囊括了所有学子。而在学期之内，他们是没有多余的时间来书院学习的。但是，他们可以在假期，尤其是暑假参加书院的短期课程。这是书院学生的第一个来源。书院学生的另一个来源是工农商学各界的业余好学者，即在职干部、企业经理和职工，学校教师和其他人群中的部分人员。这些人或出于工作的需要，或因公民意识的增强，或因喜爱文史哲知识，或希望弥补学生时代缺失的道德教育和精神滋养，等等，总之，社会各界存在一部分愿意在业余时间来书院学习的人士。把上述这两部分人员吸引到书院，就解决了书院的教育对象问题。

关于教师。既然现代书院的目的是人文精神、道德情操、公民意识的培养，那么，谁有资格和能力担任书院的教师呢？我想主要是受过良好人文社会科学教育、有深厚学养的大中学校教师，包括在职和离退休的教师。当然，为了取得好的效果，最好聘请知名度高的专家教授担任主讲。教师的水平和知名度越高，教学效果就越好，学生也随之越多，书院的声誉也就越看好。因此，从知名大学聘请知名学者担任教师，是办好书院的关键性因素。

再次，关于传统书院与现代教育的关系。书院是君主时代的产物，而君主制度已经一去不复返了。现在恢复书院，不是为了复古怀旧，而是为了培养现代人应有的人文素质、优良品德和精神境界。这就要求在具体教学内容上包容古今，兼顾中外。毫无疑问，恢复的书院教育，必须以中国传统文化为根基。古代的儒释道的经典，如"四书""五经"的基本价值，如仁义礼智信，是首先要研习和弘扬的。但是，我们同时应该切记，历史的车轮已经驶入 21 世纪，我们正置身于一个全球化的时代。这个时代不需要只会背诵经典的儒生，而需要兼通古今、融汇中外、全面发展的人才；需要既自爱，又爱人，既孝敬父母，又兼善天下的人；需要既有爱国之心，又有世界情怀和国际视野的人；需要既能独善其身，又有能力履行公民权利和责任的人。基于此，书院除了讲授中国古代优秀的经典、观念和价值外，还应该讲授外国的优秀经典、弘扬源于西方但不专属于西方，而属于全人类的自由、民主、平等、公正、和平、人权等现代理念和价值。通过学习，学员们将不再有救世主和人上人的意识，而心甘情愿做一个明了并履行公民权利和义务的普通人；他们将日渐脱离低级趣味、野蛮和偏见，进而成为有道德、有修养、文质彬彬的文明君子。

最后，关于书院的特色。现在，大江南北，书院林立。松林书院要在众多书院中立得住，办得好，当走特色发展之路。那么，松林书院的特色应该是什么呢？国内有的书院并入了大学，成为大学里的一个院系，因而失去了书院的特质，例如岳麓书院；有的书院以讲解儒家经典为主，旨在复兴儒家文化，例如位于孔子出生地的圣源书院。我认为，松林书院不应完全并入大学或中学，而应该享有相对的独立性。松林书院的办学理念不在于复活传统，而在于传统与现代，中国和外国的兼顾与融合。松林书院的办学宗旨应该体现这一博大的精神和气度，从而有别于其他书院。同时，松林书院坐落于青州，而青州是以丰厚的历史与文化积淀闻名于世的。从大禹治水时的青州，到治水功臣益的都城，在汉武帝时置青州刺史部，之后州县数度更迭。历朝历代，皆为名城故地。在北宋时期，寇准、范仲淹、欧阳修、富弼、王曾、赵抃、吴奎、曹玮、张方平、刘挚、庞籍、李迪、程琳等，先后为官于此，留下名臣贤相、文人雅士的美名。有鉴于此，今日的松林书院当以地域文化的研究介绍为基点，然后引申到古今中外的哲学、历史、宗教的诠释与解读，让莘莘学子既奠基于斯地斯文，又塑成博大宽广的胸怀。

秉古城松风，办现代书院。是所愿也。

书院翰墨沉香久　松林歌诗万年长

——松林书院历史上办学兴盛的原因

王　岩　赵习功

　　书院，是中国古代特有的一种教育形式，是封建社会后期出现的以新儒学为核心的民族文化载体，起源于唐，大兴于宋，辉煌于明清。相对于以科举为目标的官学而言，书院教育把科举取士和提高生徒人文素养作为双重目标，特别崇圣崇道，提倡自由讲学，注重讨论，学术风气浓厚，开辟了新的学风，给了文人士子一个说话的空间，一个散播文化与思想的载体。

　　松林书院是古青州的教育圣地，它的历史可以追溯到 1000 多年前的宋朝。当时称为矮松园，是一处书塾，园因奇诡二松而得名，王曾青少年时就读于此，后连中三元，官至宰相，政绩卓著，封沂国公，时人遂于园中筑王沂公读书台以志纪念。此后数百年间，松林书院几经兴衰，至明清时代，书院英才荟萃，俊彦辈出，办学盛况空前。

一　北宋矮松园：书院历史上的第一座高峰

　　矮松园，松林书院的前身，因出了　位连中三元的宰相王曾而名声大振。王曾《矮松园赋并序》开头说："齐城西南隅矮松园，自昔之闲馆，此邦之胜概。二松对植，卑枝四出，高不倍寻，周且百尺，轮囷偃亚，观者骇目，盖莫知其年祀，亦靡记夫本源，真造化奇诡之绝品也。"① 著名书法家、诗人黄庭坚之父、与王曾同时代的黄庶游览矮松园时曾感慨道，"矮松

---

　　①　见嘉靖《青州府志》（据天一阁藏本点校），第 210 页。

名载四海耳，百怪老笔不可传"①，可见北宋的矮松园在当时已是颇负盛名了。

矮松园建于何年，无具体考证。但有记载的是，王曾于公元 998 年参加了青州的州试，以第一名的成绩中举，夺得了"解元"；公元 1002 年春，参加了礼部主持的省试，一举夺冠，成为"会元"；是年三月，紧接着参加了由皇帝亲自主持的殿试，一举夺得"状元"。后官至宰相，政绩卓著。王曾成为北宋第 27 名状元，第 2 位三元状元。科举制度推行 1300 多年，连中三元者仅 17 人 ②，而且做到宰相的又寥寥无几，王曾占有一席之地，实乃凤毛麟角，旷世奇才！

矮松园，一所平凡的书塾，培养出了一位极不平凡的连中三元的宰相，标志着迎来了书院历史上办学的第一座高峰。

二　明代正德、嘉靖、隆庆：松林书院办学的第二座高峰

光阴流转，沧海桑田。元明之际，佛教兴起，矮松园一度成为寺院。明成化五年（1469），青州知府李昂移建"十三贤祠"于此，祀宋 13 位有惠政的青州知州。随即"进诸其徒，撤诸其像，尽易佛刹旧规，一由新观"，并建"思齐""仰止"二斋和"藏修""游息"二轩作为书房，"延四方有学行者居之为师，檄属邑子弟知乡方而愤孤陋者，教育于兹，馆谷于兹"，统题其门曰"松林书院"③。时在成化五年（1469），书院正式创立，经过数十年的经营，其办学逐渐进入辉煌期。

据状元赵秉忠《云门书院记》④ 载：

> 青州旧有凝道书院，在郡治西南，堂室严翼，桧柏环拱，每青蘋自龙鳞起，若万壑喷巨浪，题曰"书院松涛"，其创垂题咏载《郡志》。隆庆丁卯，督学者邹公善，讲明良知，羽翼圣道，设皋比函丈于此。一时贤哲师济景从，造士作人之盛，学士先生迄今数能言。

---

① （宋）黄庶《携家游矮松园》诗："矮松名载四海耳，百怪老笔不可传。左妻右儿醉树下，安得白首朝其巅。"
② 以上几个数字均见房永江编著《状元宰相王曾》，第 19 页。
③ 见嘉靖《青州府志》（据天一阁藏本点校），第 280 页。《祭酒陈鉴〈记〉》。
④ 见光绪《益都县图志》卷 14《营建志（下）》，2006 年点校本，第 196 页。

文中所谈凝道书院即松林书院，从中可见，隆庆年间，德才兼备的士子师从名师，齐聚书院，一时间，松林书院培育人才之盛，人们有口皆碑。

据记载，从正德到隆庆年间，曾在书院读书或讲学的名人有：黄卿，正德三年（1508）进士，著名的"海岱七子"之一，官至浙江右参政、江西布政使。刘澄甫，正德三年（1508）进士，曾任山西左参议等职，致仕后曾在松林书院讲学，门生冯惟敏于1537年中举，后成为著名的散曲大师，被称作明朝北曲第一人。杨应奎，正德六年（1511）进士，官至南阳府知府，主编《临洮府志》《南阳府志》。陈经，正德九年（1514）进士，官至户部尚书、礼部尚书、兵部尚书，加太子少保，其子陈梦鹤，嘉靖二十六年（1547）与异母弟梦草同科进士，为一代名儒。冀錬，嘉靖二十三年（1544）进士，官至兵部右侍郎，致仕后，应邀凝道书院讲学，其门生钟羽正，万历初年进士，官拜工部尚书，不畏权势，严惩贪官，狠刹腐败之风，更为一代名臣。

嘉靖年间，松林书院办学达于鼎盛，肄业诸生科举入仕之多，显赫一时。据光绪《益都县图志》①记载：有明一代，青州进士及第 61 人（不包括 3 个武进士），而嘉靖朝就有 15 人；举人 175 人②，仅嘉靖朝就达 53 人。嘉靖十七年（1538），仅益都县就考中冯惟重、冯惟讷等四进士；嘉靖二十三年（1544），益都县考中冀錬、石鲸、石茂华三进士；隆庆二年（1568），益都县考中房如式、冯子履等五进士；隆庆五年（1571），益都县考中高荐、邢玠、朱鸿谟三进士。当然，这些成就不能尽归书院，但当时书院的盛名已远在府、县学之上却是公认的。可以说，明代正德、嘉靖、隆庆年间，是书院历史上办学的第二座高峰。

三　康乾盛世：松林书院办学的第三座高峰

松林书院有一重要碑刻——《松林书院记》碑，现收藏于青州市博物馆。碑文记载的是乾隆甲午（1774）山东学政黄登贤视学青州，莅临其父

---

① 　光绪《益都县图志》，2006 年点校本，第 395 页。
② 　光绪《益都县图志》，2006 年点校本，第 378 页。

黄叔琳60余年前任山东学政时捐俸重修的松林书院，对父亲恩泽青州士子，为国育才的政教伟绩感慨不已，决心继承、光大父业。其中写道："所成就者，如徐君士林、李君元直、丁君士俱、陈君有蓄、马君长淑、辛君有光、李君志远、刘君轶政、秦君纮、林君仲懿、王君瀛、孙君果、董君思恭，皆知名士也。"对于上述人才，考证如下：

徐士林，山东文登人，进士，曾为皇子皇孙授课，乾隆皇帝也在其学生之中，官至江苏巡抚。去世后，乾隆帝下令将其画像请进"贤良祠"，与开国元勋和辅佐重臣同等待遇，这是清朝任巡抚职务之人死后进"贤良祠"的第一人。

李元直，山东高密人，进士，选翰林院庶吉士，散馆授编修，后为四川道监察御史，与徐士林皆康熙五十年（1711）举人，康熙五十二年（1713）进士。

马长淑，字汉荀，安邱人，雍正八年庚戌（1730）以第三甲中进士，官至直隶磁州知州。

董思恭，字桂川，号雨亭，寿光人，康熙五十六年（1717）乡试第一名，为"解元"，康熙六十年（1721）进士，官至湖南粮储道，工诗，著有《晦庵文稿》等。

刘轶政，山东昌乐人，王瀛，山东临淄人，二人皆康熙五十年（1711）举人，康熙五十一年（1712）进士；李志远，山东寿光人，康熙五十二年（1713）举人，康熙五十七年（1718）进士；秦纮、丁士俱皆日照人，康熙五十三年（1714）举人；孙果，山东寿光人，康熙五十九年（1720）举人，雍正元年进士；辛有光，山东日照人，乾隆二年（1737）进士；林仲懿，山东栖霞人，康熙五十年（1711）举人，《清史稿》卷147《艺文志三》和卷148《艺文志四》载其姓名及著述，撰有《南华本义》《离骚中正》等。

以上松林学子名见《山东通志》卷94~99《学校志》。陈有蓄事迹虽不可考，但由碑文"皆知名士"推之，也应是有一定功名、或做学问或为官而有一定名气者。

仅从以上学子的籍贯可以看出，松林书院招生范围不仅仅是青州府所辖的十一个县（益都、博山、临淄、博兴、高苑、乐安、寿光、昌乐、临朐、安邱、诸城），还包括文登、高密、日照、栖霞等县，可见松林书院在山东省的名气是很大的，从而吸引了青州府以外的许多优秀生源。

据记载，康熙五十年（1711），山东省取举人46名，而松林书院培养的就有6名[①]；康熙五十一年（1712），山东省进士12名，松林书院培养的就有2名[②]；康熙五十二年（1713），山东省进士7名，松林书院培养了2名[③]。

另据考证，康乾盛世时在书院讲学或读书终有成就、誉满天下的硕师大儒还有：

赵执信，字伸符，号秋谷，博山人，18岁中进士，后任右春坊右赞善兼翰林院检讨，清初著名的现实主义诗人、诗论家、书法家。罢官后曾在松林书院讲学，有《饴山诗集》等刊行于世。

杨峒，字书岩，乾隆三十九年（1774）举人，松林书院山长。他博闻强识，精心研究古学，博览群书，被人们誉为"通儒"，著有《毛诗古音律服》《考古录》等。

严锡绶，安邱进士，乾隆十八年（1753）至二十三年（1758）任松林书院山长，治学有道，育才有方，德高望重，深受生徒爱戴。

李文藻，字素伯，号南涧，藏书家、金石学大家、目录学家。师从松林书院山长严锡绶，乾隆二十五年（1760）进士，官至桂林府同知，有大量金石学著作及《岭南诗集》8卷、《南涧文集》等数十种。

朱沅，字芷亭，曾就读于松林书院，乾隆五十九年（1794）举人，历知广西贺灵川、柳城、宣化、临桂诸县，儒雅如诸生，而所至政声大起。有《益都诗纪小传》2卷、《铜鼓轩诗钞》2卷。

由上观之，松林书院在康熙乾隆年间办学盛况之大、培养人才之众，在整个山东省绝对是名列前茅的，青州府的其他学校如府学、县学等无法与之比肩。可以说，清朝"康乾盛世"是松林书院历史上小学的第三座高峰。

---

① 据《山东通志》卷94~99《学校志》，其中，松林书院培养的为徐士林、马长淑、刘轶政、王瀛、林仲懿、李元直共6名举人，名载《松林书院记》碑。

② 据《山东通志》卷94~99《学校志》，其中，松林书院培养的为刘轶政、王瀛2名进士，名载《松林书院记》碑。

③ 据《山东通志》卷94~99《学校志》，其中，松林书院培养的为徐士林、李元直2名进士，名载《松林书院记》碑。

图1　清末松林书院课本《孝经》《文学兴国策两卷》(青州一中图书馆藏)

四　松林书院办学兴盛的深层原因

松林书院办学几度兴盛,有多种原因。客观方面的原因有:

第一,青州发达的政治、经济大大促进了文化事业的繁荣。

作为古九州之一,青州在长达数千年的历史长河中,一直是中国东方地区的政治中心、军事重镇和经济都会。北宋时期,青州作为京东东路治所,管辖青、密、沂、登、莱、潍、淄7个州,加上济南府、淮阳军,领38个县。青州是北方重镇,许多知州同时兼任路的安抚使,而且担任青州知州的有多位朝廷要员,例如寇准、范仲淹、王曾、富弼、欧阳修等著名的"青州十三贤"。《宋史·地理志》载"青州东道之雄,号称富衍",这里经济繁荣,农业发达,物产丰富。经济的繁荣带动了城镇的发展,青州被称为"大藩""大镇",青州知州刘挚曾这样描绘青州:"号一都会,士知礼义,境控海山,厥民富饶。"宋人孔平仲的《青州作》诗云:"九州此居三,山海在封域。北趋京洛近,南卷江淮直。富饶足鱼盐,饱暖遍牟麦。

英雄欲飞腾，假此为羽翼。"孔平仲把青州看作英雄成就事业的飞腾翅膀，在此可以大有作为。

明代，朱元璋占领青州后，随即成立山东行省，简称"省"，为国家一级行政区。管辖青州、济南、兖州、东昌、莱州、登州6府，下辖15州、89县，范围大致相当于今天的山东省范围，治所在青州城，青州城遂成为明代山东行省的第一个省会。省会西移济南后，青州为二级政区——青州府，辖3个州和16个县，后仍领13县1州。物华天宝，钟灵毓秀，人才济济。清代文人安致远在《青社遗闻》中说："明末青郡鼎盛，中朝诸巨公，并以三甲起家。司理县令、跻位六卿者，不下数十人，皆列第城中。"青州经济发展也非常迅速，成为国家的重要税源地之一。到清代"康乾盛世"，作为三齐重镇、海岱都会，两京通衢，青州达到了历史上前所未有的繁荣。

政治的中心地位，经济的高度繁荣，带来了文化事业的繁荣与发展。作为青州府府属书院传播文化、科举取士的最主要的场所，松林书院理所当然地担负起了青州教育的重大责任，办学几度达到辉煌。

第二，书院振兴的背后一定离不开从中央到地方各级政府的高度重视与大力支持。

北宋初年，官学不兴与科举举额扩大构成一对矛盾。宋太祖以武夺得天下后，希望偃武兴文，巩固统治，因而大大增加科举取士的名额。然而，作为养士之所的官学在宋初却处于废弛状态，士无所养。在宋初80年间，除国子监和太学外，官学基本处于瘫痪状态，这就为书院的兴盛提供了契机。书院成为解决官学不兴与士有所学矛盾的关键。南宋著名的理学大家吕祖谦在《白龙洞书院记》中说："国初斯民，新脱五季锋镝之厄，学者尚寡，海内向平，文风日起，儒生往往依山林，即闲旷以讲授，大率多至数十百人。"可见宋初书院大师聚徒讲学之盛况。可以说，宋初的国民教育全仰赖于书院这样的民办教育组织。宋朝书院的兴盛正适应了时代对人才的需求。于是，朝廷大力支持书院的发展。北宋初年，从太宗到仁宗60余年间，朝廷对书院大事褒奖，赐田、赐额、赐书等达20多次。自王曾中状元后，为奖励矮松园的办学成就，宋仁宗曾御赐"四书""五经"一批，并诏示各州以青州为榜样，大办儒学。自此八方学士、历朝官员，附之若潮，来矮松园观瞻、题诗，以示敬仰之情。

除去朝廷的奖励，还有地方政府的支持。著名的"十三贤"，宋代 13 位有惠政的青州知州，从寇准、王曾到范仲淹、富弼、欧阳修等人，没有一个不重视教育，而且，他们中的数位都是文坛上颇负盛名的大家、文坛领袖，引领一个时代的文风。宋朝文人知青州，意义深远，大大促进了青州教育和文化事业的大繁荣、大发展。据记载，北宋时期山东地区 80 余县，科举考试中有姓名可考的有 140 余人，仅益都一县就有 19 人，其中还有 3 个状元[①]！

在经历了元明之际的沉寂之后，明初的统治者倡导"统治以教化为先，教化以学校为本"。然而，官学教学质量堪忧，一方面师资力量薄弱，另一方面学校教育目标日益功利化，八股功名将读书人引上了利禄之途，渐渐湮没了学校的化民作用，学校成了科举的附庸。明中叶以后，为追逐功名，学子认真读书、专注学问的很少，与此同时，科举也是"盛名之下，其实难副"，其弊端日益显露，科场舞弊时有发生。官学及科举的种种弊端让很多有识之士忧心忡忡。社会急需改造教育、重建理论以教化人心，肃整纲常，维系伦理。为给教育寻找新的出路，书院重新进入了他们的视野，书院承载着"匡翼学校之不逮"[②]的使命悄然复兴。兵部尚书陈经曾在《松涛诗》中说"雨露尚需滋养力，庙堂今重栋梁材"，于是从正德朝开始，书院教育迅速走向了空前的辉煌。从正德到万历的 114 年间，新建书院 1012 所，修复书院 96 所，书院数量空前之多。其中书院发展最为迅速的是在嘉靖年间，45 年新建和修复书院达 596 所[③]，已远远超过了以前各个朝代的书院数，用"盛极一时"来形容这一时期书院的发展盛况毫不为过。此时的青州府更是重耕读，崇文教，加大教育投入。知府李昂创立松林书院，"殚心学校，教民亲逊，俗用丕变"[④]。松林书院从创立始属于官办性质，受政府掌握，但它与渐趋没落的纯粹官学如府学、县学等又有所不同，它继承了书院崇圣崇道、自由讲学之风，更加注重人文教化与学术的研究。除去科举

---

① 见隋同文编著《青州历史文化通览》，第 156 页。
② 见邓洪波《中国书院史》，第 283 页，引自王守仁《万松书院记》："我明自国都至于都邑，咸建庙学，群士之秀，专官列职而教育之，其于学校之制，可谓详且备矣。而名区胜地，往往有书院之设，何哉？所以匡翼学校之不逮也。"
③ 见曹华清、别必亮《中国书院的故事》，第 32 页。
④ 见光绪《益都县图志》，第 286 页。

取士盛极一时，书院也引领了一个时代的学术风气。嘉靖年间，活跃于青州文坛的"海岱诗社"，被誉为"诗坛奇葩"，著名的"海岱八子"中，有证据可考的三位——黄卿、杨应奎、陈经皆在松林书院读书，后皆中进士，颇有政绩，而刘澄甫致仕后在书院讲学，其门生冯裕三子冯惟敏于1537年中举，后来成为著名的散曲大师，被称作明朝北曲第一人，而冯裕殁祀松林书院乡贤祠，其余三位是否在书院读书或讲学无考，但可以肯定的是，引领青州诗风的八位大家，大部分与松林书院有很深的渊源，可以说，是松林书院敬道崇德、自由讲学之风成就了硕师大儒，同时硕师大儒的诗文著述又深深影响了书院的学术氛围。

可惜，明神宗万历七年（1579）一纸诏书，阁臣张居正以书院聚众讲学夸夺其谈、"虚而无当"、"清谈议政动摇社稷根本"为由，毁天下书院，松林书院未能幸免。清顺治朝的书院政策以抑制为主，至康熙朝，则转向积极的疏导，慎重的支持。康熙三十年（1691）关中陈斌如奉命观察青州之际，与知府金标主持重建松林书院。此时的清政府对书院的发展已经颇为重视。据统计，康熙年间共建书院785所[1]；雍正朝因其积极开放的书院政策而推动了书院的大发展；乾隆年间，新建和修复书院达1298所[2]，书院遍地开花，蒸蒸日上，清代书院的发展在乾隆朝达到一个高峰。需要特别指出的是，经史考据在乾隆年间盛行，主要原因是政策使然：乾隆帝谕令书院诸生应当"贯通经史"，而严酷的文字狱也让不少读书人将目光移向遥远的过去，埋头故纸堆，沉潜于名物训诂。松林学子、著名藏书家、目录学家、金石大家李文藻就是这类代表人物。

而此时的地方官员，也大都重民生，重教育，极大地促进了松林书院的发展。据松林书院碑刻[3]记载，山东督学使者黄崑圃先生"视事三年，清惠翔洽，政教修明"，为书院"慨然捐俸，重加修葺，进诸生而教诲之，饮食之"，关爱士子，不轻降黜，奖励人才，不遗寸长，深受士子爱戴，成就了江苏巡抚徐士林等许多人才，乃至"还朝之日，人士皇皇如失所恃，奏请留任不可得，相与树丰碑于青州之松林书院，跻先生于十三贤之间"。

---

① 见邓洪波《中国书院史》，第434页
② 见邓洪波《中国书院史》，第440页
③ 见松林书院藏《黄崑圃政绩碑》。

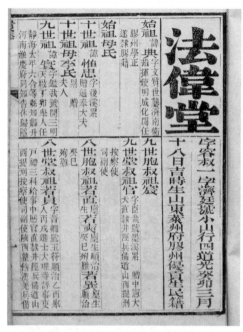

图 2 《法伟堂》（青州一中图书馆藏）

张连登，康熙三十八年（1699）知青州府，"修学宫、松林书院、范公亭、官廨、仓廒，民赖以苏。后以事诖误，罢职。百姓号呼罢市，既奉特旨复职，民皆踊跃如归父母。后仕至湖北巡抚。"①

罗大美，四川阆中人，举人，为政宽和，重贤礼士，出知青州，捐资修北关万年桥及十三贤祠。

裴宗锡，山西曲沃人，擢知青州，为政持大体，尤好接引文士，延请安邱进士严锡绥主讲松林书院，凡遇课期必亲临扃试，一时肄业诸生常数十百人。数年之间，登贤、书贡、成均者十余人。乾隆二十二年（1757）调济南，青人攀辕遮留。立碑于北郭，曰"清正仁明"。诸生复于松林书院为立"去思碑"。后官至云南巡抚。②

松林书院的兴盛，既是时代发展的要求，又得力于各级政府的大力扶持。除去上述客观原因外，也有其自身发展的主观原因。

首先，书院办学有相对的独立性和较大的自主权。书院的负责人——山长，明、清时或地方官延请，或士绅公举聘任，其人选"不拘本省邻省，亦不论已仕未仕，但择品行方正、学问博通、素为士林所推重者，以礼相聘"③。后期有地方行政官或学官兼任者。松林书院乾隆年间较为知名的山长如严锡绥，是前安邱知县，进士；杨峒，举人，被称为一代"通儒"；松林书院最后一任山长法伟堂（图2），字容叔，一字济廷，号小山，胶州人，教育家，方志学家，人称"小郑玄"，光绪《益都县图志》

---

① 见光绪《益都县图志》，317页。
② 见光绪《益都县图志》，317页。
③ 见《清会典事例》卷395。

的总编。该志纲举目张，史料翔实，具有很高的资料价值，受到现代方志学家的高度评价（图3）。

书院所聘山长都是经明行修，堪为士子模范，能够与时俱进，制定一整套体现出合乎书院精神的教学方法与制度，实现人性化的管理；书院可以不计较出身或名号而延揽不同学派的"教习"来掌管教学，如乾隆年间聘请贡生张云会执教松林书院，"亲受业者有三进士、六举人，为生员食饩（公家按月供给粮食等物资）者不计其数"①。又常常聘请有名望的大儒来执教，如明代正德年间，著名学者、王阳明学派的代表人物邹守益之子邹善督学山

图3　法伟堂主编的光绪《益都县图志》
（青州一中图书馆藏）

东，创建凝道书院（即松林书院），发扬光大王氏心学，聘请致仕后的兵部右侍郎冀錬讲学，成就了一代名臣钟羽正等；道光二十三年（1843）松林书院聘请原金厦兵备道、咸丰《青州府志》的主纂刘耀椿先生主讲松林书院等。有志于学问的人常常花费十几年时间在书院里游学研修，他们是因为书院山长和硕师大儒的道德威望和学问自愿投奔到这里的，到书院来学做人是第一位的，学知识是第二位的。书院向广大平民弟子开放，教育打破了贵族、官学的特权，这也是对自孔子以来倡导"有教无类"平民教育的继续。

其次，敬道崇德、知行合一、兼容并蓄的书院文化对学子的熏陶。

书院教育，不仅在于传授知识，更重要的是培养德行即道德修养。南宋朱熹曾说："熹窃观古昔圣贤所以教人为学之意，莫非使之讲明义理，以修其身，然后推以及人，非徒欲其务记览、为词章，以钓声名取利禄而已

---

① （清）杨滇：《邑先辈纪略》。

图 4 省立十中时期位于松林书院的明伦堂

也。"① 书院谨遵儒家的道德理想来设计人才培养模式，践行以道为核心的人文精神。松林书院一开办，即立十三贤为表率，启迪诸生"仰止"并"思齐"。在十三贤中，有范仲淹、欧阳修那样的文学大家伴读，有寇准那样的政绩卓著的宰相做人格导师，有王曾那样的状元做求学路上的引航者，松林书院吸引一代又一代士子来此求学，他们往往以能在书院读书为荣，名儒、诗人陈梦鹤曾回忆说：

予自童子时辄闻吾青有名宦、乡贤二祠，心窃慕之。稍长，为诸生，习举子业于松林书院，二祠巍立院中，因见所谓名宦者有若人焉，为乡贤者有若人焉，乃历指而究之……②

知行合一的致用精神。中国文化史上，儒家思想一直占主导地位。松林书院教育目标是突出的成才观念，"教诲之于兹书院，皆能有所成就"；更希冀出庙堂所重的栋梁之材，"莅政如沂公者（即王曾）"③，对后生的殷殷期待之情溢于言表。在历史上，书院与中国古代科举有不解之缘，古代科举取士制度极大地提高了人们学习的积极性，来书院读书的人在修身养性的同时，希望借读书以博取功名，治国安邦，实现人生价值。明代陈经、陈梦鹤、陈梦草父子三人俱在松林书院读书，后都考中进士，可谓"一门三父子，都是栋梁材，英名传千古，云驼共比高"；明代杨应奎和杨铭父子二人皆为进士，他们的后人、乾隆年间的松林书院山长杨峒以及侄子杨绍基均为举人。读书为了成才，成才的标准是服务于国家和社会，这就必须

---

① 见朱熹《白鹿洞书院揭示》。
② 见嘉靖《青州府志》（据天一阁藏明代方志选刊点校本），第283页。
③ 见松林书院藏《黄岜圃政绩碑》。

有学为所用、学以致用的能力，达到"知行合一、躬行践履"的为学要求，这些观念深深影响并成就了一代又一代松林精英。

　　兼容并蓄的书院文化氛围也深深熏陶了松林学子。一方面是自然和人文环境的宽松和谐。松林书院宁静、幽雅的自然环境能与士子旷达、清高且有忧国忧民的情怀融为一体，因而备受世人青睐。另一方面是书院授课形式上的自由与学习上自主。松林书院的授课形式，主要是"升堂讲说"，即集体授课。导师召集生徒进行集体讲解，师生可当堂质疑答辩。另有"分班回讲"，每月规定时日讲书，生童循环听课。师生之间"质疑问难"，互相质询，不同的思想互相交流、碰撞，是书院非常重要的优秀教育传统。书院提倡学生自行读书、自行钻研、自行领会，其间老师予以指导。书院还建立了《日记册》，记录、考查诸生每天的课业情况。诸生各立《日课簿》，每日将用过的功夫登记入簿，或看经书若干，或读古文、读通鉴若干，以备官、师不定期"抽签稽查"。书院还建立《德业簿》，记录、考查诸生的学业成绩和品行修养情况。这种自主学习方式，对于发挥学生的主动性和创造性具有十分重要的意义，成为书院教育非常重要的特色之一。

　　再次，松林书院规范严格的管理制度。书院建立各项章程，《学程》规定为学、进德、修品之程序；《条规》规定择师、招生、奖励之原则以及财产管理、经费开支、图书借阅之规则；《训规》《训约》规定敦品养性、治学作文、为学秩序、日常生活之准则，与《德业簿》《日课簿》《日记册》等规章制度，相互配套，形成制度网络。松林书院还有完善的考课制度。课卷皆书院统一印制，生员类考课成绩分为超等、特等、一等三个等第，童生类考课成绩分为上取、中取、次取三个等第，每等内再划分名次。青州一中图书馆珍藏有数十份清末松林书院课卷，对研究书院考课制度很有价值。另外，松林书院还有完善的奖学金制度，对于品学兼优者按考课成绩的等第分别给予膏火奖，这在松林书院收藏的《特授青州府正堂加三级纪录七次李札》碑中有详细的记载。

　　最后，书院教学中师生以道相交，感情深厚，关系融洽。硕儒院师教育生徒往往动之以情，晓之以理，更重导之以行，对学生十分爱护和关怀，以其高尚的人格力量影响、感化诸生，在潜移默化中实现品学承传。师生之间以道义相守，以诚相待，建立了纯粹真诚的师生关系。例如万历初年，已经考中举人、成为一名副其实的"孝廉"的曹璜[①]，在迎宾、拜贺之余，仍然恭恭敬敬地到身份仅为岁贡生的书院老师房如矩那里，让老师每天给自己布置读书的任务，翌日凌晨，仍向老师背诵文章，成为尊师佳话。又据李文藻《南涧文集》记载[②]，乾隆十八年（1753）松林书院山长严锡绥先生主讲期间，肄业附课于书院的举贡生童多达数十百人，1758年严先生病卒于松林书院，当时，在院生徒各"吊服加麻"，十日后，受知于严先生的举贡生童、远近僚宾上百人会哭灵前，"靡有不恸"，松林书院师生感情的真挚与感人令人动容。正是这种和谐融洽、真诚深厚的师生关系深深地影响着一代又一代的松林学子，使松林书院成为哺育名儒的摇篮成为可能。

总体而言，松林书院历史上出现了三次办学高峰。如今，绵延了1000多年的书院教育已经结束，而真正的书院文化精髓却从来不会消逝，它早已深深融进了松林学子的血脉。在众多文化精英的心目中，松林书院永远是东方第一州——古青州的一块文化圣地。在现代教育发达的今天，探究古老书院办学的历史辉煌，解读书院兴盛的深层原因，一定会有着深刻的现实意义。

（图片：闫玉新）

（原载《青州文苑》2013年第2期）

---

① 见清代曹贞孺《云门辑旧》中《举人上学》一文。
② 见李文藻《南涧文集》中《严先生诔》一文。

松林书院核心精神的首倡者——李昂

王　岩

　　从宋代三元及第的一代名相王曾读书的矮松园算起，松林书院的历史至少有 1012 年了。作为书院雏形的矮松园，其创办时间尚无考证，而作为一所办学特色鲜明、造就了无数硕师大儒的正规书院的创建，每一位松林学子都不会忘记一个响亮的名字——李昂。

　　李昂，字文举，仁和人，甲戌进士。成化二年（1466）知青州。嘉靖《青州府志》载，李昂上任"即能敷德施惠，发奸摘伏，疏弊源而清之，培利本而厚之"，不久"政通人和，百废俱举"。据光绪《益都县图志》记载，当时政弊民疲，加之灾荒连年，百姓纷纷逃难。李昂上任伊始，"问民疾苦，首劾赃吏，量贫富，均徭役"。他招募流民开垦荒地，缓征赋税；见饥民衣食无着，毅然开仓济民，数量不足，就拿出上缴的粮食补充，并动员富户设粥棚，全活灾民甚众。上司追究责任，他说："民既生全，罪复何憾？"便自动上书请罪。朝廷认为李昂动用税粮救灾等同于上缴官府，特加奖励。李昂担心大灾后百姓不能耕种，亲自巡行田间，供给耕牛和种粮；对孤苦无依者，为其盖房居住。他还尽心办学，注重教化，倡导亲仁和睦，民风为之大变。父老叹曰："不图今日复见富公也！"富公，即宋代著名的青州"十三贤"之一的富弼，出任青州知州期间因大力赈灾而深受百姓感念，人们把李昂跟富弼相提并论，可见其关心百姓疾苦，关注民生，深受百姓爱戴。

　　而李昂知青州，贡献最大的莫过于他在矮松园这方曾经诞生过状元宰相的圣土上建立了十三贤祠，直接创立了青州的府属书院——松林书院，为青州府所辖的十多个县的士子开启了仕进的大门，而且首倡书院的核心精神——敬道崇德，进而书写了书院教育的新篇章。

据《祭酒陈鉴〈记〉》载，青州府原有名贤祠，在府治仪门之左。祭祀战国齐相鲍叔牙直至明朝青州知府等47人。后祠废，诸位名贤列于土神之祠。祠堂低矮狭窄，名贤地位遭受贬损，无法来"崇贤报德"，教化百姓，李昂深感愧疚。"暇日偶适城坤隅（即青州城西南隅），因得隙地"，见此处"高亢明爽，面山为屏，清致可爱"，可惜"已为浮屠所据"，这些浮屠独断专行，竟然"不请诸朝，不白于有司"，"构宫宇像佛其中，环树松百章"，俨然建成了一座"兰若"（即寺庙）。李昂正苦于名贤祠无处安放，于是斥责道："众僧怎敢如此大胆？是可忍，孰不可忍也！"于是乎"撤诸其像，进诸其徒，尽易旧规，一由新观"。乃迁宋青州知州寇准、曹玮、王曾、庞籍、李迪、范仲淹、富弼、欧阳修、赵抃、张方平、吴奎、程琳、孔道辅（一说"刘挚"）13位"有惠爱于青民者"之牌位于其中，"塑诸公之像，衣冠皆如宋制"，匾其楣曰"名贤祠"（也称名宦祠，俗称十三贤祠）。前建两斋，左曰"思齐"，右曰"仰止"，作为士子读书之所。在四周建好垣墙，墙之外复为二轩，左曰"藏修"，右曰"游息"。聘请四方有学行者为师，下令属邑中那些聪明伶俐、品行端正、勤奋好学的贫困子弟，教育于兹，食宿于兹。大门题曰"松林书院"。

作为松林书院的创建者，李昂厥功甚伟！此后的数百年，松林书院办学几度兴盛，从这里走出了无数硕师大儒、国家栋梁，使松林书院成为齐鲁大地教育史上一朵盛开的奇葩；而知府李昂凭借着莫大的勇气大胆拆毁兰若，建名贤祠，反对迷信鬼神，祭祀先贤名宦，确立了青州十三贤为松林士子的精神丰碑，从而使敬道崇德成为千年书院文化的精神核心，也值得大书一笔。

李昂拆毁兰若、撤掉佛像、赶走和尚、建名贤祠之举实在勇气可嘉。《祭酒陈鉴〈记〉》认为，本来弘扬先贤事迹精神，复兴大道，是地方官分内之事。然而在"叔世（末世）颠置，蛊蚀心志"，"波颓风靡、漫不可救"的社会形势下，即使士大夫也没有舍弃信佛而供奉先贤灵位的，否则会招来祸患。而知府李昂，"断然知佛之不可信，僧之不足恤，一旦扫除之若尘坌（尘土）"，其"见理、明信、道笃"，委实难能可贵！

同时，李昂此举也顺应了明代毁淫祠的潮流。封建时代，经济发展相对滞后，反映在人们的信仰方面便是"信鬼神，好淫祀"。明清以前，规模较大的一次毁淫祠事件发生在唐代。史载狄仁杰为江南巡抚时，曾经"毁淫祠千七百所，吴中仅置太伯、伍胥、季扎三祠"（范成大《吴郡志》）。对于狄仁杰的行动，南宋朱熹大加激赏。《祭酒陈鉴〈记〉》也说"狄文惠巡抚江南，去吴楚淫祠千七百余所，当时以为难，逮今犹香人齿颊"。明初，朱元璋鼎定天下，便开始采取一系列措施整顿国家祭祀政策，洪武元年，命"中书省下郡县访求神祇，名山大川、圣帝明王、忠臣烈士，凡有功于社稷及惠爱在民者具实以闻，著于祀典，令有司岁时致祭"（《明太祖实录》卷35），之后又规定"天下神祠不应祀典者，即淫祠也，有司毋得致敬"（《明史》卷50）。而王朝政策在地方贯彻的直接表现方式之一就是官员的毁淫祠活动。因此，李昂拆毁寺庙、祭祀名宦之举实乃顺应了历史潮流。《祭酒陈鉴〈记〉》中肯定"视侯之为，若合符节"，李侯之举，与狄仁杰一样相契合，并引《诗经》上的话予以高度评价"维今之人，不尚有旧？"（不知如今满朝人，是否还有旧忠臣？）"如侯者，焉得百数十，布诸天下四方，宁有不治者乎？"像李侯这样的忠臣，怎么能得到更多人，安排到天下，那么天下怎会不太平呢？

关于建立名贤祠，祭祀十三贤的目的，《祭酒陈鉴〈记〉》中记载十分明确。创建名贤祠及松林书院的当天，李昂即亲率僚属师生写好祭文以祀十三贤，以达"崇正黜邪"之目的。李昂"虑久而或堕"，上疏道："准（寇准）等立朝大节炳然史册，守青伟绩宛在人心，人亡实存，百代攸著。祠之故领之地，不惟起敬守臣，抑且师范承学，所补实大，乞定为著令，载之祀典，以永永无斁（yì，厌弃）。"祭祀十三贤，不仅是对其表示敬重，而且是让其成为诸生学习效法的榜样，大有裨益。李昂恭请朝廷定为律令，载之于祭祀典籍，永世实行。

弘治十八年（1505），知府彭桓"承乏青州，视事之三日，谒于松林书院，得瞻十三贤之遗像而拜焉"，上任刚三天，就到松林书院拜见十三贤，可见知府对祭祀先贤、崇贤报德之重视。见祠堂"久而败剥，溜穿残壁，藓杂余画，础压断垣，碑横茂草"，十分破败，知府"泚然汗出，不啻芒刺之在背也"，于是与益都知县金禄商量，大修名贤祠，并亲自作《记》。

《记》中说："虽一乡一邑之小，苟有贤人君子功业振于当时，而名声垂于后世者，必为之祠庙，修其祭祀，所以劝也（用来勉励后世学子）。""诸贤之德业闻望，炳炳宇宙间，长如日星。"用来"昭前烈之休光而启后学之仰慕者"。又说："十三贤之事业文章，不待祠而存也。然必欲祠之者，仰其德泽，慕其声光。思同其时而不可得，得睹其像设，登其堂阶，而仿佛乎容仪之相接、謦欬之若闻，以起其效法之心焉，此祠之所以作也，前之作者太守李公之用心亦勤矣！"对于名宦先哲对后学的激励作用以及李昂创立名贤祠的用心，知府彭桓的理解是深刻的。

松林学子、名儒陈梦鹤对此更是有着切身体会，在《副使郡人陈梦鹤记》中说："予自童子时辄闻吾青有名宦、乡贤二祠，心窃慕之。稍长为诸生，习举子业于松林书院。二祠，因见所谓名宦者有若人焉，为乡贤者有若人焉。乃历指而究之。""其宦于斯者，为忠为义，为廉为节，政教不必其皆同，而操心则未始有不同者；其生于斯者，为孝为弟，为忠为良，造就不必其皆同，而制行则未始有不同者。"陈梦鹤诵读之余，每一瞻拜，常喟然叹曰："诸先哲没世而名不朽者，意在斯乎？意在斯乎，学问之道，舍是，吾谁与归？"做学问的意义在于学习先贤名宦的忠义廉节、孝悌忠良之道，舍此，又能同谁一道呢？

南宋朱熹曾说过："熹窃观古昔圣贤所以教人为学之意，莫非使之讲明义理，以修其身，然后推以及人，非徒欲其务记览、为词章，以钓声名取利禄而已也。"作为教育场所，书院教育虽然也兼顾"举业"，但其根本追求是道德教化。自名贤祠建立之日起，松林书院的核心精神——敬道崇德就已奠定。谨遵儒家的道德理想来设计人才的培养模式，践行敬道崇德的人文精神，这是包括松林书院在内的书院教育非常重要的特色之一。

高山仰止，景行行止。当我们穿越历史风云，满怀崇敬的心情瞻仰青州十三贤等先贤名宦和松林书院中一代代硕师大儒、俊彦精英时，请不要忘记这个名字，松林书院的创立者、书院核心精神的首倡者——李昂。

（原载《潍坊日报·今日青州》2013年4月4日）

松林书院与祭祀

王　岩

古代书院一般有三大功能，除去教学、藏书外，还担负着祭祀功能。书院的祭祀与宗教祭祀有着重要区别，书院的祭祀基本着眼于教育功能。青州松林书院的前身——矮松园，一代名相王曾读书处，明初曾设有社稷坛，据光绪《益都县图志》记载："社稷坛，旧在府城西北五里。明初，徙城内，以宋矮松园为祀所。"社稷坛是青州府祭祀土地神和五谷神的场所，此类祭祀属宗教性质。

松林书院创建后，在院东曾建有四书斋、文昌阁、十三贤祠、乡贤祠、四照亭等建筑，可惜在现代的校舍改造中都已拆除，留下了永远的遗憾。四书斋乃松林书院藏书之所，而文昌阁、十三贤祠、乡贤祠皆书院祭祀之所。

文昌阁，祭祀文昌帝君。文昌帝君为民间和道教尊奉的掌管士人功名禄位之神。文昌本星名，亦称文曲星，或文星，古时认为是主持文运功名的星宿。书院供奉文昌帝君，尚属宗教性质，寄寓书院多出人才的美好愿望。

书院祭祀较为隆重的首先是祭祀至圣先师孔子。祭祀孔子在古代学宫非常普遍，在松林书院尤为郑重。这一习俗一直延续到清朝末年的青州府官立中学堂（1902 年由松林书院改办）时期。据中学堂第二任监督、中国文学史上著名的鸳鸯蝴蝶派作家包天笑先生在《钏影楼回忆录》中说：

太尊（青州知府段友兰）到学堂里来拜孔，吩咐监督，率领全体教员，一同在礼堂行礼，学生亦一体参加。拜孔以后，太尊要对学生加以一番训话……除太尊外，要监督及全体教员学生一同跪拜行礼……每逢朔望，行拜孔典礼，好似串一出戏……

当然，一方面，那时的学堂监督、教员和学生大都是新潮人物，对拜孔等充满封建色彩的繁文缛节甚是厌恶，但从另一方面讲，封建社会中绝大部分祭孔仪式是庄重的，体现人们对儒家正统思想的崇拜与追求。

除去祭孔外，书院还设有名贤祠和乡贤祠，分别祭祀宋代 13 位有惠政的青州知州和异地为官或治学、有所作为、颇有名望的青州知名人士。据光绪《益都县图志》卷 13《营建志》载：

> 名贤祠，亦曰十三贤祠，在松林书院。明成化五年，知府李昂奏请立祠，祀宋青州守寇忠愍公准、曹武穆公玮、王文正公曾、庞庄敏公籍、程文简公琳、范文正公仲淹、李文定公迪、富文忠公弼、欧阳文忠公修、吴文肃公奎、赵清献公抃、张文定公方平、刘忠肃公挚，岁时致祭。

祭酒陈鉴在《记略》中叙述说：

> 成化丙戌，仁和李侯文举来为守。府旧有祠，祀宋诸贤之有惠爱于青民者，后祠废，附其主于土神之祠。祠既卑隘，位亦贬损，非所以崇贤报德，侯心歉焉。既而，得隙地，高亢明爽，为浮屠所据。因撤其像，逬其徒，尽易旧规，一由新观。迁主其中，仍塑诸公之像，衣冠皆如宋制，扁其楣曰："名贤祠"。前为两斋，左曰"思齐"，右曰"仰止"，以为致斋之所。缭以周垣，而门其中。垣之外复为二轩，左曰"藏修"，右曰"游息"。延四方有学行者居之，以为师。檄属邑子弟知乡方而愤孤陋者，教育于兹。其门曰"松林书院"。即日，率僚属、师生为文以祭之，大归以崇正黜邪为人心之防。

此段文字详细地记载了名贤祠（即十三贤祠）和松林书院的创建过程。书院创建当天，知府李昂就率领属僚和全体师生写好祭文祭拜十三贤，以达到弘扬正气、祛除邪恶的目的。

所祭十三贤，皆清廉爱民，居庙堂之高则为君分忧，处江湖之远则为民解愁，为大宋王朝立下赫赫功勋。

弘治十八年（1505），青州知府彭桓修祠并作记，赞曰"诸贤之德业闻望，炳炳宇宙间，长如日星，况于其故领之郡，流风余泽，存而未泯"，修祠目的"昭前烈之休光而启后学之仰慕者"，并言自己到任知府三日，"谒于松林书院，得瞻十三贤之遗像而拜焉"，"所谓出于人心之公而关乎世教之大者，虽穷天地亘古今而不可废也"，于是因其旧而增华，拓其宇而加丽。嘉靖四十三年（1564），知府杜思再修名宦、乡贤二祠，并重修松林书院，嘉靖四十四年（1565）春告成，副使陈梦鹤为之记。

世事轮回，沧海桑田，人们对十三贤的尊崇一直未变。明朝诗人歌曰"青齐宋代十三贤，道德文章孰可肩""祠前翠柏四时秀，海内清名万古留"，高度赞扬了十三贤的道德修养及其文学才华无人可与之比肩，祠前翠柏蓊蓊郁郁，他们的英名也必将万古流传。清乾隆四十一年（1776）秋，桂林人胡德琳奉檄摄青州知府，作《青州十三贤赞》，对十三贤的丰功伟绩予以高度赞扬，由海盐人张燕昌书，刘万传刻碑，现嵌于松林书院前讲堂厦廊西壁上。2012年，青州一中110周年校庆前夕，校园内竖起多块汉白玉石雕，镌刻十三贤的炳炳功勋以及崇高精神，成为后代学子心中永远的丰碑和对十三贤永远的纪念。

关于乡贤祠，嘉靖《青州府志》记载：

乡贤祠，在松林书院，即喜雨亭改建。祀春秋成瞷，战国王蠋、鲁仲连、汉谏议大夫江革、博士胡母生、御史大夫倪宽、孝子董永、河东太傅征士辕固、郡掾祭酒薛方，晋孝子王哀，唐左仆射房玄龄、孝子孙揆，宋沂国文正公王曾、平江守仇念、侍郎王皞、中丞李之才、学士燕肃、冲退处士苏丕、状元苏德祥、御史张所、金尚书张行简、元金事齐郁、侍郎于钦、御史傅让、学士马愉、大学士刘珝、孝子王让、冀琮，尚书陈经、布政使黄卿，副使冯裕，凡三十四人。二祠俱在松林书院，岁以春秋上丁日，各用羊一、豕一、爵三、帛一致祭。

从以上记载看出，松林书院乡贤祠每年在春秋季上丁日用一只羊、一头猪、三大杯酒和一匹布祭祀乡贤。上丁指农历每月上旬的丁日，自唐以后，历代王朝规定每年仲春（二月）、仲秋（八月）的上丁之日为祭祀孔子的日子，此时来祭祀乡贤，可见礼仪之隆重。明万历八年（1580），宰相张居正毁天下书院，松林书院未能幸免，名宦、乡贤二祠损坏，直到清康熙三十年（1691）书院重建，院东修复二祠等建筑，名宦祠仍祀青州十三贤，而乡贤祠随朝代更迭，祭祀名单有所增益。据光绪《益都县图志》载：

> 入祠诸贤，《旧志》无文，兹依旧《府志》胪列如上。今祠，神牌多于旧者数倍，年代久远，无案牍可稽，姑依时代编录之，以俟厘定祀典者焉。

嘉靖《青州府志》最初载乡贤祠祀34人，至康熙《青州府志》载祀43人，康熙《益都县志》无考，咸丰《青州府志》载56人，光绪《益都县图志》载54人（县乡贤祠59人）。增加的乡贤中较为知名者有：明兵部尚书邢玠、石茂华，兵部侍郎、赠工部尚书、端恪公冀錬，光禄司卿冯惟讷，户部尚书王基，刑部侍郎朱鸿谟，工部尚书钟羽正，工部尚书董可威，礼部尚书赵秉忠及清代的内阁大学士冯溥等。

所祭乡贤，官至宰相者房玄龄、王曾、刘珝、冯溥四人，至六部尚书等二品职位者有陈经、冯琦、石茂华、钟羽正、邢玠、王基、赵秉忠等数人，他们皆科举出身，不但为官正直，膏泽斯民，颇有政绩，而且大多博学多识，工于诗文，有文集传世，可谓青州学子为官、治学、做人的表率。其中王曾、陈经、黄卿等人曾在松林书院（矮松园）读书或讲学，更成为松林学子之骄傲。

明代礼部尚书冯琦在《维世教疏》说："祠祀名宦，义在报功；祠祀乡贤，义在崇德。因以表扬前哲，亦以风励后来。"康熙《益都县图志》载："祀典，用以崇德报功，为民请命，奠终古之天地，淑万世之人口，功德尊隆，祀典特首重焉。山川林麓，高城神池，神物所凭。先贤名宦咸著功德于兹土，其有威灵赫奕，人心向往，虽疆域各异，亦并祀之。"这些都很好地说明了建名宦祠和乡贤祠的目的和意义。

松林学子、明代名儒陈梦鹤对书院中祭祀的名宦乡贤充满了仰慕之情。在《副使郡人陈梦鹤记》中说:"予自童子时辄闻吾青有名宦、乡贤二祠,心窃慕之,稍长,为诸生,习举子业于松林书院,二祠,因见所谓名宦者有若人焉,为乡贤者有若人焉,乃历指而究之……"明代都御使、诗人陈凤梧有诗道"名宦勋华高北斗,乡贤声价重南金",对书院祭祀的名宦乡贤的功勋和声誉给予了极高的评价。

如今,延续了1000多年的书院教育已经淡出人们的视野,古老的祭祀仪式更是不复存在,但书院文化中崇圣崇道、化育人生的流风余韵必将永世不衰。千百年来,松林书院所祭祀的名宦乡贤,一直闪耀在中华历史的长空,作为具体而形象的教育资源,供代代士子景仰学习:启迪师生敬道崇德,见贤思齐,培养崇高的人格操守;激励学子进德修业,经邦济世,实现儒家"修身、齐家、治国、平天下"的远大理想。

(原载《大众日报》2013年3月30日,
原题为《祭祀在青州松林书院》,有改动。)

青州的凝道书院

房重阳

　　书院是我国古代的一种教育机构。青州历史上的书院，先后有矮松园书院、松林书院、凝道书院、白龙洞书院、云门书院、旌贤书院、海岱书院等十多所，其中有的是在同一地址上兴建，为前后关系。这些书院除了白龙洞书院在西北山区（今属淄博市临淄区境内）以外，其余均在青州城区。

　　青州这些书院的发展并非一帆风顺，而是经过了多次劫难，断断续续以时间的推延而完成了其历史使命的。

　　北宋年间青州的矮松园，是全国闻名的书院，是状元宰相王曾读书的地方，位于青州南阳城西南隅。金元时期战争频繁，矮松园书院废圮，一度成为僧舍。明成化五年（1469）知府李昂奏请朝廷，恢复书院，矮松园旧址尚有松百株，因改名为"松林书院"。松林书院为青州培养了一批人才，"书院松涛"也成为青州的一大景胜。嘉靖十七年（1538），朝廷下旨毁天下书院，书院荒废。松林书院自始至废，共兴办了69年。嘉靖末年，邹善在山东督学时至青州，与青州知府杜思，在松林书院旧址上重新建设书院，易名为"凝道书院"。松林书院被毁与凝道书院建立，间隔时间近30年。

　　明万历末，青州人、状元赵秉忠在《云门书院记》中开头一段话，追述了凝道书院的概况。他写道："青州旧有凝道书院，在郡治西南，堂室严翼，桧柏环拱，每青颠白龙鳞起，若万壑喷巨浪，题曰'书院松涛'，其创垂题咏载郡志。隆庆丁卯，督学者邹公善，讲明良知，羽翼圣道，设皋比函丈于此。一时贤哲师济景从，造士作人之盛，学士先生迄今数能言。"文中的"隆庆丁卯"即隆庆元年（1567）；"邹公善"即邹善，邹公是对邹善的尊称。此文说明，隆庆元年邹善在凝道书院讲学，书院已经盛况空前。

邹善，字继甫，号颖泉，明江西安福人。《明史》载："邹善，嘉靖三十五年进士，以刑部员外郎恤刑湖广，矜释甚多。擢山东提学佥事，时与诸生讲学。万历初，累官广东右布政使，谢病归。久之，以荐即家授太常卿致仕。"嘉靖四十三年（1564），邹善擢任山东提学使（即提学佥事，属山东按察司），负责全省的教育督察，隆庆五年（1571）离开山东调往湖广，在山东任上共有7年时间。他在济南的泺源书院讲学时，培养了许多人才，其中有大书法家邢侗等。山东东部昌邑、即墨等地都留下了邹善的足迹。

明代，青州城中有府儒学与益都县儒学，教学条件都相当优越，但受名额限制，远远不能满足士子们求学的愿望。以往，书院与府学是并存的，能起到互补作用。府学毕业的学生可以在书院继续进修，直至考上举人或者进士。书院还是学术交流的场所，有明一代，儒家经典占统治地位，而程朱理学与阳明心学在不同时期也充分得到发扬。书院是大儒名士施展才华和学问的阵地，也是学子后生们向名师学习、互相研究以求进身的阵地。作为文人来说，书院不可或缺。

邹善在山东的主要任务是督学，然而，他对办书院更是热衷。嘉靖四十五年（1566），邹善来青州视学。是时，青州松林书院虽然被毁，但毁得并不彻底，其屋基、树木尚存。加以修葺整理之后，一座新的书院诞生了。书院的建筑依照松林书院的基础，恢复重修，主要有前后讲堂、孔圣祠、名贤祠（亦称"十三贤祠"）、乡贤祠，旁构藏修、游息二轩，其他斋室多间。邹善将书院定名为"凝道书院"。"凝"是凝聚；"道"是道统。"凝道书院"旨在凝聚人心，传承与发扬儒家文化道统，邹善则"时与诸生讲学"其中。邹善讲学所秉承的是王守仁"致良知"的学说。王守仁是浙江余姚人，明中期最重要的思想家，人称"阳明先生"。他的哲学，被称为"心学"，对儒家思想有所发展，"致良知""知行合一"便是他哲学思想的核心。邹善的父亲邹守益是著名学者、王阳明学派的代表人物。邹善受其父影响，所到之处兴办书院讲学，发扬光大了王氏心学。因为邹善是省级人物，所以青州的志书对他缺乏记载，《山东通志》中也不可能有详细记载，但在赵秉忠的《云门书院记》中记述得十分明确。

青州凝道书院的开办、建设，与当时的青州知府杜思有直接关系。杜思，字子睿，明浙江鄞县人，嘉靖三十五年（1556）进士，嘉靖四十一年（1562）由工部郎中出知青州。清光绪《益都县图志》载杜思"温文好学"，"人称综雅，谈经课艺，名士奋起，科第亦自此称盛云"。杜思莅任青州之后，修府衙和孔庙，百废俱举，每事尽心。嘉靖四十三年（1564）之夏，杜思开始重修松林书院中的名宦、乡贤二祠，第二年春落成。这是书院重新启动的基础；杜思"谈经课艺"，"群诸生而为文会"（钟羽正《青州人物志》），这是书院重新讲学的开始。文会是士子们的学习组织。在书院停办的情况下，文会发挥着重要作用。嘉靖末年和万历中期，青州文会很盛。

凝道书院建立之后，增置教学场所，招揽名师讲学，使青州的教育上了大的台阶，青州真正实现了名士奋起、科第始盛的局面。凝道书院所聘山长、教师，没有文献详细记载。据零散文字记载推断，当时在书院任教者有房如矩、冀錬，其他不详。

房如矩，字正甫，号心源，明代青州府益都人，祖上世代为农，其兄房如式以科举入仕，官至陕西按察使。房如矩熟读经书，学位至贡生，考举人未中，便不再参加科举，一心攻读，以教学为业，后来出仕做过襄城知县。清康熙《益都县志·儒林》载："房如矩，如式弟。醇厚端谨，有声庠序。从江右邹氏讲'良知之学'，敝衣不饰，秉礼敷教，出其门多为名士。由岁贡令襄城，恂恂字爱。以引疾归，宦橐萧然，家贫如未官时，真儒之廉慎者。"古人以东为左，西为右，所以江西被称为"江右"；邹氏即指邹善。此文是邹善在青州办学的又一证据，也是房如矩在凝道书院讲学的依据。他们讲的"良知之学"便是书院的主导思想。房如矩以"儒而廉慎"，受到世人尊重，卒后祀青州府乡贤祠。房如矩，"出其门多为名士"作何解释？不妨以曹璜为例，便可见一斑。曹璜之子曹贞孺的著作《云门辑旧》中有"举人上学"一则故事。他记道："昔我父从学于明经（贡生的别称）房心源名如矩者，有年矣。"足见曹璜便是房如矩在凝道书院讲学时的学生。曹璜，字见素，明青州人，万历进士，官至通政司左参议。曹氏兄弟三进士（曹璜万历十四年进士，其弟曹璘、曹珖俱万历二十三年进士），他是老大。康熙《益都县志》载："他生平伉爽，有烈气，幼时好谈道义名节，晚乃少铲其芒角，一归简易。……（归后）与二弟璡、珹剖析至义，婉言深语，漏三四下未已也。"万历十年（1582），曹瑷已经中了举人，时年21岁，仍于社会事务中抽身拜望老师房如矩，仍要求老师布置作业，自己去用功完成，第二天一早，再以所读书籍，向老师背诵。此时，凝道书院已经被毁，但是房如矩依旧在别处教书。如矩是贡生身份，接受举人的参拜有些惶惶不安，但曹瑷是出于至诚，这件事成为爱生尊师的一段佳话。

冀錬，字纯夫，号康川，明青州城东郑母村人，嘉靖二十三年（1544）进士，官至兵部侍郎。康熙《益都县志》说他："生而岐嶷，向学专笃。其学以诚为主，以敬为宗，举止语默，皆有成法，毅然以圣贤为必可师，以天下国家为己任，曰：'不如是，虚过一生矣'。"冀錬至凝道书院讲学是在书院开办数年之后。隆庆三年（1569），冀錬以劳瘁乞归，杜门谢客在家修身养性。这时，有人劝他聚徒讲学，他不应。时隔不久，他接受了凝道书院的聘请，开始了教学活动。这件事史志并没有记载，其他文献也未见记载，但康熙《益都县志》冀錬的传中却有模棱两可的记载，说他"及接后生晚进，孜孜以诱，盎然坐春风中，忘其为尊宿也"。看来他晚年还是乐于讲学的，学生不少，其学识得到了尽量发挥。钟羽正就是冀錬的得意门生，这是冀錬讲学的有力证明。钟羽正，字淑濂，号龙渊，明青州城北钟家庄人，万历八年（1580）进士，官至太子太保、工部尚书，是有名的清官直臣，《明史》有传。羽正自束发少年便拜冀錬为师，但由于冀錬在外做官，无法坚持他们的教与学。及至冀錬退归故里上凝道书院讲学，钟羽正才能够在老师身边亲受教诲，受益匪浅，遂科举得中，飞黄腾达。可是，钟羽正受到老师冀錬的影响，清正为官，敢于直谏，在官场上受了极大的挫折，中间近30年时间被贬乡居。冀錬卒后，钟羽正写祭文洒泪祭奠。此文见之于钟氏《崇雅堂集》。

凝道书院开办后的几年内，青州蝉联中进士多名，中举者更多，如进士魏浚、朱鸿谟、蒋春芳、冯琦、钟羽正、曹瑷、石岩、董可威等。其中冯琦、钟羽正、董可威官至尚书，成为朝廷重臣。当然，这不一定全是书院培养的结果，但书院的超脱条件肯定是起了主要作用。凝道书院的学生比县学、府学所教授学生的年龄相对来说较大，有的生员科考不利，也到书院来进修深造。府学、县学的教授、教谕、训导们，多是些举人或者贡生所任，而书院所聘多为有名望的硕学大儒，所以在书院学习的举子科举高中者更多。凝道书院时期，青州中进士、举人者比任何时期都多，这充分说明当时凝道书院办学之盛。

朱鸿谟，字文甫，号鉴塘，明益都人，隆庆五年（1571）进士，官至刑部侍郎，《明史》有传。宰相张居正之父卒，居正恋权不奔丧，遭到朱鸿谟等许多官员上疏弹劾。张居正大怒，对上疏者施以重刑，朱鸿谟被贬归乡。后又出任应天巡抚，他清田稽诡，惩治豪猾，当地百姓以为可与清官海瑞相媲美。朱鸿谟在凝道书院学习了一段时间，隆庆四年（1570），在山东考中了举人，是邹善选拔的人才。邹善向朱鸿谟讲"良知之旨"，而鸿谟却坚持理学的信念不动摇。朱鸿谟"心仪冀端恪"，"尊濂洛关闽矩旧如护要领"（钟羽正《青州人物志》）。可见，朱对冀錬的理学理论非常崇拜。他在吉安府任推官时，洁身持法，风格方峻，杜绝请客迎往，时时与诸生谈经义，所陶冶皆成名。东林党领袖人物、大儒邹元标就是朱鸿谟的门生。邹元标一直称朱为恩师，尺牍往来不断。天启年间，邹元标任左都御史时，曾与冯从吾、高攀龙、青州的曹珖等在北京办首善书院。邹元标也是讲"致良知"之学。

蒋春芳，字实伯，号元轩，明青州人，衡府籍，万历八年（1580）进士。任御史，山西巡盐、淮扬巡按，俱有风采，官升至尚宝司卿。蒋春芳"先从邹颖泉受良知之传"（钟羽正《青州人物志》），可见他是邹善在凝道书院讲学时期的学生。而他主河南乡试时，得人为盛。钟羽正称蒋"授徒善诱，各因材质所宜而喻之于道，出其门登科贡者不绝"。蒋春芳是从凝道书院出来的一代名儒。

在书院学习的士子们，主要学习儒家经典"四书""五经"，还要学写策论，并习诗词赋颂等。为了科考的需要，他们必须研习一些时文，时文亦称"制义"，类似科考中的范文。掌握一定的考试知识和规律，是士子们需要解决的问题。书院中的老师都经过科举，且多是进士而官场致仕，他们的切身体验和社会上的见闻，能开拓学生的知识面，对士子们科考起到了指导作用。所以，科场考中者数量多少也能衡量书院的综合水平。书院教师首先要加强对学生的学习指导，科举还是其主要目的。理学、心学等学术理论毕竟是一些大儒们的研究课题，对学生仅是影响而已。

凝道书院在教学中，非常重视对学生品格的教育。书院设孔圣祠，这在所有学府不仅是普遍的，而且是必需的。书院中保留了松林书院时的名贤祠与乡贤祠，十分必要。名贤祠祀范仲淹、富弼、欧阳修等北宋时期在青州为官有政绩的 13 位知州；乡贤祠祀房玄龄、王曾、孝子董永等 40 余人。名宦与乡贤都是为学子们树立的榜样。隆庆元年（1567）春，邹善带领学生去拜谒范公祠，对学生进行现场教育，当即作诗以纪之。诗为五言排律，题目是《谒范文正公祠酌泉有感示诸生》。诗曰："昔闻长白山，清苦无与比。独抱先忧念，推沟同所耻。……嗟予及诸生，黾勉迫芳执，勿忘千古期，请从长白始。"（石刻今存三贤祠）长白山，指山东邹平的长白山，范仲淹少年读书的地方。范仲淹是经过艰苦奋斗成长起来的伟大的政治家、军事家和文学家。邹公以范公的事迹来激励诸生，足见他用心良苦，也是他主张"致良知"的体现。作为提学使者，负有领导、监督一方教育的责任，但邹善利用一切时间，亲自执教，足见他真是一位以培育人才为己任的实干家。邹善以满腔热忱把凝道书院的教学启动起来了，但他还必须在山东范围内巡察，书院教学在有序进行，邹善却不得不离开了青州。令邹善想不到的是，十数年后，全国的书院一同被毁，而青州凝道书院毁得更惨！

明万历七年（1579），权相张居正下令毁天下书院，凝道书院遭到了灭顶之灾。"所司奉行太过，遂赖其地而空之"（赵秉忠《云门书院记》）。清初寿光安致远《青社遗闻》中记此事曰："江陵相（江陵是张居正的家乡，江陵相即宰相张居正）时议乡校，贪吏承风，撤祠拉像，伐松柏，货千金入私囊，舆论痛惜不顾也。祠既废，碑碣为人取去作砧石，历代名区，鞠为茂草，君子悯焉。"看来，凝道书院被毁，是多么令人愤慨和痛惜呀！

万历四十一年（1613），宪使高第议复其旧，然而，书院故址已经破败不堪，无法收拾，只好以原布政司衙门改造为书院（其址在青州城东门街中段路北）。天启五年（1625），魏忠贤乱政，大毁书院，云门书院停办。直至清初，青州中断了书院的讲学活动。及至清康熙三十年（1691），兵备使陈斌如视察青州，他与知府金标恢复建设了凝道书院，将书院名称又改为"松林书院"。康熙末年，知府张连登重修书院，后来人们把书院称为"张公书院"。清道光年间，云门书院改作考院，当局便把云门书院的大牌挂到了松林书院的大门，但人们仍习惯地称这里为"松林书院"，直至书院改为新学堂。

纵观青州书院的发展历史，曲折连绵，波澜起伏。但从中可以看出，凝道书院与早期的矮松园、松林书院是一脉相承的，后来的松林书院、云门书院也是在原基础上建立发展的。这些不同时期的书院，名称有别，教学内容则大同小异，均为青州培养人才做出了贡献。其中，凝道书院成果最为显著，但它存在的时间却最短。正因为凝道书院存在时间短，又是建立在松林书院的基础上，所以，其后的《青州府志》和《益都县志》对该书院都没有明确的记载。志书的简略与笼统，往往把矮松园与松林书院相合一；将凝道书院的被毁也说成是松林书院被毁。凝道书院可以看作松林书院的一个阶段。但它的确是独具特色的书院，是在青州独立存在一时的书院，值得我们重视与研究。幸好，青州人、万历状元赵秉忠在《云门书院记》中有对于凝道书院的记述，成为我们研究的线索和依据。笔者因以挖掘这段史实，希冀补史志之不足并反映青州书院文化之辉煌。错误之处请方家指教。

（原载《潍坊日报·今日青州》2013 年 10 月 28 日）

弘扬书院文化　传承松林遗风

——松林书院历代诗文赏读

有令衡

当我们翻开青州的府、县诸志便会发现，在青州这片故土上，宋、元、明、清时期，有许多官办、民办书院。如松林书院、云门书院、白龙洞书院、旌贤书院、海岱书院、范公书院、张公书院、汪公书院、崇义书院、培真书院、广德书院、青州道书院、容保书院、宏远书院、凝道书院等15处书院。上述书院历经千百年沧桑，至今仍有云门书院、培真书院、海岱书院、广德书院残留建筑遗存，唯松林书院的建筑格局保存完好。据明嘉靖《青州府志》载："松林书院在府治西南。宋王文正公读书处，名矮松园，今为名宦、乡贤二祠。青州有八景，而'书院松涛'居其一，宦游者多瞻谒赏憩于此，挥洒满目，因并记之。"清光绪《益都县图志》载："矮松园，即今松林书院，在府治西南，宋王曾读书处。明成化时，知府李昂改建。"图志中还全文刊载了王曾的《矮松园赋并序》。该书院历史上以人才荟萃之地而著称，在绵延千年的历史长河中，培养造就了许多历史名人，如王曾、陈梦鹤、陈经等重儒名臣。反之，上述国相重臣又使得该书院更加扬名，松林书院被誉为全国四小书院之首。多年来，人们无不对这座古老的书院刮目相看。

由于书院名扬齐鲁，加之其幽雅的人文环境，历史上多有文人雅士来此造访。此间，为我们留下了许多诗文佳句。据笔者查阅当地史料，发现共有20多位历史名人贤达以诗赋等形式，创作了赞扬书院的诗文近30首。这些诗文都以不同时期、不同角度对书院进行了描述，为我们进一步研究书院的历史，提供了珍贵的历史资料。

携家游矮松园

(宋)黄 庶

矮松名载四海耳，百怪老笔不可传。

左妻右儿醉树下，安得白首巢其巅。

松林书院

(明)陈凤梧

万松承露郁森森，精舍门开傍绿阴。

名宦勋华高北斗，乡贤声价重南金。

两祠俎豆方崇德，一郡人文此盍簪。

珍重山川清淑地，诸生他日望为霖。

松林书院

(明)翁世资

宋室名臣驾汉唐，数公勋业更殊常。

巍巍庙貌云山耸，耿耿声名日月光。

先后立朝弘大化，联翩作郡盛流芳。

嗟予祠下瞻衡宇，含愧临风酹一觞。

松林书院

(明)吴 宽

宋汴人才无后先，东方作郡总名贤。

朝廷择相多从此，州县劳人岂信然。

隐隐故疆分海岱，堂堂遗像照山川。

至今新庙烦虚位，莫道前修美独专。

松林书院

(明)江 玭

松林庙貌宋名臣，瞻仰多时企慕深。

学力运筹经世略，仁恩推广爱民心。

巍巍勋业光前后，耿耿精忠贯古今。

从此春秋荣祭享，令人感慨动长吟。

为谒贤祠去复来，一瞻神像几徘徊。

生前贯彻天人学，没后追思将相才。

谥号于今昭汗简，勋劳何必写麟台。

英灵时享清时祭，定有文光烛上台。

松林书院

（明）唐　濩

青齐宋代十三贤，道德文章孰可肩。

治郡深恩苏困悴，立朝大节拯危颠。

堂堂庙宇千年祀，炳炳功勋万古传。

有志丈夫追往躅，管教声闻与同然。

松林书院

（明）杨　琅

庙貌宗先哲，巍巍列缙绅。

青齐联出守，黄阁总名臣。

勋业昭前史，仪刑肃后人。

至今千载下，遗泽尚如新。

松林书院

（明）董　琳

诸公今已矣，庙貌俨如生。

此日一瞻拜，令人心自倾。

遗黎犹仰德，汗简盛垂名。

踯躅不能去，夕阳鸦乱鸣。

松林书院

（明）张　珩

群公事业垂天地，文武全才孰与俦。

出守青州兼使相，入持邦宪共谋猷。
祠前翠柏四时秀，海内清名万古留。
传与当时奸佞者，九原骨朽也含羞。

松涛诗

（明）陈　经

昔人曾筑读书台，台畔苍松次第栽。
芸阁密围青玉幄，牙签深护翠云隈。
长风夜撼千虬动，巨浪时喷万壑来。
雨露尚须滋养力，庙堂今重栋梁材。

书院松涛

（明）杨应奎

精舍阴阴万木稠，隔墙遥望翠云浮。
波涛终夜惊成拍，风雨连朝听不休。
逸韵偶同天籁发，壮声应傍海门悠。
空斋得此消岑寂，一榻冷然爽若秋。

再游松林书院

（明）杨　铭

忆昔读书处，于今得再游。
论文无旧侣，携酒更谁酬。
境静花含露，松寒风度秋。
悠悠百年里，白发上人头。

松林书院

（明）刘时敩

宋朝三百年天下，皆赖诸公辅导贤。
万里风尘双鬓短，九霄日月寸心悬。
古今名重邦家器，中外才兼将相权。

幸得当时遗像在，几人稽首拜祠前。

松林书院

（明）袁　经

宋祚方兴泰运开，群英随世起蒿莱。

民歌一群循良政，天启三朝将相才。

祠庙乾坤同久远，勋名云汉共昭回。

春风歇马来瞻谒，敬一松醪酬一杯。

松林书院怀古

（明）牛　鸾

黯逐重林西日微，萧城寒角怆孤祠。

蒸尝今古惟精舍，钟鼎乾坤但泪碑。

幻事惊人击鼙鼓，大观何日断机丝。

群公一道怜如意，未忍逢人看奕棋。

倍伤今古若飞弹，谁把金鱼换钓竿。

千树风云犹会合，百年人物已凋残。

芳春聊共花颜破，远嶂虚移月影寒。

重忆旧溪宜小艇，怪来酷似子陵滩。

松林

（明）吕　和

光岳分来士未全，真元再合毓英贤。

一朝将相青齐守，千古功名日月悬。

庙貌森森罗爱地，心神炯炯照旻天。

昭勋崇德今安在，北海松林不记年。

松林书院

（明）朱　鉴

松柏苍苍入望中，岿然庙祀宋诸公。

乾坤无复经纶手，今古空存竹帛功。
洋水潺湲流不返，劈峰苔藓峙无穷。
特来祠下瞻依久，独鹤孤云静晚风。

松林宴集

（明）冯　裕

松林苍翠落霞红，共坐空堂铁笛风。
苦忆曲江卅年别，故烧高烛一尊同。
乾坤又见龙门子，蓬荜深惭鹤发翁。
清夜沉沉明月上，来朝怅望海天鸿。

松林宴集

（明）胡缵宗

松林月出海云红，座下云门照雪宫。
银烛金樽今夕共，杏花春雨昔年同。
三龙矫矫惟青社，一凤翩翩自碧空。
千首新诗各乘兴，黄钟逸响思飒飒。

题矮松园

（明）黄　卿

数楹多士谈经处，满院苍松作雨声。
皎皎月华舒鹤步，离离云影偃龙形。
山空瀑下千寻急，江转崖高两岸平。
拱把参天原自养，扶摇飘飒莫相惊。

矮松园

（明）陈梦鹤

森森群玉府，郁郁万松围。
黛色暗团户，涛声府撼扉。

蟠蚪翻陆海，巢鹤湿云衣。

谁识清商调，瑶华试一挥。

松林书院诗会

（清）王玙似

展拜丛祠一放歌，春光隔宋几年多。

云山人士今携酒，汴水清明都上河。

松柏新涛栽嫩绿，莺花故土费吟哦。

自惭柳絮无归处，追赏相从此再过。

读书矮松园

（清）朱　沅

城南四百八十松，我来坐卧居其中。

长歌未歇松籁起，似从卷末生清风。

风吹松花飘满屋，窗前云影迷寒绿。

岂必天台石路行，如借卢鸿草堂宿。

精庐数转深复深，沂公手迹何处寻。

虚支两月官厨米，徒愧生平温饱心。

起看新月升林薄，树上残阳集归鹊。

凭栏四望竟何言，雨后青山满南郭。

沂公园夜听松涛歌

（清）朱　沅

天阴月黑风怒号，长松卷起千层涛。

客子披衣不成寐，坐惊楼阁皆动摇。

似闻江船骤雷雨，舟人夜语声啾嘈。

又如往来冲铁甲，万弩齐射钱塘潮。

盘空应有鸾鹤舞，攫立想见虬龙骄。

百年树木已罕觏，况经人代连三朝。

忆昔沂公下帷日，一灯长伴身孤寥。
歌声时与松籁答，随风并入云中飘。
我今抗怀抑前喆，感物还续甘棠谣。
寒声布被风乍歇，起看月出明河高。

游松林书院怀古

（清）有树来

贤人昔记尚名扬，雨外松低槛外塘。
烟幕远峰晴霭霭，雾台凉树晓苍苍。
妍化看处凭东阁，旧迹寻来步北堂。
傅志素闻曾入咏，先春占去老梅芳。

矮松园怀古

（清）有树来

宰辅储青郡，堂深此读书。
卑枝犹偃蹇，老干倍扶疏。
事已成今古，人还访里闾。
从来居此者，策励定何如。

矮松园

（清）郇维烈

贤宰祠堂落照余，矮松旧迹竟何如。
陈公建后碑留记，宋相曾来夜读书。
涛响乍收风定后，浓荫又到月明初。
果谁伐树谁栽树，复起参天影照庐。

读书台

（清）有树来

松声犹飒飒，斯人已去去。
夕阳明灭间，恍惚晒书处。

以上 28 首历代诗文，见证了这座千年书院的历史底蕴是何等的深厚。诗赋之多，内容之丰，在山东全省书院中都极为少见，让人们读后回味无穷（图 1）。在此，我衷心地祝愿松林书院松柏长青，涛声依旧，书院遗风，代代传承。并建议将上述诗赋，以碑廊的形式镌碑上石，流芳百世。

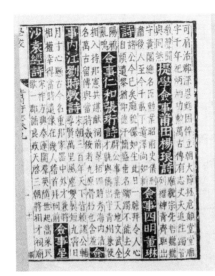

图 1 嘉靖《青州府志》赞颂松林书院和十三贤的经典诗歌

考析赵执信撰书的两件传世碑刻

董贵胜　李　森

　　《重修青州万年桥募缘文》碑和《青郡僚属绅衿公立》碑均为清代著名诗人赵执信撰书的公开勒立的楷书碑刻。前者原立在山东青州城区万年桥头，现藏青州博物馆。该碑系康熙三十二年（1693）利用旧碑磨平制成，旧碑原本竖置，改造后变横置，高73厘米，宽224厘米，厚18厘米。碑身计残断为大小不等的6块，佚失2块，剩余4块。碑文格式呈上下两列，共78行，满行7字，残泐难识之字颇多（图1）。碑文收录于赵执信《饴山文集》卷12《杂文》，可补碑中缺字。后者仍处在原立地——青州松林书院，刊刻于康熙五十一年（1712），高210厘米，宽95厘米，厚16厘米。碑文共15行，满行58字。碑面虽遭人为敲击，但文字保存尚好，皆可辨识（图2）。碑文不见于《饴山文集》，是赵执信的一篇佚文。两件碑刻皆未出过拓本，现将其公诸学界，作一考证分析。不当之处，敬请方家批评指正。

一　碑刻录文

重修 青 ① 州万 年 桥募缘文

　　郡城北 郭 阳 水 长 桥， 建 由 万历以来，圮在 丙 寅 之 罗，功期可久，故以万 年 为名。惠在一方，已享数世之利。挂青龙之影，水底忽双；通白日之光，斗形象七。人家列肆，势 分 桃柳之堤；驿骑 飞 尘，气

---

　　① "□"表示碑中缺字。

夺蜃蛟之市。固海邦之襟带，抑齐国之咽喉。讵知地厚犹倾，漫谓水柔易玩。天降霡雨，既假手于鱼鼋；山逼洪波，难乞灵于土木。巨石礧礧以四散，非关东海之鞭；岩城岌岌而下垂，莫问北门之锁。参差井灶，划然中断晨烟；络绎轮蹄，到此踪迷前路。遂使大车槛槛，徘徊沙水之途；班马萧萧，宛转沟渠之侧。当夫凝水积雪，方跬步以千盘；复有夏潦秋霖，隔闉阇而万里。形家术士，悼雄胜之有亏；墨客骚人，吊山川之无色。追惟终始，坐览颓残，盖亦此都人士之羞，岂曰当道循良之责。然废兴有数，待时而成，而灵杰相须，非人奚赖？属今有土莅矣，名贤重以列城。昭然仁宰，往来咸惕于目，修复忽动于中。襟袖风清，不俟春来。披拂斧斤，雨集无烦，日久经营。虽应在一呼，譬登山而传响。第功须九仞，恐筑室于道谋。时有浮屠发洪誓，愿邑之父老生踊跃心。歌萚兮之诗，不无望于先生长者；咏木瓜之好，又何论乎吾郡他邦。伏冀分堂宇之余辉，减池塘之胜润。敢希悉力，但取随心。溯大国之风，挥汗犹将成雨。本一劳之意，㧵土何惮？为墙所期，旧观新还，宁惜一裘千腋？行见名山云气，接阑楯以来栖；更欣古院松阴，割城隅而竞爽。若今日闭门袖手，甘为淡漠之观，请他时驻马临流，莫照清涟之水。仆书惭悬榜，赋谢题桥。经不谲夫考工，技敢呈乎匠石？卮言赘语，聊传下里之心。负土运斤，敬在田夫之后云尔。康熙癸酉清明前六日旧……郡人赵执信题并书。

青郡僚属绅衿公立 ①

山左督学使者黄崑圃先生，视事三年，清惠翔洽，政教修明，举前政之以尤异著者，皆有过之无不及焉。时天子御宇长久，加意文治，慎学臣之选。而先生以高第盛名，周旋禁近者二十年，孚于帝心，用能奉宣德意，以大称厥职。既还朝有期矣，人士皇皇，如失所恃，则走巡抚都御史请留焉。既为具奏请，不可得，则相与树丰碑于青州之松林书院，跻先生于十三贤之间。于戏！其无愧也乎。盖学使者之为职也，方今最难。上之委之也重，而下之

---

① 按此碑题佚，姑以文末"青郡僚属绅衿公立"名之。

求之也繁。徇人则必失己守，己则固必将远于人情。且以千万士子各竞以心，各怀所欲，而以一身持其平，而厌其心，以塞其口，是固非徒区区守一己者之所能办也。先生悠然处之，绰若有余。于诸生两试乎定高下，毫发无所苟。所最惬赏者，聚而饮食教诲之，于历下、于兹书院，皆能有所成就。其文义卑陋者，类优容之，不轻降黜。郡县守令或以小故请褫诸生者，一无所听。士咸畏而爱之。先是，童子入学既有定额，其以文得当者及额之半，即人心帖然。先生必使文溢于额，无一幸获者。或有非意干请，先生毅然持之，贲育不可夺也。虽操弓挟矢之流，寸长薄技，皆得自通矣。胥吏惟供奔走，始也禁其挟私，久则无私可挟尔。好推崇先达，表章幽隐。于文行可宗者，立檄守令，祀之学宫。不使其子孙知，其或名实不显者，必斤斤访察，无少瞻徇。盖先生衡鉴精敏，或亦兼夫学力。若其巉然不淄之节，挺然不挠之气，乃寓于温厚和平之中，是殆其天性固然。然以是跻十三贤之列，又何让焉？松林书院者，在州城内西南隅，有宋先贤王沂公于其地赋古松，后人因建书院。祀沂公及富文忠、范文正而下十有三君子，迄今六百年矣，而未益一贤者，非无人也，有其人而无关于斯土，或斯土有人而未尝莅政如沂公者，则不可以祀也。书院于明中叶而芜废，近岁修之。修复之者，遂欲自列于诸贤之间，是殆不自知者也。不自知者，人亦不之知。若黄先生可以十有四而无愧者矣！夫无愧于往代名贤，乃可以归报圣天子而有炜于国史，则其为一省一郡之所尸祝而勿替也，岂不宜哉？先生名叔琳，大兴人，以辛未第三人及第。历官翰林侍读，改鸿胪少卿。康熙岁在壬辰夏五月益都赵执信记并书。青郡僚属绅衿公立。

二 考证分析

赵执信（1662~1744），青州益都（今属山东淄博博山）人，字伸符，号秋谷，晚号饴山，清代著名现实主义诗人。14 岁中秀才，17 岁中举人，18 岁中康熙十八年（1679）第二甲第六名进士，授翰林院编修。后出典山西乡试，官至右赞善。康熙二十八年（1689），因在国忌日——佟皇后病逝期间至友人洪升家观看《长生殿》演出，"为言者所劾，削籍归。卒，年八十余。"① 可怜一出《长生殿》，断送功名到白头！赵执信罢官闲居数十年间，漫游南北，写下了许多反映社会现实的优秀诗歌和精美篇章，在清代文坛享有盛名。其代表作有《饴山诗集》《谈龙录》《饴山文集》等。

《重修青州万年桥募缘文》碑撰书于康熙三十二年（1693），这年赵执信 32 岁，是他被劾罢归的第四年。这是一篇号召青州民众为重修万年桥捐资出力的传世佳作。碑刻上端横书四个字径 8 厘米的楷体字——"□若神明"，缺字不见于《饴山文集》，但猜作"敬"或"奉"，应无大谬。可见，当时他是把这次募缘活动看作一件非常神圣的事情来对待的。

万年桥，初名南阳桥，俗称北大桥，横跨于青州城区南阳河上，长 65.3 米，宽 8 米，高 7.9 米，是一座全由巨石砌成的六墩七孔石桥。该桥前身系始建于北宋的木桥，后不知何时改建为石桥。历史上曾经多次重修，尤以明万历二十二年（1594）重修力度最大，此次重修由于是在弘治七年（1494）桥身全毁状况下进行的，所以几乎等同新建。万历重修竣工后改名万年桥，赵执信在《重修青州万年桥募缘文》碑中对改名原因说得很明白："建由万历以来，……功期可久，故以万年为名。"碑文又记万年桥"圮在丙寅之岁"，"丙寅之岁"为康熙二十五年（1686）。这年夏，"河水泛滥，桥圮过半"。② 重修万年桥募缘活动就是在这种背景下发起的。

需要加以说明的是，《重修青州万年桥募缘文》碑正文后还有字径一厘米的小楷附记："青州府北门外募修大桥僧人成行为……大桥七硐兼两码头……南北长阔……舍身募化苦行数载始得告成共……备宪老爷领卒护法……也兹北门……立碑碣牌坊临街……家恃势吞占……并……之徒……神佛香火之地不许豪强……定规并祈批示勒石用……府正堂老爷张……批准……可也。"从文中两次称"老爷"的语气看，显非赵执信所撰。由于附记文字镌刻较浅，大多已难辨识，致使史料价值大打折扣。

附记中的"成行"，即赵执信在碑文中提到的"发洪誓"之"浮屠"，他是青州法庆寺和尚。万年桥被洪水冲毁后，成行"肉香燃指，泪血告佛，不坐不卧，时历再闰。……于是阎浮大众，感悟赞叹，布金施粟，积微成钜"③。这

---

① 赵尔巽：《清史稿》卷 484《赵执信传》，上海古籍出版社，1986，第 1528 页。

② （清）法伟堂：《光绪益都县图志》卷 14《营建志（下）》，光绪三十三年（1907），益都县刊本。

③ （清）法伟堂：《光绪益都县图志》卷 14《营建志（下）》，光绪三十三年（1907），益都县刊本。

与附记所载"舍身募化，苦行数载，始得告成"正相印证。成行的"洪誓"是"桥不成吾以身殉"①，他堪称此次重修万年桥募缘活动的第一大功臣。

由《光绪益都县图志》卷14《营建志（下）》知，这次万年桥重修工程始于康熙三十年（1691）春，竣工于康熙三十五年（1696）夏，历时6年。赵执信《重修青州万年桥募缘文》碑撰书于工程进行中的第3年，这实际上是继成行募缘义举之后再次吹响募缘号角。

《青郡僚属绅衿公立》碑撰书于康熙五十一年（1712），此时赵执信51岁，已是罢官后的第23年了。赵执信在碑文中对山东学政黄叔琳的政教伟绩进行了高度评价——"视事三年，清惠翔洽，政教修明，举前政之以尤异著者，皆有过之无不及焉。"该碑实际上是一块德政碑。

黄叔琳（1672~1756），顺天大兴（今北京）人，字崑圃。康熙三十年（1691）进士第三名，授翰林院编修。后累官吏部侍郎、浙江巡抚。以文学政事知名于康、雍、乾三朝，有"北平黄先生"之称。黄叔琳在康熙后期出任山东学政，捐俸兴复青州松林书院。他在考评生员等级时，用心公允，一丝不苟。对学业优异者，聚宴教诲之。对较差者，决不轻易降黜。知府、知县如因小故请求剥夺生员资格者，一概不许。于是，"士咸畏而爱之"，以至黄叔琳奉调京官，青州"人士皇皇，如失所恃"，在恳请山东巡抚上奏留任未果后，便为他立碑松林书院，尸祝"于十三贤之间"，以示敬仰深情。

松林书院，在今青州第一中学校园内，始建于北宋，时称矮松园，明代正式改名为松林书院。这里是古代青州治学、教育胜地。院中建有十三贤祠，据《光绪益都县图志》卷13《营建志（上）》载："十三贤祠，在松林书院。明成化五年（1469），知府李昂奏请立祠。"祠内奉祀宋代13位青州知州——王曾、寇准、曹玮、庞籍、程琳、范仲淹、李迪、富弼、欧阳修、吴奎、赵抃、张方平、刘挚，"皆守土而有功德于民者"②。黄叔琳能够获享与十三贤相同礼遇，实属不易之事。赵执信本人即为松林书院学子，这里是他的"母校"，由他代表青州官民在此撰书、勒立《青郡僚属绅衿公立》碑，正是何乐而不为的事情。

---

① （清）法伟堂：《光绪益都县图志》卷14《营建志（下）》，光绪三十三年（1907），益都县刊本。
② （清）赵执信：《饴山文集》附录《代稿》，乾隆三十九年（1774），因园刊本。

三　书法艺术

赵执信不仅是个著名诗人，还是一位"精书法"① 的书家。他集《重修青州万年桥募缘文》和《青郡僚属绅衿公立》两碑撰、书于一身，既显示了他横溢的才华，也展现了精深的翰墨艺术造诣。谨按赵执信寿高 83 岁，撰书于 32 岁的《重修青州万年桥募缘文》碑，应视为其早年作品。51 岁撰书的《青郡僚属绅衿公立》碑，则可归入中年作品。两件石碑在时间上相距 19 年，这从书法艺术水平上可以看出些许差异。通观《重修青州万年桥募缘文》碑，楷法有度，结体匀称，笔力遒健，方劲沉着。《青郡僚属绅衿公立》碑则用笔精到，章法齐整，气势灵动，优美洒脱。推想这两件石碑的勒立，均有供民众瞻读的用意。既如此，赵执信必定会精心撰书，两碑当属其生平代表作品。然就艺术水准而言，后者较之前者，显得更为老练纯熟、功力深厚。

根据刘九庵先生《宋元明清书画家传世作品年表》统计可知，赵执信的传世书法墨迹仅有四件：（1）现藏四川大学的康熙三十九年（1700）"为长籍行书自诗词卷"②。（2）现藏中国历史博物馆的康熙四十一年（1702）"小楷黄石公素书卷"③。（3）现藏故宫博物院的康熙四十六年（1707）"为容儿临前后赤壁赋卷"④。（4）现藏上海博物馆的康熙五十四年（1715）"为德琏行书五律"⑤。至于赵氏碑刻书法作品，同样十分少见。笔者查知，赵执信在其生前主要活动地域——今青州境内除去撰书过《重修青州万年桥募缘文》和《青郡僚属绅衿公立》两碑外，还曾经撰书过一件碑刻。康熙三十五年（1696）万年桥重修工程竣工，赵执信又应僧人成行之请亲撰《青州南阳桥碑记》，记述万年桥重修事宜始末。这篇碑文见于《饴山文集》卷5《碑记》，但石碑早已下落不明了。

从上述可知，诗人书家赵执信的传世书法作品确实比较罕见，《重修青州万年桥募缘文》和《青郡僚属绅衿公立》两碑在一定程度上弥补了赵氏作品较少的缺憾，为进一步研究其书法艺术提供了珍贵的实物资料。

---

① （清）吴修：《昭代名人尺牍小传》卷 12《赵执信传》，光绪十八年（1892），李向容抄本。
② 刘九庵编著《宋元明清书画家传世作品年表》，上海书画出版社，1997，第 553 页。
③ 刘九庵编著《宋元明清书画家传世作品年表》，上海书画出版社，1997，第 562 页。
④ 刘九庵编著《宋元明清书画家传世作品年表》，上海书画出版社，1997，第 576 页。
⑤ 刘九庵编著《宋元明清书画家传世作品年表》，上海书画出版社，1997，第 600 页。

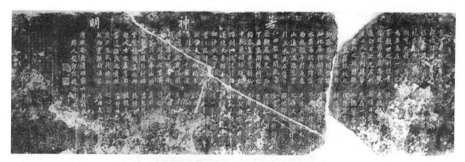

图1 《重修青州万年桥募缘文》碑拓片

图2 《青郡僚属绅衿公立》碑拓片

《松林书院记》石碑考释

李　森　　傅冬华

山东省青州市博物馆收藏有一件刊刻于清代乾隆四十年（1775）的《松林书院记》石碑。该碑石灰石质，高 40 厘米、宽 68 厘米、厚 11 厘米，四周无纹饰。上刻字径 1 厘米的精美楷书，共 29 行，满行 17 字，计 465 字。碑文无一字缺佚，未见著录，现将其标点断句如下（"｜"表转行），作一考证解释。

松林书院记

青郡向设松林书院，有祠，祀宋王沂公而下｜十有三贤。盖以策励后学，景仰前徽，志流风｜余韵于不衰也。康熙戊子、己丑间，先大夫｜视学山左，兴复济南白雪书院，时远迩翕集，｜至不能容。而松林书院日久就芜，乃复，慨然｜捐俸，重加修葺。进诸生而教诲之，饮食之。所｜成就者，如徐君士林，李君元直，丁君士俪，陈｜君有蓄，马君长淑，辛君有光，李君志远，刘君｜轶政，秦君纮，林君仲懿，王君瀛，孙君果，董君｜思恭，皆知名士也。先大夫之拔擢人材，振｜兴士气，类如此矣。岁甲午，余复承｜恩命校士于兹会垣，白雪书院已废无故址，而松｜林巍然独存。郡太守滇南陈君诏、益都尹武｜林周君嘉猷，皆雅意劝学，用能招纳后进，嘉｜惠士林焉。周君固请于余文以纪之，顾余谬｜承先人遗轨，惟陨越是惧，何敢以文辞见？｜虽然忆先大夫之任满将代也，郡绅士既｜为攀留不可得，乃于书院别置一祠，以跻｜先大夫于十三贤之间。宫赞赵秋谷先生碑｜记其事。

呜呼！此岂易得之数耶。今日幸登此」堂，先人灵爽，实所式凭。予小子顾抗颜而」步其后尘，毋乃滋愧也乎？诸生中有克世其」业者焉。乃祖乃父，则固先大夫之所陶冶」者也。余今又得与其后人讲论于一堂之上，」亦可见诗书之泽长而流风余韵尚未有艾」也。诸生行自勉矣，余益当自励以克笃前人」光焉，因书于讲舍之左方。」乾隆四十年秋七月朔大兴黄登贤记并书。

这篇碑文记载的是乾隆甲午年（1774），山东学政黄登贤视学青州，莅临其父黄叔琳60余年前任山东学政时捐俸重修的松林书院，对父亲恩泽青州士子，为国育才的政教伟绩感慨不已，决心继承、光大父业。碑文记载到山东古代著名的松林、白雪二书院，涉及人名达19位之多，兹分别考述于下。

松林书院：在今山东省青州第一中学校园内。始建于北宋，因院中对植古松二株，干矮枝阔，时称"矮松园"。明代正式改名"松林书院"，沿用至今。据《光绪益都县图志》卷13《营建志上》载："十三贤祠，在松林书院。明成化五年（1469）知府李昂奏请立祠。"该祠祭祀宋代13位德政显赫的青州知州——王曾、寇准、曹玮、庞籍、程琳、范仲淹、李迪、富弼、欧阳修、吴奎、赵抃、张方平、刘挚，为书院学子们树起效法楷模。松林书院作为青州治学、教育胜地，历经了千年沧桑。清光绪二十八年（1902），在西学冲击下，书院被废除，改为青州公立中学堂。民国三年（1914）又改名山东省立第十中学，校园扩建到书院以外地域。教育总长蔡元培曾亲题"勤朴公勇"牌匾作为校训，高悬门上。新中国成立后，再改名山东省立青州中学。此后数易其名。1986年，正式定名青州第一中学。

白雪书院：亦名泺源书院。其沿革，据民国《续历城县志》卷15《建置考三》载："（山）东省故有书院曰白雪，在省治（济南）西郭趵突泉之左，以明诗人李于鳞白雪楼得名……以地狭不能容多士，雍正间迁城内都司府故署，更名曰泺源……世宗宪皇帝赐千金以增诸生膏火，于是乾隆间抚臣准泰、嘉庆间抚臣铁保相继承德，意倡十府牧令捐俸，增至一万五千有奇，亦称盛矣。"《续历城县志》不载黄叔琳曾"兴复济南白雪书院"事，碑文可丰院史。

王沂公（977~1038）：王曾，青州人，字孝先。《宋史》卷 310 有传。真宗咸平五年（1002）举进士第一，是中国历史上罕见的三元状元。累官宰相，封沂国公。光绪《益都县图志》卷 12《古迹志上》载："今松林书院……王曾读书处。"王曾在青少年时代尝读书于松林书院，后位居宰执，故而成为松林书院所祀十三贤中的代表人物。

先大夫（1672~1756）：黄登贤之父黄叔琳，顺天大兴人，字崑圃。《清史稿》卷 77 有传。叔琳本安徽歙县程氏，以父为舅黄氏后，而改姓黄。康熙三十年（1691）进士第 3 名，授编修。累迁侍讲、鸿胪寺少卿、刑吏二部侍郎。后任浙江巡抚。他以文学政事知名于康、雍、乾三朝，有"北平黄先生"之称。著有《夏小正传注》《史通训故补注》《文心雕龙辑注》《颜氏家训节抄》《砚北杂录》等。黄叔琳于康熙年间任山东学政时，不仅捐俸重修泰山奉祀北宋胡瑗、孙复、石介的三贤祠，为齐鲁士人树起学习榜样，而且兴复济南白雪、青州松林两处书院，延名师，选才俊。山左文教，一时称盛。黄叔琳居青期间，考核生员，评定等级，一丝不苟。对优秀者，他聚宴教诲之。对较差者，决不轻易降黜。知府、知县如因小故请求剥夺生员资格，一概不准。现存松林书院的康熙五十一年（1712）赵执信所撰《青郡僚属绅衿公立》碑称其"视事三年，清惠翔洽，政教修明，举前政之以尤异著者，有过之无不及焉"。以至黄叔琳奉调京官，青州"人士皇皇，如失所恃"，在恳请山东巡抚上奏朝廷留任未果后，便立碑于松林书院，"跻先生于十三贤之间"，以示敬仰、爱戴深情。黄叔琳能够获享与十三贤相同的礼遇，实属难得之事。

徐士林：山东文登人，字式儒，号雨峰。《清史稿》卷 308 有传。康熙五十二年（1713）进士。历任内阁中书、礼部员外郎、安庆知府等职，累官江苏巡抚。徐氏"善治狱"，多决疑案。"抚江苏，有清名"。乾隆六年（1741）请假归，卒途中。《清史稿》本传不载其曾于青州松林书院读书事，碑文可补史缺。

李元直（1686~1758）：山东高密人，字象山，号愚村。《清史稿》卷 306 有传。康熙五十二年（1713）进士，改庶吉士，授编修。雍正七年（1729）为四川道监察御史，"刚气逼人"，直言敢谏，入台谏仅 8 个月，章奏凡数十上，语侵诸大臣。世宗面责，抗言无所避，遂"奖其敢言"。京师吏民称之"戆李"。旋因谗左迁，告归。家居20余年卒。

马长淑：山东安邱人，字汉荀。《四库全书总目》卷194载，马氏为雍正八年（1730）进士，官至磁州知州。曾辑《渠风集略》七卷，收录明清安邱人的诗作。

林仲懿：籍贯、生平事迹待考。《清史稿》卷147《艺文志三》和卷148《艺文志四》载其姓名及著述，撰有《南华本义》《离骚中正》等。

董思恭：山东寿光人，字作肃，号雨亭。民国《寿光县志》卷12《文苑志》载，董氏"幼家贫，曾枵（空）腹读书"。高中康熙丁酉（1717）解元、辛丑（1721）进士。初授翰林院庶吉士，后出为河南许州知州。历官湖南常德、沅州府知府、粮储道。曾因"厘剔漕弊，有令名"。年60余致仕。工诗，著有《晦庵文稿》等。

陈诏：青州知府。《光绪益都县图志》卷18《官师志四》载，云南人，乾隆三十六年（1771）任知府。其籍贯与碑文所记"滇南"相合。黄登贤《松林书院记》碑文即应陈诏之请而撰。

周嘉猷：益都知县。《光绪益都县图志》卷18《官师志四》载，杭州钱塘人，进士出身，乾隆三十六年（1771）由青城调任益都。时县城久圮，"邑人请捐资以修，工钜，不克藏事。嘉猷言于大府，请帑缮之。"周氏"性好学，博览群书"，常与名士李文藻、杨峒等人为文酒之会。著有《南北朝世系》《齐乘考征》等。后因积劳卒官。其籍贯与碑文所记"武林（杭州别称）"相契。

撰文、书丹者黄登贤（1709~1776）：顺天大兴人，字云门，号筠盟。《清史稿》卷77有传。《光绪顺天府志》卷101《人物志》载其事迹较详。黄氏为乾隆元年（1736）进士。历官户部主事、刑部给事中、太常寺卿、仓场侍郎、漕运总督等。熟谙漕政，办事得宜。官至左副都御史。其学以小学《近思学》为主。与父叔琳俱曾任山东学政。《清史稿》本传载："康熙间叔琳来（山东）督学，……后六十年，登贤继之，训士遴才，皆循叔琳训。"据碑文知，黄登贤所撰《松林书院记》石碑最初立于松林书院"讲舍之左方"。《松林书院记》石碑末钤"黄登贤印""云门"二章，可证《清史稿》本传所谓"字筠盟"，乃误号为字。青州博物馆藏乾隆四十五年（1780）《皇清敕授修职佐郎武城县儒学训导黄公墓表》拓本云："北平黄崑圃先生，先世益都人。"黄登贤字云门似亦证其祖上应为青州人，按青州城南有云门山，其字当源于此。据此可知，黄登贤先世应从青州府益都县徙家顺天大兴。

赵秋谷（1662~1744）：赵执信，青州益都（今属淄博博山）人，字伸符，号秋谷，晚号饴山。《清史稿》卷 484 有传。清代著名现实主义诗人、诗论家。14 岁中秀才，17 岁中举人。康熙十八年（1679）18 岁时中进士，授翰林院编修。后出典山西乡试，官至右赞善。康熙二十八年（1689），因在国忌日——康熙佟皇后病逝期间至友人洪升家观看《长生殿》演出，"为言者所劾，削籍归"。此后 50 年间，漫游南北，写下许多反映社会现实的优秀诗篇。在清初诗坛，赵执信从理论到创作都有很高成就，甚负盛名。著有《饴山诗集》《饴山文集》《谈龙录》《声调谱》等。康熙五十一年（1712）赵执信出于对黄叔琳的仰慕之情，代表青州吏民撰书了《青郡僚属绅衿公立》碑，此即《松林书院记》石碑所载"赵秋谷先生碑"。

辛有光、李志远、刘轶政、王瀛四位松林学子，名见上海古籍出版社 1980 年朱保炯、谢沛霖先生所编《明清进士题名碑录索引》。辛为山东日照人，乾隆二年（1737）进士；李为山东寿光人，康熙五十七年（1718）进士。刘为山东昌乐人，王为山东临淄人，二人均系康熙五十一年（1712）进士。秦纮、孙果、丁士偁、陈有蓄 4 人事迹虽不可考，但由碑文"皆知名士"推之，也都应是有一定功名或做学问、为官取得过一定成绩者。

青州《松林书院记》石碑虽然碑小字少，但信息量大，是迄今所见松林书院这座千年文教重镇历史上存世的最重要碑刻，具有比较珍贵的文献价值。

清代《特授青州府正堂加三级纪录七次李札》碑考释

李 森

山东省青州市松林书院北壁墙间镶嵌有一方清代光绪八年（1882）刊刻的《特授青州府正堂加三级纪录七次李札》碑（图1，以下简称《李札碑》）。该碑青石质，高106厘米、宽220厘米，上刻字径2厘米的精美楷书近2000字。碑文未见著录，值得引起关注。现将碑文标点断句于下（"」"表转行），作一考证解释。

特授青州府正堂加三级纪录七次李札

益都县知悉，案照青郡云门书院为合属十一县生童肄业之所，每

图1 《特授青州府正堂加三级纪录七次李札》碑拓片

值月课之期，人」文繁盛，只以经费无多，不足以资鼓励。兹经本府捐廉库纹捌百两，发当生息。俾课」取生童一百名，均得分沾加奖银两。并禀准」各宪批示立案刊石，永远遵守。所有禀稿、章程、印簿，合行札发。札到该县，立即遵照」刊石，妥为办理，勿违此札。」计粘抄禀稿、章程共一纸，并发印簿一本。」光绪七年十二月二十六日。札」敬禀者，窃照青郡云门书院为合属十一县生童肄业之所，每值月课之期，人文繁」盛，祇以经费无多，不足以资鼓励。向章每月课试生童各取五十名，名次列前者得」领奖赏膏火，名次列后者仅取空名，不能遍给。卑府五年正月履任，观风月课，目睹」情形，心殊焦灼。自思忝膺表率，责重养民，而教育人材，栽培士类，尤为第一要义。当」于己卯乡试，宾兴决科之时，生员例得钱文之外，捐廉给予资斧，以助膏秣。榜尾注」明数目，卷面粘连钱帖，以杜胥吏舞弊。并于每年月课之又次日，酌提前列十人入」署面试，加课论文，勋品优给奖赏。是以场屋无作奸犯科之士，公堂无抗粮兴讼之」人。数年以来，颇著成效。惟事无定程，费无常例，必须熟筹久远之规，著为遵行之法。」现经卑府措捐养廉库平纹银捌百两，合青平银捌百拾陆两，饬发郡城益和当典，」按月一分三厘生息，遇闰加增，每年应生库平息银一百二十四两八钱，合青平银」一百二十七两二钱。除每年正、腊两月停课外，按十个月开课均匀摊给。酌议章程，」设立印簿，责成监院分别支取散放。每月课取生童共一百名，无论名次先后，均得」分沾加奖银两。水多一勺，固难比润于西江；藜照三更，无待凿光于东壁。咸思奋志，」青云自必扶摇直上矣。除银发当生息，取具领状备案，后来官绅不准提取成本。并」饬监院照章妥为经理外，所有卑府捐廉生息，永作书院加奖经费。缘由理合抄录，」酌议章程，禀请」大人察核批示立案。」谨将卑府捐廉发典生息，永作云门书院加奖经费，酌议章程六条，开折呈」电：」卑府措捐库平宝银八百两整，发交益和当商领借。议明书院存项，概照一分二」厘生息。惟此次独力捐廉，仿照前府富守捐助同善堂旧章，每月一分三厘生息。」自光绪八年正月初一日起，遇闰照算，按月支取，作为云门书院加奖经费。禀准」各宪立案刊石，永远遵行。」云门书院经费，同治五年旧存生息本银五千六百一十两，同治八年归并义学」经费本银一千两，二共六千六百一十两。发当按月一分二厘生息，截至光绪七」年年底止，历年余剩生息增入作本，计共存本银七千五百二十三两四分。照章」生息备用。再酒店捐助经费，自光绪四年至七年共缴京钱一千五百四十六千」文，除历年支用外，实存县库京钱二百六十四千文。容俟积有成数，续行发当生」息。查此旧存银钱两项，历有年所，均与此次捐项无涉。」旧额取课生员共五十名。内分超等生员十四名，每名膏火银各一两三钱。第一」名奖赏银六钱；二名至三名奖赏银各四钱；四名至六名奖赏银各三钱。又第一」名至六名，由酒店捐钱内加奖京钱各二千文；七名至十名加奖京钱各一千文。」特等生员十四名，每名膏火银七钱。额取一等生员二十二名，第一名至十名，由」酒店捐钱内加奖京钱各二千文；十一名至二十二名膏火无、奖赏无。旧额取课」童生共五十名。内分上取童生十名，每名膏火银各八钱，第一名奖赏银四钱，二」名至四名奖赏银各二钱。又第一名至六名，由酒店捐钱内加奖京钱各一千文。」中取童生十名，每名膏火银各五钱。次取童生三十名，第一名至八名，由酒店捐」钱，内加奖京钱各一千文。九名至三十名膏火无、奖赏无。查生童旧额，取数均宽，」此后月课，照旧录取，勿庸议增。」此次捐项，每月生息计库平银十两四钱。除见厘不计外，实折成青平十两六钱，」再将腊、正停课两月息银归并为每年十个月扣算，每月折成青平银十二两七」钱二分。议划出青平银八两四钱八分，加奖取课生员。自第一名至五十名，每名」加奖银各一钱六分，余银再加奖第一名至六名各八分。又划出青平银四两二」钱四分，加奖取课童生，自第一名至五十名，每名加奖银各八分。余银再加奖第」一名至六名各四分。至遇闰月，无论生童，均停加奖。其闰月生息银青平十两六」钱，仍存当店，专助乡试年分决科加奖之用。」乡试年分，生员赴省。向系七八九三个月停课，议准预提此三个月息银，划出生」员应得之项，临时酌定名数，作为决科再奖至童生。照旧应课加奖，勿得牵混。书」院向有束修，一切杂费仍准在旧款内提用，不得于此次捐项再冒支销。」设立印簿，将此章程开列簿内，一样三本，一存益都县署，一存监院公所，一存益」和当店。每月于开课次日，监院汇齐三簿，注明数目，支取上月息银，仍由当店戥」足，各封妥交监院领回。印簿存县之簿，亦由监院给还。俟贴榜日，监院亲散生童，」概不假手。年终专款造册报府，以备查考。」巡抚部院任批：据禀，该守捐廉八百两，发当生息，以助生童膏火之资，洵属嘉惠士林，」殊堪佩慰。折开各条，亦属周妥。仰饬该监院随时认真经理，勿任日久」废驰，是为至要。缴折存。」布政使司崇批：培植学校，本为政之先务。该守捐廉银八百作为青郡书院加奖经」费，洵属嘉惠士林，钦许之至。所议章程，亦极妥协，自应准予立案。仰即」遵照，妥为办理，以经久远，是为至要，仍候」抚宪批示。缴折存。」按察使司潘批：查该守平日教育人材，栽培士子，本司早有所闻。兹复捐廉八百金，发」商生息，以作生童膏火加奖之资，士林被泽良多，实于文教大有裨益，」殊堪嘉尚。所议章程甚属允协，自应如禀立案，以垂久远，仍候」抚宪暨藩司批示。缴清折存。」登莱青道方批：如禀立案，仰候」院司批示。缴折存。」益都县学增生崔芳园书丹。」益都县学附生受业高登云监工。」益都县学武生王联璧监工。」光绪八年十二月日，书院肄业生童公立。刻字靳日升。

这篇碑文记载的是光绪八年（1882）青州知府李嘉乐针对当时青州云门书院经费缺乏，竟致每月课试优秀生员奖赏膏火不能遍给的弊端，毅然自捐官俸 800 两白银作为书院经费的事迹。碑中明确规定"每月课取生童共一百名，无论名次先后，均得分沾加奖银两"。指出"所有卑府捐廉生息，永作书院加奖经费"，并且"立案刊石，永远遵守"。李嘉乐为"教育人材，栽培士子"，慷慨解囊，办了一件"嘉惠士林"的大好事。此举赢得了山东巡抚、布政使、按察使等省级大员们的一致肯定和交口称道。

谨按青州历史上曾有两座云门书院：一为明万历四十一年（1613）山东按察副使高第、青州知府王家宾以布政司分署（故址在今青州市区东门街）改建而成的云门书院。据光绪《益都县图志》载：这座书院竣工后，重门缭垣，号舍堂皇，南眺鲁中名岳云门山，高第因此题其额曰"云门书院"①。该院遂为青州士子治学之所，亦兼作校士考场。清顺治、康熙年间，青州知府夏一凤、陶锦曾先后进行过修葺。雍正时成为山东学使按临之所，专用作考场，易名青州试院，书院从此停办。二是由青州松林书院改名的云门书院。松林书院在今青州第一中学校园内，是一座闻名遐迩的千年文教重镇，始建于北宋，系宋代著名三元宰相王曾读书处，因院中对植古松两株，干矮枝阔，时称"矮松园"。明代正式命名为松林书院。松林书院在明建云门书院于清代停办后，一度更名为云门书院。因此，《李札碑》中的"云门书院"其实指的是由松林书院改名的云门书院。这座书院乃青州府府属书院，《李札碑》云："青郡云门书院为合属十一县生童肄业之所。"光绪十九年（1893）益都县举人邱端玉在《益都丁壬集》中也宣称："云门书院者，统乎一郡之书院也，非专为吾益（都）设也。"② 王炳照先生指出："清代绝大多数书院已演变成同官学（府县学——笔者注）无区别的考课式书院，并同官学一样沦为科举的附庸。"③ 邓洪波先生说道："清代绝大多数书院的教学目标、教学内容和课程设置都围绕科举制度进行，书院几乎成为科举育才机构。"④ 李兵先生亦云："考课式书院基本上都是为培养科举人才服务的。"⑤ 所谓考课式书院是指以考课为教学形式，以训练写八股文、参加科举考试为办学目的的书院。青州云门书院就是此类以八股文教学为核心，以科举为指向的考课式书院。这种书院对住院生的学业管理相当严格，制定有严密的教学计划和固定的考试日期。考试目的，一为检查学生成绩，促其学习；二为划分等次，给予奖励。每次考课结束都要将生员分为超等、特等、一等；童生分为上取、中取、次取，分别给予膏火。膏火本意为膏油灯火，此指发给学生的生活费用，隐含着奖励机制。然而，清末"在西学东渐的刺激下，学习西方，富国强兵，救亡图存的革新浪潮日高。封建教育日趋腐败，书院教育也'弊已积重，习亦难返'"⑥，已经不能满足变化了的时代的需要，基本培养不出应对世事的人才。云门书院遂在此历史背

---

① 光绪《益都县图志》卷14《营建志下》，光绪三十三年，益都县刻本。
② （清）邱端玉：《益都丁壬集·钞序》，光绪十九年刻本。
③ 王炳照：《中国古代书院》，商务印书馆，1998，第184页。
④ 邓洪波：《中国书院史》，东方出版中心，2004，第492页。
⑤ 李兵：《书院与科举关系研究》，华中师范大学出版社，2005，第167页。
⑥ 王炳照：《中国古代书院》，商务印书馆，1998，第192页。

景下改名青州府官立中学堂，后来又恢复最初的松林书院本名。

"青州府正堂"指青州知府李嘉乐。李嘉乐，字宪之，河南光州人。同治二年（1863）进士，改庶吉士，授编修。历官青州知府、江苏按察使、江西布政使，仕至河南巡抚。著有《仿潜斋诗钞》《齐鲁游草》①。李嘉乐为官两袖清风，不仅厉行节约，而且出奇吝啬，是晚清最著名的廉吏之一，号称"一国俭"。如李嘉乐官苏州时，看到陆稿荐煮卤肉，用生面饼围在锅沿与盖桶之间，汤汁浸入，熟后，贫家购以当肉食，价廉物美，于是李嘉乐也天天去买，一时传为笑柄②。再如他任江西布政使时，从不去理发店理发，而是叫满街跑的剃头匠来理发。后又嫌收费"昂贵"，理发之事索性由妻子代劳。节俭处世，人誉"藩司之最"③。李嘉乐还是一位颇有造诣的诗人。光绪十五年（1889）他在《仿潜斋诗钞·自叙并目》中称："自十五岁至五十二岁，存诗一千五百六十首，计十五卷，续刊卷俟附后。此数十寒暑中，鸿泥驹隙，赖覆瓿物，为记事珠，偶一披阅，聊以自娱。"④ 赵国华在《仿潜斋诗钞·序》中对李氏清官加诗人的生平作过一个中肯评价："少年清厉，既壮致身台馆，扬声郡国。其操行廉劲，斥贪奢，疾便佞，睨强御"；"为诗乃复抗直豪迈，上下千古，造次顷刻，悉中典奥。"⑤ 关于李嘉乐知青州府的时间，《光绪益都县图志》谓其："光绪五年（1879）知青州府。"⑥ 这与《李札碑》所记"卑府五年正月履任"正好相合。李嘉乐在青州知府任上，禁止眷属食肉，在衙署后院种菜自给。还亲自掌管府内油灯，每晚不按时熄灯者，必遭责骂。他甚至因妻子浪费，要让仆人鞭打她。众所周知，清末官吏大都贪污腐化、挥金如土，李嘉乐却能出淤泥而不染，怎不令人由衷钦敬？钦敬之余，又不免感叹：世人只知其过分节俭，却不闻其慷慨捐银 800 两奖励生员之事迹，真是有失片面！李氏在青州除去为云门书院捐献银两外，还有一件惠政值得提及。据《光绪益都县图志》载：

---

① 参见民国《潢川县志》卷 12《李嘉乐传》，民国三十七年稿本。
② 参见渔父《"天下俭"李用清》，《贵阳文史》2008 年第 5 期。
③ 翁同龢：《翁同龢日记》，光绪十四年四月四日，中华书局，2006。
④ （清）李嘉乐：《仿潜斋诗钞·自叙并目》，光绪十五年刻本。
⑤ （清）赵国华：《仿潜斋诗钞·序》，光绪十五年刻本。
⑥ 光绪《益都县图志》卷 18《官师志四》。

光绪"七年（1881）秋蝗，知府李嘉乐亲督官民捕之，不为灾"①。

"前府富守"指前任青州知府富隆阿。富隆阿于《光绪益都县图志》有载："满洲正红旗人，监生。同治十三年（1874）任（青州知府）。"②《李札碑》云："惟此次独力捐廉，仿照前府富守捐助同善堂旧章，每月一分三厘生息。"富隆阿在青州知府任上曾经"倡捐千金"，设立同善堂，制定过《青州同善堂章程》。同善堂系收留、抚养孤贫子弟的慈善机构。据碑文知，李嘉乐捐银月息应为一分二厘，由于富隆阿当年捐银月息是一分三厘，李嘉乐因而得以享受与其相同待遇。笔者发现，富隆阿事迹在《光绪益都县图志》中还有一条记载：光绪"二年（1876）春，旱，大饥。冬，知府富隆阿、知县邓瑛劝富民出粟赈之"③。

"巡抚部院任"指山东巡抚任道镕。任道镕（1823~1905），字筱沅，江苏宜兴人。《清史稿》有传。出身拔贡。咸丰中，官奉贤训导。同治二年（1863），擢顺德知府。修治城堡，坚壁清野，屡击捻军，晋秩道员。尝疏通洺河、响水河，获田万余顷。曾国藩、李鸿章屡荐于朝，升河南开归陈许道员。剔除河工积弊，亲自验实工料。治河抢险，不分昼夜。光绪初，授江西按察使。当时省狱关押囚徒400余人，任道镕便宜讯决，三月而清。迁浙江布政使，调直隶。光绪"七年（1881），擢山东巡抚④。以绿营额饷训练新军，督促郡县缉捕盗贼，并修治泰山、沂水间驿道，行旅便之。旋因失察，降职道员。复起河道总督。义和团兴，任道镕积极训练河标，协助河南防务。后调浙江巡抚。光绪二十八年（1902），乞病归。卒于家，年83岁。巡抚为总揽一省军政的长官，从二品（兼兵部右侍郎者为正二品），并例兼都察院右副都御使，别称部院、抚军，敬称抚台。任道镕在《李札碑》中所作的批示，不仅高度赞扬李嘉乐"嘉惠士林，殊堪佩慰"，而且还要求云门书院监院"随时认真经理，勿任日久废驰，是为至要"。颇值一提的是，任道镕在夸赞李嘉乐义举的次年，即光绪九年（1883）曾对当时号称济南五大书院之一的尚志书院进行改造。尚志书院由山东巡抚丁宝桢

---

① 光绪《益都县图志》卷6《通志下》。
② 光绪《益都县图志》卷18《官师志四》。
③ 光绪《益都县图志》卷6《通志下》。
④ 赵尔巽：《清史稿》卷450《任道镕传》，上海古籍出版社，1986，第1428页。

在同治八年（1869）创建于济南，任氏修改书院章程，效仿浙江诂经精舍，以经古课士，提倡朴学，颇得时誉[1]。任道镕此举或许也有受到李嘉乐做法影响的因素。

"布政使司崇"指山东布政使崇保。崇保（1815~1905），字峻峰，镶黄旗满洲人[2]。道光二十四年（1844）进士。官至甘肃布政使，积极协助左宗棠经营西北军政。后改任山东布政使[3]。布政使是承宣布政使司长官，从二品，为巡抚属官，掌管一省政令与财赋，别称藩司、方伯，敬称藩台。崇保在批示中对李嘉乐大加褒扬并欣然予以备案支持："该守捐廉银八百作为青郡书院加奖经费，洵属嘉惠士林，钦许之至。所议章程，亦极妥协，自应准予立案。仰即遵照，妥为办理，以经久远，是为至要。"

"按察使司潘"指山东按察使潘骏文。潘骏文（1823~1893），安徽泾县人。《清史稿》有传。其父潘锡恩官至江南河道总督，是有名的治河专家。潘骏文以纳赀为刑部郎中入仕。咸丰末，捻军攻济南，他率兵迎击获胜，署任山东青州知府。同治中，因跟从巡抚丁宝桢镇压捻军有功，授兖沂曹道员。"光绪中，升按察使。"坐事降调，以谙河务，仍留山东治河。"山东士民以其治河功，请建专祠。"[4] 后历为山西按察使、护理巡抚、福建布政使。光绪十九年（1893）卒官。有《潘方伯公遗稿》。按察使是提刑按察使司长官，正三品，与布政使同为巡抚属吏，掌管一省刑名按劾之事，别称臬司，敬称臬台。潘骏文在批示中对李嘉乐同样称赞有加："查该守平日教育人材，栽培士子，本司早有所闻。兹复捐廉八百金，发商生息，以作生童膏火加奖之资，士林被泽良多，实于文教大有裨益，殊堪嘉尚。"这里潘氏声称对李嘉乐重视文教事业"早有所闻"，说明他心中比较关注青州政事。考其原因，当是潘骏文曾任过青州知府，对青州怀有一定感情之故。

"登莱青道方"指登莱青道道员方汝翼。方汝翼，字右民，河北清苑人。《民国清苑县志》有传。咸丰五年（1855）举人。由刑部主事荐升郎中。后充总理各国事务衙门章京。光绪三年（1877）外放山东登莱青道道员兼东海关监督。办理洋务，洞协机宜。升任甘肃按察使、江西布政使、护理巡抚。方氏为官，"清厘财赋，整饬吏治……赈灾劝学，士民爱戴。"① 光绪二十一年（1895）因病致仕。后卒于家。登莱青道始设于清朝中期，系省与府之间的一级政权组织，辖登州、莱州、青州3府26个州县。该道初驻登州。《清史稿》载："登莱青道……驻登州。"② 近代烟台开埠后，外事日益繁杂，清廷基于政治、经济利益考虑，将登莱青道迁往烟台。《清史稿》云："今徙烟台。"③ 光绪七年（1881）方汝翼在督修的《增修登州府志·序》中署款："二品衔""分守登莱青兵备道、东海关监督樊舆方汝翼序并书。"④ 按清代道员别称道台，为四品官，而方氏却是"二品衔"，可见其品级较高。方汝翼于《李札碑》中所作批示对李嘉乐捐银奖学之事未置一语赞词，仅称"如禀立案，仰候院司批示"。应该看到，青州知府李嘉乐的这道公札是由下向上逐级呈报的，这与碑中所列官员的官职顺序恰好相反。方汝翼作为李嘉乐的顶头上司，作的只是最初批示，还须上呈省级大员们垂示，他自然不便过早表态褒扬，仅仅签署意见，例行公事而已。

书丹者崔芳园，监工高登云、王联璧，刻字者靳日升，均无详细生平事迹可述。《李札碑》书法工整秀丽，刻工精细，为青州市现存清代碑碣中的上乘佳作。

① 民国《清苑县志》卷4《人物》，民国二十三年铅印本。
② 《清史稿》卷116《职官志三》，第444页。
③ 《清史稿》卷61《地理志八》，第294页。
④ 光绪《增修登州府志·序》，光绪七年刻本。

松林书院碑刻

刘序勤

　　松林书院，坐落于今青州一中校园内，是宋朝宰相王曾少年时读书之处。书院所在之处，宋代称为"矮松园"，王曾有《矮松园赋》，其序云："齐城西南隅矮松园，自昔之闲馆，此邦之胜概。二松对植，卑枝四出，高不倍寻，周且百尺，轮囷偃亚，观者骇目，盖莫知其年祀，亦靡记夫本源，真造化奇诡之绝品也。"明成化二年（1466），时任青州知府李昂，闲暇偶造访此处，见矮松园面对云门山，环境怡目，十分可爱，便奏请将原在府治仪门之西的"名宦祠"移建于此。"名宦祠"中拜祭着宋朝13位有不凡政绩的青州知府。

　　松林书院大门上赫然写着4个大字"松林书院"。在明代，书院官学化严重，松林书院亦不例外，但教育内容仍延续传统，仿照著名书院模式，以名贤为榜样，注重人格塑造和培养，办学情况十分兴旺。明嘉靖《青州府志》载："青州有八景，而书院松涛居其一。"稍后，院内"喜雨亭"改建为"乡贤祠"，与"名宦祠"并立院中，作为具体形象，教育着一代又一代后人。

　　万历初年，内阁首辅张居正改革，推行"尊主权，课吏治，信赏罚，一号令"和"强公室，杜私门"的措施，触动了一些大官僚大地主的利益，他们或在中央唆使言官上疏，或利用地方书院讲坛，猛烈攻击张居正的改革，张居正对此极为恼火。早在万历三年（1575），他便提出限制书院发展的主张，并说书院是"空谈废业"。万历七年（1579）春，他借原任常州知府施观民"科敛民财，利创书院"为由，以皇帝名义颁诏禁、毁天下书院。松林书院惨遭厄运，松树被伐，房舍颓坏，一度残败。张居正改革的某些措施确实对挽救明朝衰败起了一定作用，不应反对；但张居正不分青红皂白禁、毁天下一切书院，确实也太过分。这期间，松林书院蒙受了不白之冤。一直到清朝康熙二十八年（1689）才又重修，历清末民国社会动荡不安，但书院一直没有遇到大的破坏，而今松林书院又重修复其当年规制，特别是保留下来的数方历代重修松林书院碑记，为研究松林书院的历代兴废和古青州的教育发展史提供了最好的实物资料。

一 《松林书院记》碑

此碑藏于青州市博物馆，刻于清乾隆四十年（1775），碑为石灰石质，高 40 厘米，宽 68 厘米，厚 11 厘米，字径 1 厘米，楷书，共 29 行，满行 17 字，计 465 字。（碑文略）

《松林书院记》碑文记载的是乾隆甲午年，即公元 1774 年，时任山东学政黄登贤视学青州，莅临其父黄叔琳 60 余年前任山东学政时捐俸重修的松林书院。对父亲恩泽青州士子，为国育才的政教伟绩感慨不已，决心继承、光大父业，不负先人之望。此碑虽然石小字少，但内容丰富，是迄今所见对研究千年书院历史沿革，最有文献文物价值的一块碑刻（图 1）。

撰文、书丹者黄登贤（1709~1776），清代顺天大兴人，字云门，号筠盟。《清史稿》卷 77 有传。《光绪顺天府志》卷 101《人物志》载其事迹较详。黄登贤为乾隆元年（1736）二甲第 51 名进士。历官户部主事、刑部给事中、

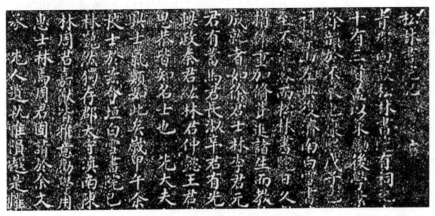

图 1 《松林书院记》拓片局部

太常寺卿、仓场侍郎、漕运总督等。熟谙漕政，办事得宜。官至左副都御史。其学以小学《近思学》为主。与父叔琳俱曾任山东学政。《清史稿》本传载："康熙间叔琳来（山东）督学，……后六十年，登贤继之，训士遴才，皆循叔琳训。"据碑文知，黄登贤所撰《松林书院记》石碑最初立于松林书院"讲舍之左方"。《松林书院记》石碑末钤"黄登贤印""云门"二章，可证《清史稿》本传所谓"字笃盟"，乃误号为字。青州博物馆藏乾隆四十五年（1780）《皇清敕授修职佐郎武城县儒学训导黄公墓表》拓本云："北平黄崑圃先生，先世益都人。"黄登贤字云门似亦证其祖上应为青州人，按青州城南有云门山，其字当源于此。据此可知，黄登贤先世应从青州府益都县徙家顺天大兴。

二 《青州十三贤赞》碑

此碑现嵌于松林书院前讲堂厦廊西端墙壁上，为石灰石质，横长 72 厘米，高 33 厘米，碑镶壁内，厚度不详，碑石右端篆书"青州十三贤赞"6 字，字径 3 厘米，正文竖排 45 行，满行 18 字，共 547 字，此碑不足厘米的小楷书法，可谓青州境内现存字径最微的碑石刻字。全文标点、整理如下（碑文录入错误之处编者有所校正补充）：

青州十三贤赞

乾隆丙申九秋，奉檄摄青州。念自昔守是邦者不一其人，而独以十三贤传。爰为作赞，聊以志景仰之私云尔。临桂后学胡德琳。

曹武穆玮

堂堂武穆，武惠之子。世拥节旄，性耽文史。随其所如，载书盈规。文武兼资，位终枢史。

寇忠愍准

公曾守青，亦封于莱。楼台无地，蜡泪成堆。昔过巴东，孤亭崔巍。秋风叶落，峡月猿哀。

李文正迪

宋有处士，曰种明逸。公以为师，治本经术。政清讼简，不事法律。再莅青州，青人宁谧。

程文简琳

公之治青，不见铭志。囹圄空虚，亦尹京事。曾捄范公，开解上意。呜呼贤哉，遗爱谁嗣？

范文正仲淹

酌彼井泉，浏其清矣。登彼崇台，旷且平矣。毁誉忻戚，不我撄矣。后乐先忧，体人情矣。

庞庄敏籍

古之直臣，号曰司谏。承望风空，惭兮羞公。公真御史，不同谤讪。声振青蒲，名留青甸。

富文忠弼

求实捍患，纤悉必察。不简以尽，匪求伊杀。惟公赈饥，旁皇周浃。一时之宜，万古之法。

欧阳文忠修

政以便民，不求声施。所至民乐，所去民思。苛急不事，繁碎不为。公真良吏，宁止文词？

吴文肃奎

潍水汤汤，源出峿下。产彼贤良，鱼鱼稚稚。口重朝端，名推司马。密迹密州，心仓心写。

张文定方平

言伪而辨，行僻而坚。生心害政，直抉其源。孔孟尚矣，吾思老泉。公秉藻鉴，孰为多先。

赵清献抃

公面如铁，公心如镜。爱兹朴厚，临以清净。一鹤一琴，一筋一咏。麦秀双歧，蝗不入境。

刘忠肃挚

宋两莘老，曰孙与刘。元祐之间，党人是仇。去不合已，远方是投。匹彼髯苏，一麾黄州。

王文正曾

栽栽矮松，文正所封。亭亭方柏，文正所植。维桑与梓，乐只君子。蔽芾甘棠，我心则降。

　　戊戌十一月既望，海盐张燕昌书

　　刘万传刻

　　撰文者胡德琳，清代桂林人，乾隆十七年（1752）二甲第 37 名进士，乾隆四十一年（1776）任青州知府，名载清光绪《益都县图志》。

　　书丹者张燕昌，海盐人，生平不详。十三贤人物生平介绍，见隋同文编《青州通史》。

三　《赵执信赞黄崑圃政绩》碑

　　此碑在松林书院后院西厢房内，碑身高 200 厘米，宽 92 厘米，四周镌有纹饰，方首，石灰石质，碑因嵌于墙内，厚度难测。碑文竖 15 行，满行 58 字，计 757 字，字径 2.5 厘米，楷书。碑立于康熙五十一年（1712），系赵执信为赞颂黄崑圃政绩，撰文并书。该碑是研究松林书院不可多得的实物，也是历史名人赵执信存世碑刻遗墨中之精品。

　　撰文、书丹者赵执信（1661~1744），字伸符，号秋谷，晚号饴山老人，清朝青州府益都县颜神镇（今属博山）人，康熙十八年（1679）二甲第 6 名进士，授编修，典乡试，升翰林院检讨。康熙二十八年（1689）因《长生殿》事被罢官回家。著有《饴山诗集》《饴山文集》等诗文集传世。

四　《特授青州府正堂加三级纪录七次李札》碑

　　此碑始立于清光绪八年（1882），原在云门书院内，后为松林书院收藏，现嵌于松林书院碑廊内。碑为石灰石质，横长 205 厘米，高 94 厘米，碑嵌墙壁中，厚度不详，碑文竖 75 行，满行 33 字，字径 2 厘米，楷书。此碑为松林书院现藏碑石中最大者，更重要的则是碑文对研究清末政府对学校教育管理有不可替代的价值。（碑文略）

　　碑文中所提捐献银两的青州知府，名叫李嘉乐，河南光州人，清同治二年（1863）二甲第 49 名进士。清光绪《益都县图志》称其"光绪五年知青州府事，奉身以俭，御下严重有威，豪猾屏迹。仕至河南巡抚"。

据高柳镇崔家村光绪重修《崔氏族谱》载，书丹者崔芳圆，今青州市高柳镇崔家村人，县学增生；其弟芳圃，光绪八年（1882）恩贡生，有文名，见清光绪《益都县图志》。碑文中其他人物因资料所限，故未介绍。

云门书院，旧址在青州第二中学，明代万历年间由布政使分司公署改建。改建后的书院，重门叠院，堂舍整齐，面对云门山色，故名云门书院。清顺治、康熙年间，又进行过大规模整修，更为恢宏。雍正年间，为主持考试的学使按临之处，便改作考场，书院停办，名为"青州试院"。光绪年间，云门书院仍然招收生员，开课授学。

"松林书院"与"云门书院"名称之考证

王　岩

据《山东省青州第一中学校史》（2002 年版）记载："松林书院曾更名为云门书院，甚谬；或认为道光前后，云门书院在松林书院内，尚缺考证。"认为松林书院与云门书院并存。笔者通过多方考证认为，松林书院与云门书院在大部分时间是并存的，而在一段特殊的历史时期，松林书院大门门匾曾为"云门书院"，但习惯上仍保留了松林书院的名称。

第一，关于松林书院名称的由来及沿革。

据明嘉靖《青州府志》记载："松林书院，府治西南，宋代王文正公读书处，名矮松园。"明宪宗成化五年（1469），青州知府李昂始创"松林书院"。

据《青州市志》记载，松林书院自创建以来，"时有兴废，并数次易名"。"明隆庆年间，易名为凝道书院"。状元赵秉忠在《云门书院记》中说："青州旧有凝道书院，在郡治西南，堂室严翼，桧柏环拱，每青蘋自龙鳞起，若万壑喷巨浪，题曰'书院松涛'，其创垂题咏载《郡志》。"嘉靖《青州府志》云："青州有八景，书院松涛居其一。"可见状元所写的凝道书院就是松林书院。"万历初年，阁臣张居正废天下书院"；康熙三十年（1691），青州道陈斌如、知府金标重建，恢复书院之名，现书院内有《重修松林书院碑记》为证；康熙末年，改称"张公书院"。大约在道光前后，建于青州卫街之"云门书院"改为"青州试院"后，松林书院一度更名为"云门书院"。

第二，关于云门书院。

云门书院始建于明万历四十一年（1613），为按察使副使高第、知府王家宾，于卫街（今城内东门街）布政分司公署（即原青州第二中学）改建而成；清顺治、康熙年间，先后进行大规模修整；雍正年间，为学使按临之所，遂专用作考场，名为"青州试院"，书院一度停办（后亦一度复办），这就为松林书院改称云门书院提供了可能性。

第三，关于包天笑先生的回忆。

光绪二十八年（1902），松林书院改办为青州府官立中学堂（翌年改称"青州府公立中学堂"）。中学堂第二任监督（校长）、著名报人、教育家、白话小说作家包天笑先生在《钏影楼回忆录》中曾说过："这个中学堂，是此地的云门书院改造的，云门书院不知何时建造，我未考据，大约甚古。因为距离非远，就有一座云门山，在青州是著名的。自从改了中学堂后，只不过把房子修饰了一下，无多改建。……旁侧又有一园子，园虽荒废，但是里面古木参天，都是百余年前大可合抱的柏树。进门以后的甬道两旁，也排列着很多的柏树，还竖立着几块碑碣，是一种学院威严的气象。"又"青州府中学堂的前身是云门书院，地方上的公产，算是借给府中学堂的"云云。时任青州知府曹耕翁也对包天笑说："这里本来有个云门书院，我把它改办了一个中学堂。起初以为也照从前的书院制度，选取几个高材生，在此肄业就是了。哪知现在的新法必须要英文、算学、理化等等，要成为一个新式学堂规模，那就要请一位专家来办理了。彭诵翁推荐阁下到此，一切都要借重了。"

作为青州知府的曹耕翁和中学堂的监督包天笑总不至于把松林书院误说成云门书院，这最起码说明包天笑1904年被聘到中学堂之前一段时间松林书院叫作云门书院。

第四，《特授青州府正堂加三级纪录七次李札》碑刻。

现松林书院东北角廊壁上，镶嵌着一块巨大的碑刻，碑高100厘米，宽210厘米，厚15厘米，标题是《特授青州府正堂加三级纪录七次李札》，碑文内容是关于青州知府李嘉乐捐献银八百两，用作云门书院办学经费的来往公文（李札），落款是"光绪八年十二月日，属员肄业生童公立，刻字靳日升"。《青州石刻文化》和《青州碑刻文化》二书也都未搞明白云门书院碑刻却在松林书院的真正原因。笔者从碑文"益都县知悉，案照青郡云门书院为合属十一县生童肄业之所，每值月课之期，人文繁盛，只以经费无多，不足以资鼓励"等语推测，原云门书院已经改成了试院，作为"合属十一县生童肄业之所"的"青郡云门书院"应就是松林书院。这或许说明一个问题，碑刻中多次提到的云门书院就是松林书院，起码在光绪八年（1882）松林书院名字为云门书院。

第五，更有说服力的证据是，咸丰《青州府志》在叙述"松林书院"沿革时曰："今匾其门曰云门书院非明云门书院地也。"据以推测，至晚清，试院"今专为学使按试之所"，云门书院未建新校址，当迁入松林书院。

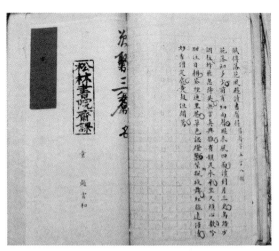

图 1　松林书院斋课童赵云和课卷，评定为"次取第三名"

由上观之，当时的松林书院确实叫作云门书院。然又据青州一中图书馆珍藏的光绪年间书院课卷，上面盖有"松林书院"蓝色印章，而且同一生徒的课卷有的印章却不一样，如"松林书院斋课童赵云和""云门书院斋课益都受业童赵云和"等课卷（图 1、图 2），这说明当时松林、云门两个书院并存，原云门书院并进了松林书院，时人或许认为青州云门山文化底蕴更深，名气更大，故而大门统题曰"云门书院"。但同时两个书院的印章仍独立使用，而且盖有"松林书院"印章的课卷远远多于"云门书院"。

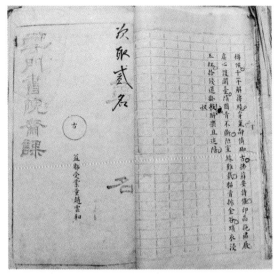

图 2　云门书院斋课益都受业童赵云和课卷，评定为"次取第二名"

**图 3　松林书院道光年间廪生董锴课卷
（复印件），评定为"超等三名"**

最近，青州市政协文史委员房重阳先生为笔者提供了一份青州董氏后人珍藏的松林书院课卷复印件，盖有"松林书院"印章，课卷系书院廪生董锴所书，评定为"超等三名"（图3），课卷之末有题为"德重乡评"的董公墓碑碑文，立碑时间为同治九年（1870）。碑文中说，董锴去世时"年方半百"，推知其大约生于1820年前后，而他"21岁入郡庠（此指松林书院）为诸生"，"24岁擢超等第一名"，可推知课卷时间大约在1844年前后。这说明这一时间"松林书院"的名称依然存在，书院虽号曰"云门"，但千年松林的文脉一直绵延不断，弦歌不绝。

参考资料

嘉靖《青州府志》、光绪《益都县图志》、《青州市志》（1988）、《钏影楼回忆录》（作者包天笑）、《青州石刻文化》（主编刘序勤、撰文隋同文）、《状元赵秉忠》（房永江、王华庆编）、咸丰《青州府志》。图片：闫玉新。

（原载《青州通讯》2011年12月，有改动）

云门书院与云门山

房重阳

图 1　云门书院旧址

明万历四十一年（1613），青州城卫街云门书院落成，这是青州文化教育史上的一件大事。书院的主办者是当时负责青州兵备的山东按察司副使高第和青州知府王家宾。青州人、叫任翰林院职官的赵秉忠为之写了《云门书院记》。

青州的书院　青州南阳城西南隅，北宋时期有矮松园，是有名的书院。青州人王曾在此攻读，后来成为三元（即乡试、会试、殿试三个第一名）状元，官至宰相。北宋灭亡，书院废圮。

明代成化年间，青州知府李昂，在矮松园旧址重建书院。书院规模完善，院内和周围遍栽松柏，环境壮观幽雅，取名"松林书院"。嘉靖中，朝廷下诏废书院，停止了讲学。

嘉靖四十五年（1566），江西人邹善以山东督学使的身份来青州。邹善是一位硕学儒者，对办学有很强的责任心。他将废弃的松林书院重新修葺整理，聘请名师，招生授课，书院更名为"凝道书院"。书院办得很有起色，一时人才济济，成就辉煌。可是，好景不长，持续了仅十几年的时间。万历八年（1580），权相张居正以朝廷的名义下诏，尽毁天下书院。凝道书院遭劫被毁，而且毁得很彻底。

高第来青州 高第，直隶滦州（今河北滦州）人，明万历十七年（1589）进士，官至兵部尚书。万历四十年（1612），高第以山东按察司副使出任青州兵备道，署衙在察院。此时，青州正处于经济、文化繁荣与社会安定的时期，尚无兵事。

高第为官廉明端谨，崇拜先贤。来青后他首先拜谒范公祠，当即作诗二首。诗前序言中写道："余夙慕公（范仲淹）之为人，承乏青宪，始得谒公祠。汲水而饮之，不觉尘襟顿爽，益慨然动百世之思云。"由此可见当时高第的心怀。

高第热爱青州之景，暇日登云门山游览，完全被云门景色陶醉了。他当即挥笔题写了"云门仙境"四个大字，刻石立于山巅，留下了永久的纪念。后来此碑倒毁，清初，青州知府夏一凤重立。

高第虽然身为兵备使，但属于文职官员。明代重文轻武，多以文官管理军事与兵备，在无兵事的情况下，可以参与一些地方的文化建设活动。如嘉靖间的青州兵备使、文学家王世贞，在青州抓武备的同时留下了许多诗文。高第经过调查了解到：青州原有松林书院，即隆庆年间的凝道书院，已经被毁，如果在原址重建书院，费时费财，相当困难；举子们在府学结业，缺乏进修场所，需要解决。因此，他与青州知府王家宾商议，决定将原布政分司衙门改为书院。该衙门位于青州城东门内的卫街路北，位置非常优越。经过策划和施工，书院便在此建成了。这就是青州历史上大有盛名的云门书院（图1）。

云门书院 书院既然建立，应有个好的名字。青州城南数里便是云门山。此山景观蕴集，闻名遐迩，为群山中的佼佼者，离城区又最近，高第与知府等人议论之后决定为书院取名为"云门书院"。

高第特请戊戌科状元、青州人赵秉忠撰写了《云门书院记》。赵秉忠在记文中说："俨若天阙者为云门，峙吾青土国，于天地有与立焉。青人即视以为奥区，亦只游览登眺而止；宪使独表山灵，赐嘉名于书院。""宪使"是指高第。赵秉忠赞扬高第将云门山的山名用于书院之名，使书院更具地方特色，实在是高明之举。自宋代以来的书院，往往以山为依托，如岳麓书院、太华书院、庐山的白鹿洞书院等。在山中或山麓办书院，有远离尘嚣、亲近自然的超脱，创造为避世攻读的环境。青州城中繁华街道上的云门书院，则利用了当地名山的文化内涵以造氛围，这对书院来说有一种潜在的影响，其意义非凡。

书院由山长全面负责，山长皆聘任名儒高士。另有地方士绅担任掌院和监院，各司其职。可是，云门书院的山长、掌院、监院、教师等情况俱不详，有待考证。教学内容一般以儒家经典为主，兼及其他。书院订有规章制度，按时考课，奖优罚劣，优秀人才层出不穷。明万历四十一年（1613）以后至天启初，益都学子考中进士者有仇维桢、冯可宾、马之骐等多名，青州府范围则更多。

书院与山之精神 云门山的文化内涵对书院有无形的影响力。状元赵秉忠为书院作记，虽是为书院作记，其意旨却突出写山，以物喻人，启迪于人。他在《云门书院记》中曰："窃谓，大块凝厥灵秀俪美与人。绵亘千里，隆庞磐礴，有若偃而卧者，其厚重类夫人之质也；拔地插天，上极云汉，有若竦而立者，其高峻类夫人之行也；云洞天开，俊伟宏敞，望之若悬镜、若拱璧者，其光明洞达类夫人之文也。"赵秉忠认为：大自然所凝聚的灵秀之气，山体具有的精神体魄，可与人相比俪。人有各种处境，各个阶段，亦正如山的各种姿态；人的修行则应似山一样，追求厚重、高峻、光明洞达。云门山与书院的精神结合，是办学者的意念所向，也是赵秉忠《云门书院记》的议论核心。此文能以正人心，鼓士气，为书院的办学方向作了有利的铺垫。赵秉忠本人则正是一位清介之士，留有美名。

后来的云门书院 云门书院办了十多年。天启五年（1625），目不识丁的太监头子魏忠贤弄权乱政，遭到了以东林党为代表的正直官员的反对。

为了打击东林党，针对东林党人在北京办的首善书院，魏忠贤勒令尽毁全国所有的书院。全国书院被毁了，而阉党和一些骨软的官员在各府城、州县大建魏忠贤生祠，霎时间天下一片乌烟瘴气。云门书院虽然也在被毁之列，但在青州府官员士绅的应付遮掩下，仅是停办书院而冠以其他衙门的牌子，因而未毁，后来仍然应用。

明崇祯间和清初，云门书院改为校士之所。康熙间，山东提学使施闰章来青州督学，在此进行了山东东部地区学子的院试。淄川的蒲松龄就在这个时期来青参加考试，被施闰章选拔为秀才的首列。清雍正年间，原云门书院正式改为青州府考院。平时作为学使按临之所，届时则作为考场。乾隆年间，青州知府胡德琳对考院进行了重修。

道光年间，当事者将停办多年的云门书院的大牌，移于康熙间重建的松林书院，继续着松林、云门书院的文脉。后来，云门书院的名称在松林书院一直延续到清末。

《松林书院志序》考

王　岩　崔永胜　闫玉新

松林书院作为青州古郡一泓文脉清流，渊源可谓深矣。虽因时代跌宕、人事更迭而多有兴废变幻，然记颂书院之诗文浩若星海。《松林书院志序》一文乃文海遗珍，此文出自清代文学家李焕章的《织斋文集》一书，对研究松林书院及十三贤祠的历史有着较为重要的意义。

为方便读者更好地阅读理解此文，现标点并注解全文如下：

松林书院志序

郡城之西南隅，为王沂公之矮松园，公自作赋，载之郡邑志，后废。成化时浙李公昂来守郡，即其地辟十三贤祠，沂公与焉。虽矮松不复见，植松簇簇，左右前后绕列，以嗣矮松之響，额"松林书院"。后又废，没入民家。祠子子，松濯濯矣。

穆其（疑"穆某"之误）等赀（出资）而复（修复）之，欲还旧观，意先种松，后葺祠，遂录其兴废本末，泊十三贤治郡终始，并集其记序碑铭赞颂诗歌成帙，冀刻之，以告四方，曰《松林书院志》。

昇（人名，无考）曰余序之，余曰："嘻，余尝阅历诸郡邑，所见闻创栋宇而俎豆（祭祀，崇奉）其人者，有两贤祠、三贤祠、四五贤祠、七贤祠，榱题（榱 cui 题：屋椽的前端，俗称'出檐'）巍峨，铎鼓（古乐器名）时闻，然考其生平，皆未必如十三贤之表表（特出，卓然而立的样子）史册，彪炳今昔。盖实有功德于郡，非仅乔寓往来，以其郡为传舍旅次也。"

古之人于前贤之钓游水丘,起居廷宇,如裴晋公之午桥(据《唐书·裴度传》记载,裴度在唐朝元和至长庆年间当宰相,适逢时艰,乱臣贼子,横行朝野,度奋命决策,戡定叛乱,以身系国之安危轻重者20年,为唐朝中兴的栋梁之臣。到大和九年,因皇帝信任重用宦官,打击排斥正直的朝臣。裴度既不满于当时的朝政,又对扭转局势感到无能为力,便产生了退隐的想法。于是,在东都集贤里置了一所宅第。筑山穿池,竹木葱翠,风亭水榭。梯桥架阁,岛屿迥环,极都城之胜概。又于午桥创别墅,种植花木万株,中起凉台暑馆,起名"绿野堂"。又引伊洛之水贯其中,经引脉分,映带左右。每当闲暇,便与诗人白居易、刘禹锡等酣宴终日,高歌放言,以诗酒书琴自乐,当时名士皆从之游),王晋公之槐堂(王祜系周灵王太子晋之世孙,为后唐进士,宋初累迁至兵部侍郎,以文章、清廉、忠厚著称,曾手植槐树三株于庭,树茂家旺,子孙皆显贵。古人传说,该三株槐树花开时子嗣则榜上必有名,故世人赞誉为三槐世家,后子孙特建祠曰'三槐堂'以奉祀之),韩魏公之醉白(苏轼《醉白堂记》谓宋代宰相韩琦慕唐诗人白居易晚年以饮酒咏诗为乐而筑醉白堂),司马之独乐(独乐园是司马光于1073年在洛阳所建的园子。司马光与王安石政见不合,在洛阳为官期间,修造此园,取名独乐园,并写《独乐园记》和三首《独乐园咏》诗),莫不释其轮奂,新其丹雘,崇其垣墉(崇,使动用法,使……高;垣墉,墙,矮墙叫垣,高墙叫墉),树卉木,铭金石,春秋合享(祭祀),虔而事之,无异于生时。兹区王沂公生长地,幼而服习,长而谯宴(举行聚会,宴会),老而休沐(休息沐浴,指古代官吏的例行休假),恒婆娑于其下,乃作赋而自娱。郡之人至今能诵而美之,即祠以专祀,公亦足以彰盛举而传不朽。况十三贤在宋太宗、真、仁、英、神、哲之朝,咸有安攘大功,称社稷臣,国家倚以为安危,前后百余年。非祗颂神明龚黄(龚黄:龚遂和黄霸,后世将其作为奉职守法官吏的代表。龚遂,西汉人,曾任昌邑王刘贺郎中令,渤海太守,水衡都尉。在渤海任上,曾开仓借粮,奖励农桑。黄霸,西汉大臣,任扬州刺史,颍川太守,为政外宽内明,后为御史大夫、丞相,封建成侯)比,岂弟于召社(指西周召公奭,他的采邑在召，召公治理境内人民安定，《史记》："召公巡行乡邑，有棠树，决狱政事其下，自侯伯至庶人各得其所，无失职者。召公卒，而民人思召公之政，怀棠树不敢伐，歌咏之，作《甘棠》之诗。"后人立祠祀之，称召社）碑岘山（晋人羊祜镇襄阳，常与友人游览岘山，《晋书·羊祜传》载，一次，羊祜登岘山，对同游者说："自有宇宙，便有此山。由来贤者胜士，登此远望，如我与卿者多矣，皆湮灭无闻，使人伤悲！"羊祜镇襄阳颇有政绩，死后，襄阳人在岘山立庙树碑，碑称"堕泪碑"），而记中冷者所仿佛而比拟。十三贤同堂错列，观听俯仰，盼睬所至，著秩秩之宾筵。沂公以桑梓主人共向酬酢于其间。求之天下诸郡邑，宁有同此盛事者乎？李公昂之创之于前，穆某等思复之于后，其休美均不可湮也。若夫流连景物，盘桓林壑，如今日之西子湖、虎丘、杏花村，各有志比之，此为何如也？十三贤：寇莱公准，曹忠惠公玮，李公迪，庞庄公籍，范文正公仲淹，富文忠公弼，吴公奎，张文定公方平，欧阳文忠公修，刘公挚，程文简公琳，赵清献公抃，暨沂国王文正公曾。

作者李焕章（1613~1691），字象先，号织斋，清代著名文学家。青州府乐安县（今广饶县）大王镇李桥村人。明万历四十一年（1613）生于一个诗书门第、官宦家庭，少承家学，博览群书，是当时知名的秀才。明亡后，当即抱定决心，今生不再应举，"立志坚隐，即天荒地老不复萌仕宦意"。游览名山大川，专心肆力于古诗文词。文风气势磅礴，雄杰豪放。顾炎武称赞其文章说："李先生作书，精古文词，其传记、书序、志表、碑铭出入河东（柳宗元）、庐陵（欧阳修），小品大有眉山（苏轼）意。"著作有《龙湾集》《无学堂集》《老树村集》等，凡百万言。后诸城名士李渔村订其生平所著为《织斋集钞》，清《四库全书》有目。参编《山东通志》《青州府志》《乐安县志》《临淄县志》《益都县志》等志书。

《松林书院志序》的发现，至少有两点重大意义：

第一，填补了松林书院从1580年被毁到1691年重建一段时期的历史空白。

松林书院曾于明万历八年即1580年被当政者阁臣张居正下令所毁，直到清康熙三十年即1691年重建，这期间111年历史空白。《松林书院志序》的发现，正填补了松林书院的这段历史空白。作者李焕章，生于明万历四十一年（1613），卒于清康熙三十年（1691），去世的时间恰是松林书院重建的时间。也就是说，《松林书院志序》一文肯定是在1691年书院重建之前所写，松林书院重建时《松林书院志序》一文早已存在，而从文中看，《松林书院志》一书更是早已写就，只是未及刊印。这说明在观察使陈斌如与知府金标主持重建松林书院之前，早就有一批有识之士，如文中所提穆某等人形成的一股民间力量，已经意识到重建书院的重要意义，并且已经在积极集资并筹划重建书院了。作为中央政府，当时的康熙皇帝对书院办学已经非常重视，经常通过赐书、赐额，以示朝廷对书院的引导和支持，据统计，康熙朝全国共建书院785所。这样在重文教、兴书院的大形势下，加之民间力量的助推，松林书院的重建便成为历史的必然。

第二，松林书院虽已在明万历八年废天下书院的那场浩劫中毁掉了，但十三贤祠还是存在的，虽然"祠孑孑，松濯濯矣"，祠堂孤孤单单，但毕竟尚存，文中作者认为，"十三贤之表表史册，彪炳今昔"，"实有功德于郡"，"十三贤在宋太宗、真、仁、英、神、哲之朝，咸有安攘大功，称社稷臣，国家倚以为安危，前后百余年"，对十三贤之功绩给予高度评价。早在明代就有很多官员或社会知名人士写下诗歌赞颂十三贤，如"青齐宋代十三贤，道德文章孰可肩。堂堂庙宇千年祀，炳炳功勋万古传"等，仅嘉靖《青州府志》中记载的就有数十首。到清乾隆四十一年（1776）桂林人胡德琳奉檄任青州知府，作《青州十三贤赞》碑，由海盐人张燕昌书，刘万传刻，对十三贤的品格政绩亦予以高度赞扬。这说明虽然经历了数百年的沧桑巨变，甚至战火频仍，但人们对十三贤的尊崇一直未变，松林书院所倡导的敬道崇德的文化精神从未泯灭。

补记：

2012年暑假，跟病重中的刘序勤老师晤面，他提及在江西省图书馆曾发现清代文学家李焕章的《织斋文集》一书，其中有《松林书院志序》一文，这引起了我们几位的兴趣。令人痛惜的是，未及解读，刘老师便抱憾仙逝！今读斯文，思绪万千，于是尝试断开句读，并作一解读，但以此作为对刘序勤老师的纪念吧。

（原载《青州通讯》2012年12月19日）

关于《重修青州松林书院碑记》

房重阳

重修青州松林书院碑记
赵执信

陈佥事徇名求代，嫌其词旨淡漠，不之刻也。昧者犹目碑文以为余笔，当由未睹斯篇，乃录而存之。

青州旧有松林书院，其地盖自宋代已称闻胜。古松二，王沂公为之赋，郡志载焉，昧其亡于何年矣。院之建在故明成化间。郡守李君者请于朝，祀寇莱公及沂公而下名贤十有三人，皆守土而有功德于民者，礼也。树松百余，因以名。就置学舍，延师，录弟子弦诵其中，当时称之。至弘治间，郡守彭君嗣加修葺，松有减者益树以柏。万历之初，当国者令所在毁乡校。守者遽潴其宫而伐松柏，货焉以自肥，由是荡尽，今百有余年。

岁在己巳，余自郎省出莅斯邦，目恻堕废，有志兴复，顾碑碣莫存，遗墟莽莽。越明年，居人穆氏者求得其故地，余遂力任其事，而郡邑之守令与其乡之士大夫咸乐与有成也。夫生隆盛之时，膺封疆之寄期，谨身奉法，使民不扰；而以其余集力于古人，殚心于陶瞾材木之间，世或迁之。而使百年澌灭之区一还其旧，于以永名贤之遗爱，承循良之用心，焕然于今人士之目，而传述于后世有识者之口，且使凡有守土之责者瞻仰庭宇，追慕前哲，知仁人之必有祀于后，虽久益彰，中更缺坏，卒不可泯。我今日之政其有合焉者乎？用夜思早作以抚绥吾民也，而四邑之成人小子行相与复弦诵之旧，进则孜焉思所取法；退则休焉游焉以就其学，上之足以备朝廷任使，次亦不失为乡党自好者。其为益讵出胶庠下哉？而世顾有迁焉如是者哉?

是役也,不藉公家,不扰里社,崭焉而起,翼然而成,惟列植松柏以百数,其长大犹须岁月焉。乃若堂庑阶砌、垣墉户闼之属,其高庳广狭视昔有加损否,余弗之知,后之人第以潴宫伐树者与李、彭二守絜其功过,其必有以处余矣。是为记。

康熙二十八年(1689),关中陈斌如以山东按察司金事出为青州兵备道,第二年重修松林书院。康熙三十年(1691)重修竣工,陈请赵执信为其代笔《重修青州松林书院碑记》。陈是贡生出身,而赵是名进士,所以陈请其代笔。可是陈没有用赵的碑文,而是自己又另写碑记刻于石。现存于松林书院碑廊的便是陈的碑记。

综观赵、陈二人的碑记,虽然所记是同一事情,然其文章意思大有不同。赵文仅用了670字,而陈写有近900字,显然,赵文略而陈文详。赵执信是清初著名文人,著作丰富,文采飞扬,闻名海内,请他代笔的大有人在。此碑记由于是代笔,所以记事简略,议论较多,赵执信的文才未能充分发挥。而陈斌如所作是亲身所历,亦有感受,因此写得比较完整丰厚,描写也较为生动。二人的碑记还有一处明显的不同:赵文中提到青州居民穆氏起了重修书院的先导作用;陈文中没有提穆氏,而提到了省级官员,他的上司。当然,陈文还是参考了赵文,有许多相同之处。二文均有重要的文献价值。

关于穆氏对松林书院的贡献应该予以肯定。李焕章在《松林书院志序》中有记述,但不具体。穆氏求得书院故地当在康熙二十九年(1690),松林书院诗文收集和写志的准备可能稍早些。李焕章写志序之时当在康熙二十九年或者稍早一点。有的人认为松林书院中的重建碑记是赵执信的原文,赵为了说明这个问题,特将本人写的碑记收录于《饴山文集》,公之于世。

海岱诸子与松林诗韵

王 岩

明嘉靖年间，青州文化界活跃着一支历史上著名的文学组织，这便是被誉为"诗坛奇葩"的"海岱诗社"。

一

据《四库全书总目·海岱会集》（兵部侍郎纪昀家藏本）记载："嘉靖乙未丙申间，（陈）经以礼部侍郎丁忧里居，（蓝）田除名闲住，（刘）渊甫未仕，（刘）澄甫等五人并致仕，乃结诗社于北郭禅林。"当时诗社成员有石存礼、蓝田、冯裕、刘澄浦、陈经、黄卿、刘渊浦、杨应奎共 8 人，皆当世社会名流，被称为"海岱八子"，除去蓝田为即墨人，其余 7 人皆青州府人，被称作"海岱七子"。他们经常举行文会，北郭禅林、云门山、驼山、松林书院等不少地方都留下了他们的踪迹，他们以诗词唱和，创作颇丰。后编辑刊印《海岱会集》（图1）12 卷，收诗词 749 首。现仅对海岱诸子及他们创作的有关松林书院的诗歌作一简介。

陈经，字伯常，号东渚，青

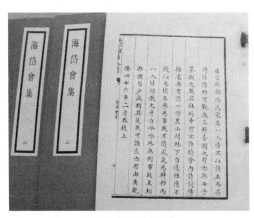

图1 《海岱会集》

州益都人，早年在松林书院习儒学，正德九年（1514）进士，官至户部尚书、礼部尚书和兵部尚书，加太子少保。任兵部尚书时，为御敌而"殚心筹划，至忘寝食"。他为官清正，"立朝三十年，门无私谒，卒后囊无私遗"。性情说直敢言，因触犯权臣，辞职回家，潜心诗文创作。其诗作苍劲有力，气势恢宏，如描写松林书院的《松涛诗》：

> 昔人曾筑读书台，台畔苍松次第栽。
> 芸阁密围青玉幄，牙签深护翠云隈。
> 长风夜撼千虬动，巨浪时喷万壑来。
> 雨露尚须滋养力，庙堂今重栋梁材。

诗歌缘景抒情，从王沂公读书台写起，表达了松林学子对书院这方教育圣土的赞颂，寄寓了多出栋梁之材的美好愿望。其中"长风夜撼千虬动，巨浪时喷万壑来"以比喻和夸张的手法形象地描绘了书院松涛壮观的气势，历来为人称道。据嘉靖《青州府志》载"青州有八景，而书院松涛居其一"，从诗歌描绘来看，确实当之无愧。

受父亲影响，陈经之子、一代名儒陈梦鹤也曾读书于松林书院。他在《副使郡人陈梦鹤记》中说："予自童子时辄闻吾青有名宦、乡贤二祠，心窃慕之。稍长为诸生，习举子业于松林书院。二祠，因见所谓名宦者有若人焉，为乡贤者有若人焉。乃历指而究之。"他从小就对松林书院中祭祀的名宦、乡贤充满仰慕之情，后来能进书院读书，终于实现了夙愿。他曾在诗中形象地表达了对夜晚书院松涛的感受：

> 森森群玉府，郁郁万松围。
> 黛色暗团户，涛声夜撼扉。
> 蟠蚪翻陆海，巢鹤湿云衣。
> 谁识清商调，瑶华试一挥。

嘉靖二十六年（1547），陈梦鹤与异母弟梦草考中同科进士，加之其父陈经，真可谓："父子三进士，同习矮松园。美名传千古，云驼共比肩。"

杨应奎，字文焕，号渑谷，别号蹇翁，益都东关人，回族。曾在松林书院习儒学，正德六年（1511）进士，官至南阳府知府，值岁荒，设法赈济，活数万人。主编《临洮府志》《南阳府志》。嘉靖《青州府志》曰："平生博览群籍，精工右军书法，其高致雅行，每以希文自期。罢归居乡，日与缙绅结洋溪吟社，容与林泉。有《吟稿》并《渑谷文集》藏于家。"其《书院松涛》诗，抒发了在松林书院读书时的感受：

> 精舍阴阴万木稠，隔墙遥望翠云浮。
> 波涛终夜惊成拍，风雨连朝听不休。
> 逸韵偶同天籁发，壮声应傍海门悠。
> 空斋得此消岑寂，一榻冷然爽若秋。

作为松林学子，他对 500 多年前从书院前身——北宋矮松园走出的三元宰相王曾充满了仰慕之情，他在《谒王沂公墓》中写道：

> 前朝人物系乡思，勋业功名世所推。
> 下马西风伤往事，卧麟高冢惨当时。
> 白杨袅袅吟霜叶，苍藓斑斑点旧碑。
> 立志谁能忘温饱，孤坟瞻拜一凄其。

宋代"连中三元"的一代名相王曾，勋业功名世所推重，由于刚正不阿，得罪皇亲贵胄，被三次罢相贬官。诗歌表达了对其"志不在温饱"的仰慕之情，同时也有对其遭遇同情的凄凉之感。当时杨应奎也因奸臣诬陷罢官回家，所以诗歌也有吊古伤今之意。

杨应奎之子杨铭，万历间岁贡生，也曾在松林书院习儒学。故地重游后作《再游松林书院》一诗，抒发了光阴易逝、人生易老、功业无成的孤寂惆怅之感：

> 忆昔读书处，于今得再游。
> 论文无旧侣，携酒更谁酬。

> 境静花含露，松寒风度秋。
>
> 悠悠百年里，白发上人头。

黄卿，字时庸，青州益都人，肄业于松林书院，正德三年（1508）进士，官至江西布政使。嘉靖《青州府志》曰其为政"皆以能称"，"平生嗜学，老而弥笃，虽隆冬盛暑，不废阅览"。著《编苕集》《编苕诗话》《闲抄漫记》《拟珠集》等。曾作《题矮松园》诗：

> 数楹多士谈经处，满院苍松作雨声。
>
> 皎皎月华舒鹤步，离离云影偃龙形。
>
> 山空瀑下千寻急，江转崖高两岸平。
>
> 拱把参天原自养，扶摇飘飒莫相惊。

诗歌以皎洁的月光下优雅的鹤步、朦胧的云影中偃卧的龙形等视觉形象和飒飒雨声、飞流直下骤然跌入深谷的瀑布声等听觉形象，来状写书院松涛，可谓绘形绘声，颇有气势。

冯裕，"海岱八子"中最知名者。字伯顺，祖籍临朐，生于辽宁，正德三年（1508）进士，官至贵州按察副使，退职还乡后闲居青州城区近20年，殁祀松林书院乡贤祠。他为官清正，为文质朴，同时也以重视教育和家学相承而惠及子孙。自裕始，冯氏家族前后6代，出过9个进士、4个举人，被称为"北海文学世家"。跻身文坛最为知名者有冯惟敏、冯惟讷、冯琦、冯溥等人。

刘澄甫，字子静，号山泉，正德三年（1508）进士。祖父刘珝官至户部尚书，入内阁参与机务，任宰相要职10年，著作等身，有《古直文集》传世。澄甫官至山西左参议，他办事干练，为官清正，不畏权奸。因得罪宦官中贵，被谗言陷害，被迫在38岁致仕返乡，在青州城南云门山东麓花林疃，建"山泉精舍"，赋诗作画，以文会友。

刘渊甫，字子深，号范泉，澄甫之弟，25岁中举人。虽满腹经纶，才华横溢，但因其不羁的性格及恃才傲物的秉性，3次进京会试不第，遂放弃仕途，在青州西南隅瀑水涧附近置田地数十亩，筑亭台建精舍，植奇花异木，以农事为乐，吟诗作画，与世无争。

石存礼，字敬夫，号来山，青州城里人，弘治年间进士，官至绍兴知府。他的诗作清新自然，有王维之风。

蓝田，字玉甫，号北泉，明代即墨县人。弘治五年（1492）乡试第二名，山东提学沈钟奇惊叹"不期即墨之乡，而产蓝田之玉"，名扬齐鲁。嘉靖二年（1523）进士，授河南道监察御史。后被罢官回乡。因其女嫁归刘澄甫之子为妻，时常往来青州。著述颇丰，遗有《北泉集》等50余卷并收入《四库全书》。

海岱诸子继承了我国古代诗歌的现实主义传统，反对盛行文坛的"台阁体"的"雅正平和"、脱离生活、无病呻吟，也不盲目追随前后"七子""文必秦汉，诗必盛唐"的主张，而是独辟蹊径，学诗骚之风，习乐府旧题，即景言情，感事而发，不雕不琢，不矫不艳，清新流畅，鲜活灵动，极具自然之趣。《四库全书总目》对"海岱八子"的诗歌创作有一评价："八人皆不以诗名，而其诗皆清雅可观，无三杨'台阁'之习，亦无'七子'摹拟之弊。"万历五年（1577）进士魏允贞在《海岱会集序》中也说："其对景言情，即事属辞，质而葩，逸而典，清新而畅，不矫不艳，异乎今君子诗矣。"这些评价可谓中肯之言。

二

海岱诸子经常在民间的节日如人日（正月初七）、元宵节（正月十五）、上巳日（三月初三）等举行文会。嘉靖《青州府志》卷9中记载了同科进士胡缵宗、冯裕、刘澄甫、黄卿在松林书院的数首宴集诗，摘录如下：

胡缵宗

松林月出海云红，座下云门照雪宫。
银烛金樽今夕共，杏花春雨昔年同。
三龙矫矫惟青社，一凤翩翩自碧空。
千首新诗各乘兴，黄钟逸响思飒飒。

冯　裕

松林苍翠落霞红，共坐空堂铁笛风。
苦忆曲江卅年别，故烧高烛一尊同。

乾坤又见龙门子，蓬荜深惭鹤发翁。
清夜沉沉明月上，来朝怅望海天鸿。

刘澄甫

乘风飘渺自崆峒，北海冬初宴雪宫。
杏苑孤云怜我老，松林明月许谁同。
夜谈尊俎安齐鲁，晓见幡旌动华嵩。
绮席雕觞共流转，不知离合本西东。

黄　卿

先朝首榜群英少，北海清樽四士同。
剧语骚玄移鹤月，尽麾丝竹度松风。
浮渐凝溜融融合，炬勃炉熏袅袅重。
知是明朝经略急，迟回酬酢兴无穷。

对于海岱诸子举行文会的目的，刘渊甫在《上巳日海岱会集序》中写道："齿德（年龄和道德）相兼，愿入芝兰之室；朱青异染，期归道义之场。交得其道，则千里同心；择匪其人，则同室反面。古重素交，有由然矣。余取友于天下，独有得于郡中，非鄙流俗之滥，实慕贤达之兴。"对于文会的盛况，杨应奎在《七月七日海岱会集序》中有过精彩的描绘："千里神交，德星夜聚，襟怀潇洒，形迹不存。意度优闲，拘碍何有？……手舞足蹈，真欲驾轻鸿以翱翔；志同道合，殆将挟飞仙而长往。"志同道合的海岱诸子襟怀潇洒，意度优闲，手舞足蹈，无所拘碍，精神交会，忘却自我，"驾轻鸿以翱翔"，"挟飞仙以遨游"，真似当年的东坡居士，深深陶醉在美好的大自然中，获得了一种精神上的自由、解脱和超越。

三

海岱诗社活跃的时期，恰恰是松林书院办学史上的一个高峰期。松林书院自创建之日便倡导敬道崇德、人文教化，注重自由讲学与学术研究，至嘉靖年间，书院办学一度达于鼎盛，肄业诸生科举入仕之多，显赫一时。据光绪《益都县图志》记载：有明一代，青州进士及第61人（不包括3个武进士），而嘉靖朝就有15人；举人175人，仅嘉靖朝就达53人。其中嘉靖二十三年，益都县考中冀錬、石鲸、石茂华三进士；嘉靖三十二年、三十八年、四十四年，皆分别考中两进士。当然，这些成就不能尽归书院，但当时书院的盛名是远在府、县学之上的。书院教育不仅为无数士子开启了仕进的大门，还引领了一个时代的学术风气。"海岱八子"中，有证据可考的3位——陈经、黄卿、杨应奎，皆肄业于松林书院，后皆中进士，为官一方，政绩显著，"皆不以诗名，而其诗皆清雅可观"；而刘澄甫致仕后曾应邀到书院讲学，与同科进士宴集时曾发出"杏苑孤云怜我老，松林明月许谁同"之慨叹。"北海文学世家"始祖冯裕，其三子冯惟敏曾师从于刘澄甫，于嘉靖十六年（1537）中举，后成为著名的散曲大师，被称作明朝北曲第一人，而冯裕本人殁祀松林书院乡贤祠，也成为松林学子学习的榜样。其余3位（石存礼、刘渊甫、蓝田）是否在书院读书或讲学无考，但可以肯定的是，引领青州诗风的海岱诸子，大部分都与松林书院有很深的渊源关系，从某种程度上讲，是松林书院敬道崇德、知行合一、自由讲学之风成就了硕师大儒，同时硕师大儒的诗文著述又深深影响了书院的思想高度和学术氛围，从而带动了明朝中期青州文化的繁荣（图2）。

图2 《重修驼山昊天宫记》碑（冯裕撰额，陈经撰文，杨应奎书丹，胡宗宪立石，碑阴首位题名者刘澄甫）拓片局部

松林书院赋

闫金亮

易根河洛①，玄妙无穷；字由甲骨②，演化生生。师向前人，可继先民胜法；撒播典要，方荫后世文明。邹鲁升堂，孔圣肇开儒训；武夷施教，朱公首创理风。劝学文概，师说章精；中华师道，万古相宗。遂多圣处，琅琅书声；或名书院，亦号学宫。今余故砌，以松为名；当同片字，还比河龙。斑驳陈迹，似兆贤风；点滴翰墨，如记先功。

齐都侧畔，青州府边，东溟左钓，岱岳西牵。分野虚危③当要，序开春日④为先。渤澥万顷，龙过天门⑤而畅达；沂蒙千里，凤集朝案⑥而平关。东夷淳化，袅袅如烟；儒家圣教，礼度纤纤。乡里风清，层出纸贵⑦之子；府衙道正，多成忧乐⑧之官。因开书院，更造儿男；风摧雨迫，刀刻千年。长林肃慕，青舍幽然，前贤去尽，史迹斑斑。

书院势概，南北乾坤为正，东西金木相推；深通形胜⑨之法，兼收理

---

① 河洛：《系辞》，"河出图，洛出书，圣人则之"。《易经》一切理论根源于河图、洛书。本节"河龙"，指伏羲氏自黄河神龙得到河图。
② 甲骨：指甲骨文，是中国最早的文字。之后的"片字"亦为此指。
③ 虚危：我国古代占星家为了用天象变化来占卜人间的吉凶祸福，将天上星空区域与地上的国州互相对应，称作分野。齐地与虚、危对应。
④ 春日：青州地处东方，卦位在阳春之处。
⑤ 天门：风水学中的名词。此把渤海作为青州穴位之来水。
⑥ 朝案：风水学中穴位面对的两山。此把沂蒙山作为青州的朝山和案山。
⑦ 纸贵：左思，字太冲，齐国临淄（今山东淄博，时属青州）人。西晋著名文学家，其《三都赋》造成"洛阳纸贵"。
⑧ 忧乐：指范仲淹，取其《岳阳楼记》"先天下之忧而忧，后天下之乐而乐"之句。
⑨ 形胜：与后面之"理气"，都是传统风水学的重要理论和派别。

气之规。截路 ① 分房，前幽而后阔；拱门接道，主雄而从颓。一进四合，厢屋两边依次；二进平隔，复堂南北相随。板路石阶，飞檐拱户，双庭格井，廊道合围。并列古柏，鳞叶与虬枝共老；层析陈盖，木尖过房顶无亏。风来涛唤，乌过声悲；是为抚今怀冀，还因念古有追？

滥觞源本，根自王公 ②，三元一气，亘古稀成。更以超凡绝世之德，坚筹宏运之能，力安社稷，提掖良行，氓文皆慕，朝野相倾。早年就读，曾唱和羹 ③；中岁出守，怅赋矮松 ④。人销迹远，追念犹生，小园因望，以负佳名。元蒙盗衲，入主其中，木鱼香火，不复书灯。

便有大明李知府昂暇游胜地，仰慕前人，移贤废释，专祀良君。雄州太守，千载名臣，描图造像，昭示黎民。前曰"思齐"，当是精修之的；后称"仰止"，乃为激奋之身。进而葺垣壁，设墙门，二轩出，一院深。"游息"左立，"藏修"右陈。延四方之名贤，以为师士；招千里之孤愤，而付辛勤。名曰"松林书院"，从此焕然一新。

青齐古地，礼义之邦，朝朝盛德，处处敦良。后乃变喜雨之亭，而为时用；立乡贤之位，更做明堂。双祠并列，濡染身旁，孺子有幸，可继余香。彭知府桓志洁心清，半纪中两祠重造；杜太守思怀高意笃，百年后松院新装。恨万历 ⑤ 风悲，似覆巢之祸；宰辅恩薄，同不复之殃。欣世事轮回，可遂书堂正愿；康乾有道，终为园圃栋梁。大清一代，书院荣昌，殷学普教，儒法高扬。奈何事有初极，物各边央，皇书一诏，尽变学堂。遗风可继，学业不荒，百年伟就，亦可昭彰。

东州胜处，华夏根源，尊师良久，学道宏传。精进凭书，用世多如公

---

① 截路：是古代建房的一种布局方法。
② 王公：王曾，字孝先，青州人。少孤，读书于松林书院，善为文辞。咸平中连中三元。王曾以将作监丞通判济州。不久，奉诏入京，召试学士院，为著作郎，值史馆。景德初（1004），知制诰，真宗大建玉清昭应宫，王曾力陈五害以劝谏，真宗命王曾判大理寺，迁翰林学士，知审刑院，对其甚为敬重。后为宰相，政绩卓然。
③ 和羹：王曾少年孤苦，善为文辞，曾咏梅花诗："未须料理和羹事，且向百花头上开。"
④ 矮松：王曾知青州时，到早年读书的矮松园重游，深感物是人非，写成《矮松园赋》传世。
⑤ 万历：张居正执政时极力控制自由思想和言论，对书院讲学特别厌恶。史载："张居正最憎讲学，言之切齿。"他于万历七年下令，彻底销毁天下书院。松林书院也被毁。

季[1]；持家以教，门俗皆比郑玄[2]。松林书院，庶几相关，千秋伟绩，盛况空前。书院以德学为本，尊儒道为先；应唐宋之法，开术业之宽。稷下[3]相邻，豪气犹同胜地；孔殿毗近，礼风还似杏坛[4]。鸿儒高论，易老长谈；萤窗不灭，板座无闲。汗牛之车未尽，充栋之门屡添。济世才如桃李，经邦用似棠甘[5]。

成人以地，名地以人，松林胜处，贤圣如云。州府十三太守，宋廷五位相君；千百栉比良佐，周天灿若星辰。平仲刚直[6]，承国难于一身；孝先敏慧，立儒法以为尊；醉翁疏正，变政文之邪气；希文操洁，付忠心于生民。更兼伯常善御，忘食废寝；子羽明达，巧撰松林；秋谷运笔，碑记叔琳；登贤点墨，以励步尘。

先人鹤去，故垒悄悄；苔压石砌，风动林梢；如思前圣，似述来招；书声激越，逼上云霄。精神不灭，一木林高[7]；欣以此赋，祝比洪涛。

---

[1] 公季：公孙弘（前200~前121），字季，一字次卿，汉族，西汉淄川国（郡治在寿光南纪台乡）薛人。公孙弘是孟尝君的后代，后贫困潦倒，却自强不息，40岁自学《公羊》。齐人胡毋生精于此书，公孙弘投其门下，潜心钻研，学问日进，成为颇有名气的《公羊春秋》学者。

[2] 郑玄：郑玄（127~200），字康成，高密市（时属青州）人。《世说新语·文学》："郑玄家奴婢皆读书。尝使一婢，不称旨，将挞之，方自陈说，玄怒，使人曳著泥中。须臾，复有一婢来，问曰：'胡为乎泥中？'答曰：'薄言往诉，逢彼之怒。'"

[3] 稷下：指稷下学宫。"稷"是齐都临淄一座城门名，"稷下"即齐都临淄城稷门附近，齐桓公在此设立学宫。学宫因处稷下而称"稷下学宫"。稷下学宫在其兴盛时期，曾容纳了当时"诸子百家"几乎各个学派，其中主要的如道、儒、法、名、兵、农、阴阳、轻重诸家。稷下学宫汇集了天下贤士多达千人，其中著名的学者有孟子、淳于髡、邹衍、田骈、慎到、接予、季真、环渊、彭蒙、尹文、田巴、儿说、鲁仲连、邹奭、荀子等。从稷下学宫的施行方针及其成果意义来看，稷下学宫可以说是世界历史上真正的"第一所大学"，"第一所学术思想自由、学科林立的高等学府"。

[4] 杏坛：相传孔子在杏坛设教，收弟子三千，授六艺之学。自古以为美谈，为士林所称颂。进而又将杏坛作为孔子兴教的象征，列入孔庙的建筑体系之中，这种格局甚至影响到儒学所及的东南亚诸国。

[5] 棠甘：甘棠的倒写。《诗经·甘棠》："蔽芾甘棠，勿剪勿伐，召伯所茇。……"《毛诗序》云："《甘棠》，美召伯也。召伯之教，明于南国。"

[6] 平仲以下：分别指十三贤中的寇准、王曾、欧阳修、范仲淹，以及明代以后的陈经、陈梦鹤、赵执信、黄崑圃和黄登贤。

[7] 一木：热带雨林中榕树一木成林现象。榕树枝上生根，根系垂到地面接触土壤，再次生根发芽，长成小树。这样，一棵树可以长成一片森林。

下编

堂堂庙宇千年祀　炳炳功勋万古传

——青州"十三贤"考

夏永军

　　明朝，青州重视教育，尊崇贤达，因此祭祀"十三贤"。"十三贤"的提法，最早始于成化五年（1469），当时，知府李昂创立松林书院，同时建"名贤祠"，祭祀宋朝寇准、王曾、富弼、范仲淹、欧阳修等十三位有惠政的青州知州。

一

光绪《益都县图志》卷十三《营建志》载：

　　名贤祠，亦曰十三贤祠，在松林书院。明成化五年，知府李昂奏请立祠，祀宋青州守寇忠愍公准、曹武穆公玮、王文正公曾、庞庄敏公籍、程文简公琳、范文正公仲淹、李文定公迪、富文忠公弼、欧阳文忠公修、吴文肃公奎、赵清献公抃、张文定公方平、刘忠肃公挚，岁时致祭。

祭酒陈鉴在《记略》中叙述建祠的过程说：

　　成化丙戌，仁和李侯文举来为守。府旧有祠，祀宋诸贤之有惠爱于青民者，后祠废，附其主于土神之祠。祠既庳隘，位亦贬损，非所以崇贤报德，侯心歉焉。既而，得隙地，高亢明爽，为浮屠所据。因撤其像，逐其徒，尽易旧规，一由新观。迁主其中，仍塑诸公之像，衣冠皆如宋制，匾其楣曰"名贤祠"。

"李侯文举"，即李昂，文举是其字，仁和人，成化二年知青州。时政弊民疲，加之灾荒连年，百姓纷纷逃难。李昂上任，"问民疾苦，首劾赃吏，量贫富，均徭役"。他招募流民开垦荒地，缓征赋税；见饥民衣食无着，毅然开仓济民，数量不足，就拿出上缴的粮食补充，并动员富户设粥棚，全活灾民甚众。上司究责，他说："民既生全，罪复何憾？"便自动上书请罪。朝廷认为李昂动用税粮救灾等同于上缴官府，特加奖励。李昂担心大灾后百姓不能耕种，亲自巡行田间，供给耕牛和种粮；对孤苦无依者，为其盖房居住。他还殚心办学，注重教化，倡导亲仁和睦，民风为之丕变。父老乡亲赞叹说："没想到今天又见到富公（即十三贤之一的富弼，因赈灾深受百姓感念）了。"

作为松林书院的创建者，李昂功不可没。他看到原名贤祠废弃，"附其主于土神之祠"，名贤地位受到贬损，无法来崇贤报德，教化百姓，作为知府，内心甚是歉疚。不久寻得此地，却被和尚占据。于是撤掉佛像，赶走和尚，改变旧貌，全由新观。并模仿宋朝衣冠，塑诸公之像，门匾题为"名贤祠"。

万历八年（1580）阁臣张居正废天下书院，名贤祠也难逃厄运，直至清康熙三十年松林书院重建，名贤祠才得以恢复原貌。名贤祠原址在松林书院东边、仰圣园北原女生宿舍楼处。书院改办中学堂后，祠堂一度用作教室、杂物室、木工室。在后来的校舍扩建中，名贤祠又被拆除，留下永久的遗憾。

名贤祠是一笔很好的教育资源，书院以此来教育士子以十三贤为榜样，敬道崇德，修身养性，刻苦攻读，建功立业，实现"修身、治国、平天下"的理想。

明朝诗人唐汉有诗赞道："青齐宋代十三贤，道德文章孰可肩"，"堂堂庙宇千年祀，炳炳功勋万古传"。诗歌高度赞扬了十三贤的道德修养及其文学才华无人可与之比肩，千百年来，祭祀于堂堂庙宇之中，炳炳功勋必将万古流传。

二

为使读者进一步了解十三贤，兹简介如下：

忧国忧民寇莱公

寇准（961~1023），字平仲，华州下邽人，北宋著名政治家、诗人。19岁中进士，淳化二年（991），拜左谏议大夫，枢密副使，改同知院事。刚直不阿，敢于犯颜直谏，宋太宗赞扬说："朕得寇准，犹文皇之得魏征也。"

淳化四年（993），因事罢知青州。太宗想到寇准的忠厚，常思念他，问左右说："寇准在青州快乐吗？"回答说："寇准得善藩，当不苦也。"过了几天，再问，左右揣测太宗心意要将寇准召回，便答："陛下思念寇准没有半点忘记他，听说寇准天天纵酒，不知他也想念陛下吗？"太宗默然。寇准第二年便被召回，拜参知政事。咸平六年（1003）契丹入侵，寇准力主抗击，并护驾澶州，号令明肃，士卒振奋，大败契丹，于是契丹议和。后为武胜军节度使，同平章事，天禧三年（1019）加右仆射，后为太子太傅，封莱国公。

寇准怀忧国忧民之心，且有济世之才，在相位，用人不以次，识王曾，奇其才而委以重任，后被奸臣丁谓等人排挤，于天禧四年（1020）被贬至雷州，天圣元年（1023）卒于贬所。

一代名将曹武穆

曹玮（974~1030），字宝臣，真定灵寿人，宋朝开国名将曹彬之子。沉勇有谋，喜读书，精通《春秋》三传。天圣元年（1023）知青州，勤于政事，赏罚立决，极有声望。后为彰武军节度使，驭军严明，犯令者无所贷；而出谋划策，沉稳老练。天圣八年（1030）病逝，谥武穆。曹玮用士，得其死力，及师出，多奇计，出入神速不可测。曾戍守西北边境，抵御契丹入侵，屡有战功，将兵几40年，未尝少失利，为北宋一代名将。

三元宰相王沂公

王曾（977~1038），字孝先，青州兴儒乡秀士里（今郑母镇）人，少孤，从学于里人张震，善为文辞。青少年时代就读于青州矮松园（松林书院的前身），宋真宗咸平五年（1002）状元，取州试、省试、殿试连中三元（解元、会元、状元），是中国科举史上第五个荣膺"三元"的考生，官至宰相，可谓凤毛麟角，旷世奇才。

王曾虽三元及第，却不矜其能。中状元后荣归故里，知州派全城父老出郊鼓乐相迎，而王曾早悄然更衣，换骑毛驴绕小路由别门进城，独自一个到府中拜见郡守，说："我侥幸中了状元，哪敢有劳郡守和父老乡亲迎接？"郡守连声称赞：君真状元公！

王曾为相，知人善任，注重选拔人才，曾力荐范仲淹、包拯等人，委以重任；为政严谨持重，嫉恶如仇，不徇私情，但为人又极为大度，宽以待人。他以国家得失为重，选官尤抑奔竞即特别反对拉关系走后门、跑官买官，并奏请仁宗支持。太后左右姻家稍通请谒，多被王曾裁抑，太后不悦，天圣七年（1029）借玉清昭应宫焚，罢曾宰相，出知青州。明道二年（1033）判河南府，适逢歉年，里有囤积粮食者，饥民聚众胁取，邻郡皆以强盗论处，杀人甚多，王曾只施以笞刑而后释放，远近闻之皆效以为法，得活命者不下数千人。景祐二年（1035）复为相，封沂国公。宝元元年（1038）病逝。

王曾秉公执政，人莫敢以私事求取。进退士人，莫有知者，范仲淹曾问："明扬士类，宰相之任也，公之盛德，独少此耳？"王曾回答说："夫执政者，恩欲归己，怨使谁归！"仲淹服其言，感而叹之："久当朝柄，从未树立私恩，这是别人很难做到的啊！"

王曾知青州时，特别重视教育。一上任，就建起州学，划拨30顷土地给学校，盖了120间房舍，每年拨经费30余万两白银，还延请许多知名学者来做教授。其做法得到朝廷褒奖，皇帝还下诏书，昭示全国各州要以青州为榜样，大力兴办学校。王曾逝世后，为表彰他的政绩和操守，宋仁宗亲自为他撰写了"旌贤碑"的碑额，后又把他的乡里改名为"旌贤乡"，即今天的郑母镇。

王曾眉目如画，资质端厚，正色独立，政绩卓著。欧阳修称颂王沂公"为人方正持重，在中书最为贤相"。著名京剧包公戏中，那位刚直不阿、颇受观众喜爱的王丞相原型就是一代名相王曾。

王曾书画俱佳，尤工诗赋，其省试进士卷《有教无类赋》曾轰动一时，殿试卷《有物混成赋》及《矮松园赋并序》皆脍炙人口。著《九域图》3卷、《契丹志》1卷、《笔录》1卷。

状元李迪知青州

李迪（969~1047），字复古，濮州鄄城人。景德二年（1005）乙巳科状元。历任徐州、兖州通判，给事中，参知政事，官至宰相。康定元年（1040）除彰信军节度使，知天雄军，迁知青州。出任地方官，为百姓访疾苦，治盗减灾，力保民生。后以太子太傅致仕，庆历七年（1047）冬病逝。

王曾、李迪相继状元及第，皆两次为相，罢相后都知青州，2 人有诗唱和，交情甚笃。

持重不扰程文简

程琳（985~1054），字天球，永宁军博野人。以秘书省著作佐郎知寿阳县，后迁工部侍郎、龙图阁学士、吏部侍郎等职，景祐四年（1037）任参知政事，主张罢土木营造，免除受灾郡县的租赋，安抚西夏，以柔远人。拜同中书门下平章事，判大名府，断案公正，持重不扰，前后守魏地 10 年，度要害，缮壁垒，增守御备。又任镇安军节度使，上书曰："臣虽老，尚能为国守边。"未报，得疾卒，谥文简。

富弼青州施惠政

富弼（1004~1083），字彦国，河南洛阳人。少笃学，有大度，范仲淹见而奇之，曰："王佐才也。"以其文示王曾、晏殊，晏殊将女儿许配于他。

庆历七年（1047），富弼以资政殿学士加给事中出知青州，兼京东路安抚使。时黄河以北大水灾，灾民外逃，逃至青州的得到安置，于是相互转告，聚集青州者六七十万人。富弼与下属划出公私房屋 10 万余间，供灾民寄居；劝说富户捐粮，又动用官仓的储粮，以赈济饥者。组织地方官吏分区管理，约定事后论功行赏。山林陂泽之利可资以生者，听流民擅取。第二年青州一带小麦丰收，富弼规定据路程远近发放粮食遣返灾民，共救活 50 余万人，从中招募新兵万人。（图

图 1　富弼赈灾图

1）仁宗得知，遣使臣前来褒奖，拜为礼部侍郎。富弼曾说："在青二年，偶能全活得数万人，胜二十四考中书令远矣！"（按：《唐书·郭子仪传》"校中书令，考二十有四。"言为中书令甚久，曾历考计二十四次。）

离青后，州民在石子涧侧构亭纪念，称"富公亭"。皇祐三年（1051）范仲淹知青州，至富公亭睹物思人，作诗云："凿开奇胜翠微间，车骑笙歌暮未还。彦国才如谢安石，他时即此是东山。"富公亭后改建为富公祠，明代移建范公祠左侧，连欧阳公祠合称"三贤祠"。

至和二年（1055）、宋神宗熙宁二年（1069）富弼两次任相，执政以公议为指导，不容私心于其间；并数次上书谏言："远奸佞，近忠良"，"君子小人之进退，系王道之消长，愿深加辨察"。元丰六年（1083）八月病逝，享年80。

富弼好善疾恶，且性至孝，恭俭好修，与人言必尽敬，虽微官及布衣谒见，皆与之亢礼。

图2 范公亭内冯玉祥对联：兵甲富胸中，纵教他房骑横飞，也怕那范小老子；忧乐关天下，愿今人砥砺振奋，都学这秀才先生。

忧乐为民范文正

范仲淹（989~1052），字希文，是北宋著名政治家、军事家和文学家，晚年曾任青州知州兼京东路安抚使。他在青州任职的时间不到两年，但在历任地方官中知名度最高。

范仲淹26岁中大中祥符八年进士第一名。任地方官期间，他体察民间疾苦，救济灾民，注重兴修水利，发展农业生产。他还镇守过西北边疆，任陕西经略安抚招讨使，抵御西夏的侵略，很快扭转了宋朝被动挨打的局面，巩固了边防，被敌人敬畏地称为"范小老子"（图2）。庆历三年（1043），任参知政事，在欧阳修等人的支持下，与富弼等发动"庆历新政"，大刀阔斧地进行改革，裁减冗员，整顿朝纲。可是，新政触犯了官僚阶层的利益，很快失败，被贬至邓州、杭州、青州等地为地方官。

宦海沉浮，迭遭贬谪，范仲淹并不颓废消沉。知青期间，时闹粮荒，朝廷令青州的田赋运至博州（今聊城）交纳，他探明博州粮价，下令将田赋粮折价交款，派人携款赴博州购粮，价格优惠，五日内购足，纳毕，将剩下的数千缗钱按比例发还给农户。奏请留足一年军需，军仓中余粮全部救济饥民。他常微服私访，体恤民情，为当地百姓治好红眼病，州民筑"范公井亭"以表感激之情。

范仲淹内刚外和，性至孝，清正廉洁，妻子衣食仅能自充。泛爱乐善，士多出其门下。为政忠厚，所至有恩。其名言"先天下之忧而忧，后天下之乐而乐"千秋传诵，成为自古以来优秀知识分子的价值追求。

治民惠爱颍国公

庞籍（988~1063），字醇之，单州成武人，及进士第。庆历八年（1048）五月拜参知政事，后授同中书门下平章事、昭文馆大学士，监修国史。嘉祐二年（1057）以观文殿大学士、户部侍郎知青州。晓律令，长于吏事，持法深峭，士卒畏服。治民颇有惠爱，时人称颂之。转知定州，召还京师，寻以太子太保致仕，封颍国公。嘉祐八年（1063）三月病逝。

清正廉洁吴文肃

吴奎（1010~1068），字长文，潍州北海人。性强记，于书无所不读，17岁进士及第。至和三年（1056）拜翰林学士，权开封府，达于从政，应事敏捷，吏不敢欺。治平四年（1067）任参知政事，后以资政殿大学士二次知青州。熙宁元年（1068）病逝。赠兵部尚书，谥文肃。吴奎喜奖廉善，少时甚贫，显达以后，买田为义庄，以接济族党朋友。殁之日，家无余资，诸子至无屋以居。

宽简不扰欧阳修

欧阳修（1007~1072），字永叔，号醉翁，又号六一居士，庐陵人，唐宋八大家之一。

四岁而孤，母海之学，家贫，以荻画地学书；勤奋敏悟，读书辄成诵。及冠，有意变革文风，得唐韩愈遗稿，讲读而心慕焉，苦志探求。

天圣八年（1030）进士，嘉祐六年（1061）拜参知政事，选拔苏轼等人才，刷新文风。熙宁元年（1068）迁兵部尚书，知青州，奉行"宽简而不扰"的施政方针，居官两年，青州"年时丰稔，盗讼稀少"，政绩可观。熙宁四年（1071）以太子少师致仕，熙宁五年（1072）病故。赠太子太师，谥文忠。

铁面御史清献公

赵抃（1007~1084），字阅道，衢州西安人。进士及第，为武安军节度推官，知崇安、海陵、江原，通判泗州，迁为殿中侍御史，弹劾不避权幸，声称凛然，京师目为"铁面御史"。知睦州，移梓州转运使，改益州。蜀地远民弱，吏肆为不法，公款吃喝送礼。赵抃以身帅之，蜀风为变。微服私访，走近民众，父老喜相慰，而奸吏胆战心惊。后任参知政事。熙宁三年（1070）罢知杭州，十二月改知青州。元丰七年（1084）病逝，谥清献。

慷慨有节张文定

张方平（1006~1091），字安道，南京人。家贫无书，从人借，旬日即归，曰："我已得其详矣。"少颖悟，凡书皆一阅不再读。举茂材异等，官拜参知政事。熙宁四年（1071）知青州。据光绪《益都县图志》载："张文定公，虽有知青州之命，实未到官。"后以太子少师致仕，元祐六年（1091）二月病逝，年85。赠司空，谥文定。

图3 刘挚画像

张方平慷慨有气节，平居未尝以言徇物，以色假人。守蜀日，得眉山苏洵与其二子，深器重之。尝荐苏轼为谏官，苏轼下制狱，抗章为请，故苏轼终身敬事之。

威比包拯忠肃公

刘挚（1029~1097），字莘老，永静东光人（图3）。嘉祐中擢甲科。元祐元年擢御史中丞。执宪数月，正色弹劾，多所贬黜，百僚敬惮，时人以比包拯。累官至尚书右仆射兼中书侍郎。

元祐七年（1092）徙知青州。绍圣元年（1094）贬光禄卿，又贬鼎州团练副使，家人涕泣愿侍，皆不听，年终病逝。徽宗立，诏反其家属，得归葬。赠少师，谥忠肃。刘挚嗜书，自幼至老，未尝释卷。家藏书多自校对并加以考正，得善本则亲手抄录，孜孜无倦。

以上十三贤，皆清正爱民，居庙堂之高则为君分忧，处江湖之远则为民解愁，为大宋王朝立下赫赫功勋。其中官至宰相者5人，副宰相7人，曹玮1人为武将，官至彰武军节度使。

<h1 style="text-align:center">三</h1>

书院自创建之日起，便成为宦游于此的名士观瞻、拜谒、游赏、题诗之所。据嘉靖《青州府志》载：

> 松林书院，宋王文正公读书处，名矮松园，今为名宦乡贤二祠。青州有八景，而书院松涛居其一。宦游者多瞻谒赏憩于此，挥洒满目，因并记之。

据不完全统计，仅嘉靖《青州府志》所录赞颂松林书院和十三贤的诗歌就达20多首。兹择要摘录如下，与读者共赏。

兵部尚书陈经《松涛诗》
昔人曾筑读书台，台畔苍松次第栽。
芸阁密围青玉幄，牙签深护翠云限。
长风夜撼千虬动，巨浪时喷万壑来。
雨露尚须滋养力，庙堂今重栋梁材。

大学士姑苏吴宽诗
汴宋人才无后先，东方作郡总名贤。
朝廷择相多从此，州县劳人岂信然。

隐隐故疆分海岱，堂堂遗像照山川。
至今新庙烦虚位，莫道前修美独专。

参政钱塘江玭诗

松林庙貌宋名臣，瞻仰多时企慕深。
学力运筹经世略，仁恩推广爱民心。
巍巍勋业光前后，耿耿精忠贯古今。
从此春秋荣祭享，令人感慨动长吟。
为谒贤祠去复来，一瞻神像几徘徊。
生前贯彻天人学，没后追思将相才。
谥号于今昭汗简，勋劳何必写麟台。
英灵时享清时祭，定有文光烛上台。

都御使莆田翁世资诗

宋室名臣驾汉唐，数公勋业更殊常。
巍巍庙貌云山耸，耿耿声名日月光。
先后立朝弘大化，联翩作郡盛流芳。
嗟予祠下瞻衡宇，含愧临风酹一觞。

都御使庐陵陈凤梧诗

万松承露郁森森，精舍门开傍绿荫。
名宦勋华高北斗，乡贤声价重南金。
两祠俎豆方崇德，一郡人文此盍簪。
珍重山川清淑地，诸生他日望为霖。

参议闽中唐澍诗

青齐宋代十三贤，道德文章孰可肩。
治郡深恩苏困悴，立朝大节拯危颠。
堂堂庙宇千年祀，炳炳功勋万古传。
有志丈夫追往躅，管教声闻与同然。

提学佥事莆田杨琅诗

庙貌宗先哲，巍巍列缙绅。

青齐联出守，黄阁总名臣。

勋业昭前史，仪刑肃后人。

至今千载下，遗泽尚如新。

佥事仁和张珩诗

群公事业垂天地，文武全才孰与俦。

出守青州兼使相，入持邦宪共谋猷。

祠前翠柏四时秀，海内清名万古留。

传与当时奸佞者，九原骨朽也含羞。

佥事内江刘时敩诗

宋朝三百年天下，皆赖诸公辅导贤。

万里风尘双鬓短，九霄日月寸心悬。

古今名重邦家器，中外才兼将相权。

幸得当时遗像在，几人稽首拜祠前。

知府庐龙朱鉴诗

松柏苍苍入望中，岿然庙祀宋诸公。

乾坤无复经纶手，今古空存竹帛功。

洋水潺湲流不返，劈峰苔藓峙无穷。

特来祠下瞻依久，独鹤孤云静晚风。

明代郡人布政黄卿诗

数楹多士谈经处，满院苍松作雨声。

皎皎月华舒鹤步，离离云影偃龙形。

山空瀑下千寻急，江转崖高两岸平。

拱把参天原自养，扶摇飘飒莫相惊。

冯裕宴集诗

松林苍翠落霞红，共坐空堂铁笛风。
苦忆曲江卅年别，故烧高烛一尊同。
乾坤又见龙门子，蓬莱深惭鹤发翁。
清夜沉沉明月上，来朝怅望海天鸿。

刘澄甫前题诗

乘风缥缈自崆峒，北海冬初宴雪宫。
杏苑孤云怜我老，松林明月许谁同。
夜谈尊俎安齐鲁，晓见幡旌动华嵩。
绮席雕觞共流转，不知离合本西东。

四

世事轮回，沧海桑田，但人们对十三贤的尊崇一直未变。清乾隆四十一年（1776）秋，桂林人胡德琳奉檄任青州知府，作《青州十三贤赞》，由海盐人张燕昌书，刘万传刻，碑石现嵌于松林书院前讲堂厦廊西壁上。此碑正文为不足厘米的小楷书法，《青州碑刻文化》（田立胜主编）一书认为，此碑"可谓青州境内现存字径最微的碑石刻字"。碑文开头写道：

> 乾隆丙申九秋，奉檄摄青州。念自昔守是邦者不一其人，而独以十三贤传。爰为作赞，聊以志景仰之私云尔。临桂后学胡德琳。

正文是对十三贤所作的礼赞。对曹玮着重赞扬他作为名将曹彬之子、拥有兵权、精通文史、文武兼备的特点，写道：

> 曹武穆玮
> 堂堂武穆，武惠之子。世拥节旄，性耽文史。随其所知，载书盈规。文武兼资，位终枢史。

赞美"寇忠愍准"，"楼台无地，蜡泪成堆"，"秋风叶落，峡月猿哀"，以哀景衬哀情，从侧面表达人们对寇准的深切怀念；写李文正迪，则突出他"政清讼简，不事法律"的特点；写范文正公着重赞美他"后乐先忧，体察民情"的精神；写富弼，"惟公赈饥，旁皇周浃。一时之宜，万古之法"，对他赈灾之功进行高度评价；对于赵抃，突出他"公面如铁，公心如镜"的特点；写欧阳修，赞扬他真乃"宽简而不扰"的良吏！写道：

> 政以便民，不求声施。所至民乐，所去民思。苛急不事，繁碎不为。公真良吏，宁止文词？

对于"王文正曾"，写道：

> 莪莪矮松，文正所封。亭亭方柏，文正所植。维桑与梓，乐只君子。蔽芾甘棠，我心则降。

前4句的大意是：特立奇崛的矮松和挺拔并排的柏树，是王曾所栽培。当然这只是文学手法，诗人的美好想象而已。王曾在《矮松园赋并序》中曾这样描绘两棵矮松：

> 齐城西南隅矮松园，自昔之闲馆，此邦之胜概。二松对植，卑枝四出。高不倍寻，周且百尺。轮囷偃亚，观者骇目。盖莫知其年祀，亦靡记夫本源，真造化奇诡之绝品也。

这两棵奇诡的矮松，连王曾也不知其年龄，不知其本源，绝非他栽；此处成排的柏树，当为明清时所栽，非宋人所植。故此处不必拘泥于表面文字去作考证，不可把文人的诗歌当作历史。矮松园因连中三元的状元宰相王曾而名声远扬，所以诗人作了一个美好的有机的联系。

第5、6句是说家乡的人们，都喜欢这样的君子。桑梓，代家乡。十三贤中的王曾是青州郑母人，青州人都以王曾为荣，故有此说。"维"，句首语气助词，可不译。结尾两句："蔽芾"，茂盛的样子。"甘棠"本来是树名，

《诗经·召南·甘棠》中说："蔽芾甘棠，勿剪勿伐。"《诗经·召南》是赞美召伯的，旧说召伯曾在此树下休息，后人追思其德，保护此树以资纪念，因作此诗。后以"甘棠"来称颂官吏的政绩。故第7句意在赞扬王曾有着美好的政绩。"我心则降"，"降"读 xiáng，悦服，平静。《诗经·小雅·出车》有"既见君子，我心则降"之句。第8句是说，想到王曾有着如此美好的政绩，我内心佩服得五体投地。

《青州十三贤赞》共计13首小诗，每首8句，每句4字，每首诗大致有不同的韵脚。诗歌赞美先贤的精神特点各异，运用的手法多有不同。总之，此碑不仅具有一定的历史文物价值，还具有较高的艺术价值。

参考资料

嘉靖《青州府志》、光绪《益都县图志》、《青州通史》、《青州碑刻文化》、《青州上下五千年》、《青州一中校史》。图片：闫玉新、王延林。

（原载《青州通讯》2012年7月25日）

祠前翠柏四时秀　海内清名万古留

——松林书院名人风采录

王　岩　徐清华　郭伟红

公元 998 年秋，一位 21 岁的年轻人参加了青州的州试，以第一名的成绩中举，夺得了"解元"；公元 1002 年春，这位年轻人又参加了礼部主持的省试，他以一篇《有教无类赋》技压群雄，一举夺冠，成为"会元"，他在赋中写道："神龙异禀，犹嗜欲之可求；纤草何知，尚薰莸而相假。"此赋盛行一时；是年三月，杏花盛开的季节，这名年轻人又参加了由皇帝亲自主持的殿试，高中第一甲第一名，一举夺得"状元"。他的殿试答卷《有物混成赋》写得气势恢宏，志趣不凡，赢得了阅卷官的青睐，名臣杨亿拊掌叹曰："真乃王佐之器也！"

这位连中三元的年轻人就是王曾。王曾是北宋第 27 名状元，第 2 位三元状元。科举制度推行 1300 多年，连中三元者仅 17 人，王曾占有一席之地，实乃凤毛麟角，旷世奇才。王曾 39 岁任兵部尚书、左谏议大夫参知政事，即副宰相；48 岁加封门下侍郎兼户部尚书，昭文馆大学士，为正宰相。

于是，王曾读书的地方——青州矮松园，因培养了这位连中三元、政绩卓著的状元宰相而名声大振，备受朝野重视。宋仁宗曾御赐矮松园"四书""五经"一批，并诏示各州以青州为榜样，大办儒学。自此八方学士、历朝官员，附之若潮，来此观瞻、题诗，以示敬仰之情。

明成化五年（1469），青州知府李昂将此处改名为松林书院，延请四方德高望重、学识渊博者来此执教，那些品行端正、勤奋好学的文人学子纷纷负笈于此。于是，从宋代的矮松园到明清两代的松林书院，从这所千年书院里走出了一代代清官廉吏、硕师大儒。

黄卿，正德三年（1508）进士，官至浙江右参政、江西布政使。

杨应奎，正德六年（1511）进士，官至南阳府知府，值岁荒，设法赈济，活数万人；主编《临洮府志》《南阳府志》。长子杨铭，万历初荐太学生，任襄垣训守。

刘澄甫，字子静，号山泉，青州朱良人，大学士刘珝之孙，正德三年（1508）进士。历任广西道监察御史、两淮巡盐兼治理河道、宣府大同巡按御史、山西左参议等职。他办事干练，为官清正，不畏权奸。后因得罪宦官中贵，被谗言陷害，被迫致仕。返乡后曾在松林书院讲学，居青州城南云门山东麓花林疃，建"山泉精舍"，赋诗作画，以文会友，与冯裕、陈经等联手创办海岱诗社。后冯裕三子冯惟敏也从师于刘澄甫，习举子业，并于嘉靖十六年（1537）中举，后来成为著名的散曲大师，被称作明朝北曲第一人。

陈经，正德九年（1514）进士，官至户部尚书、礼部尚书、兵部尚书。

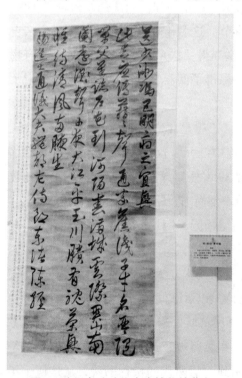

图1　陈经书法（山东省博物馆藏）

在朝谠直敢言，尤恶奸党。性方介，为官30年，门无私谒。卒之日，囊橐萧然。其子陈梦鹤，嘉靖二十六年（1547）与异母弟梦草同科进士，为一代名儒。

冀錬，嘉靖二十三年（1544）进士，官至兵部右侍郎。为人端庄持重，颇有风骨，治学纯笃，为官专以孝悌训民，省刑简讼，民化从之。他不仅是位治世能臣，还是位理学名臣，有古贤大臣之风。致仕后，应邀在凝道书院（松林书院）讲学，其门生钟羽正，万历初进士，官拜工部尚书，不畏权势，严惩贪官，狠刹腐败之风，更是一代名臣。

赵执信，字伸符，号秋谷，晚号饴山老人，益都县颜神镇（今博山）人，清初著名的现实主义诗人、诗论家、书法家（图2）。14岁中秀才，17岁中举人，18岁中进士，24岁任右春坊右赞善兼翰林院检讨，27岁因被忌才罢职，回乡后曾在松林书院讲学。康熙五十一年（1712）五月，赵执信于松林书院撰"黄崑圃政绩碑"，赞扬了山东督学黄崑圃先生（名叔琳）重视教育、兴复书院、加强人才培养的重大贡献。

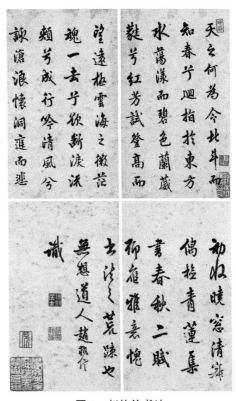

图2　赵执信书法

松林书院还有一重要碑刻——乾隆四十年秋七月朔大兴黄登贤记并书《松林书院记》碑，现收藏于青州市博物馆，对于研究松林书院历史特别是书院人才具有十分重要的意义。

碑文记载的是乾隆甲午（1774），山东学政黄登贤视学青州，莅临其父黄叔琳60余年前任山东学政时捐俸重修的松林书院，对父亲恩泽青州士子，为国育才的政教伟绩感慨不已，决心继承、光大父业。《清史稿》卷290载："康熙间叔琳来（山东）督学……后六十年，登贤继之，训士遴才，皆循叔琳训。"父子二人皆非常重视人才的教育与培养。

该碑仅465字，但信息量很大，其中写道："所成就者，如徐君士林、李君元直、丁君士俰、陈君有蓄、马君长淑、辛君有光、李君志远、刘君轶政、秦君纮、林君仲懿、王君瀛、孙君果、董君思恭，皆知名士也。"对于碑文中所提到的书院所成就的人才，现作一考证：

徐士林，山东文登人，李元直，山东高密人，二人皆康熙五十年（1711）举人，康熙五十二年（1713）进士；刘轶政，山东昌乐人，王瀛，山东临淄人，二人皆康熙五十年（1711）举人，康熙五十一年（1712）进士；李志远，山东寿光人，康熙五十二年（1713）举人，康熙五十七年（1718）进士；董思恭，山东寿光人，康熙五十六年（1717）举人，康熙六十年（1721）进士；秦纮、丁士侔皆日照人，康熙五十三年（1714）举人；孙果，山东寿光人，康熙五十九年（1720）举人，雍正元年（1723）进士；马长淑，康熙五十年（1711）举人，雍正八年（1730）进士；辛有光，山东日照人，乾隆二年（1737）进士；林仲懿，山东栖霞人，康熙五十年（1711）举人，《清史稿》卷147《艺文志三》和卷148《艺文志四》载其姓名及著述，撰有《南华本义》《离骚中正》等。以上松林学子名见《山东通志》卷94~99《学校志》。陈有蓄事迹虽不可考，但由碑文推之，也应是有一定功名、或做学问或为官的知名人士。

从以上学子的籍贯可以看出，松林书院招生范围不仅仅是青州府所辖的11个县（益都、博山、临淄、博兴、高苑、乐安、寿光、昌乐、临朐、安邱、诸城），还包括文登、高密、日照、栖霞等县，可见松林书院在山东省的名气是很大的，从而吸引了全省各地的优秀生源。而且，对照《山东通志》中所录清代举人和进士的数据，康熙五十年（1711），山东省取举人46名，而松林书院培养的就有6名；康熙五十一年（1712），山东省考进士12名，松林书院培养的就有2名；康熙五十二年（1713），山东省进士7名，松林书院培养了2名。由此可见，松林书院在康熙乾隆年间办学盛况之大、培养人才之众，在整个山东省是名列前茅的，青州府的其他学校如府学、县学等都无法与之比肩。

可以说，松林书院在明朝嘉靖及隆庆年间办学达到了一个高峰，而清朝"康乾盛世"时松林书院的办学又达到一个高峰。现将上述所载松林书院成就的人才择要作一介绍。

一代完人、千秋典范——徐士林

清雍正乾隆年间，从松林书院走出了一位博学多识、品格高尚、清名远扬的重臣。他就是被乾隆皇帝封为"一代完人、千秋典范"的徐士林。

徐士林（1684~1741），字式儒，号雨峰，文登人，出身农民家庭，"秉性质直"，27岁中举人，29岁中进士，曾为皇子皇孙授课，乾隆皇帝也在其学生之中。先后任内阁中书、礼部员外郎等职。雍正五年（1727），出任江南安庆知府，雍正十年（1732），擢江苏按察使，乾隆元年（1736）任河南布政使，乾隆五年（1740）升江苏巡抚。

徐士林生性廉俭，赴江苏按察使任时，仅仆从三人和一担行李。他精于断案，史称"治狱如神"。在30多年宦海生涯中，亲奉康熙、雍正、乾隆三帝，为官清廉，堪为师表。他常告诫属僚：执法过于严苛，易激化矛盾；轻则助长坏人坏事。他认为，法律如医书，种种案件千头万绪，像病人经络虚实一样复杂，"不善用药者会杀人，不善用律者亦如之"。光绪三十二（1906）年，益都县令李祖年校勘出版徐士林三卷本《徐雨峰中丞勘语》，其断案理念大多源于此，序言说："揆之天理而安，推之人情而准，比之国家律法，而无毫厘之出入，何其神也！"正是对徐士林理案的最好评价。

徐士林立身端方，敢于直言。江苏乃富庶之地，按惯例觐见皇帝应进献重礼，但他却只献《二典三谟要义》一卷，借古典给皇帝提出安邦治国策略。为此，乾隆皇帝朱批："语不云乎？赠人以物不如赠人以言也。"

乾隆六年（1741），身为江苏巡抚的徐士林在回乡途中病逝，乾隆帝说："士林忠孝性成，以母老远离，不受妻孥之养，鞠躬尽瘁，遂至沉疴，临终无一语及私，劝朕以居安思危之心做长治久安之计。此等良臣，方资倚任，现竟溘然长逝，朕实切切含悲不能自已者也！"下令将其画像请进"贤良祠"，与开国元勋和辅佐重臣同等待遇，这是清朝任巡抚职务之人死后进"贤良祠"的第一人。

徐士林曾写有一诗："乾坤岂是无情物？民社还依至性人。不有一腔真热血，庙堂未许说经纶。但使无颜皆可富，若非有骨岂能贫！双睛不染金银气，才是英雄一辈人。"此诗正是他傲骨铮铮、不染金银之气、满腔热血、忠心报国的"至性人""英雄一辈"的真实写照。

性情刚直李元直

李元直（1686~1758）本名李元真，字象山，号愚村，高密人，中癸巳科进士，选翰林院庶吉士，散馆授编修。李元真在翰苑之时，与孙嘉淦、谢济世、陈法交，以古人节义相互勉励，有"四君子"之称。雍正帝胤禛即位，为避名讳，改名李元直。

雍正七年（1729），李元直考选四川道监察御史。屡次上书，敢于直言，据《清史稿》卷 306 载，他曾指责执政的大臣说："朝廷君臣谈论看似融洽，只有尧、舜那样的圣君，没有皋陶和夔那样的臣子。"皇上不高兴，召集诸大臣，驳斥说："有什么样的国君就一定有什么样的大臣。果真像你所说无皋、夔那样的臣子，朕又怎么能够成为尧、舜那样的明君呢？"元直坚持观点不屈服。皇上对诸大臣说："话虽不好听，内心无他。"次日，复召入，奖其敢言，将广东进贡荔枝赐之。

雍正八年（1730），奉命巡视台湾，上疏奏请增加养廉银以杜绝馈赠。不久因直言得罪巡抚，以"干预行政"之名被弹劾降级。次年（1731），李元直告老还乡，家居 20 余年而卒。世宗尝谕诸大臣说："这个人才太难得！元直难道不是做事的人？他是刚气过于逼人罢了。"元直晚年言及皇上知遇之恩，总感动得落泪。后来，御史李慎修亦有直声，与李元直并称"山东二李"。京师称元直为"戆李"，慎修为"短李"。

安邱名士马长淑

马长淑，字汉荀，安邱人，雍正八年庚戌（1730）以第三甲中进士。初授保定知县，该县本来多水患，长淑组织民众筑堤防护，又恐人力难以接续，请朝廷要求百姓自修，而减轻近堤百姓的赋税；后改任安肃知县，县内八村土地万余亩，本来地势高而干燥，适宜种禾黍，而直隶官署则令改稻田，民用因此大困。他力请上司恢复了这些村庄的耕作习惯。所提"开仓、缓征、减税、剔奸"等建议，都得以施行。官至直隶磁州知州。70 岁辞官回籍，家居诵读不辍，一时俊彦多出其门。

他平生重友谊，尚气节。有个任训导的仗义执言，得罪上司失官客死济南，他慷慨解囊，凑钱为该人归葬。辽东有一名因守城有战功的，以憨直冒犯别人被冤死，他主动为之树碑立传，并说明其冤情。他曾辑明清时期安邱人或官安邱者之诗，编纂为《渠风集略》七卷，收入《四库全书》。83 岁病逝，乡人送谥号"文穆"。

湖南粮储道董思恭

董思恭：字作肃，号雨亭，寿光人，"幼家贫，曾空腹读书"（民国《寿光县志》卷 12《文苑志》），康熙五十六年（1717）乡试第一名，为"解元"，康熙六十年（1721）进士。初授翰林院庶吉士，雍正初年，选拔为编修、检讨、庶吉士。后任四川忠州知州，又为河南许州知州。历官湖南常德、沅州府知府、粮储道。治理追求实效，所至皆有令名。年60余致仕。工诗（图3），著有《晦庵文稿》等。

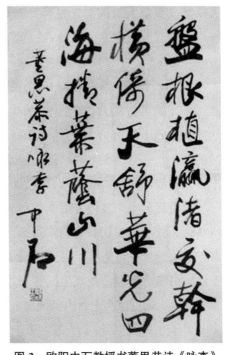

李志远，广西容县知县；刘轶政，直隶饶阳知县；孙果，湖南湘潭知县；王瀛，河南郾城知县。

以上是碑刻所载书院成就的人才。史海浩瀚，多有遗珍。据笔者考证，下面再介绍几位乾隆朝在书院讲学或读书终有成就、誉满天下的硕师大儒。

一代通儒、书院山长杨峒

图3　欧阳中石教授书董思恭诗《咏李》

杨峒：字书岩，乾隆三十九年（1774）举人。他曾任书院山长。所谓山长，即主持书院教学兼领院务的负责人。明清时或地方官延请，或士绅公举聘任。乾隆三十一年（1766），诏改山长为院长，其人选"不拘本省邻省，亦不论已仕未仕，但择品行方正、学问博通、素为士林所推重者，以礼相聘"（《清会典事例》卷395）。虽有诏改，人们习惯上仍多称"山长"。

据光绪《益都县图志》记载，杨峒幼年读书博闻强识，特别专心研读经书及《史记》《汉书》等。曾得到顾炎武的《日知录》，甚是喜欢，于是精心研究古学。继而又读阎若璩、朱彝尊、万斯同、胡渭、江永、戴震各位儒学大师之书，倾倒甚至。而对于顾、戴两家，特别仰慕。他博览群书却不炫耀自己，参考众家说法而有自己的见解，一时被人们赞为"通儒"。

杨峒写文章严格遵循义理，但从不拘泥沿袭前人旧貌。教人学习，必先解释古文，加以注解。县人从前没有读《说文》《尔雅》的，有之自杨峒始。

益都知县钱塘人周嘉猷，是个儒吏，欲刻于钦的《齐乘》，同时考证其误，未完成就病倒了，杨峒最终帮其完成，却不空属其名。青州知府汝阳人李照、武功人张玉树，先后折节与之结交，并延请杨峒做松林书院山长。杨峒多次参加礼部科举，未中。嘉庆九年（1804）卒，年57。著有《毛诗古音律服》《考古录》等。

书院山长、前安邱知县严锡绥

据光绪《益都县图志·官师志》载：山西曲沃人裴宗锡"由济南府同知擢知青州，为政持大体"，"尤好接引文士，延安邱进士（据下文，当为"知县"）严锡绥主讲松林书院，凡遇课期必亲临扃试，一时肄业诸生常数十百人。数年之间，登贤书、贡成均者十余人"。

据清代名士李文藻《南涧文集》记载：乾隆十八年（1753）至二十三年（1758），松林书院山长为前安邱知县浙江余杭人严锡绥，主讲期间，肄业附课于书院的"举贡生童"多达80余人。乾隆二十三年（1758），严先生病卒于松林书院，当时，在院生徒各服"吊服加麻"，10日后，受知于严先生的举贡生童、远近僚宾上百人会哭灵前，"靡有不恸"，一时被传为尊师佳话。

弟子李文藻写下《严先生诔》一文表达对严锡绥的崇敬和悼念之情。其中写道：严先生应邀入主松林书院，"沂公书屋，号曰松林，皋比教授，每难其人。前观察使，知师实深，谋于太守，赍质相迎。师以道尊，负笈者重。鹿洞鹅湖，后先辉映。"由于严先生学问渊博，人品又好，得到了学生们的一致好评。许多人慕名而来学习受业。不仅如此，李文藻对先生的学问、品德推崇备至，对先生的感情极深，"藻前一日，问师于床，执师之手，聆言琅琅，谁期信宿，溘然帝乡。于虖哀哉！巨篾东流，云门南峙，山水茫茫，非师故里，以师之好德，而竟至此，于虖哀哉！"

从以上记载可以看出，严锡绥是一位治学有道、育才有方、德高望重、深受生徒爱戴的书院山长。

藏书家、目录学家、金石学家、方志学家李文藻

松林书院山长严锡绥门下有一高足，对先生极尽崇敬爱戴之情，他就是在乾隆年间成长为藏书家、目录学家、金石学家、方志学家的李文藻。

李文藻（1730~1778）字素伯，号南涧，山东益都人，严先生去世的第二年即乾隆二十四年（1759），以第二名中举人，主考官钱大昕对他极为赞赏，说"此子天下才也！"乾隆二十五年（1760）中进士，其殿试对策为"读卷官交口叹赏"。

李文藻历任恩平县、新安县、潮阳县知县，也做过广东乡试的副考官，后擢升桂林府（今广西桂林）同知。长期在岭南任职，长年累月奔走于崇山峻岭之间，染上瘴气。任桂林同知仅年余，便不幸离开了人世，年仅49岁。

李文藻居官以精明强干、体恤民情著称，他事必躬亲，政绩卓著。他严守官箴，一直过着比较清贫的生活。广东的潮阳、海阳、揭阳俗称"三阳"，其地物产丰富，在这里做官的人，大多致富。但李文藻"去官之日，囊橐肃然"。走到番禺，命画工临摹光孝寺贯休画的罗汉画四轴，带在身边，并说"这就是我在岭南做官的报酬"。又自嘲说："官居之贫，山水之奇，金石文字之富，未之有也。"

李文藻一生，读书博览古今，购书不惜重金，藏书充梁盈栋。据光绪《益都县图志》记载："《海岱会集》者，前明青、莱二郡乡先达所为诗也，文藻求之不可得，闻书贾刘某有写本，请假观，不可。时值冬寒，为买一裘，始许录副书十二卷，呵冻手抄三旬乃毕。"

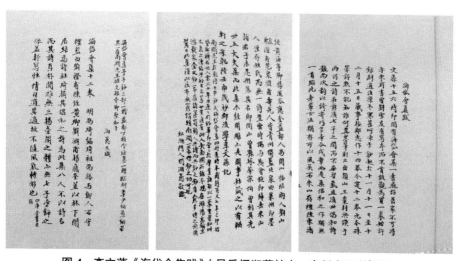

图4　李文藻《海岱会集跋》（昌乐阎湘蕙抄本，青州市图书馆藏）

李文藻不仅读书、藏书成癖，而且还酷爱金石研究。他到处搜集金石资料，不管为官还是游历，路过的学宫、寺观、岩洞、崖壁，必定停车周览考察。经过多年的搜集积累，写出了《泰山金石考》12卷、《益都金石考》4卷、《金石书录》4卷、《山东元碑录》1册、《云门碑目》1册、《尧陵考》4卷等大量金石学著作。

李文藻一生写下了大量的诗篇，有《岭南诗集》8 卷，共收诗歌 571 首，另外《益都先正诗丛钞》也录有他的多首诗作。钱大昕曾经说李文藻有"三反"："长身多髯、赳赳如千夫长，而胸有万卷书，一也；生长于北海，官于南海，二也；湛思著书，欲以文学显，而世称其政事，三也。"虽然这是戏谑之言，却也概括得十分生动。

李文藻一生著述颇丰。据志书记载，除上述作品外，还有《南涧文集》《毛诗本义》《南北史考略》《青社拾闻》《师友记》等数十种。此外他还主持或参与编纂了大量的地方志，其中的《历城县志》和《诸城县志》被列为全国名志。

松林书院，这所底蕴深厚的千年书院，就像一位饱经沧桑的老人，静静地躺在东夷文化的发祥地——古青州的怀抱里；她更像一位饱读诗书的智者，启迪着无数松林学子，成就了跨越千年的梦想与辉煌。明代诗人张珩有诗赞道：

> 群公事业垂天地，文武全才孰与俦。
> 出守青州兼使相，入持邦宪共谋猷。
> 祠前翠柏四时秀，海内清名万古留。
> 传与当时奸佞者，九原骨朽也含羞。

诗歌表达了人们对松林书院祭祀的群公即诸位名宦乡贤的景仰。千百年来，书院培养的人才也如同"祠前翠柏"一样四季郁郁苍苍，他们留在海内的清名必将永远万古流芳！

参考资料

《山东通志》、咸丰《青州府志》、光绪《益都县图志》《清史稿》《青州通史》《南涧文集》《海岱会集》。图片提供：青州市博物馆、青州市图书馆、刘序勤、闫玉新。

（原载《青州通讯》2012 年 7 月 17 日）

乾隆朝松林书院名人考

王　岩

　　书院教育的根本追求是道德教化和知识传授，特别注重以儒家之道德理想来设计人才培养模式，践行以"道"为核心的人文精神，历来又与科举取士紧密相连。松林书院作为古青州的府属书院，自宋代矮松园肇始，至明清两代，培养了众多人才。至乾隆朝，松林书院办学一度鼎盛，除去已知的江苏巡抚徐士林、前安邱知县、松林书院山长、进士严锡绥，藏书家、目录学大家、金石学家李文藻等先贤名宦、硕师大儒外，现再介绍几位新近考证的书院名人。

书院名师张云会

　　张云会，字与京，乾隆年间岁贡生，肄业于云门书院，后在松林书院讲学，其事迹在史料中鲜有详细记载，只在个别典籍中有所提及。

　　据李文藻《严先生诔》记载，乾隆二十三年（1758）七月，德高望重、深受师生爱戴的松林书院山长、原安邱县知县、浙江余杭进士严锡绥先生，因病卒于书院，率领生徒李文藻等80余人哭于灵前的就是张云会。

　　又据清代学者杨滇《邑先辈纪略》记载，张云会精通《四书》，"读本皆有评语，以彩笔书之"，"字极遒劲，学《十七帖》，熟练妥帖，来学者甚众"，晚年家道败落，生活日益窘迫，以致不能温饱，靠亲朋邻居救济度日，80岁去世。

　　据弟子曹明水（字月泉，岁贡生）回忆，先生去世后，手泽散失。月泉每次进城，常到卖旧书处找寻。有一次他从一丁姓书商那里寻得先生一手抄本，披阅之余，泪如雨下，恩师教诲言犹在耳。卖者见他如此，故意抬高价钱，月泉也不计较，如数付钱，拿起书正要走，丁某说："已经成交，不要后悔。此书不过百文，我要了八百，而先生不计较，敢问何故？"月泉说道："此吾师手稿也！如获至宝，哪有工夫计较贵贱呢？如果还有，希望告诉我，不管多少钱，我都买下，决不骗你！"从弟子的回忆中，我们不难看出张云会手稿之珍，更重要的是他在弟子心中地位之高，分量之重，感情之深。

人无完人，张云会性情有洁癖。他常把饮茶之具放于门楣之上，以防他人之用。一次，青州知府来探视，杯自上坠地。知府大惊，明晓原因后，啐骂他"性情怪癖"。这一年朝廷拔贡，即挑选府、州、县生员（秀才）中成绩或资格优异者，升入京师的国子监读书，意谓将人才贡献给皇帝。当时这一名额应首推先生，结果知府想到前事，竭力阻止，名额竟然给了别人，因此张云会终老岁贡。著有《四书图考》5卷，《四书讲义集要》19卷。

张云会科场不甚如意，但其弟子却"春风得意马蹄疾"，多位科举高中。《邑先辈纪略》曰："（张云会）亲受（通'授'）业者有三进士、六举人，为生员食饩（公家按月供给粮食等物资）者不计其数"，又补曰："三进士：李南涧文藻、朱荆园廷基、张木斋希贤；六举人：叔祖书岩公、王周山山周，李维华也，其三则他邑来学者，忘其名氏矣。"弟子中出了3个进士，6个举人，从这一成就看，不论当时还是现在，他绝对算得上名师。

弟子、进士李文藻，乾隆时著名的藏书家、目录学家、金石学家、方志学家，在《松林书院名人风采录》中已有记载，不再赘述。

进士朱廷基

朱廷基，字朴士，号荆园，城内建德村人。《邑先辈纪略》中称其"少与李文藻、张石渠、毕子长、张志伊、刘湘皋、刘若愚、王周山同肄业矮松园（即松林书院）"，师从张云会，乾隆二十六年（1761）进士，选吉水县知县，调临川县。筑堤堰以御赣水，安置百姓田地房屋无数。所至宏奖士子，多所成就。后任湖南永定县，善治盗，一境肃然。逾年，病卒。他离吉水时，后任县令换下廷基所书堂额，县人求而藏之书院。后县令离任，即日具彩旗鼓吹，悬于故处。任职永定时，病重，县人设坛，奔走祷祀者每天数百人，其得民心如此。著《字江》《勺亭》等集。清代学者杨滇曾说：

"廷基少与李文藻同学，文藻博学工诗、古文词，廷基专工制艺，有《荆园文稿》，学者传诵之。"

进士张希贤

张希贤，字志伊，城北夏家庄人，李文藻同学，师从张云会，乾隆二十八年（1763）进士，官至江苏阳湖县知县。张希贤非常喜欢读书，为诸生时，家甚寒，见有鬻《昭明文选》者，欲买而苦于无钱，典当絮袍以偿书价。诗人朱沇曾曰："先生天性醇笃，读书甚勤，尤工艺制，诗不多作，宰江南，有慈惠名，以母老请终养，遂不复出，教授里中，足趾不至城市者二十年。"

举人王周山

王山周，字周山，城东北徐家集人，李文藻同学，师从张云会，少而颖悟，14岁应童子试，"试诸生，辄冠其侪伍"，乾隆戊子科举人，有诗稿《荻圃草》。其《有感》诗云："回头一万八千日，自问胸藏几卷书？老去眼中前辈少，病来海内故交疏。陶潜责子真无谓，许汜求田只是愚。且共及门破岑寂，谈经日日坐穷庐。"

松林书院名生、山长杨峒及众弟子

杨峒，字书岩，益都回族人，明代南阳知府杨应奎之后裔，师从张云会，乾隆三十九年（1774）举人。咸丰《青州府志》评价他"平生淹贯经史，工古文词，韵学尤精"，著有《毛诗古音律服》《考古录》及诗文集，又有《乡党图考注释》等。

据光绪《益都县图志》和杨滇《邑先辈纪略》记载，"叔祖书岩公（杨滇为杨峒侄孙，故有此称）幼能强记，凡所读书，辄不忘。专力于诸经注疏及《史》《汉》等书"。杨峒精心研究古学，讲论经史，析理辨物，精益求精，深得要领。他"博极群书而不泛用其力，参详众说而不误用其功"，一时被人们赞为"通儒"。喜结交名士，来青任职者，无不折节下交，对杨峒礼遇有加。武功人张玉树任青任知府，"闻书岩公名，亲拜会。暇则延入署中，多所商酌。并令主书院讲席，以其尊人墓志相托"。汝阳人李照刚任青州知府，"即与书岩公定交，并延入署中，教其五子并请主书院讲席"。书岩公学问之厚、声望之高、受人敬重可见一斑。

从松林书院成长起来的举人杨峒，被聘回母校担任松林书院山长期间，

"从学者甚众，食饩中式者累累其人"。较为著名者如杨绍基，嘉庆三年（1798）中举，曾任河南南召县令等职；弟子李章甫，李文藻之侄，嘉庆十八年（1813）举人；弟子蒋天枢，字斗南，岁贡生，幼有捷才，为文援笔立成；田姚、刘鲁，皆贡生，传经学于书岩公，时文颇清新奇特。与贡生鲁增、姚维藩齐名，当时有"田姚刘鲁"四先生之称（二人名作四人姓，甚是巧合）。弟子李容，字南宫，号虚舟，心寺街人，沉潜博览，家贫，借读于藏书家，研精深思，不为涉猎之学。性喜山水，境内名胜无不游览。尝厌恶喧嚣，携《离骚》于云门山读之数日不返。幼即工诗，至老不衰。此外，嗜棋与酒，与人对弈，至忘寝食。故时人谓"南宫有三好"云。有《松涛轩诗草》传世。杨峒去世后，曾写下《哭杨书岩先生》，对先生学问倍加推崇，"桑梓敷光华，伏处有名儒"，"东土之冠冕，五经指南车"，"拥书树万卷，问字无停舆。从学数百辈，负笈无遥途"；对先生过早离世深表痛悼，"荆璞悲未献，忽已埋黄垆。明月悲未悬，忽已沉沟渠。山川为减色，暗淡天东隅"，"恨我远闻讣，不得趋丧庐。归看旧函丈，拭泪空嘻吁"，痛悼之情溢于言表。

乾隆十八年举人刘宝璐

刘宝璐，字冠珠，号湘皋，城内人，李文藻同学，师从张云会，乾隆癸酉举人，官河南鲁山知县。朱沅曰："岁癸酉，主司发策问海防，先生胪陈要害，了如指掌，由是得解。为人亢直敢言，宰河南时，议蠲帐事与上官不和，反复辩论，必申其说而后已。"

乾隆贡生刘文远、毕发

刘文远，字若愚，号北桥，北关人，李文藻同学，乾隆年间岁贡生。"美风貌，喜度曲，屡困场屋，竟以明经终老"（《益都先正诗丛抄》）。毕发，字字长，乾隆年间岁贡生。有诗《过李茝畹月下小饮》云："故友交情在，芳尊向月倾。对床花影密，拂坐竹阴清。露重客衣湿，菜香炉火明。相看幽兴急，刻漏已三更。"表达了对同学李文藻的友情。

乾隆五十九年举人朱沅

朱沅，朱廷基之孙，字芷亭，由举人历知广西灵川、柳城、宣化、临桂诸县。儒雅如诸生，所至政声大起。署宣化时，方大旱，米价腾涌，盗贼蜂起，朱沅散粟以赈饥，设法以弭盗。旬日连得大雨，是年秋天，庄家大丰收。百姓千余人赠匾额悬诸厅堂，曰"惠侔东里"，论者认为并非溢美之词。离任之日，阻道攀送者十余里。有《益都诗纪小传》二卷、《铜鼓轩诗钞》二卷。清人朱栴序评价道："先生学本渊源，究心经济。立身处事，一惟主于敬而行于义。故其为诗也，亦无妩媚之词，古风有香山之清真，而无其率笔，近体有襄阳之超逸，而无其拗体。"有《沂公园夜听松涛歌》等诗，其《读书矮松园》抒发了于矮松园（即松林书院）读书的感受：

> 城南四百八十松，我来坐卧居其中。
> 长歌未歇松籁起，似从卷末生清风。
> 风吹松花飘满屋，窗前云影迷寒绿。
> 岂必天台石路行，如借卢鸿草堂宿。
> 精庐数转深复深，沂公手迹何处寻？
> 虚支两月官厨米，徒愧生平温饱心。
> 起看新月升林薄，树上残阳集归鹊。
> 凭栏四望竟何言，雨后青山满南郭。

以上为乾隆朝松林书院成就的部分人才。

乾隆盛世，青州作为海岱都会，政通人和，物阜民丰，文教事业蓬勃兴旺。据史料载，乾隆二十五年（1760），山东省取进士 9 名，仅青州一府就 5 人；乾隆二十四年（1759）山东省举人 40 名，其中青州府 18 名，仅益都一县就考中包括松林书院名生朱廷基、李文藻、张希贤等 7 人。

松林书院在乾隆朝的兴盛，有着深刻的原因。康熙三十年（1691）松林书院重建时，清政府对书院的发展已颇为重视。据统计，康熙年间全国共建书院 785 所；雍正朝更因积极开放的书院政策而推动了书院的人发展；乾隆年间，新建和修复书院达 1298 所，书院遍地开花，蒸蒸日上，清代书院的发展在乾隆朝达到一个高峰。而此时的地方官员也大都重民生，重教育，极大地促进了松林书院的发展。据松林书院碑刻记载，山东督学使者黄崐圃先生"视事三年，清惠翔洽，政教修明"，为书院"慨然捐俸，重加修葺，进诸生而教诲之，饮食之"，关爱士子，不轻降黜，奖励人才，不遗寸长，深受士子爱戴，乃至"还朝之日，人士皇皇如失所恃，奏请留任不可得，相与树丰碑于青州之松林书院，跻先生于十三贤之间"。青州知府裴宗锡，为政坚持原则，尤好结交文人雅士，延前安邱知县、进士严锡绥主讲松林书院，凡遇课期必亲临扃试，一时肄业诸生常数十百人。数年之间，登贤书、贡、成均者 10 余人。乾隆二十二年（1757）调济南，青人攀辕遮留。立碑于北郭，曰"清正仁明"。诸生复于松林书院为立"去思碑"，后官至云南巡抚。

松林书院在乾隆朝人才的兴盛，既得力于从中央到地方各级政府的高度重视与大力支持，是时代发展的必然，当然也离不开松林书院自身的办学特色对人才成长的影响。

首先，松林书院所聘山长都是经明行修、堪为多士模范者，如严锡绥出身进士，曾任安邱县知县；杨峒出身举人，被称为"通儒"；即使清代末年松林书院的最后一任山长法伟堂也是光绪十五年（1889）进士，曾经主编光绪《益都县图志》，他们都博学多才，皆为硕师大儒。他们能够与时俱进，制定一整套体现出合乎书院精神的教学方法与制度，实现人性化的管理，又能聘任有名望的儒者为师，活跃学术，培养人才，实现"讲学明道"的办学理念。

其次，松林书院教育非常重视德行的培养，书院十三贤祠和乡贤祠中祭祀的名宦乡贤能够让学子们见贤思齐。松林书院敬道崇德、知行合一的书院文化对生徒起了很大的潜移默化作用。据《南涧文集》记载，青州知府裴宗锡教育生徒，"必先德行，而后文艺"，他曾经说过："王沂公乡贡，礼部廷对皆第一，亦不足传，其志不在温饱处，可法也。"对于松林书院人才三元宰相王曾，在裴公看来，也不值得传扬，真正值得效法的是"曾辞温饱"的远大志向。不汲汲追求于功名利禄，而追求以德行为根本的学问，抓德行教化反而能促进科举的发展，这正是书院教育者的远见卓识。

最后，从青州知府如裴宗锡，到书院山长如严锡绥，再到书院的名师张云会等，对生徒的教育总是循循善诱，春风化雨，润物无声，与生徒相处总是非常和谐、融洽，院师硕儒往往以其人格力量影响、感化诸生，在潜移默化中实现品学承传，成为松林书院教育的一大特色。

（原载《青州通讯》2013 年 1 月 22 日，有改动）

王曾青少年时代才俊初探

房永江

青州宋代三元宰相王曾，少年时代即以聪慧过人享誉故里，据说10岁就能出口成对，吟出漂亮的诗句了。他年轻时代的《早梅》诗，更是广为人知，诗中写道：

> 雪压乔林冻欲摧，
>
> 始知天意欲春回。
>
> 雪中未问和羹事，
>
> 且向百花头上开。

诗中赞颂傲雪凌霜、芳冠百花的早梅，表现了他不畏艰苦、进取争先的雄心壮志。"和羹"，本是一种汤菜，由多种调料做成；《词源》解释说："若作和羹，尔惟盐梅。"传"盐咸梅醋，羹须咸醋以和之"。本谓盐多则咸，梅多则酸，盐梅适当，就成和羹。以后用来比喻大臣辅助君上，合心合力，治理国家。"百花头上开"，是独占鳌头的意思，这首诗表坝了王曾在青年时代就有要科举中状元、入仕为宰相的远大志向。他拿着这首诗拜见当时素有文名的大臣薛奎，薛奎看罢大喜，说："足下看来不但要中状元，还要做宰相呢！"

然而，由于年代久远，少年聪慧、科举考试连中三元、官至宰相的王曾，青少年时代留下的记载却非常少，实属憾事。

怀着对家乡历史文化的一种挚爱，笔者历经数年，对王曾青少年时代的历史做了一些挖掘，偶有所得，草成此篇，愿与读者共享。

笔者考察发现，王曾之所以能够成功、成名，究其原因主要有四条，一是得遇名师，二是受益名校，三是天资聪颖，四是勤奋好学。

一　得遇名师

根据《宋史》记载："曾八岁，父母皆丧，鞠于叔父宗元。叔父爱逾亲生，曾事叔如父。从学于里人张震，善为文辞。"①

关于张震是否名师，史料记载虽然不多，但北宋以来有关王曾的资料，说法均持此观点。宋王偁《王曾传》说："里人张震有道之士也，曾从学之……"除了历史的记载，在当地还有一段民间传说。

民间传说华山隐士陈抟，字"扶摇子"，号"图南"，宋太宗赵光义赐名"希夷先生"。他继承汉代以来的象数学传统，并把黄老清静无为思想、道教修炼方术和儒家修养、佛教禅观会归一流，对宋代理学有较大影响。后人称其为"陈抟老祖""睡仙"等，是为宋以来知识文人偶像。

陈抟一生就收了两个徒弟，一个是记名弟子种放。种放仅仅得了陈抟所传皮毛，进入仕途，官至北宋工部侍郎。另一个徒弟是晚年所收的嫡传弟子张震，陈抟非常喜爱这个弟子，几乎把一生所学全部传授给了张震。只可惜张震生性比陈抟还要懒散，根本无心于仕途，所以世人几乎不知道陈抟老祖竟然还有这么一个徒弟。

陈抟了解张震的脾性，也不强求于他，任他如闲云野鹤般的自由来往。宋太宗端拱二年（989），陈抟知道自己将不久于人世，遂把张震唤到面前，告诉他，太祖赵匡胤英明神武，太宗赵光义虽然不及其兄，但是尚可守成。现在太祖已薨，太宗虽然尚在，但是年纪已大，必不久矣。倘若太宗一去，则其余赵氏子孙无一可堪大任，宋朝必将被北方虎狼之邦欺辱。陈抟让张震答应他，在世间寻找一位天资聪颖、堪当大任之人，将所有学问倾囊传授，将其培养成一个定国安邦之才，出来辅佐大宋，以对抗北方契丹铁骑的入侵，保大宋江山永固和黎民百姓平安。为了不辜负老师的心愿和嘱托，

---

① 《宋史》卷310，列传69。

陈抟故去以后，张震就开始遍游天下，在民间寻访贤才。

古人云：贤不常出，旷世而遇。张震为了访贤，不畏严寒酷暑，足迹遍及中原大地的村庄市井、闾里巷陌，吃百家饭，行万里路，铁鞋磨穿，却终无所获。几年之后，他来到了青州。青州乃海岱明珠、东夷古州，物华天宝、人杰地灵，自古就是一个人才辈出的地方。果然，在这里他遇到了少年王曾。张震见王曾长得眉清目秀、天资聪颖，法相甚异，有贵人之相，心中暗暗欢喜；经过了解，知道他是个孤儿，随叔父一起生活；及便询问一些日常小事，皆能应答自如，且悟性极好，就收他做了徒弟。

张震倾一生所学，教授王曾，决心把他培养成一个学富五车、尽忠报国的栋梁之材。张震收授王曾以后，富弼《王文正公曾行状》是这样记载的："震以语工部曰：'老矣，未尝见如是儿，观其识致宏远，终任将相。'"

二 受益名校

王曾曾就学于青州矮松园。矮松园，在今青州第一中学校园内。始建于北宋，因院中对植古松二株，干矮枝阔，时称"矮松园"。在宋代，为全国官学当中四小书院之首。

光绪《益都县图志》卷十二《古迹志上》说："（矮松园）今松林书院，……王曾读书处。"据光绪《益都县图志》卷十三《营建志上》载："十三贤祠，在松林书院。明成化五年（1469）知府李昂奏请立祠。"该祠祭祀宋代十三位德政显赫的青州知州——王曾、寇准、曹玮、庞籍、程琳、范仲淹、李迪、富弼、欧阳修、吴奎、赵抃、张方平、刘挚，为书院学子们树起效法楷模。松林书院作为青州治学、教育胜地，历经了千年沧桑。清光绪二十八年（1902），在西学冲击下，书院被废除，改为青州府官立中学堂。民国三年（1914）又改名山东省第十中学，校园扩建到书院以外地域。教育总长蔡元培曾亲题"勤朴公勇"牌匾作为校训，高悬门上。1952年改称省立益都第一中学，1986年，定名青州第一中学。

王曾罢相知青州的时候，曾经到矮松园故地重游，并写下了一首脍炙人口的《矮松园赋并序》，可见他对母校的眷眷深情。

三　天资聪颖

对于王曾的少年时代，史书虽然多有溢美之词，动辄"仪表不俗、聪慧过人"等，但具体事例却少有记载。

笔者在研读富弼《王文正公曾行状》一文时，有一段文字说："（王曾）十五岁，时郡有田讼久不质，将佐患之，公偶与典校者坐，亟闻其昧语，谓不可白，公立为发其奸隐，讼者气索，狱遂判，里人服其幼悟。"

文中说王曾15岁时，当地有一田产案久拖不决，眼看被告一家就要倾家荡产，日子没法过了。小王曾看在眼里，急在心里。一日，他在与办案典校闲聊的时候，发现了一些问题，他决心主持公道，揭开案情的真相，为民做主，还被告一个清白；经过王曾揭发其中的隐情，原告气馁，案件遂判，这件事使乡亲们都佩服王曾少有大志、聪慧过人。

后来的南宋人郑克在《折狱龟鉴》中引《沂公言行录》，其中有详细描述，兹录于下：

> 王曾丞相，少年谒郎僚，有争负郭田者，封畛既泯，质剂且亡，未能断决。曾曰："验其税籍，曲直可判。"郡将从之，其人乃服。

郑克按：

> 界至不明，故起争讼；契书不存，故难断决。唯有税籍，可谓证据，辞与籍同者其理直；辞与籍异者，其理屈也。曲直俱到，焉得不服。

在此案中，王曾抓住了问题的关键，即"税籍可以为证"，从而顺利断案。体现了王曾杰出的政治才能，他不为纷繁芜杂的表面现象所迷惑，直奔要害之处。同时，王曾看到了"税籍"的重要性，也说明了少年的他即对于政治制度较为留心和熟稔，抑或是存在这种政治敏锐性。此外，王曾断案重证据，以税籍为证据判断"隐恶"，展现了良好的思维方式和政治素质。

另外，究其家族根源，王曾实乃唐末"开闽王"王审知之弟王申圭的后裔。史料记载："王氏以爵祖于周，至东汉霸，别族支居琅琊及祁，皆为望姓。而太原者尤著，世世有子不绝。公即太原人也。其先旅于无棣，唐末屡徙，晋避地青社，遂家。"在青州，到鲁国太夫人生下王曾的时候，已数代为农，沦为贫寒之家。据此，王曾为名门之后，具有优秀的遗传基因不可忽视。

四　勤奋好学

据南宋施德操撰《北窗炙輠录》记载："王沂公……在太学时，至贫。冬日止单衣，无棉背心，寒甚。则兄弟二人以背相抵，昼夜读书。"

俗话说："书山有路勤为径，学海无涯苦作舟。"历史在王曾身上充分证明了"勤奋好学、苦读成才"的真理。

以上几点，或许是我们探索和认识三元宰相王曾青少年时代才俊的探路石，进一步理解他大手笔写出惊世骇俗的《早梅》诗，发出"问和羹事""百花头上开"的呼声，绝非空穴来风。

王曾：状元宰相　旷世奇才

隋同文　刘序勤

　　中国古代实行科举制度，名列第一者为元，凡在三级考试中连续获得第一名，被称为"连中三元"。宋朝的三级考试为取解试（州试）、省试、殿试，三级考试的第一名分别被称解元、会元、状元。王曾就连续获得这三个称号。

　　据统计，唐代到清末，共考出了900多个状元，而连中三元者只有17人。连中三元而又官至宰相者，更是寥寥无几。青州的王曾就是这样一个旷世奇才。

金榜题名　不事宣扬

　　王曾（977~1038），字孝先。他祖籍泉州，郡望太原，为唐末时期"开闽王"王审知之弟王审邽的后裔。北宋初年，王曾的先人带领全家迁居青州益都县郑母。他8岁而孤，父母双亡，由叔父王宗元抚养长大。据说，王曾的名字就很有来历。出生之前，他的父亲王兼做了一个奇怪的梦，梦见孔子抚其背，说："你崇拜儒教，诚心已久，但你已年老，无甚作为，我特遣派曾参托生你家。"曾参，是孔子的得意门生。所以，王兼就给新生的儿子起名王曾。少年时代的王曾，就读于青州的矮松园，师从青州有道之士张震。张震很看重他，认为他有将相之才。王曾学习刻苦认真，文章写得很好，远近闻名。青年时代写有《早梅》诗：

雪压乔林冻欲摧，始知天意欲春回。

雪中未问和羹事，且向百花头上开。

诗句赞颂傲雪凌霜、芳冠百花的早梅，表现了自己不畏艰苦、进取争先的雄心壮志。"和羹"，是宰相的代称，"百花头上开"，是独占鳌头的意思，这首诗也表现了王曾要科举当状元、入仕为宰相的远大志向。他拿着这首诗去拜见当时的名臣薛奎，薛奎以文名著称，看罢大喜，说："足下看来不但要中状元，还要做宰相呢！"

咸平五年（1002），王曾在相继夺得州试、省试榜首后，又参加殿试。他的省试答卷名《有教无类赋》，殿试答卷是《有物混成赋》，两篇文章文采飞扬，寓意深刻，被世人广为传抄阅读。其《有物混成赋》全文如下：

妙物难模，先天有诸？著自无名之始，生乎立极之初。不缩不盈，赋象宁穷于广狭；匪雕匪琢，流形罔滞于盈虚。原夫未辨两仪，中含四象。虽欲兆于形质，曾莫知夫影响。问洪纤而莫得，自契胚浑；考上下以都忘，孰分天壤？及夫大朴将散，三光欲萌，清浊待滋而一判，昏明由是以相生。然后品汇咸观，用作有形之始；淳和外发，或知至道之精。是何小不隐于纤介，大不充于寰海。配一气以冥运，亘终古而斯在。纵阴阳之推荡，我质难移；任变化之纷纭，斯形不改。岂不以有者真有之筌，物者生物之先，冥搜而兆朕斯显，寂听而音容莫传？得我之小者，散而为草木；得我之大者，聚而为山川。视焉且无讶，深蟠于厚地；搏之不得疑，上极于高天。本自强名，诚难取类。其始也，既出无而入有；其终也，亦规天而距地。既不可指掌而窥，又不可因人而致。明君体之而成化，则所谓无为而为；君子执之而立身，亦同乎不器之器。无反无侧，神之听之。谅潜形于恍惚，实委化于希夷。倾毁何由，固秉持之在我；刚柔有体，将用舍以随时。今我后掌握道枢，恢张天纪，将穷理以尽性，思反古而复始。巍巍乎！执大象而抚域中，达妙有之深旨。

文章中"掌握道枢，恢张天纪，将穷理以尽性，思反古而复始"的施政主张，得到皇帝的赞赏，在72名应试者中一举夺魁，点为状元。众人都来祝贺，翰林学士刘子仪戏语之："状元试三场，一生吃着不尽。"王曾正色答曰："曾平生之志，不在温饱。"时任宰相的李沆看中王曾的品学，认为有"公辅"之才，便把自己的女儿许配给他。考中状元后，王曾写信向叔父王宗元报喜，说："曾今日殿前，唱名忝为第一，此乃先世积德，大人不必过喜。"表现了一种平和的心态。

按照宋代的习俗，新任状元郎，朝廷会给予特别的假期，让他们衣锦荣归，光耀乡里。家乡的官员要组织隆重的迎接仪式，举行盛大的鹿鸣宴，还要在其门庭挂"状元坊"匾额，以示旌表。考中状元的王曾荣归青州故

图1　状元王曾便服还乡图

里。知州李继昌得知，派全城官绅百姓出郊鼓乐迎接，人群一直排到十里长亭。正当大家翘首以待的时候，王曾却悄悄换了便服，骑毛驴，走便道进入州衙谒见知州。李继昌惊奇地问："听说状元荣归，已派人迎接，如何门吏不报，您就到了！"王曾回答："我偶然幸忝榜首，绝对不敢劳驾父老乡亲去迎接。如果那样，增添了我的罪过，心中不安。"知州李继昌感叹说："君乃真状元啊！"这件事，一直到今天，青州人都传为佳话（图1）。

尽忠报国　直言敢谏

考中状元后的王曾，先是以将作监丞出任济州通判。三年任满，回到都城开封述职。按惯例，王曾应去学士院接受考查。宰相寇准并不认识王曾，便向杨文公打听王曾的才学。杨文公说："我与他也素不相识，只看到他两篇文章，志业非常宏远。"随即背诵了《有物混成赋》和《有教无类赋》，不遗一字。寇准大惊说："有这样的人吗？"就在政事堂当面测试，青年时代的王曾侃侃而谈，以广博的知识和深刻的见解获得寇准的赏识。随

后，王曾被委以重任，做秘书省著作郎、知制诰兼国史馆修撰、翰林学士等职，担负起草皇帝诏令的工作。

封建时代的官僚，大多顺从皇帝旨意，敢于直谏的不多。王曾则敢于对皇帝说出不同意见。北宋与辽国打仗，兵败，订立澶渊之盟。宋、辽通好，宋真宗派使者到辽国，称其为"北朝"，自称"南朝"。满朝公卿大臣没有表示异议的，独有王曾抗章说：

> 古者尊中国、贱夷狄，直若首足。二汉虽议和亲，然体亦不至均。今若是与之抗立，首足并处，失孰甚焉。臣恐久之非但并处，又病倒置。顾其国号契丹足矣。

真宗认为王曾说得很有道理，但使者已经出发，只好作罢。

祥符五年（1012），王曾奉旨出使契丹，他不卑不亢，维护了朝廷的尊严。契丹人善骑射，认为王曾是文弱书生，不会射箭，就想难为他，要与他比试。结果，王曾一箭中的，契丹君臣大为惊奇，十分佩服。契丹国安排耶律祥陪同活动，此人傲气凌人，在王曾面前大肆炫耀，并拿出契丹国主赐给他的铁券，显示自己的地位。王曾给他泼冷水说："勋臣有功高不赏之惧，所以赐给铁券以示安抚，防止造反。怎么能说是国主的亲近与信任呢？"说得耶律祥大为丧气。

宋真宗为掩饰耻辱，粉饰太平，大搞迎天书、行封禅等迷信活动。善于投机的人就投其所好，上报许多所谓"天降祥瑞"的无稽之谈。宋真宗很高兴，要庆贺一番。王曾却劝告皇帝："这都是国家承平所致，但望陛下推辞而不自居。他日若有灾异，也可免遭物议。"宋真宗不听，仍然大兴土木，修建迎天书的玉清昭应宫，众官无人敢言。唯独王曾丙次上书，指出建玉清昭应宫有"五害"，以劝谏宋真宗。奏章说：

> 今来所创立之宫，规制宏大，凡用材木，莫非楩楠。窃闻天下出产之处，收市至多，搬运赴宫，尤伤人力，虽云只役军匠，宁免烦扰平民？况复军人亦是黎庶，此未便之事一也。迩者方毕封崇，颇烦经费，今兹兴造，尤耗资财。虽府库之中，货宝山积，畚筑之下，工徒云来，

然而内帑则积代之蓄藏，百物尽生民之膏血，散之孔易，敛之惟艰，虽极丰盈，犹宜重惜，此未便之事二也。夫圣人贵于谋始，智者察于未形，祸起隐微，危生安逸，今双阙之下，万众毕臻，暑气方隆，作劳斯甚，所役诸杂兵士，多是不逞小民，其或鼠窜郊廛，狗偷都市，有一于此，足贻圣忧，此未便之事三也。王抚御寰区，顺承天地，举动必遵于时令，裁成不失于物宜，靡崇奢侈之风，罔悖阴阳之序。臣谨按《月令》："孟夏无发大众，无起土工，无伐大树。"今肇基卜筑，冲冒郁蒸，傲扰坤厚，乖违前训，矧复旱栖卒瘅，雷电迅风，拔木飘瓦，温渗之气，比屋雁灾，得非失承天地之明效欤！此未便之事四也。臣窃聆中间符命之文，有清净育民之诚。今所修宫阁，盖本灵篇，而乃过兴刳剔之功，广务雕镂之巧，虽屡殚于物力，恐未协于天心，此未便之事五也。

奏章从伤人力、耗资财、激事变、违时令、犯天意等 5 个方面详细阐述了建造宫殿的害处，但一意孤行的宋真宗听不进这些忠直之言。

为了加强案狱的审判，朝廷命王曾改知审刑院、判大理寺。当时，按照宋朝的律令，官员违背朝廷礼制，都要重罚，即便是无意触犯，也要判流放两年。王曾认为这样不合理，请求宋真宗批准"须亲被旨乃坐"，就是只有直接违背皇帝旨意的才给予处罚。后来，再有无意违制的，王曾就不再以犯罪论。皇帝对此不满意了，说："像你这样处理，今后就没有违制的了？"王曾回答说："天下这么大，怎么能做到人人都知晓制书？如果像陛下说的，天下也就没有犯过失的了。"宋真宗悟出了其中的道理，听从了王曾的建议。

由于王曾的忠直于才干，又迁任尚书主客郎中、知审官院，主管考核朝官、拟定升降奖惩等政务。王曾坚持自己选用属吏，恪尽职守，公正严明，处理了很多积案。他还说服皇帝，改革了一些不合理的惯例做法，得到宋真宗的信任。

王曾再次以政绩突出提升为右谏议大夫、参知政事，成了副相。当时宋真宗仍然好神仙，建造了昭应、景灵、会灵三座宫观，都以宰辅兼任"观使"，被任命为"观使"者也引以为荣。宋真宗让王曾兼任"会灵观使"，但王曾不愿接受，并把这项"荣誉"让于王钦若。宋真宗大怒，认为王曾"自异于人"，就罢免了他参知政事一职，改任礼部侍郎判都省。王曾入朝谢恩，宋真宗怒犹未息，责备他说："大臣应当以国事为重，你怎么自异于他人呢？"王曾从容回答说："君主听从谏言叫作'明'，做臣子的尽忠叫作'义'。陛下不知我无能，从而得罪您。臣知'义'而不知'异'也！"当时宰相王旦在场，非常佩服王曾的敢言，自认为不及。

把持朝政的宰相王钦若，迎合宋真宗大造祥瑞之事，得到信任。他把王曾看作眼中钉、肉中刺，极力排斥。不久，王曾与贺皇后为住宅之事发生争执，王钦若以这件事为把柄，找茬向皇帝进谗言，把王曾贬为应天府知府。但宋真宗还是赏识王曾的才干，不久重新起用他，王曾再次入朝拜为参知政事。

宋真宗驾崩，宋仁宗继位，年纪幼小，刘皇后垂帘听政，奸臣丁谓专权。丁谓勾结宦官雷允恭，结党弄权，飞扬跋扈，极力打击寇准、李迪等一班老臣，引起朝野上下的愤慨。王曾抓住雷允恭擅自挪移宋真宗陵穴之事，上奏刘太后，赶走丁谓，杖杀雷允恭。此后，王曾被任命为中书侍郎、同中书门下平章事，即担当宰相职务，时年 45 岁。

身居高位　端厚谨重

王曾拜相后，为人端厚，办事果敢，处理了许多棘手问题。天圣四年（1026）正月，驸马都尉柴宗庆请求任命自己为使相（即挂名宰相）。王曾说："先朝石保吉、魏咸信，都是久经沙场，屡建战功，直到晚年才授以使相。而且任命将相大臣，怎么能够自己要求呢？"柴宗庆只好作罢。同年八月，朝廷考试开封府国子监举人，王曾进言："自唐以来，考选文官，条例繁多，不利于选拔人才，请加以适当修改。"皇帝听从了王曾的意见。九月，命翰林学士夏竦等重新删定编敕。仁宗问辅臣："有人说先朝诏令不可轻改，对吗？"王曾说："这些议论都是利口之人迷惑皇上的话。咸平年间，删定宋太宗的诏令，十去八九。删去繁文，便利人民，有何不可？"

天圣五年（1027）三月，宋仁宗问王曾："知州、同判等地方官乃民之表率，现在审官院按资格名次用人，这合适吗？"王曾回答："只有不按资格名次用人，才能鼓舞官员积极上进。"所以，王曾主管用人，坚持唯才是举，不搞论资排辈。范仲淹初入仕途，曾上书万余言，议论执政得失。王曾看后大为赞赏，当即任范仲淹为秘阁校理。王曾也曾力荐吕夷简为相，但这个建议很久都得不到采纳。王曾对刘太后说："我推测太后您的圣意是不愿吕夷简官在张耆之上。但张耆是一个'赤脚健儿'，怎么能让他妨碍任用贤才呢？"刘太后掩饰说："我没有这个意思。"不久，刘太后在王曾的坚持下，以吕夷简为相。

王曾直言敢谏，正直的大臣都信赖他，但是垂帘听政的刘太后却对他越来越不满意。当初，宋真宗驾崩，王曾起草遗诏："以明肃皇后辅立皇太子，权听断军国大事。"大臣丁谓建议去掉"权"字，王曾坚持保留"权"字，即让刘太后临时摄政，而不是长期专权。这件事惹得刘太后不太高兴。王曾担任宰相后，坚持原则，许多事情不肯向刘太后通融。刘太后长宁节上寿，想在正殿上举办庆典，但王曾认为不可，只在便殿上安排。太后的家人亲戚经常去拜谒太后，王曾也不给予方便，严格把关，多所裁抑。王曾这种敢作敢为的性格，惹得刘太后十分恼怒。天圣七年（1029），宋真宗建造的玉清昭应宫遭雷击失火，被烧为灰烬。因王曾兼任玉清昭应宫使，刘太后就把责任推给王曾，借机罢了他的宰相职务，赶回老家青州担任知州。

在家乡任职，王曾为家乡人民做了不少好事。他特别重视教育事业。一上任，就建起了州学，划拨了30顷土地给学校，盖了120间房舍，每年拨给30余万两白银的经费，还请了许多知名的学者来做教授。王曾的做法得到朝廷的褒奖，皇帝下诏书，昭示全国各州都要以青州州学为榜样，大力兴办学校。

此后，王曾又到大名府（今河北大名县）任职。这里临近契丹，经常有契丹使者来往。过去，这些契丹人骄横跋扈，耀武扬威。自从王曾上任后，契丹使者规规矩矩，"敛车徒而后过，无敢哗者"。大名府的前任是陈尧咨，过去与王曾有些矛盾。王曾上任后，对陈尧咨施政中的一些错误不动声色地慢慢加以改正，且"弥缝不见其迹"，不事宣扬。王曾离职，陈尧咨又来接任，看到官署及其用具什器都没有改变，一如旧规，完好如初。陈尧咨感叹说："王公真适合当宰相啊，我的度量实在比不上他！"当地吏民感谢王曾的德政，为他建立生祠，供奉他的画像。

不久，王曾改天平军节度使、判河南府（今河南洛阳），并恢复同中书门下平章事（宰相）的称号。当时洛阳一带正逢灾荒，有些富户囤积粮食，饥民聚众抢夺。周边的州府对饥民以强盗论罪，死者甚众。而王曾仅仅鞭打惩戒一下就释放了。别的州府也效法，全活者数以千计。同时上报朝廷，不仅免去了当地解送京师的漕粮，还从朝廷争取了20万石储备粮，以防灾年。百姓减轻了负担，社会趋于安定。王曾惩治贪官污吏也毫不手软。尹阙县（今河南伊川）令刘定基贪虐无状，民愤极大。校书郎张子奭尝请见王曾，举报其罪状。王曾马上召刘定基到洛阳，当面诘问，并把举报信让他看。刘定基俯首认罪，由是讼息而民安。

景祐二年（1035），王曾再次入京拜相，并出任最高军事机构长官枢密使，封沂国公。这时的王曾，处事更为沉稳。他知人善任，注重选拔人才，力荐范仲淹、包拯等人，委以重任。而且，王曾嫉恶如仇，不徇私情，对那些靠讲情、姻亲、裙带关系升迁的人，一旦发现，立即惩治。他推荐了不少贤才，但每次选用官员，都不让本人和外人知道。当时，一个名叫苏惟甫的与王曾相识，王曾认为他很有才干，曾向朝廷推荐他可担当重任。苏惟甫赶到京师，屡次造访王曾，但从来不敢谈论自己的事情。一天，苏惟甫因久居京城，资费用尽，见到王曾，便谈及自己的困窘。王曾有意避开他的话题，谈别的事情。但当苏惟甫赶回住所时，却已经有拿着江淮发运使任命书的官员在等他，就是王曾当日签发的。

王曾坚持公事公办，不在私宅谈论公事。范仲淹对此不理解，曾对王曾说："公开地任用贤人名士是宰相的职责，您德高望重，唯有缺乏这一点。"王曾回答说："作为执政大臣，如果把恩赏都揽在自己身上，那怨恨归谁呢？"

王曾为政严谨持重，每次进言，奏明国家利害之事，都翔实明晰而又合情合理。有一年，大雨成灾，街上纷纷传言汴河要决口，淹没京城，人心惶惶，竞相出逃。宋仁宗赶紧询问王曾。王曾说："一旦汴河决口，告急奏报立即就到。现在没有动静，说明这只是外间的虚惊，陛下不必过虑。"经查核，果真如此。还有一次，宋仁宗对他说："近来臣僚上疏，大多邀功请赏，该怎么办？"王曾回答："只要陛下贬斥钻营的小人，推重恬淡的贤士，便可让那些小人难以谋私，而易于罢退他们。"

景祐四年（1037）四月，王曾与吕夷简同时罢相。原先吕夷简任参知政事，为副相，对王曾很恭敬，王曾力荐提拔他为宰相。后来，吕夷简位居王曾之上，做事独断专行，不与王曾商量，两人时常发生争论。特别是吕夷简任用小人，结党营私，纵容儿子吕公绰交结人士，接受货赂，其门如市。王曾知而恶之，不能忍受，便主动提出辞职。宋仁宗疑惑，问王曾："你还有什么事情不满足呢？"王曾便说出吕夷简接受贿赂的事情。皇帝让两人当面对质，他们在朝廷上争吵不已。王曾所言也有不当之处，宋仁宗干脆把二人同时免职。

罢相后，朝廷想让王曾再回到青州任职，但王曾辞谢，后以左仆射、资政殿大学士身份任郓州通判。宝元元年（1038）冬，王曾病故，享年61岁。王曾逝世后，为表彰他的政绩和操守，宋仁宗亲自为他撰写了"旌贤碑"的碑额，后又把他的乡里改名为"旌贤乡"。"旌贤乡"即今天的青州市郑母镇。朝廷建立宋仁宗的祭祀庙堂，下诏选择有功将相配享，最后认定王曾功为第一。

王曾眉目如画，一表人才。为人端厚谨重，在朝中为官，进止有礼，闲时居家，寡言少语。他曾与杨亿同朝为官，杨亿喜欢谈谑，经常与同僚开玩笑，可是与王曾交谈，则一本正经。他说："在王公面前，我不敢放肆。"王曾平生十分节俭，有朋友的孩子来京城告别，王曾留他们吃饭。饭后，"合中送数轴简纸，启视之，皆它人书简后裁取者也"。他弟弟王子融在《沂公言行录》中说：

> 沂公执政，外亲戚可任者言之于上，否则厚恤之以金帛。自奉甚薄，待客至厚，薄于滋味，无所偏嗜，庖人请命，未尝改馔。事诸父诸母尽其孝，仅葬外氏十余丧，嫁姻族孤女数人。凡四镇所至，悉兴学校，辄奉钱以助其费。青州仍出家藏书篇卷甚广，以助习读。

王曾资助亲戚慷慨大方，自己则过着清苦的生活，甘于粗茶淡饭。凡任地方官，先办学校，俸禄都用于助学。王曾的品格传颂千古。著名京剧《秦香莲》中，有位刚直不阿的王丞相，颇受观众喜爱。据说，这个艺术形象的原型就是一代名相王曾。

王曾不仅官做得好，而且博学多才。他书画俱佳，尤工诗赋。除写有《矮松赋并序》《有物混成赋》《有教无类赋》等脍炙人口的诗赋外，还著有《九域图》1卷、《契丹志》1卷、《笔录》1卷。

王曾年谱

刘宝富

宋太宗太平兴国三年戊寅（978），一岁。

是年，陈洪进献漳、泉二州于宋；钱俶献两浙诸州于宋，吴越亡；李煜卒。是年，公出生于青州益都县兴儒乡秀士里（今青州郑母），父命其名曰"曾"，字孝先。其先祖为太原人，后旅居无棣，唐末，迁至青州，遂家。曾祖铎，累赠太师、尚书令、中书令、越国公；曾祖母赵氏，越国太夫人；祖继华，累赠太师、尚书令、陈国公；祖母刘氏，陈国太夫人，卫氏，楚国太夫人；父兼，累赠太师、尚书令、鲁国公；母张氏，燕国太夫人，何氏，鲁国太夫人。公为何氏生。

宋太宗太平兴国四年己卯（979），二岁。

是年，宋太宗自将征北汉，刘继元降，北汉亡。七月，宋与辽战于高梁河，宋军大败。

宋太宗太平兴国五年庚辰（980），三岁。

是年，宋以民为九等定差役法。杨业败辽师于雁门。闰三月，宋帝亲试诸科举，得进士六百五十二人。

宋太宗太平兴国六年辛巳（981），四岁。

是年，诏诸道知州、通判、知军监县等官，任内地满三年，川、广、福建满四年，并与代除。禁民私市近界部落马。

宋太宗太平兴国七年壬午（982），五岁。

是年，禁河南诸州私铸铅、锡恶钱及轻小钱。潘美败辽军于雁门。置译经院。罢剑南榷酤。

宋太宗太平兴国八年癸未（983），六岁。

是年，分三司为盐铁、户部、度支三部，部各置使。初置水陆发运使。《太平御览》一千卷成。

宋太宗太平兴国九年、雍熙元年（984），七岁。

是年，蠲诸州民去年官所贷粟。开江南盐禁。江南人户有身丁钱，今后并以二十成丁，六十为老。

宋太宗雍熙二年乙酉（985），八岁。

是年，江南民饥，许民渡江自占。复置明法科。复禁盐、榷酤。禁海贾。

是年，公丧父母，寄养于叔父宗元家。叔父爱逾亲生，公事叔如父。就学于里人张震。震语宗元云："观其识致宏远，终任将相。"公读书勤奋。

宋太宗雍熙三年丙戌（986），九岁。

是年，遣曹彬、潘美等分路攻辽。宋将杨业战死于朔州狼牙村。徐铉等上新定《说文》。宋白上《文苑英华》一千卷。是年，公跟张震读书。

宋太宗雍熙四年丁亥（987），十岁。

是年，辽兵南扰，陷文安县。罢广南煮盐。赐诸将阵阁。置三班院以统供奉官、殿直及殿前承旨。诏以实数给百官俸。是年，公读书学习。

宋太宗端拱元年戊子（988），十一岁。

是年，禁用酷刑。闰五月，复试进士及下第举人，得诸科凡七百人。辽陷涿州、祁州。是年，公在私塾读书。

宋太宗端拱二年己丑（989），十二岁。

是年，诏议北伐。改国子监为国子学。辽扰威虏军。行折中法。置三司都磨勘官。是年，公所作诗文已闻名乡里。

宋太宗淳化元年庚寅（990），十三岁。

是年，赐诸路印本九经。铸淳化元宝钱。此后，每改元必更铸，以年号元宝为文。禁川峡、岭南、湖南杀人祀鬼。是年，公仍读书乡里。

宋太宗淳化二年辛卯（991），十四岁。

是年，镇压夔州谢荣兵变。诏内外诸军除木枪弓弩矢外不得蓄他兵器。李继迁降契丹，封西平王。是年，公在读书。

宋太宗淳化三年壬辰（992），十五岁。

是年，贡举考校始用糊名之制，诸科登第千余人。置常平仓，以备荒年。赵普卒。置三司主辖收支官。是年，公遇到一讼案久不能决，帮典校（办案人）发其奸隐，讼者气索，狱遂判。里人服其聪明。

宋太宗淳化四年癸巳（993），十六岁。

是年，王小波以"均贫富"号召起义，占青城、彭山。王小波战死，李顺继之。朝廷罢盐铁、度支、户部等使，置三司使。始分天下州县十道，署判官以领其事。是年，公在读书。

宋太宗淳化五年甲午（994），十七岁。

是年，李顺起义失败。高丽乞师于宋，未许。罢诸州榷酤。陈恕立茶法。始令州县一等户为里正，二等户为里长，勿冒名以给役。是年，公在读书。

宋太宗至道元年乙未（995），十八岁。

是年，契丹犯雄州。禁边民与蕃戎婚娶。诏州县旷土，许民主请佃为永业，蠲三年租。是年，公在读书。

宋太宗至道二年丙申（996），十九岁。

是年，京畿十四县民逃亡者一万零二百八十户。令江、浙、福建民因负债为奴者还其家，敢匿者罪。许州宋斌等起义，旋败。是年，公在读书。

宋太宗至道三年丁酉（997），二十岁。

是年，宋太宗卒，太子恒即位，为宋真宗。罢井盐，王禹偁疏请减冗兵、冗吏，汰僧尼，慎选举。分天下为十五路。是年，公在读书。

宋真宗咸平元年戊戌（998），二十一岁。

是年，遣使免天下自五代以来百姓逋欠千余万。令三司经度茶、盐、酒税。置估马司，以估蕃部马价市之。是年，公举乡贡第一，得解元。

宋真宗咸平二年己亥（999），二十二岁。

是年，置荆湖南路转运使。钱塘十万家，饥者八九。是年，公居家读书，迎接大考。

宋真宗咸平三年庚子（1000），二十三岁。

是年，益州戍卒赵延顺等以王均为首兵变，号大蜀，旋兵败。置群牧司管理马政。唐福制火箭、火球、火蒺藜。是年，公读书备考。

宋真宗咸平四年辛丑（1001），二十四岁。

是年，置水利监。诏举贤良方正能直言极谏者。汰冗吏十九万五千八百零二人。赐诸州县学九经。是年，公读书备进京科考。

宋真宗咸平五年壬寅（1002），二十五岁。

是年，契丹遣北府宰相萧继远等率师南下。复雄州榷场。咸河北冗官。募河北丁壮。石普制火球、火箭。是年三月己未，公试礼部，得会元；又赴殿试，大魁天下，中状元。受命将作监丞，通判济州。与宰相李沆女定亲。四月，公荣归故里，避开青州府迎接人员，易服悄然拜见府官。

宋真宗咸平六年癸卯（1003），二十六岁。

是年，京东西、淮南大水，遣使赈恤贫民。募京畿丁壮补禁旅。是年，公在济州通判任上。

宋真宗景德元年甲辰（1004），二十七岁。

是年，以毕士安、寇准为相。契丹帝及其母率二十万大军攻宋。真宗用寇准言，亲御契丹于澶州。契丹围澶州，宋与之和议，以银绢三十万予契丹，是为"澶渊之盟"。是年，公在济州通判任上。会契丹寇边，济人大扰。公推是具陈二道被苦，且指画便宜以闻。上嘉其初任能志于民，报可。

宋真宗景德二年乙巳（1005），二十八岁。

是年，置国信司，复贤良方正、直言极谏等六科。雕印颁行《景德农田敕》五卷。初命予致仕官半俸。诏修《册府元龟》。是年，公从济州通判任上回京。三月丙寅，宰相寇准特召试公于政事堂，授秘书省著作郎、直史馆、三司户部判官。十月，公参与删定《景德农田敕》五卷成，帝令颁行，民间以为便。

宋真宗景德三年丙午（1006），二十九岁。

是年，于诸路始置常平仓。诏缘边归民给复三年。改解盐法。是年，公在秘书省著作郎、直史馆、三司户部判官任上。

宋真宗景德四年丁未（1007），三十岁。

是年，罢京西榷酤。遣画工分指诸道绘山川形势以备发兵屯戍。置群牧置使。铸钱额一百八十三万贯，三十年间增二十六倍。是年，公领右正言、知制诰，赐三品服。十二月，公与晁迥、朱巽、陈彭年同知贡举。贡举人数一万三千多人，录十分之一。

宋真宗大中祥符元年戊申（1008），三十一岁。

是年，王钦若屡假造天书符瑞事，因改元大中祥符。罢诸州上贡物非土地所宜者。是年，公入南台为北曹副郎。十月，陪真宗皇帝东封泰山，并去曲阜拜令妹夫孔冕，因啜孔府茗中毒，幸得良药以解。

宋真宗大中祥符二年己酉（1009），三十二岁。

是年，罢制举诸科。颁幕职、州县官招集户口赏条。作《文武七条》戒官吏。是年，公加史馆修撰。四月，公奉诏为给事中种放归终南山群臣赋诗作序，序今佚。六月，上书宋真宗，罢修昭应宫之役。十月，副相王嗣宗言公诬靠妹夫孔冕，幸得宰相王旦为之辩白，未获罪。

宋真宗大中祥符三年庚戌（1010），三十三岁。

是年，契丹饥，来市籴，诏雄州籴二万石赈之。诏天下贫民及渔采者过津渡勿算。是年，公奉诏与翰林学士晁迥、杨亿等详定《祀汾阴仪注》。

宋真宗大中祥符四年辛亥（1011），三十四岁。

是年，罢河北缘边工役。江淮南水灾，河决通利军。是年，公参与详定《祀汾阴仪注》毕。迁主客郎中，未几，判大理寺。

宋真宗大中祥符五年壬子（1012），三十五岁。

是年，江淮、两浙旱，给占城稻种，教民种之。阻卜诸部起反契丹。是年正月，公与枢密直学士任中正等奉诏详定著作佐郎李垂《导河形势书》三篇并图，认为"其书并图虽兴行匪易，而博洽可奖，望送史馆"。八月丙辰，公以知制诰判大理寺。十月己酉，公奉诏以主客郎中、知制诰为辽主生辰使，在辽国比射技，公一箭中的而服众。著《上契丹事》一卷，述辽之地理颇详，书今佚。

宋真宗大中祥符六年癸丑（1013），三十六岁。

是年，禁内臣出使预民政。免诸路农器税。王钦若等编《册府元龟》一千卷成。是年七月，公任翰林学士、知审刑院，对审判有所建议，断案准快，受帝嘉许。十月，公总领秘阁校理慎镛、集贤校理晏殊等，校定《十道图》；天禧三年（1019）书成，共三卷。十二月，公以翰林学士摄御史大夫为考制度使。

宋真宗大中祥符七年甲寅（1014），三十七岁。

是年，升应天府为南京。复诸州观察使兼刺史。除江淮、两浙被灾民租。河决澶州。是年二月，公荐雍丘学者邢惇于帝，帝问治道，惇不对，赐物还故里。八月，公因与妻叔翰林学士李维在生春殿阁话妻将产子事，时久，被误告为结党联朋，后事明得释。是月得子。

宋真宗大中祥符八年乙卯（1015），三十八岁。

是年，文武官满三岁者有司考课。京兆、河中府、陕、同华、虢等州，给贫民贷麦种。是年闰六月庚寅，公与刑部尚书冯拯奉诏详定茶法。十月，公以翰林学士领银台司。十二月，公推荐服勤文学者一人为复校勘官。

宋真宗大中祥符九年丙辰（1016），三十九岁。

是年，修两朝国史成。王钦若上《宝文统录》。以诸郡旱蝗，罢诸营造。燕肃著成《海潮图》《海潮论》。是年三月乙丑，公纠察刑狱，力庇因受贿被惩之连襟著作郎高清。七月，公转兵部。九月丙午，公始以左谏议大夫参知政事，为副相。

宋真宗天禧元年丁巳（1017），四十岁。

是年，蝗灾自平方蔓延至荆湖、两浙一百三十州军，发常平仓赈之。诏所在安恤流民。帝与宰相议省吏员。是年二月，公拜任给事中、参知政事。元月戊午，授命灵观使，坚辞不就，帝不怪。九月癸卯，因市贺皇后家旧第，其家未迁，公令人舁土门外，贺氏诉于禁中，帝不快，遂由给事中、参知政事罢为礼部侍郎。

宋真宗天禧二年戊午（1018），四十一岁。

是年，赈河北、京东饥。是年公出守应天府。六月，京师谣传有妖夜入家中食人，民聚族环坐达旦叫噪，军营中尤甚。公令应天府夜开里门，敢倡言妖者即捕之，妖卒不兴。

宋真宗天禧三年己未（1019），四十二岁。

是年，以寇准、丁谓为相。大会道释于天安殿，凡一万三千八十六人。河决渭州，泛澶、濮、郓、齐、徐等州。是年，公在应天府知府任上。

宋真宗天禧四年庚申（1020），四十三岁。

是年，开扬州运河。寇准罢相。永兴军都巡检使朱能叛。诏馆阁校勘牛经器禾谱、农器、茶录等书。是年八月乙酉，公由应天府被召回京师，擢为中书侍郎、平章事，重为副相。十一月，与枢密副使钱惟演合编《圣政录》。

宋真宗天禧五年辛酉（1021），四十四岁。

是年，蠲京东西、淮浙被灾民租。是年七月，公为叔父王宗元改葬，并请追赠官封。八月，公之子絪受大理评事。

宋真宗乾兴元年壬戌（1022），四十五岁。

是年二月，真宗卒，赵祯即位，是为仁宗，太后刘氏同听政。给兖州学田十顷，诸州给学田始此。始立限田法。是年二月戊午，宋真宗崩，刘太后与十三岁的仁宗同听政，公奉遗诏入殿庐草制，命"皇太后权处分军国事，辅太子听政"。宰相丁谓欲去"权"字，公力斥之，卒未去。三月乙酉，仁宗作受命宝，文曰"恭膺天命之宝"，由公书之。授命选真宗山陵。公之外甥朱延世排于朝中班行。四月，乳母朱氏被封为福昌县太君。六月，因宋真宗山陵事，告宰相丁谓，降谓为太子少保。十一月辛巳，公以帝新即位，宜近师儒，遂安排翰林学士孙奭等为帝讲《论语》。十二月。首相冯拯加封为昭文馆大学士，公加封为集贤殿大学士。

宋仁宗天圣元年癸亥（1023），四十六岁。

是年，以经费支绌，议减冗费，改茶法，立计置司。淮南十三山场行贴射茶法。修苏州太湖塘岸。置益州交子务。是年，公在副相任上。

宋仁宗天圣二年甲子（1024），四十七岁。

是年，始令诏书摹印颁行。是年九月甲辰，公制止太后在天安殿受尊号册，依诏在文德殿受册。十月，倡重刻印《吏分象》。

宋仁宗天圣三年乙丑（1025），四十八岁。

是年，诏诸路转运使察举知州、通判不任事者。罢贴射茶法，复榷茶、盐。是年正月，公宴送契丹使者萧从顺等。五月，帝听公言，降诏罢贡举一年。十二月癸丑，公被加封为门下侍郎兼户部尚书，昭文馆大学士，始为首相。

宋仁宗天圣四年丙寅（1026），四十九岁。

是年，置西界和市场。诏京东西、河北、淮南平谷价。筑秦州捍海堰。罢永兴军、秦州、坊州新醋务。是年正月甲辰，公力斥驸马都尉柴宗庆私请使相。癸未，公制止辽使萧迪里携酒果三十人入境。庚戌，公令三馆校《道藏》。二月壬戌，公与帝论古今乐之不同，赞同帝以前代治乱为龟鉴。四月，公赞同太平兴国真君观神像易金以铜。五月甲子，公答帝所问，言历史功臣不免诛辱乃由功成不知退所致。六月癸巳，因大雨积水，有旨放朝，公坚持早朝，群臣以为己不如。壬辰，因大雨成灾，公自责请求罢相职，不允。七月，公等议定，罢永兴军、秦州、坊州等醋务。八月戊子，公进言，简化科举考试条目，帝然之。九月壬申，公主张"陕西蕃部入中马立定数，余听民间市易"。公进言重新删定《编敕》，帝然之。十二月丁亥，公制止帝先太后寿而后受朝，帝不听，终先寿太后而后受早朝。

宋仁宗天圣五年丁卯（1027），五十岁。

是年，赐进士诸科及第出身一千零七十六人。命国子监摹印颁行医书。罢陕西青苗钱，复造指南车、记里鼓车。是年二月丙申，知宁州杨及上所修《五代史》，帝谓辅臣曰："五代乱离，事不足法。"公说服帝曰："虽然，安危之迹可鉴也。"癸酉，奉帝命兼提举监修国史。六月庚午朔，病疮疹，休假。八月，以中药为喻，奏权知开封府尹陈尧咨自负其能。十月乙酉，公监修国史，言于帝，欲采太祖、太宗、真宗实录、日历、起居注中不入正史者，别为一书，帝从之。十一月，奉诏任景灵宫、太庙大礼使，主持朝飨。十二月，帝欲赐割股疗兄之供奉官从质，公止之，恐浸以成俗而不可禁。

宋仁宗天圣六年戊辰（1028），五十一岁。

是年，罢提点刑狱。交趾入侵。免河北水灾州军秋赋。是年二月，帝依公言，诏自今始，真宗忌日，禁刑、不视事各二日，禁乐三日。三月，公荐吕夷简为副相。五月，帝依公言，罢温、鼎、广等州岁进贡柑。八月，帝依公言，诏免河北水灾州军秋税。十二月，公接受晏殊所荐范仲淹为秘阁校理。

宋仁宗天圣七年己巳（1029），五十二岁。

是年，复置制举六科，增高蹈丘园、沉沦草泽、茂才异等科，置书判拔萃科及试武举。罢外官职田官收，其收以所直均给之。是年正月，枢密使曹利用之子汭行不法事，帝欲治罪利用。利用向对公横肆，然此时公为曹说情，言汭犯事，其父不知。曹遂未治罪，只罢为邓州通判。三月，公对帝言王钦若等奸邪险波之迹。六月丁未，大雷雨，玉清昭应宫受雷火灾，燔之殆尽，太后有再兴葺之意。公以使领不严累表待罪，并同意范雍"不若燔尽，免再费民力"之意，遂忤太后。甲寅，公被罢相，以吏部尚书知兖州，寻改知青州。

宋仁宗天圣八年庚午（1030），五十三岁。

是年，赐礼部奏名进士诸科及第出身八百二十二人。宋修国史成。罢百官转对。复置诸路提点刑狱官。是年，公在青州知府任上。

宋仁宗天圣九年辛未（1031），五十四岁。

是年，诏复郡县职田。始赐州学九经。诏公卿大夫励名节，封元昊为夏国公。是年三月，公向皇帝请求赐青州州学《九经》。癸亥，得帝所赐《九经》，自是，州郡当立学者皆得赐书。九月，公以吏部尚书知天雄军兼为彰德节度使。人乐其政，为画像而生祠之。

宋仁宗明道元年（1032），五十五岁。

是年，诏仕广南者毋过两任，以防贪黩。江淮旱。始置谏院。废杭、秀二州盐场。许淮南民雇佣人。是年，公知天雄军。

宋仁宗明道二年（1033），五十六岁。

是年，刘太后卒，仁宗始亲政。罢修建寺观，范仲淹请销冗兵、削冗官、减冗费，改赋税杂变之法。是年十一月己卯，公由天雄军调任河南府通判。是年，山东旱蝗，青州王曾家多积粟，知州取数千斛济饥民。

宋仁宗景祐元年甲戌（1034），五十七岁。

是年，诏执政大臣议兵农可更制者。罢书判拔萃科。诏礼部贡院诸科举人士举者，不限年并为许特奏名。免工人市租。毁天下无额寺院。命诸州县造五等丁产簿并丁口账。是年八月庚午，公以吏部尚书、同平章事、枢密使调回京城，重任副相。九月，公阻帝纳寿州茶商陈氏之女入宫。

宋仁宗景祐二年乙亥（1035），五十八岁。

是年，置提点银铜坑冶钱宝。诏诸路岁输缗钱，福建两广易以银，江东以帛。诏长吏能导民修水利辟荒田者赏之。是年二月，公任右仆射兼门下侍郎、平章事、集贤殿大学士。四月，奉命监造大乐编钟。十一月己巳，公受封为沂国公。

宋仁宗景祐三年丙子（1036），五十九岁。

是年，又改茶法（复贴射法）。贬谏官范仲淹、欧阳修等，戒群臣越职言事。朋党论起。是年正月，三司后行朱正等到公府混闹，公美言谕之，使列状自陈。后朝廷对闹事者诸一处罚。

宋仁宗景祐四年丁丑（1037），六十岁。

是年，诏均诸州解额，以此戒三司不得复假贷。并、代、忻州地震，吏民压死者三万两千人，伤五千余人，畜死五万有余。是年四月甲子，公因与首相吕夷简不和，罢为左仆射、资政殿大学士，判郓州。九月戊午，公请如冯拯制陈州例，钱谷文字免签书，从之。

宋仁宗宝元元年戊寅（1038），六十一岁。

是年，复淮南、江、浙、荆湖发运使。诏戒百官朋党。元昊称皇帝，国号夏。是年十一月戊午，公病卒于郓州，朝廷辍视朝二日，赠侍中，谥文正。葬公于郑州新郑县。有子女七人，四男三女，四男：曰绚，光禄寺丞；曰绎，光禄寺丞；曰演，将作监丞；曰缘。三女中有二女早夭，另一女适屯田郎中沈惟温。

（编者补：大约 993~1002 年期间，王曾在青州矮松园读书。）

原宇宙形成之奥妙　论人法自然之道理

——解读王曾状元卷《有物混成赋》

栾　华　刘朝阳

《有物混成赋》，是王曾在北宋真宗咸平五年（1002）中状元时的殿试卷。原文如下：

妙物难模，先天有诸？著自无名之始，生乎立极之初。不缩不盈，赋象宁穷于广狭；匪雕匪琢，流形罔滞于盈虚。原夫未辨两仪，中含四象。虽欲兆于形质，曾莫知夫影响。问洪纤而莫得，自契胚浑；考上下以都忘，孰分天壤？及夫大朴将散，三光欲萌，清浊待滋而一判，昏明由是以相生。然后品汇咸观，用作有形之始；淳和外发，或知至道之精。是何小不隐于纤介，大不充于寰海。配一气以冥运，亘终古而斯在。纵阴阳之推荡，我质难移；任变化之纷纭，斯形不改。岂不以有者真有之筌，物者生物之先，冥搜而兆朕斯显，寂听而音容莫传？得我之小者，散而为草木；得我之大者，聚而为山川。视焉且无讶，深蟠于厚地；搏之不得疑，上极于高天。本自强名，诚难取类。其始也，既出无而入有；其终也，亦规天而距地。既不可指掌而窥，又不可因人而致。明君体之而成化，则所谓无为而为；君子执之而立身，亦同乎不器而器。无反无侧，神之听之。谅潜形于恍惚，实委化于希夷。倾毁何由，固秉持之在我；刚柔有体，将用舍以随时。今我后掌握道枢，恢张天纪，将穷理以尽性，思反古而复始。巍巍乎！执大象而扶域中，达妙有之深旨。

王曾（977~1038），字孝先，北宋益都县郑母村人。他自幼胸怀报国大志，聪慧过人，科举考试中"连中三元"（乡试第一名为解元，会试第一名为会元，殿试第一名为状元，合称为"三元"）。累官至宰相。他为官清廉，端方博大，欧阳修盛赞他"在中书最为贤相"，为北宋真宗、仁宗朝的繁荣昌盛做出了突出贡献。著有《契丹志》《九域图》《王文正笔录》等。

他这篇赋，"文采飞扬，寓意深刻，被世人广为传抄阅读"（《青州通史》）。当朝翰林学士"杨亿见其赋，叹曰：'王佐器也'"。并曾为"莱公（宰相寇准，曾封莱国公）诵之，不遗一字"（《益都县图志》卷32）。"文章中'掌握道枢，恢张天纪，将穷理以尽性，思反古而复始'的施政主张，得到真宗皇帝的赞赏，在72名应试者中一举夺魁，点为状元"（《青州通史》）。

"有物混成"，这句话节录自《老子》一书的第二十五章。意思是：有一个浑然一体的东西。赋，文体名。班固说："赋者，古诗之流也。"最早以赋名篇的是战国时的荀卿。赋到了汉代形成了一种特定的体制，讲究文采、韵节，并兼诗歌与散文的性质，在当时颇为盛行。以后或向骈文方向发展，或进一步散文化；接近散文的为"文赋"，接近于骈文的为"骈赋""律赋"。《有物混成赋》就是篇律赋，唐宋科举考试即采用这种形式。它要求对偶工整，于音律、押韵有严格规定。有的于题目之外，另出数字（通常为八字）为韵脚。《有物混成赋》题下的"虚象生在天地之始"八个字，就是为这篇赋规定的韵脚。

这篇赋可这样理解：奇妙的混沌元气难以描摹，在天地形成之前有它吗？它贮藏于混沌未分的原始，生成于天地形成之初。它不收缩不伸展，它的形象，岂止于广阔的空间和狭小的角落；它不用任何雕琢，它流动的形体，不滞留在充盈和空虚的地方。

推求其根源，宇宙中未分辨出天地两仪的时候，其中就已经包含了金、木、水、火的四象了。虽然期望它表现出形体和实质，竟不知道那是不实际的。想了解它的大小，却得不到，很像胚胎在母体里不可知一样；考察它过去和现在的情况，无法用语言表达，谁能分得出天和地？

等到那混沌的状态将要消散，日月星辰将开始放出光明，清扬重浊将滋长而分离出天和地，从此就产生了白天和黑夜。然后，各种生物都表现出了它们的形象，这就是宇宙间有形体的开始；它朴质而中和的品质表现于外，这才有人知道了大道的精深奥妙。

是什么原因，细微的东西不能隐藏，大的东西又不满于海内。分发太一浑然之气，在幽暗深远中不停地运动，贯穿终古而尽在。纵然阴阳不断地推移变化，难以改变它的本质；任变化繁多而杂乱，形体也不会改变。

难道不是凭着混沌未分的元气，才有了现在的万物；宇宙间的各种生物，都是这混沌元气生出来的。搜寻幽深遥远的古代，则能预见到事机的微小迹象，寂静中听它的声音，看它的容貌，却不能得到？得到我小的，疏散而成为花草树木；得到我大的，则积聚而成为高山大川。看到这些现象，无须惊讶，它们深沉地盘伏在大地上；抚摸它们，不得怪异，那山峰高耸可达云天。

本来就是勉强起的名字，实在是难和别的东西相类比。天地的原始既是"无名"，无名又产生了"有名"；最终又按一定的法则，创造了天和地。既不可把这看成是极易做的事，又不可依靠人力得到。贤明的君主依照自然之道，成就美好的社会风气，这就是所说的以德政感化人民；德才出众的君子，也应该坚持以自然之道处理事务，做一个文武兼备、仁智并施的全才之人。

没有违背圣人之道的地方，没有不中正、偏私之处，人民称颂他是贤良的官吏，并顺从他。切实把自己的形象，隐藏在恍惚之中，真正从容自得，顺其自然的变化，达到一种视听皆无的虚寂微妙、高深莫测的境界。危难灭亡的祸患，怎么会发生呢，它本来就掌握在我们自己手里；使用刚强和柔弱有一定的法则，用刚还是用柔，将随时事的变化而变化。

现今，我们的国君，掌握着事物发展的规律这个关键，扩大自然之道、人类之伦常，则穷极万物奥妙之理，究尽生灵所禀之性，以重新回到那美好的古代社会。

崇高啊！您执掌着"无形无象"万物不可少的"道"，抚御着域中的万民，这宏大的勋业，将有着极其精深而奥妙的意义。

王曾的这篇殿试卷，文质兼美，是内容和形式的完美统一。这位1000多年前的青年，悉数百亿年前宇宙万物形成的奥妙，在当时，虽属于玄学猜想，但基本上已被现代天文学研究的成果所证实。另则，"以人道率（遵循）天道", 无为而治, 以德治国理政, 建设和谐社会的光辉思想, 无不充分显示了这位青年知识的深博和精神境界的高远, 以及中华民族卓越的聪明智慧。

这篇赋在形式上, 结构谨严, 语言精美而包蕴深广, 通篇运用骈偶句式, 既有抑扬顿挫的韵律美, 又自然流畅, "文采飞扬", 实为中华文化宝库中的珍品。

贤相王曾和《龙文鞭影》

栾　华　刘朝阳

　　王曾（977~1038），字孝先，祖籍泉州，郡望太原，为唐末时期"开闽王"王审知之弟王审邽的后裔。北宋初年，王曾先人举家迁居青州益都县郑母（今青州市谭坊镇郑母村）。宋真宗咸平六年（1003），王曾中状元，累官至宰相，封沂国公。为官方正廉洁，欧阳修盛赞他，"在中书最为贤相"。

　　王曾自幼卓然有大志，聪慧好学，科举考试一路顺风，在乡试、会试和殿试中连摘桂冠。他是我国1300多年的科考中"连中三元"（乡试第一名为解元，会试第一名为会元，殿试第一名为状元）的13人中的一名。他的名字，盖源于他父亲做的一个梦。其父王兼，酷爱儒士，常到文庙叩拜孔圣人，祈祷："愿我的子孙后代，勤奋读书，成为大学问家。"一天夜晚，他梦见至圣先师孔子抚其背说："你崇拜我儒教，诚心诚意已久，只是你已年老，无大作为，难有成就，我遣曾参到你家去。"梦醒之后，其妻生子，想起梦中孔子之语，以为曾参再生，遂起名王曾。王曾的逸闻趣事广为流传，但有两则选入《龙文鞭影》的故事却鲜为人知。

　　《龙文鞭影》是我国享有盛名的儿童启蒙读物。是在明代萧良有编辑的《蒙养故事》的基础上，复经杨臣净增订修补而成。"龙文"原来是古代一种千里马的名称，它只要看见鞭子的影子就会奔跑驰骋。作者借龙文鞭影，寓意本书可使青少年尽快掌握知识，成为千里马。书中所选人物、事件、历史典故及自然知识，起于上古，讫于明末，广采博撷，摘英选粹，汇成了我国数千年波澜壮阔、美不胜收的历史画卷。该书所选王曾的两则故事，是"曾辞温饱"和"曾除丁谓"。

"曾辞温饱"：说的是王曾小时候，曾经在咏《早梅》诗中说："雪压乔林冻欲摧，始知天意欲春回。雪中未问和羹事，且向百花头上开。"诗句赞颂傲雪凌霜、芳冠百花的早梅，表现了他卓荦的志向。"和羹"，喻良臣辅君以成治；"百花头上开"是独占鳌头的意思，表现了王曾要科举当状元、入仕为宰相的远大志向。他拿着这首诗拜见当时素有文名的大臣薛奎，薛奎看罢大喜说："足下看来不但要中状元，还要做宰相呢！"

咸平五年（1002），王曾在相继夺得乡试、会试榜首后，又参加殿试。殿试卷考题是《有物混成赋》。在这份状元卷中，王曾提出了"掌握道枢，恢张天纪，将穷理以尽性，思反古而复始"的施政主张，得到皇帝赞赏，在72名应试者中一举夺魁。翰林学士刘子仪戏说："状元试三场，一生吃着不尽。"王曾则正色回答说："曾平生之志，不在温饱。"后来，果为社稷重臣。考中状元后，王曾写信向叔父王宗元报喜，谓"曾今日殿前，唱名忝为第一，此乃先世积德，大人不必过喜。"表现出宠辱不惊、气定神闲的平和心态，更表现了他志存高远、气度非凡的宽广胸怀。

"曾除丁谓"：丁谓（962~1033），字谓之，北宋苏州长洲（今江苏苏州）人。太宗时进士。真宗景德时为右谏议大夫。天禧三年（1019）为参知政事。次年，排挤寇准去位，升为宰相，勾结宦官，独揽朝政。他极力迎合真宗，大兴土木，建造玉清昭应宫，以为迎神仙之用。并怂恿真宗到泰山举行封禅大典，耗费人力财力不可胜计。丁谓与王钦若、林特、陈彭年、刘承珪同恶，时人称为"五鬼"。百姓相戏曰："欲得天下好，莫如招寇老；欲得天下宁，拔去眼前丁。"

仁宗即位后，年纪幼小，刘皇后垂帘听政。丁谓勾结宦官雷允恭，结党弄权，谋私害政，飞扬跋扈，朝野上下无不愤慨。就在此时，雷允恭擅自挪移宋真宗陵穴。王曾紧紧抓住这个事件不放，上奏刘太后，禀称丁雷勾结，包藏祸心，欲为不轨。刘太后大怒，命杖杀雷允恭，贬丁谓为崖州司户参军。之后，王曾担任中书侍郎、同中书门下平章事，即宰相。《东都事略》评论说：章献太后拥幼君治理天下，大臣乘机弄权，王曾"毅然奋忠，临大节而不可夺。卒使帝室尊荣，祸乱不作，可谓社稷之臣矣！"

王曾的人品、官品堪称一代楷模，道德文章更是传诵千古。我国传统京剧《秦香莲》中有位刚直不阿的王丞相，其原型就是王曾。他不仅官做得好，而且博学多才，书画俱佳，尤工诗赋。少年时代曾就读于青州的矮松园（今青州一中松林书院），有《矮松园赋并序》留传后人。会试卷《有教无类赋》和殿试卷《有物混成赋》时人常常背诵而不遗一字。另外还著有《九域图》3卷、《契丹志》1卷、《笔录》1卷。

宝元元年（1038）冬，王曾辞世，享年61岁。为表彰他的政绩和操守，宋仁宗亲自为他撰写"旌贤碑"的碑额，把他的乡里改名为"旌贤乡"（原郑母镇）。朝廷在建立宋仁宗的祭祀庙堂时，下诏选择有功将相配享，最后认定王曾功为第一。

矮松园赋并序

王 曾

　　齐城西南隅矮松园，自昔之闲馆①，此邦之胜概②。二松对植，卑枝四出。高不倍寻③，周且百尺。轮囷④偃亚⑤，观者骇目。盖莫知其年祀⑥，亦靡记夫本源，真造化奇诡之绝品也。曾显平中，忝乡荐⑦，登甲科⑧，蒙被宠灵⑨，践履清显⑩，几三十载。前岁秋，始罢冢司⑪，出守青社⑫。下车之后，省闾里，访故旧，则曩之耆耋⑬悉沦逝⑭，童冠皆壮老。邑居风物，触目变迁。惟彼珍树，依然故态。窃谓是松也，非独以后凋克固⑮岁寒，亦由臃肿支离⑯，不为世用，故能宅兹皋壤⑰，免

---

① 闲馆：宽广的馆舍。唐柳宗元《桂州裴中丞作訾家洲亭记》："左浮飞阁，右列闲馆。"
② 胜概：美景；美好的境界。清魏源《武夷九曲诗》之三："精舍第五曲，亦复少胜概。"
③ 倍寻：倍，两倍；寻，八尺（或七尺）为一寻。
④ 轮囷（qūn）：盘曲，硕大。
⑤ 偃亚：覆压下垂的样子。
⑥ 年祀：年岁，年纪。
⑦ 忝（tiǎn）乡荐：忝，羞辱，有愧于，此处为谦辞；乡荐，唐宋应试进士，由州县荐举，称"乡荐"。
⑧ 甲科：科举考试科目，泛指进士。
⑨ 蒙被宠灵：蒙被，蒙受；宠灵，恩宠光耀。
⑩ 践履清显：践履，登上，担任；清显：清正、显耀的职位。
⑪ 冢司：此指丞相职位。冢，首领。
⑫ 青社：青州别称。
⑬ 曩（nǎng）之耆（qí）耋（dié）：曩，从前；耆耋，泛指老人。
⑭ 沦逝：去世。
⑮ 克固：克，能够；固，坚固。
⑯ 支离：这里形容枝干分散披离的样子。
⑰ 宅兹皋壤：宅，名词作动词用，生长于此地之意。兹，此；皋壤，泽边之地（泽，可能指范公亭一带水泽。皋壤，则指松林书院一带）。

于斤斧①。向若负构厦之材，竦凌云之干，将为梁栋，戕伐无余，又安得保其天年，全其生理②哉？感物兴叹，聊为赋曰：

惟中齐之旧国③，乃东夏之奥区④。有囿游⑤之胜致，直廛闬之坤隅⑥。伟茂松之骈植⑦，轶⑧众木而特殊。上轮囷以夭矫⑨，旁翳荟而纷敷⑩。广庭庑之可蔽，高寻常之不逾。枝拥阏⑪兮横亘，根蹙缩⑫兮盘纡⑬。徒观其前瞻林岭，却枕康衢⑭。宅宝势兮葱郁，据右地兮膏腴⑮。类蟠蛰兮蛟蜦⑯，讶腾倚⑰兮虎貙⑱。将挐攫⑲兮未奋，忽伏窜⑳兮争趋。色斗鲜兮欲滴，形诡俗㉑兮难图㉒。远而望之，蔚兮㉓如抟鹏㉔之出沧海；迫而察之，黕兮如方舆㉕之承宝盖。蠹洞口之归云㉖，堆岩阿之宿

---

① 斤斧：借指砍伐。
② 生理：此处指性命。
③ 中齐之旧国：中齐，齐国中部，此指青州；旧国，历史悠久的地方，此指青州。
④ 东夏之奥区：东夏，华夏东部，此指青州；奥区，腹地，此指青州。
⑤ 囿游：帝王的离宫别院，此处极言矮松园之雄伟宽广。
⑥ 直廛（chán）闬（hàn）之坤隅：直，正对着；廛闬，居民区。坤隅，西南角。
⑦ 骈植：对植，矮松园有古松两棵。
⑧ 轶：超越。
⑨ 轮囷以夭矫：轮囷、夭矫都是形容树枝盘绕蜷曲的样子。以，连词，相当于"而"，表并列，这里是加重重复语气。
⑩ 翳（yì）荟（huì）而纷敷（fū）：荫翳、纷敷都是形容树枝繁盛的样子。
⑪ 拥阏（è）：壅塞、阻滞。
⑫ 蹙（cù）缩：退缩、蜷缩。
⑬ 盘纡（yū）：回绕曲折。
⑭ 却枕康衢（qú）：却，后；枕，临，靠近，《宋文鉴》中"枕"作"顾"，与上文"前瞻"相对，也讲得通。康衢，四通八达的大道。
⑮ 宅宝势兮葱郁，据右地兮膏腴：宅，占据；宝势，奇异的地势；右地，犹要地（南朝梁沈约《齐讴行》："东秦称右地，川隰奇夷昶。"）。
⑯ 蟠（pán）蛰（zhé）之蛟蜦（lì）：蟠蛰，蛰居，隐居，蛟，蛟龙，蜦，神蛇。
⑰ 腾倚：或腾越，或倚立。
⑱ 虎貙（chū）：老虎一类的猛兽。
⑲ 挐（ná）攫（jué）：搏斗。
⑳ 伏窜：伏匿躲藏。
㉑ 诡俗：不同凡俗。
㉒ 难图：难以描绘。
㉓ 蔚兮、黕（dǎn）兮：蔚，草木茂盛；黕，浓黑色，这里也是形容树木茂盛。
㉔ 抟鹏：抟击长空的大鹏。
㉕ 方舆：大地。
㉖ 归云：流云。

霭^①。谈挥麈^②兮何多？被集翠兮增汰^③。度朔吹兮飕飗^④，含阳晖兮晻蔼^⑤。吾不知其几千岁，起毫末而硕大。昔去里兮离邦，攀绿条兮彷徨。今剖符^⑥兮临郡，识奇树兮青苍。怀光景兮遄迈^⑦，嘉岁寒兮益彰。叶毵毵^⑧兮不改，情惓惓^⑨兮难忘。异古人之叹^⑩柳，协予志之恭^⑪桑^⑫。

信矣夫！卑以自牧^⑬，终然允臧^⑭，效先哲之俯偻^⑮，法幽经^⑯之伏藏。愿跼影^⑰于涧底，厌争荣于豫章^⑱。鄙直木兮先伐，惧秀林^⑲兮见伤。幸高梧之垂荫^⑳，愧修竹之联芳^㉑。鸾乍迷^㉒于枳棘，鹓每误于榆枋^㉓。媲周

---

① 堆岩阿之宿霭：堆，堆集，聚集；岩阿，山曲之处，阿，弯曲；宿霭，聚集的云气。

② 谈挥麈（zhǔ）：麈，兽名，其形似鹿，其尾避尘；此处是麈尾的省称。谈挥麈，即是古人清谈时挥动麈尾。谈挥麈，即"挥谈麈"，此处用以比喻簇簇松针形似麈尾，风涛中舞动如仙人挥动拂尘。

③ 被集翠兮增汰（tài）：被，覆盖；集，聚集；增，通"层"；汰，水波。

④ 度朔吹兮飕（sōu）飗（liú）：朔风，北风、寒风；飕飗，风声。

⑤ 含阳晖兮晻（àn）蔼：阳晖，阳光；晻蔼，昏暗。

⑥ 剖符：犹剖竹。古代帝王分封诸侯、功臣时，以竹符为信证，剖分为二，君臣各执其一，后以"剖符""剖竹"为分封授官之称。

⑦ 遄（chuán）迈：疾逝。

⑧ 毵毵（sān）：枝叶细长的样子。

⑨ 惓惓（quán）：深情的样子。

⑩ 异……叹："叹异"的倒装、拆用，惊叹。

⑪ 协……恭："协恭"的拆用，勤谨合作。

⑫ 柳、桑：柳，借指离别；桑，桑梓，家乡。

⑬ 自牧：自我修养。

⑭ 允臧：确实好，完善。

⑮ 俯偻（lǔ）：低头曲背。

⑯ 幽经：指《相鹤经》。传说为神仙的经书。

⑰ 跼（jú）影：屈缩身影。

⑱ 豫章：名木，喻栋梁之材。

⑲ 秀林："木秀于林"的简称。

⑳ 幸高梧之垂荫：幸，希望。高梧，是引用了凤凰高洁非梧桐不栖的典故，表明自己的清高，与"鸾乍迷于枳棘"前后呼应。与后文"鹓每误于榆枋"都是引用了庄子的典故。同时，应当还有希望君王照顾、体恤之意。

㉑ 愧修竹之联芳：愧，愧对；修竹，常常被当作君子的象征，有时也因为丛生遍地被看作朋党、小人，联系上下文这里应该喻指后者，与下文的"鹓每误于榆枋"前后照应，或指汲汲于世俗名利的同朝为官的人。联芳，本意是弟兄、朋友等接连不断的升迁或有出息，这里有讥讽之意。

㉒ 乍迷：暂时迷惑。

㉓ 鹓（yàn）每误于榆枋：每误，常常沉迷。化用了庄子《逍遥游》的典故。

《雅》之"踧地"①，符義《易》之"巽床"②。既交让③以屈节，复善下而同方④。自储精于甘露⑤，不受命于繁霜。客有系而称⑥曰：材之良兮，梓匠之攸贵；生之全兮，蒙庄⑦之所美，苟入用于钩绳，宁委迹于尘滓。俾其夭性⑧而称珍，曷若存身而受祉⑨。纷异趣兮谁与归⑩？当去彼而取此。

（原载《皇朝文鉴》卷一）

（注解：刘方田　张国钟）

---

① 周《雅》之"踧（jí）地"：《诗经·小雅·正月》："谓地盖厚，不敢不踧"，后以"踧地"喻谨慎戒惧。
② 羲《易》之"巽（xùn）床"：羲易，周易的别称；巽床，喻卑顺谦让。
③ 交让：互相谦让。
④ 同方：同为一体。此指和睦相处。
⑤ 甘露：《四库全书》影印本为"甘实"，中华书局版《宋文鉴》为"甘露"，今根据后者改。
⑥ 系而称：系，辞赋末尾，总结全文的词；称，赞颂。
⑦ 蒙庄：庄子。因做过蒙地的官吏，因此称蒙庄。
⑧ 俾（bǐ）其夭性：使动用法，使天性夭折。
⑨ 受祉（zhǐ）：享受福祉。
⑩ 谁与归："吾谁与归"的简称，"有谁与我有相同的志向"；归，同。

赵抃与青州

——北宋名臣赵抃青州事迹考

夏爱民　赵艳娟

　　赵抃（1008~1084），字阅道（一作悦道），号知非子，衢州西安（今浙江衢州市）人，历仕仁宗、英宗、神宗三朝，四度在中央任职，担任过殿中侍御史、侍御史、右司谏、知御史杂事、三司度支副使、右谏议大夫、参知政事等要职；六度在地方为官，涉及今湖南、福建、广西、江苏、四川、安徽、浙江、江西、河北、山东 10 个省份。熙宁三年（1070）十二月以资政殿学士知青州，熙宁四年（1071）三月赴青州任，熙宁五年（1072）闰七月擢大资政、知成都府离任。这是其一生唯一一次走进齐鲁大地，也是其晚年政治生涯的重要节点。在任期间广行仁政、治绩卓著、百姓爱戴，公务之余研修治道、参悟禅道、咏诗唱和，为北宋著名政治家、开宋调诗人之一，被列为北宋青州名臣十三贤之一、禅宗云门宗青原下第十二世人物。

一　青州任前：中和之政的典范、熙宁变法的稳健派

　　景祐元年（1034），赵抃进士及第、步入仕途，先后在潭州、崇安、宜州、海陵、江原、泗州、濠州担任过 20 年地方官，因官声甚佳，至和元年（1054）被召为殿中侍御史，曾上《论正邪君子小人疏》条陈其执政理念，敢于为正直有为的朝臣欧阳修、贾黯、胡瑗、周敦颐等仗义执言，"一时名臣，赖以安焉"。因弹劾不避权势，连上十多章要求严惩杖杀女使的宰相陈

执中，终致其被罢相，被誉为"铁面御史"，并因此于嘉祐元年（1056）外放睦州、梓州路、益州路（成都府路）为官。嘉祐五年（1060）任右司谏，劾罢邓保信、宋庠、陈升之三高官，于嘉祐六年（1061）再次被外放。欧阳修在嘉祐六年（1061）《论台谏官唐介等宜早牵复札子》中赞誉："抃不以中滞进用数年为戒，遇事必言，得罪不悔，盖所谓进退一节，终始不变之士也。"

赵抃为政地方多年，政绩卓著。嘉祐六年（1061）知虔州时，"去除烦苛养疲瘵，狱犴虚空寇衰息"，"行之以简易，宽不为弛，严不为残"，表现了深刻的爱民之情与出色的治政才干，时人评为"治有余力"。在知青州前，已经三次入蜀、四任为官，皇祐二年（1050）首次入蜀，知蜀州江原县（今成都市崇州市江原镇）；嘉祐三年（1058）二次入蜀，任梓州路转运使（今绵阳市三台县潼川镇），嘉祐四年（1059）任益州路转运使（同年益州路易名为成都府路）；治平元年（1064）三次入蜀，任龙图阁直学士、知成都。为政四川多年，长厚清修，清廉自守，日所为事，夜必衣冠露香以告于天，"以宽治蜀，蜀人安之"，极受时论好评。英宗曾赞曰"赵某为成都，中和之政也"。治平四年（1067），宋神宗立，召知谏院，对他说："闻卿匹马入蜀，以一琴一鹤自随，为政简易，亦称是乎！"

治平四年（1067）九月，赵抃任参知政事，参与熙宁变法。时曾公亮、富弼为相，唐介、张方平与赵抃为参知政事，吕公弼为枢密使，韩绛、邵亢为枢密副使。"公与富弼、曾公亮、唐介同心辅政，率以公议为主"。赵抃感激思奋，于政事每有建言，受到神宗手诏嘉奖。熙宁二年（1069）二月，宋神宗任用王安石为参知政事，开始推行新法。四月，唐介因与王安石争论新法，不胜，疽发于背，悲愤而死。富弼也因反对变法而出判亳州。时人称为：生（王安石）、老（曾公亮）、病（富弼）、死（唐介）、苦（赵抃）。史家历来认为，赵抃属于旧党一员，反对变法。其实并非如此，一向以"中和之政"为圭臬的赵抃，属于熙宁变法的积极参与者、稳健派，与老（曾公亮）、病（富弼）、死（唐介）等保守派明显不同，一方面，他从便民利民的民本思想出发，反对王安石激进、偏颇的变法措施特别是青苗法，与王安石产生激烈政争；另一方面，从忠君思想、维护变法班子团结的角度出发，他不得不居中斡旋、对作为激进派的王安石做出一些妥协让步，因此常常受到来自激进派与保守派两个方面的攻击，身处"两难"境地，"苦"不堪言。《宋史·赵抃传》记载："王安石用事，抃屡斥其不便。韩琦上疏极论青苗法，帝语执政，令罢之。时安石家居求去，抃曰：'新法皆安石所建，不若俟其出。'既出，安石持之愈坚。抃大悔恨……"

随着变法之争的日趋激烈，在宋神宗的支持下，激进派的势力越来越大，保守派的代表人物相继被贬出朝廷，而作为稳健派的赵抃已力不从心，处境日益艰难。在关系国计民生的原则立场上，他旗帜鲜明、铁面无私，屡次上章直陈时政弊端。在与王安石的几次斗争失利后，上疏《奏札乞罢制置条例司及诸路提举官》作最后一搏："制置条例司建使者四十辈，骚动天下，安石强辩自用，诋天下公论以为流俗，违众罔民，顺非文过。近者台谏侍从，多以言不听而去；司马光除枢密不肯拜。且事有轻重，体有大小。财利于事为轻，而民心得失为重；青苗使者于体为小，而禁近耳目之臣用舍为大，今去重而取轻，失大而得小，惧非宗庙社稷之福也。"神宗皇帝方寄望于王安石，自然不理会赵抃的意见，赵抃遂连章请求去位。苏轼《赵清献公神道碑》："求去，四上章，不许。熙宁三年四月，复五上章，除资政殿学士知杭州。"《宋史·职官志·宰辅表》载：熙宁三年（1070）"四月己卯，赵抃自参加政事、右谏议大夫以资政殿学士知杭州"。当时，"杭故多盗，闻抃性宽，细民益为盗"（《乾道临安志》），赵抃为政素来宽厚，但并非软弱可欺，他宽严相济、雷厉风行，对为盗者严厉打击，没多久，杭州境内就太平了。一心在杭州致仕、安度晚年的赵抃，短短6个月后，不期又接到了远徙青州的圣旨。这位因反对青苗法而辞职的前参知政事，却被安排到推行青苗法的重要地区，历史，是这样无情，又这样有趣。

二 青州赴任：千里单骑，琴鹤相随

熙宁三年（1070）十二月庚申（四日），王安石拜相，激进派势力进一步扩张，而时为资政殿学士知杭州的赵抃，则同时被诏以资政殿学士知青州，稳健派在政治上进一步失利。

北宋时期，青州为京东路首州、京畿重地，自古多麦田，是推行青苗

法的重要区域、先期推行青苗法的三路（京东、淮南、河北）之一。青苗
法是熙宁变法的重要法令，本是朝廷精心设计的为粮农着想、防高利贷盘
剥的农业信贷性质的惠政，每年农历一月、五月向粮农两次放贷，由于其
官府从中获利、仍然较高的利息、强制推行以及执行等方面的诸多弊端，
导致官府与民争利、上等农向官府交利、下等农遭受官府与高利贷者双重
盘剥、流民四起等问题，遭到了很多人的非议与抵制。赵抃的两位前任，
一位是文坛领袖欧阳修，一位是状元出身的郑獬，均因反对青苗法或贯彻
青苗法不力而被朝廷申饬或罢黜。

熙宁元年（1068）八月，62 岁的欧阳修（1007~1073），以兵部尚书知
青州，充京东路安抚使。九月，抵青州。熙宁三年（1070），欧阳修在青州
推行青苗法的过程中，见此法弊端，曾两次上札子，请免除利息、制止强
迫摊派，罢提举、管勾等官，真正实现让百姓自愿选择用不用青苗钱，而
不是被强迫使用；并建议止发秋科青苗钱，因未获批复即在京东路停止发
放，为朝廷诘责。七月（一说九月），改知蔡州。

熙宁三年（1070），郑獬由杭州徙青州。郑獬（1022~1072），皇祐五
年（1053）进士第一。神宗初，拜为翰林学士，因极言进谏，议论朝臣，
得罪了不少人，遂权发遣开封府。又因不肯用新法，为王安石所忌恨，出
为侍读学士，熙宁二年（1069）贬知杭州，未几徙青州。当时正推行青苗
法，郑獬只言其害，不忍民无罪而陷宪纲，遂告病赋闲，提举鸿庆宫。

朝廷安排赵抃知青州、接替病卧的郑獬的使命，历史上没有记载。赵
抃是坚决反对青苗法的，认为"青苗使者于体为小"，并因此辞掉参知政
事、出知杭州。这次被安排远调青州这一推行青苗法的重要地区，让反对
青苗法之人推行青苗法之事，而且是在前两任均因此遭罢黜的背景下，含
有明显的惩戒意味。不过，鉴于神宗皇帝对赵抃的信任，也有期待其"戴
罪立功"、努力纠正前几任对青苗法的抵制与反对的意图。不管怎么说，从
近家衢州且富庶的杭州，到千里之外、远离家乡的青州，这对一个年已 62
岁、极有可能罢官或卒于任上、将骨头抛在异乡的老人来说，似乎总有点
"贬谪"的意味。

不过，对于一心忠君为国、多年宦海沉浮的政治家赵抃来说，这已是
家常便饭。赵抃于熙宁四年（1071）元月与杭州新守沈立交割完毕，三月

赴青州任。从杭州到青州，有千里之遥。琴鹤相随、轻车上任，是赵抃的一贯作风。时曾巩（1019~1083）为越州通判，一向以赵抃为政事之师，作五言诗《送赵资政》，赞颂了赵抃多半生的事迹与政绩，表达了对赵抃的由衷钦佩与期望。

三 青州仁政：诚心爱人，宽简为要，惠利为本

赵抃赴任青州的路线，据《酬越守孔延之度支》《再有蜀命别王居卿》等诗分析，当为杭州、润州、扬州、徐州、岱岳东麓、穆陵关、青州。到达青州任所的时间，詹亚园先生考证为大约夏季五、六月间。知青州一年有余，复于熙宁五年（1072）闰七月甲戌即诏命擢大资政、知成都府。因此，《续资治通鉴长编》卷236称其"在青州逾年"。按北宋惯例，一路首州的知州一般兼任该路安抚使，可以推定，赵抃知青州时应兼任京东路安抚使。赵抃是如何对待朝廷急令推进的青苗法的，史无记载，但是从后来赵抃再知成都府，进京面帝时提出"便宜行事"，推测其知青州之时并无"便宜行事"之权，也就是说，不可能在推进青苗法上自行其是、自作主张。不推行青苗法，朝廷不满意；强推青苗法，百姓有抵触。面对这一"两难"课题，赵抃是如何破解的呢？史载，赵抃大力推行以宽容（养民）、简易（便民、不扰民）、惠利（惠民、利民）为特点的仁政，深得百姓爱戴。但对于敏感的青苗法问题，历史记载闪烁其词、语焉不详，但我们还是能够推测，他凭借丰富的从政经验，巧妙地化解了这一难题。从其"在青州逾年"且"擢大资政、知成都府"，以资政殿大学士这一只有担任过宰相之职才能获得的殊荣离任看，朝廷对他是非常满意、褒扬有加的。从"两难"到"两个满意"，表现了赵抃高超的政治智慧。

一是勤荒政。赵抃夏到青州，即遇到了严重的旱蝗灾害。他顾不上千里旅途多日疲惫，应民意组织祈雨，天降甘霖，解除旱情，而且有效治理了蝗灾，成为治蝗奇迹。《宋史·赵抃传》记载："知青州时，京东旱蝗，及青境，遇风退飞，尽堕水死。"苏轼《赵清献公神道碑》记载："时山东旱蝗，青独多麦，蝗自淄齐来，及境遇风，退飞堕水而尽。"赵抃《夏末喜雨》：

灵湫祈祷酌樽罍，稽首精神敢惰哉。

民意欲从千里雨，天威为动一声雷。

预期多稼如云去，且免飞蝗入境来。

酷暑骤祛还自喜，清风朝夕上楼台。

这首诗表达了作者因祈雨成功、大雨如期而至时的喜悦之情。"民意""天威"，在赵抃的心目中占据着相当重要的位置。时值京东大旱，蝗虫肆虐，青州多麦田，一群飞蝗自淄、齐向青州飞来，祸将延及青州之时，孰料天公作美，先是一场来自东南的飓风将蝗虫吹散，正当退飞之时，苍天又降雷雨，将蝗虫打落堕地、溺水而死。青州幸免于灾，实老天相助，为青州一方黎民之福也。也许，仁政感天，祈雨成功、天降甘霖，而且奇迹般地治理了旱蝗。一次祈雨的行动，不仅解除了旱情，"且免飞蝗入境来"，同时，根据后来赵抃再次知杭时上书朝廷杭州久旱民力匮乏，请减免修城事宜的做法，我们可以猜测，深谙政治的赵抃，完全有可能会以旱蝗灾害减产绝产为由，减免青苗硬性摊派贷款。也许，前任所不能承受的青苗之重，就这样被化解了。

二是举学政。"公为吏，诚心爱人，所至崇学校，礼师儒"。赵抃为政地方多年，每到一处，必讲劝学。青州，更是学子辈出之地。特别是真宗咸平五年（1002），25岁的王曾（978~1038），由乡贡试、礼部、廷对皆第一，状元及第，大魁天下，真宗时两次被拜为参知政事，仁宗时两次被拜为宰相，后被封为沂国公。赵抃到青州之后，拜访当地名流，视察王曾兴建的青州州学。他写了《青州劝学》一诗鼓励州学的学生们下苦功认真读书：

学欲精勤志欲专，鲁门高第美渊骞。

文章行业初由己，富贵荣华只自天。

一篑为山先圣戒，寸阴轻璧古人贤。

沂公庠序亲模范，今日诸生为勉旃。

"鲁"通"儒"，渊指颜回，骞指闵子骞，两人都是孔子弟子。汉代扬雄

《法言·渊骞》道：孔子的再传弟子，现在全已不为人知，那为何颜回、闵子骞却不然呢？因为他们依附着孔子，有如"攀龙鳞，附凤翼"，得到孔子的盛名之助而让世人能够认识他们，不至于湮没无闻。这首诗劝勉年轻人要追随德高望重的圣贤，勤奋学习，修身养性，努力完成自己的学业。

三是施宽政。苏轼《赵清献公神道碑》记载："公为吏，诚心爱人，所至崇学校，礼师儒，民有可与与之，狱有可出出之"，"其为政，善因俗设施，猛宽不同，在虔与成都尤为世所称道"，"邦之司直，民之父师。其在官守，不专于宽。时出猛政，严而不残。赵公所为，要之以惠利为本。然至于治杭，诛锄强恶，奸民屏迹不敢犯"。在多年的为政生涯中，赵抃形成了因地制宜、因俗治政，宽严不同、有度适度，宽不为弛、严不为残的风格。青州百姓善良、风俗朴厚，与严厉的诛锄强恶的治杭措施完全不同，赵抃因地制宜，宽以待民，营造宽大、宽容、宽松的环境，让百姓安居乐业。当然，他的宽松政策也是有度的，即宽不为弛，不废纲纪。

四是行简政。苏轼《赵清献公神道碑》记载："未几徙青州，因其俗朴厚，临以清净。"赵抃在政事之余，多宴坐，以"讼庭无事"为要，绝不滋事扰民。赵抃治政，无论是杭州的严而简，还是青州的宽而简，其一以贯之的显著特点就是简政。只有简政，才能少取而顺民、养民、利民，而繁政往往多取而扰民。这种以民为本、为政宽简而事不废弛的风格，与当时繁文缛节、形式主义、滋事扰民、好大喜功的官场积习形成了鲜明的对比。在简政方面，赵抃与欧阳修简直如出一辙。欧阳修就曾对人说："凡治人者不问吏材能否，施设何如，但民称便，即是良吏。"所以赵抃做官"不见治迹，不求声誉，以宽简不扰为意。故所至民便，既去民思。如扬州、南京、青州，皆大郡，公至三五日间，事已十减五六，一两月后，官府阒然如僧舍"。

五是兴惠政。苏轼《赵清献公神道碑》记载："赵公所为，要之以惠利为本。"在青州，他不仅为政宽简，且以惠利为本，广兴惠民利民之举，"民有可与与之"，做了许多好事、实事。赵抃《次韵王居卿提刑游云门山》有"岁稔人家户不扃"句，《次韵王宪表海亭赏雪》有"共喜丰登有佳兆"句，都反映了当时五谷丰登、百姓安居乐业的喜人景象。这也与当时一些地方的官员为求一己之私，将繁重的赋税、苛刻的法令强加于百姓头上，导致民不聊生的悲惨局面形成了鲜明的对照。

六是善狱政。 狱政常常是恶政的渊薮，但在赵抃治下，狱政成为善政之重要领域。赵抃诚心爱人，心存善念，时时处处设身处地以百姓为念，以百姓之苦为苦。表现在治狱上，无妄系一人，狱有可出出之。冯梦龙《智囊》记载："赵清献公抃出察青州，每念：一人入狱，十人罢业；株连波及，更属无辜；且狱禁中夏有疫疾湿蒸，冬有皲瘃冻裂；或以小罪，经年桎梏；或以轻系，追就死亡；狱卒囚长，需索凌辱，尤可深痛。时令人马上飞吊监簿查勘，以狱囚多少，定有司之贤否。行之期年，郡州县属吏，无敢妄系一人者。邵尧夫每称道其事。"赵抃在狱政上的善举，得到了北宋理学大师邵雍的极力称赞。

四 青州公余：研修治道，参悟禅道，咏诗唱和

赵抃在勤政之余，静下心来梳理多年为政经验、研修为政之道，与曾巩多有交流，这段时期也是他向佛悟道、被列入禅宗云门宗青原下第十二世人物的重要节点，与曾巩、孔延之、孔宗翰、王居卿等多有唱和，诗歌造诣更加深厚，成为开宋调诗人之一的重要时期。

一是研修为政之道。 熙宁四年（1071）六月，与赵抃到青州任所的同时或稍后，曾巩已到知齐州任，名义上为赵抃所兼任的京东路安抚使的下级。这对忘年之交相知甚深，情好弥笃，经常书信探讨为政之道。熙宁四年（1071）之夏，曾巩有给赵抃的两篇复文：

《齐州答青州赵资政别纸启》曰：

> 某昏愚不肖，蒙处以烦剧，不敢辞难，勉强即事。大惧不能免于悔咎，以为侍御者之辱，乃蒙以政术严简见称。盖治烦不可以不简，不可以不严，而要其所趣则未尝不归于慈恕。此非某之所自得，向者窃窥浙西之治，殆出于此，故心潜之日久矣。及施于此，果得安静，则所窃者乃左右之绪余也。鄙劣何有焉！然今之为治者，非得久于其官而各行其志也，故所为止于如此而已。岂有志者之所素学乎！伏惟

明公，道德高深而器业闳远，盖明于此说旧矣，固不待末学之言。其他惓惓，非侍坐不悉。某皇恐。

《齐州答青州赵资政别纸启》云：

某驽钝，见使治剧，非其克堪，固亦愚所未晓也。到郡之初，吏事纷纷，良亦可骇。然孤蒙之质，久仰吏师，窃其绪余辄自试。数日以来，颇觉简静。若遂获如此，实鄙劣之幸也。更冀爱怜，时赐教诲。

图1　赵抃手迹一·赠悟禅和尚诗碑

在两篇复文中，曾巩非常谦恭地向赵抃讨教，多有赞颂之辞。赵抃给曾巩的原文已不见诸史料，但从曾巩复文中可以窥见赵抃"浙西之治"的业绩、"治政当威严与宽恕相间，以收驭繁为简之效"的为政思想。

二是潜心参禅悟道。一向为政简易、清静自修、绝不扰民的赵抃，在远离家乡的青州，有更多的时间参悟人生、参禅悟道。

有诗《述怀》：

三十年前一布衣，烂柯山下骤鸣飞。
梦刀蜀国青天上，衣锦杭州白昼归。
曾预机衡蒙帝眷，自同葵藿向晨晖。
东斋事少愚知幸，终日平岚面翠微。

（赵抃自注：平岚，亭名。）

东斋指东州（京东路之首州，即青州）官署，翠微代指云门山。

有思乡之作《青社有怀杭州》：

> 早暮涛声远郡衙，湖山楼阁亲烟霞。
> 浑疑出处神仙地，不似寻常刺史家。
> 假守半年无惠爱，退公连日不喧哗。
> 东州久发南归梦，却念重来未有涯。

东州指京东路之首州，即青州。

几十年的宦海沉浮，让他归隐之意、向佛之心更切。赵抃不仅自己笃奉，还勉励好友富弼（郑国公）深入佛门。据《五灯会元》载：

> 清献公赵抃居士，字悦道，年四十余，摈去声色，系心宗教。初从蒋山法泉禅师游，微有省。又从大名天钵寺重元禅师问心要，师曰："公立朝论政，崇化明伦，奚暇刻意于此。"公曰："闻别传之旨，人人本有之事，岂抃不能，愿究明之。"师乃令看狗子无佛性话。会佛慧居衢之南禅，公日亲之，慧未尝容措一词。后典青州，政事之余，多宴坐。忽大雷震惊，即契悟，作偈曰：默坐公堂虚隐几，心源不动湛如水。一声霹雳顶门开，唤起从前自家底。慧闻笑曰：赵悦道撞彩耳。富郑公初于宗门，未有所趣，公勉之书曰："伏惟执事，富贵如是之极，道德如是之盛，福寿康宁如是之备，退休闲逸如是之高，其所未甚留意者，如来一大事因缘而已。能专诚求所证悟，则他日为门下贺也。"

知青州时，重元禅师曾自青过齐，赵抃有《禅僧重元自青过齐因寄》：

> 教被山东十稔余，人人师为指迷途。
> 仰天峭绝灵岩峻，万里闲云一点无。

史载：天钵重元禅师，青州千乘（今博兴县）人。17岁出家，初游讲肆，颇达教乘。后弃教参禅，在云门宗祖师天衣义怀（青原下十世）座下大悟。后北行千里，跨过黄河，在北京大名府天钵寺出世为人。对《华严经》颇有心得，雅号"元华严"。赵抃时任河北路都转运使，得以礼拜重元禅师，参悟云门宗艰深玄奥的门风。据诗，重元禅师曾教被山东十多年，在仰天寺（今青州仰天山文殊寺，也称仰天寺）、灵岩寺（今长清灵岩寺）为禅僧。

在青州期间，赵抃闻雷开悟，有《青州闻雷》：

> 退食公堂自凭几，不动不摇心似水。
> 霹雳一声透顶门，惊起从前自家底。
> 举头苍苍喜复喜，刹刹尘尘无不是。
> 中下之人不得闻，妙用神通而已矣。

此诗与《五灯会元》载诗相合。经多年求索，赵抃已体会到云门上乘宗风，能够妙用神通，而"中下之人"望而却步、难入法门。

又有《闻雷可喜》：

> 雷奔电激夜溟溟，虎啸龙吟魄鬼惊。
> 用即不勤功即进，圣胎涵养道芽生。

在此期间，有诗《寄余庆讲僧思辩》：

> 年光已占六十四，七十归来尚六年；
> 顾我久惭迷利禄，与师同约老林泉；
> 政为岂弟聊康俗，心放逍遥自到仙；
> 身寄东州梦南去，山堂依约艮庵前。

此诗写于熙宁五年（1072）赵抃64岁时。东州，指京东路首州，即青州。余庆即余庆院，在衢州赵抃故里。

总之，青州是赵抃悟道的重要节点，《五灯会元》将其列入蒋山法泉法嗣，为禅宗云门宗青原下第十二世人物。参禅悟道，使赵抃在以儒家自居、以天下为己任、追慕圣贤、修齐治平的同时，出佛入老，参透人生，面对宦海沉浮，宠辱不惊，进退有据，达到"圣胎涵养道芽生""心放逍遥自到仙"的境界。

三是同僚友人唱和。
赵抃工诗善书，苏辙曾称
其"诗清新律切，笔迹劲
丽，萧然如其为人"。《宋
诗钞》说赵诗"触口而
成，工拙随意，而清苍郁
律之气，出于肺肝"。在
青州，赵抃与同僚友人唱
和，有诗歌多篇。

与孔延之。有《酬越
守孔延之度支》：

君诗感别我依依，

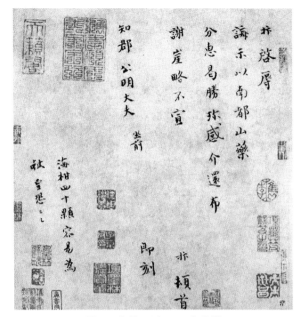

图 2　赵抃手迹二·山药帖

言念朋怀与愿违。
京口落帆初醉后，
江心登寺复分飞。
回思二浙风烟好，
来喜三齐狱讼稀。
旧里未归徒仰美，
小蓬莱上占春辉。

（赵抃自注：去年春三月，公之会稽，予自杭徙青，饯别于润州之金山。）

赵抃与孔延之为多年旧交，在镇江金山寺惜别后，一个北上青州，一
个南下越州。孔延之（1013~1074），字长源，今江西省峡江县罗田镇西
江人。庆历二年（1042）进士，授钦州军事推官，历知洪州新建、筠州
新昌县，擢知封州，移荆湖北路提点刑狱。熙宁四年（1071）四月以度
支员外郎知越州军州事领浙东兵马钤辖。到位后，又迁尚书司封郎中。
至此经八迁至尚书司封郎中，赐服绯鱼。后移知泉州、宣州，熙宁七年
（1074）卒。

与孔宗翰。孔宗翰（1029~1088），字周翰，举进士，知仙源县（今曲阜市），由通判陵州为夔峡转运判官，熙宁三年（1070）十二月，孔宗翰任京东同提点刑狱（提刑简称宪司），与赵抃多有唱和，后知虔州。历陕、扬、洪、兖州，皆以政绩显著闻名。元祐元年（1086），召为司农少卿，迁鸿胪卿，进刑部侍郎。元祐三年（1088），以宝文阁待制知徐州，未拜而卒。《赵清献公文集》有相邻三诗：

《次韵孔宪重九出巡未回》：

> 东望迢迢百尺台，清风徒念故人来。
> 幸空讼垢澄心坐，喜得诗筒盥手开。
> 不觉登高佳节到，未期行麾几时回。
> 尧山虽与民同乐，阻共车公把酒杯。

尧山，即今青州尧王山，也称尧山。

其《酬孔宪将还》：

> 待月登高悉后时，还辕今喜近郊岐。
> 再圆光彩蟾升汉，未谢馨香菊满篱。
> 乘暇寻山应有得，许陪观海不知谁。
> 感君按辔澄清外，遗我琼瑶两首诗。

（赵抃自注：所处登、莱州，皆枕海上。）

《次韵孔宪蓬莱阁》：

> 山巅危构傍蓬莱，水阁风长此快哉。
> 天地涵容百川入，晨昏浮动两潮来。
> 遥思坐上游观远，愈觉胸中度量开。
> 忆我去年曾望海，杭州东向亦楼台。

（赵抃自注：杭有望海楼。）

这首诗雄直豪迈、推宕回环，多用健笔直接抒写，语言上绝去藻饰，质朴劲健，感情豪迈，加上章法开合转折，于律诗中融进了参差拗健之美，集中体现了赵诗之特点，被多本诗选选入。《宋诗鉴赏辞典》（上海辞书出版社 1987 年版）等认为，赵抃的一位带御史衔的姓孔的朋友，登越州蓬莱阁，写了一首观潮的诗寄给赵抃，此篇是赵抃和诗。有的认为孔宪是孔延之。

笔者认为，"宪"应为一路提刑的简称。孔宪并非孔延之，孔延之曾任荆湖北路提点刑狱，但熙宁四年（1071）四月以度支员外郎知越州军州事领浙东兵马钤辖。到位后，又迁尚书司封郎中。《嘉泰会稽志》卷二载："孔延之，熙宁四年以度支郎官知，五年十一月召赴阙。"在越州共 18 个月，熙宁五年（1072）五月一日，编就《会稽掇英总集》，选录自秦始皇三十七年（前 210）至宋熙宁五年（1072）的诗文 805 篇。因为谦虚，没有收入自己的诗文，但沈立、赵诫、沈绅、吴可几、裴士杰、孙昌龄、顾临、江衍等 8 人均有《和孔司封题蓬莱阁》诗，说明孔延之在越州任上写过《题蓬莱阁》诗（孔延之有"天目远随双凤落，海门遥蹙两潮趋"佳句，似为其中之句），以上和诗应写于其到任并迁尚书司封郎中后。集中并无赵抃和诗，如有孔延之《题蓬莱阁》和诗，题目应为"次韵孔司封蓬莱阁"，而不会是"次韵孔宪蓬莱阁"。赵抃前诗《酬越守孔延之度支》应写于熙宁四年（1071）四月孔延之以度支员外郎知越州到任前，故称度支，不称"宪"，因为此时其已卸任荆湖北路提点刑狱。所以，《次韵孔宪蓬莱阁》不可能是写给孔延之的。笔者认为，孔宪指孔宗翰，熙宁三年（1070）十二月，赵抃由知杭州改知青州时，孔宗翰任京东同提点刑狱，熙宁四年（1071）重九节，孔宗翰出巡青州下属州县，"所处登、莱州，皆枕海上"，登登州蓬莱阁时，有诗赠赵抃，赵抃这首和诗应作于熙宁四年（1071），所以有"忆我去年曾望海"之语。蓬莱阁为登州（今山东烟台蓬莱市）蓬莱阁，而非越州（今浙江绍兴）蓬莱阁。文献记载，登州蓬莱阁的主体建筑建于宋嘉祐六年（1061），坐落于丹崖极顶，阁楼高 15 米，坐北面南，登临阁廊，举目远望，长山列岛时隐时现，东北海疆碧波连天，春夏之际，海市蜃楼时时光临登州海上，使人耳目一新，心旷神怡。史载秦始皇、汉武帝都曾为寻求仙药先后来此，传说秦方士徐福受始皇之遣由此乘船入东海去求仙丹，"八仙过海"神话故事传亦在此，自古为文人墨客雅集之地、道教炼士修真之境。而五代时吴越王钱镠所建的越州蓬莱阁，位于鉴湖之滨的卧龙山，距海有一段距离，登此阁观海似乎不太可能。然而，在登州蓬莱阁观海，经常是万里波平，也难有"天地涵容百川入，晨昏浮动两潮来"的景观。须知，赵抃在这首次韵诗里，"忆我去年曾望海"，凭借自己在杭州望海楼观钱塘潮的经历，"遥思坐上游观远"，想象和摹写孔宪登临登州蓬莱阁的观感，并未实地登临。此诗所写景观，其原型为钱塘潮。此诗也可佐证，熙宁四年（1071）前已建登州蓬莱阁，登州蓬莱阁的主体建筑建于嘉祐六年（1061）的说法，是可信的。

四是歌咏青州美景。在赵抃的诗歌中，有多篇涉及青州山水景物，其中关于水磨园亭、范公亭的有一首《次韵孔宗翰水磨园亭》：

> 南洋一服通机磨，更引余波绕曲池。
> 高柳碧阴无酷暑，小莲红老惜芳时。
> 临流共赏休辞醉，按辔重来未可期。
> 从此邦人为胜事，范公亭榭孔君诗。

熙宁四年（1071）盛夏六七月间，赵抃与孔宗翰在水磨园亭唱和。将范公亭榭与孔宗翰诗并称。范仲淹（989~1052），字希文，皇祐三年（1051）以户部侍郎知青州，兼充淄、潍等州安抚使，清廉爱民，曾亲自汲水制药，发放民间，制止了瘟病流行，恰在这时，南阳河畔有泉水涌出，水质纯净甘甜，百姓以为范公德行感动了苍天，就取名"醴泉"。为保护泉水，范仲淹在泉上建造了一座亭子。皇祐四年（1052），范仲淹病逝于赴颍州途中。人们感念范公，就把"醴泉"叫作"范公井（泉）"，把亭子叫作"范公亭"。据诗，范公亭榭应建于熙宁四年（1071）前，水磨园亭应与范公亭相邻。

关于范公泉的有一首《次韵孔宗翰提刑范公泉》：

> 陆羽因循不此寻，从知泉品未为深。
> 甘清汲取无穷已，好似希文昔日心。

熙宁四年（1071）盛夏六七月间，赵抃与孔宗翰在范公泉唱和，以范公泉的清澈比喻范仲淹"甘清汲取无穷已"的丰功伟绩和冰清玉洁之心。

关于云门山的有一首《次韵王居卿提刑游云门山》：

> 十里峥嵘到忽平，兀然如觉梦魂醒。
>
> 石通幽室心生白，径拥寒云步入青。
>
> 一水下窥疑绝线，两山前裂似开屏。
>
> 重城归去仍堪喜，岁稔人家户不扃。

王居卿，字寿明，登州蓬莱人，进士及第，是北宋著名的水利家，接替孔宗翰为京东路提刑。这首诗写出了云门山的山高和作者内心的喜悦，让人吟来，真是荡气回肠，如身临其境。

关于表海亭的有四首：

《辛巳青州玩月有怀》曰：

> 中秋去岁中和宴，表海今朝北海曇。
>
> 天上无私是明月，隔淮千里照人来。

辛巳为农历1041年，与史实不符。熙宁四年（1071）为平年，农历辛亥年，原题应作《辛亥青州玩月有怀》。从杭州中和堂，到青州表海亭，写出了元月夜共赏月的感受。

《次韵王宪表海亭赏雪》云：

> 开樽表海最高亭，正是纷纷雪态轻。
>
> 比屋万层琼室偏，夷涂千里玉沙平。
>
> 固风起絮先春意，与月交光后夜清。
>
> 共喜丰登有佳兆，结成和气在民情。

王宪即王居卿，提刑简称宪。这首诗用优美的语言为我们描绘了一幅美丽的雪景图、丰收图和百姓安乐图。

《次韵王宪中秋不见月》曰：

一城歌管中秋乐，薄暮楼台六幕垂。
明月幸无亏损处，浮云应有敛收时。
聊因表海今宵醉，却起钱塘去岁思。
有美堂前如白昼，练铺江面镜须眉。

《再登亭偶作》云：

气象三齐古得名，时登表海最高亭。
河源一水下青嶂，人物两城如画屏。
邑报有秋期俗阜，守惭无术济民灵。
从来狱市并容地，且向樽前任醉醒。

关于龙昌寺的有一首《龙昌寺西轩》：

樽酒西轩共倚栏，更无尘事见颜间。
留诗都士知公否，仁者从来不厌山。

龙昌寺，当为古青州一古寺，地址不详。
关于郡园亭馆的有一首《题郡园亭馆》：

为爱东园四照亭，剪开繁木快人情。
新秋雨过闲云卷，十里南山两眼明。

郡园，即东园。四照亭，青州松林书院内有四照亭。据诗可推测，松林书院前身矮松园一度为郡园，即青州馆驿，园内建有四照亭。南山，应指云门山。

五　青州离任：政声人去后，千古名臣风

熙宁五年（1072）闰七月，神宗皇帝因成都戍卒又出现不安定因素而

忧，觉得真正能被蜀人爱戴的恐怕谁也不如赵抃，于是就封赵抃为资政殿大学士，知成都。这时的赵抃已 64 岁，虽以未任过宰相之身而受资政殿大学士殊荣，但成都远离中原，路途艰险，要想推辞还是有很多理由的。但以身许国的赵抃，早已把个人得失置之度外。按照赵抃一向轻车简从、琴鹤相随的作风，没有迎来送往的热闹场面，只有几个友人送别。赵抃有诗歌《再有蜀命别王居卿》：

> 穆陵关望剑门关，岱岳山连蜀道山。
> 自顾松筠根节老，谁令霜雪鬓毛斑。
> 离家敢谓虞私计，过阙尤欣觐帝颜。
> 叱驭重行君莫讶，古人辞易不辞难。

诗人"离家敢谓虞私计，过阙尤欣觐帝颜"的忠君思想，"辞易不辞难"的精神，非常感人。在青州的时光，赵抃与同僚、百姓结下了深厚的友谊，美丽的齐鲁山水、穆陵关、岱岳山已经深深地扎根于他的心中。

从上诗可知，赵抃离开青州，走的是来青州时的穆陵关、岱岳东麓路线。但是从《赵清献公文集》涉及青州诗歌分析，应为青州、淄州、齐州、濮州、开封，并在齐州稍留。此时的齐州，已在曾巩一年多的治理下大见成效。曾巩、刘诏等齐州人士在槛泉寺（今趵突泉观澜亭）为赵抃饯别，赵抃有《寄题刘诏寺丞槛泉寺》：

> 泉名从古冠齐丘，独占溪心涌不休。
> 深似蜀都分海眼，势如吴分起潮头。
> 连宵鼓浪摇明月，当暑迎风作素秋。
> 亭上主人留我语，只将尘事指浮沤。

刘诏为北宋熙宁年间史学家，时任齐州属官，有寺丞之衔（宋代"九寺"的助理官员）。当时，趵突泉坐落在旧城外西南，民间称为爆流泉，为刘诏所有后，取古雅之意称为"槛泉"，并建了槛泉亭。槛，通"滥"。《诗经·大雅·瞻卬》："觱沸槛泉，维其深矣。"《朱熹集传》："槛泉，泉上出者。"曾巩则将此泉称为趵突泉，其在熙宁六年（1073）所作《齐州二堂记》道："而自崖以北至于历城之西，盖五十里，而有泉涌出，高或至数尺，其旁之人名之曰趵突之泉。"

曾巩有七律一首《送赵资政》赠别：

> 镇抚西南众望倾，玉书天上辍持衡。
> 春风不觉岷山远，和气还从锦水生。
> 学舍却寻余教在，棠郊应喜旧阴成。
> 归来促召调炉冶，莫为儿童竹马迎。
> （"岷山""锦水"皆蜀中地名；"持衡"指执掌大权。）

赵抃则有七绝《寄酬齐州曾巩学士二首》酬谢：
其一：

> 太守文章耸缙绅，两湖风月助吟神。
> 讼庭无事玲斋乐，聊屈承明侍从人。

其二：

> 乐天当日咏东吴，一半勾留是此湖。
> 历下莫将泉石恋，而今天子用真儒。

这两首诗，不仅高度肯定了曾巩文章才华、治理齐州特别是大明湖的政绩，肯定了为政简易、以讼庭无事为乐的执政理念，以及"用真儒"的选人用人路线，而且提醒挚友"莫将泉石恋"、将有更大的作为。

赵抃启程到汴京面见神宗后，于熙宁五年（1072）冬至后第四次也是最后一次入蜀，至熙宁六年（1073）离任，20年间共4次入蜀、5地为官、7次往返，有宋一代官吏，可能只赵抃一人。令人感动的是，早在赵抃琴鹤相随、艰辛跋涉的途中，成都府就出现了百姓因赵抃来守成都而"男呼于道，女欢于灶"、翘首以待的动人场景。著名画家、诗人、梓潼人文同

（1018~1079）《送赵大资政再任成都府》之序写道："是公二纪中四临于蜀。蜀人既闻公来，男呼于道，女欢于灶，皆曰：'我之七筋安于食，而枕第乐于寝者，不图今日复因于我公矣。'"

在赵抃的仕宦生涯中，这样的场景不止出现过一次。赵抃于熙宁十年（1077）至元丰元年（1078）年再知杭州，元丰二年（1079）二月，以太子少保致仕而归，杭人留公不能行，公曰："六年当复来。"元丰七年（1084），在离杭 6 年后，赵抃在其子陪同下重游杭州，"杭人德公，逆者如见父母"。对一个退休后 6 年之久的夕阳老人，仍然得到百姓如此的爱戴，在古代官吏中实属罕见。赵抃于元丰七年（1084）卒，谥清献。名相韩琦称"赵公真世人标表"，盖以为不可及也。苏轼为他写下 3500 字的《赵清献公神道碑》（图 3）称他为"东郭顺子之清，孟献子之贤，郑子产之政，晋叔向之言"，抃一人"兼而有之"，在《题李伯时画赵景仁琴鹤图二首》中称赞："清献先生无一钱，故应琴鹤是家传"。

元修《宋史》，将赵抃与包拯同传。明弘治十二年（1499），衢州府为

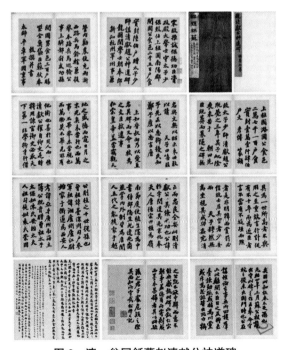

图 3　清·翁同龢摹赵清献公神道碑

赵抃立祠，每年仲春、仲秋进行官祭，题楹联为"业齐韩富，学肇程朱"，将他与名相韩琦、富弼相提并论，且因他对名儒胡瑗、周敦颐的提携保护而将他誉为程朱理学的先肇与功臣。

我们有理由相信，如果再给赵抃一次重回青州的机会，恐怕也会出现同样令人感动的场景。熙宁九年（1076），京东路分为东、西两路。京东东路辖济南府及青、淄、潍、莱、登、密、沂七州和淮阳军，治青州。熙宁十年（1077）六月，与赵抃关系密切的京东东路转运使王居卿主持修州城，立飞梁，建楼橹，南岸置吊桥。再后，青州人民将赵抃与寇准、范仲淹、欧阳修、富弼、王曾、吴奎、曹玮、张方平、刘挚、庞籍、李迪、程琳列入北宋青州名臣十三贤，祭祀至今。赵抃，永远的清献公，永远走进了齐鲁历史，走进了齐鲁人民心中。

（原载《潍坊日报·今日青州》2013 年 3 月 12 日）

与"十三贤"比肩的山左督学黄崑圃

王　岩

康熙五十一年（1712），青州松林书院发生了一件颇有纪念意义的事情。山左（即山东）督学任期将满，还朝之日，青州士子"皇皇如失所恃"，于是纷纷跑到山东巡抚都御史那里请求督学留任。在奏请未果的情况下，"则相与树丰碑于青州之松林书院"，将督学先生的大名跻身于名垂千古的"青州十三贤"之间，以表达一方学子对他的感激与爱戴之情。

这位山东督学名字叫黄崑圃。据《清史稿》等文献记载，黄崑圃，名叔琳，顺天大兴县人。康熙三十年（1691）一甲三名进士，清代著名学者。授编修，累迁侍讲、鸿胪寺少卿、刑部侍郎、浙江巡抚等职，历康熙、雍正、乾隆三朝。康熙年间，曾督学山东，毅然以兴学育才为己任，为山东的教育特别是松林书院人才的培养做出了很大贡献。

青州士子所树丰碑被称作"黄崑圃政绩碑"，历经数百年战火风雨，半个多世纪前由青州一中原校长阎石庵派人砌在书院后院西厢房北墙上，"文革"中免遭厄运，至今保存完好。碑文详细介绍了黄崑圃先生兴贤育才的政绩以及高尚人格。

"先生视事二年，清惠翔洽，政教修明"，与"前政之以尤异著者"相比，"皆有过之无不及焉"。先生"于诸生两试乎定高下，毫发无所苟"。先生在任期间，刚正不阿，清正廉明，对上不负朝廷重托，遴选人才，一丝不苟；对下又不失士子之心，公平稳正，一视同仁。最值得称道的是先生让诸生"聚而饮食，教诲之于历下（白雪书院）、于兹书院（松林书院），皆能有所成就"。先生对待士子十分宽容，对于那些"文义卑陋者"不轻易降黜；有时因小故被郡守县令剥夺诸生资格的，"一无所听"，因而"士咸畏而爱之"。

对于先生当政期间松林书院培养的人才，另一重要碑刻《松林书院记》碑（现藏青州市博物馆）有所记载。此碑是黄崑圃之子黄登贤于乾隆四十年（1775）（距赵执信撰"政绩碑"已经过去了60余年）任山东学政时，受青州知府陈诏和知县周嘉猷之请，莅临松林书院考察后而撰写的碑文。其中写道："康熙戊子、己丑间，先大夫视学山左，兴复济南白雪书院，时远迩翕集，至不能容。而松林书院日久就芜，乃复，慨然捐俸，重加修茸，进诸生而教诲之，饮食之。所成就者，如徐君士林、李君元直、丁君士俤、陈君有蓄、马君长淑、辛君有光、李君志远、刘君轶政、秦君纮、林君仲懿、王君瀛、孙君果、董君思恭，皆知名士也。先大夫之拔擢人材、振兴士气，类如此矣。"

碑文对黄崑圃任学政期间的政绩特别是培养的人才做了更详细的说明：兴复济南白雪书院，修复松林书院，"教诲之，饮食之"，"拔擢人材，振兴士气"，成就了诸多人才。其中，徐士林，山东文登人，康熙五十年（1711）举人，康熙五十二年（1713）进士，官至江苏巡抚，被乾隆皇帝封为"一代完人、千秋典范"；李元直，山东高密人，癸巳科进士，官至四川道监察御史；董思恭，山东寿光人，康熙五十六年（1717）举人，康熙六十年（1721）进士，官至湖南粮储道；其余亦皆这一时期考中的举人、进士，"皆知名士也"。这一成就算不算突出？要知道，康熙五十年（1711），山东省共取举人46名，而松林书院培养的就有6名；康熙五十一年（1712），山东省进士12名，松林书院培养的就有2名；康熙五十二年（1713），山东省进士7名，松林书院培养了2名。松林书院在康熙朝办学盛况是空前的，而这一盛况的出现离不开山东督学黄崑圃。

《黄崑圃政绩碑》的撰文并书丹者为清代诗人赵执信，他对先生的评价甚高，认为先生精敏明辨是非善恶，学问功力造诣深厚，更可贵的是他的"皭然不滓之节，挺然不挠之气"，都寄寓于温厚和平的性情之中，"以是跻十三贤之列，又何让焉！"

碑文又写道："松林书院者，在州城内西南隅。有宋先贤王沂公于其地赋古松，后人因建书院，祀沂公及富文忠、范文正而下十有三君子。迄今六百年矣,而未益一贤者,非无人也,有其人而无关于斯土,或斯土有人而未尝莅政如沂公者,则不可以祀也。书院于明中叶而芜废,近岁修复之。修复之者遂欲自列于诸贤之间,是殆不自知者也。不自知者,人亦不之知。"赵执信认为,松林书院中的名贤祠(俗称十三贤祠)祭祀王曾、富弼、范仲淹等"十三贤",600多年来未添一位,并不是没有这样贤能的人,只是有这样的人却无关乎青州本乡本土,或本乡本土有这样的人却没有名相王曾那样的政教伟绩。松林书院的修复者欲跻身十三贤之列,是没有自知之明的,这样的人人们也不会记住他。"若黄先生可以十有四而无愧者矣!夫无愧于往代名贤,乃可以归报圣天子,而有炜于国史,则其为一省一郡之所尸祝('崇拜'义)而勿替(停止)也,岂不宜哉!"至于黄先生可以成为"十四贤"而当之无愧!无愧于古圣先贤,也无愧于当今天子,他将为一省一郡的人们所尊崇,其美名当在史册大放异彩!

作为"政绩碑",这样的评价是否有溢美之嫌?让我们来看一下碑文作者赵执信的个性。

赵执信(1662~1744),清代诗人、诗论家、书法家。字伸符,号秋谷,晚号饴山老人,益都县颜神镇(今博山)人。其岳父是内秘书院大学士兼吏部尚书孙廷铨的长子,岳母是刑部尚书王士禛的从妹。他既是孙廷铨的孙婿,又是王士禛的甥婿。在这样的家族环境中,他自幼受到良好教育,9岁提笔为文,"辄以奇语惊其长老",14岁中秀才,17岁中举人,18岁中进士,后任右春坊右赞善兼翰林院检讨,名噪京师。28岁因佟皇后丧葬期间观看洪升所作《长生殿》戏剧,被劾革职。赵执信虽为一代诗宗王士禛甥婿,然论诗与其异趣,不善官场逢迎、趋炎附势,不愿结交权贵,恃才傲物,颇负狂名。陈恭尹《观海集序》中说:"士以诗文贽者,合则投分订交,不合则略视数行,挥手谢去,是以大得狂名于长安。"黄崑圃《赵执信墓表》中称其"朝贵皆愿纳交,而先生性傲岸,耻有所依附,落落如也。故才益著,望益高,忌者亦益多"。在观剧革职之祸中,赵执信表现了过人的胆气和宁为玉碎、矢志不移的品质。事件发生之后,他把罪责全部承担起来。刑部官员索要关于洪升的口供,他断然拒绝;索要贿赂,他置之不理。这种勇气和傲骨,在当时确乎罕见。他拒绝再仕,态度决绝而又彻底。他从罢官后到83岁去世,一直未再涉官场。

就是这么一位傲骨铮铮、孤高自赏、绝不结交权贵、趋炎附势、逢迎巴结的文人，对山左督学黄崑圃先生却充满了仰慕之情并给予高度评价。是什么打动了这位骨子里写满了清高的文人？是山左督学黄崑圃先生的政教伟绩，是他的人格魅力，是他堪与永垂千古的"青州十三贤"比肩的业绩和精神……

（原载《联合日报》2013 年 5 月 18 日）

秋谷高风　翰墨陈香

——赵执信《黄崑圃政绩碑》

郭伟红

笔者所任教的青州一中院内环抱着一所古老的书院——松林书院。其前身为宋代矮松园，明成化五年（1469）改称松林书院。至今书院建筑保存完好，粉墙黛瓦，古风郁郁，松柏森森。书院内历代碑额林立，其中形制巨大、艺术水准较高的尚属清初著名诗人、诗论家、书法家赵执信于康熙五十一年（1712）五月撰文并书丹的《黄崑圃政绩碑》（以下简称《政绩碑》）。

赵执信，青州府益都县颜神镇人，字伸符，号秋谷，晚号饴山老人。秋谷早慧，少年得志，14岁中秀才，17岁中举，18岁中进士，授编修，23岁主持山西乡试，25岁任右春坊右赞善兼翰林院检讨，可谓春风得意、平步青云。然而天有不测风云，康熙二十八年（1689）八月因受好友洪升之邀观看《长生殿》演出，恰逢康熙佟皇后去世尚未除服，被弹劾以"大不敬"革职，时年不足28岁。从此官场退隐，萍飘大江南北、赣水粤海，留下几多诗文翰墨，声名俱显。有《饴山诗集》《饴山文集》《诗余》《谈龙录》《声调谱》等刊行于世，时人皆以得秋谷寸笺尺墨为宝。

《政绩碑》是一块德政碑，有一人多高，碑质为青州特产青石，碑文15行871字，赞扬了山左（即山东）督学黄崑圃先生（名叔琳）尊师重教、兴复书院、鼎力培养国家栋梁之材的卓越贡献。此碑历400年风雨尚保存完好，被后人镶嵌珍藏于松林书院西北讲堂北山墙内，成为研究松林书院发展史的珍贵史料，具有极高的文献价值。赵执信曾应邀来松林书院讲学，教化松林学子，此碑由他来代表青州百姓、松林学子撰写并表达对黄崑圃的感念留恋之情可谓贴切之极。"视事三年，清惠翔洽，政教修明，举前政之以尤异著者，皆有过之无不及焉。"——秋谷高度评价了黄的政教伟绩，"树丰碑于青州之松林书院，跻先生于十三贤之间。于戏！其无愧也乎"，"若其矍然不滓之节，挺然不挠之气，乃寓于温厚和平之中，是殆其天性固然。然以是跻十三贤之列，又何让焉？"。煌煌871字，畅达劲健，字字珠玑，是秋谷中年时期力作，乃不可多得的艺术珍品。秋谷书法遗存世间无多，更显得此碑弥足珍贵。无怪乎台湾著名作家台静农说："秋谷老人书法：其平生法书不厄于兵劫水火，得留片纸于天壤间，亦幸事也。"

汪由敦所撰赵执信墓志中言："秋谷即坐斥（因罪而罢官），性好游，所至，乞诗文法书者坌（纷纷）至。"秋谷因其才华绝侪位居"清初六家"之列，可谓声名俱显。诗文与书法为秋谷人生双璧，缺一不可，也为时人所激赏。而后人多闻其诗名，台静农还说："以知秋谷在当时重有书名，后人少有知之者，殆为其诗文之名所掩尔。观秋谷书，似取径赵吴兴，而上窥山阴者。冲和简静，如泉壑野逸，萧散自喜。"

摆脱官场束围的秋谷老人撰《政绩碑》时年51岁，正是丰饶的人生之秋，他行走四方，饱览江河山川、五湖风物，那千帆过尽之后的"冲和简静"，那万水千山走遍之后的"泉壑野逸"，那曾经沧海之后的"萧散自喜"，皆化为深沉的精神滋养，被其纳入诗文，沉淀于笔墨豪端。《政绩碑》行文老到通透、凝练深邃。我们不讨论秋谷之文，但就其书法而言，已让我们深深沉醉了。

秋谷才情过人、书风端丽，寓灵动于谨严之中。其真、草、行皆工，而真书犹胜——结构多以长方取势，腕力雄健而用笔沉着遒劲，楷法有度，结体均衡，谋篇布局虽规行矩步又突破圭臬，虽法度谨严却又自出机杼。《政绩碑》用其最擅长的真书写就，劲健中蕴含清雅，工稳中不乏张力，可谓楷法有度，功力深厚，章法齐整，点画劲紧促迫，用笔精到洒脱而韵致生动，文人学养与书家气度相得益彰，洒然出尘。

秋谷书法自欧、赵书中化出，然他终生追服的乃"虞山诗派"冯班（字定远），冯氏书法"尚古和重法"，秋谷书亦然。后人这样评说："赵氏的书法是'韵'与'势'的结合，但'韵'的成分超过了'势'，这正是赵执信书法的显著特点。文人的趣味体现在书法艺术之中，恰恰是艺术家赋予作品的'韵'。"从流派而言，秋谷为清初帖学一派，毕竟是进士出身，《黄崑圃政绩碑》之书尚能找到馆阁体的影子，但比起"媚泽而真气蔫然"（何绍基语）的馆阁体，此碑书法更加畅神、质朴、澹然、率真。

　　时光流转，秋谷老人已经驾鹤西归四个多世纪了。如今，他留下的墨宝遗珍，在嘉德、苏富比等大型拍卖会上成为人们争相求购收藏的珍品。松林书院的学子们也常常在《黄崑圃政绩碑》面前驻足流连，体味秋谷书法秀逸淡远的韵味，秋谷书法更成为后生小子潜心追摹的理想范本。

参考资料

张岩：《从赵执信的诗稿谈他的书法艺术》，《西北美术》2000 年第 3 期。

李森：《赵执信年谱》，齐鲁书社，1988。

董贵胜、李森：《考析赵执信撰书的两件传世碑刻》，《北方文物》2009 年第 1 期。

陈经《松涛诗》赏析

刘方田　张国钟

　　陈经早年曾在松林书院习儒学，中进士后一直在朝为官。《松涛诗》当在嘉靖十四年（1536）母丧丁忧居里期间重游当年读书之地所作。诗文如下：

松涛诗

昔人曾筑读书台，台畔苍松次第栽。

芸阁密围青玉幄，牙签深护翠云隈。

长风夜撼千虬动，巨浪时喷万壑来。

雨露尚须滋养力，庙堂今重栋梁材。

　　诗的首联先写"昔人曾筑读书台"。诗人为什么不写书院中讲堂、藏书阁等建筑，而单写读书台？读书台是为纪念王曾而建的。北宋时青州人王曾年轻时就在这书院中读书，后连中三元，官至宰相。他为官清正廉洁、政绩卓著，封为沂国公，时人遂于书院中筑"王沂公读书台"以志纪念。诗人写读书台，既表明了松林书院曾培育出了王曾这样的国家栋梁，也表达了诗人对王曾的崇敬之情。"台畔苍松次第栽"一句自然地引出所要吟诵的对象。从"次第"一句看，经过几百年的变迁，园中已非宋代的二株矮松，而是成排的苍松翠柏了。

　　颔联和颈联则着重描写院中苍松浓密、松涛涌动的形象。"芸阁密围青玉幄，牙签深护翠云隈"，古人用芸香除书虫，"芸阁"即藏书之所，亦称

"芸台"。牙签，是象牙做的签牌，上写书名篇名，以便于查找书籍，这里借指书籍。这两句是倒装，即"青玉幄密围芸阁，翠云隈深护牙签"；也是互文，即松树的枝叶浓密，像青玉色的帷幕，又像绿云缭绕，掩映着书斋，护围着这藏书之所。诗人用形象的比喻写出了松树的茂密和书院的幽静。冯延登《洮石砚》诗"芸窗尽日无人到，坐看玄云吐翠微"，写的正是这种氛围。这是静态的描写，而颈联则从动态写出松涛涌动的声势。"长风夜撼千虬动，巨浪时喷万壑来"，夜里长风吹来，松枝像千条蛟龙翻腾，又像万壑中浪涛滚滚。嘉靖《青州府志》载："青州有八景，而书院松涛居其一。"从这首《松涛诗》的描写看来，确实当之无愧。

尾联"雨露尚须滋养力，庙堂今重栋梁材"，写院中松树如此茂盛而成为栋梁之材，是由于有雨露的滋养。这里实际上是以松树象征人才，赞颂了松林书院这方教育圣地培养出了像王曾一样一代又一代的栋梁之材，而诗人自己也正是松林书院这方沃土培育出的国家栋梁。结尾巧妙地照应了开头，同时也表达了对朝廷和地方重视教育、重视人才的赞许。

首先，这首诗最突出的特点是"对景言情"，情景交融。诗中通过对书院松涛景色进行有声有色、生动形象的描写，表达了诗人对松林书院这一教育圣地的赞颂，体现了诗人对松林书院的深厚感情。其次，这首诗结构非常严谨，开头从王曾读书台写起引出题意，中间两联着重描写书院松涛的景象，结尾照应开头，赞颂书院对于培养人才的重要作用，有力地突出了诗的主题。最后，这首诗运用了动静结合、比喻、象征、倒装、互文等手法，语言苍劲有力，气势恢宏，生动形象地表现出了书院松涛的特点。

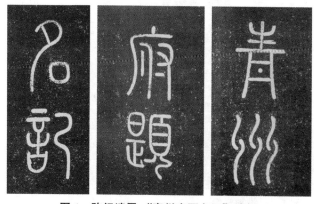

图1　陈经遗墨："青州府题名记"碑额

冯惟敏：明代散曲第一人

隋同文　刘序勤

不畏权贵　仕途失意

　　冯惟敏（1511~1578），字汝行，号海浮，又号石门，散曲作家，籍贯临朐（图1）。从父辈冯裕起，家居青州。古代中国是一座诗歌殿堂。继先秦诗骚、汉赋、唐诗、宋词之后，元代的散曲创造了又一座诗歌宝殿。元代至明代，青州是散曲的重要创作中心，继王廷秀、刘庭信之后，又出现了冯惟敏、薛岗等散曲创作大家。其中，冯惟敏声名更为显著，被誉为"曲中之辛弃疾""明曲之第一人"。

　　在冯惟敏童年时，父亲冯裕任石阡（今贵州石阡）知府，带着三子冯惟敏前去上任。父亲政务之余，亲自教育儿子读书。冯惟敏天性聪慧，儒家经典、诸子百家无所不

图1　冯惟敏塑像

读，学问大进。尤其善于赋诗作文。其文汪洋恣肆，"万言立就"。冯裕辞官，冯惟敏随同父亲回到青州，文名享誉乡里。当时，常州文人王慎中担任山东督学，自以为于书无所不读，无人可及。可是看到冯惟敏写的文章，大为惊奇，觉得自己比不上，从而甘拜下风。

嘉靖十六年（1537），冯惟敏考中举人。可是后来参加会试，屡遭挫折，累试不进，便在家闲居 20 余年。其间，因得罪山东巡按段顾言，曾被逮捕关押。嘉靖四十一年（1562），已过天命之年的冯惟敏进京谒选，被任命为涞水县（今河北涞水县）知县。在任期间，他体恤民情，廉静不扰。每次公务出行，自己带着干粮汤水，不让乡里百姓招待。同时，他还重视教化风俗，修建学宫，整修城池，种植榆柳树木，得到吏民赞誉，"行路者歌咏之"。但是冯惟敏生性耿直，不附权贵。涞水县地近京畿，地方上的豪强大肆兼并土地，而且逃避赋税，人民流离失所。冯惟敏对此下大力惩治，抓住首恶者处以重典，百姓拍手称快。可是却因此得罪了权贵，一时诽谤四起。上司不容置辩，便给予他贬职的处分。

嘉靖四十四年（1565），冯惟敏改任学官，被谪为镇江府教授。期间，被云南督学聘为乡试主考，选拔了不少人才。隆庆三年（1569），升任保定府（今河北保定）通判。他编修《保定府志》，秉笔直书，搜集编录了因弹劾奸臣严嵩被迫害而死的杨继盛的遗文，让忠臣品操流传于世，受到普遍好评。他又直言不讳，陈述保定时政弊端 16 个问题，切中要害。

隆庆五年（1571），冯惟敏任鲁王府审理。侍奉皇亲国戚，绝不是耿直的冯惟敏所情愿的。所以，他坚持不到职。次年春，便弃官回乡，在海浮山下老龙湾畔建"即江南"亭，自号"海浮山人"。与朋友诗歌唱和，筋咏其中，并致力于散曲和杂剧创作。不久，因病去世，享年 67 岁。

冯惟敏著述颇丰。著有散曲集《海浮山堂词稿》4 卷，收小令 170 首，套曲 50 首。全书依年分类，编次井然，各曲之后时有自记，盖作者晚年手订之本。附录《玉殿传胪》《僧尼共犯》杂剧 2 种。传世的著述还有《石门集》1 卷，又名《别驾集》，《冯海浮集》1 卷，与王家士、祝文合纂之《临朐县志》4 卷。此外，尚著有《山堂辑稿》《山堂诗稿》、万历《保定府志》等。

曲坛辛弃疾　北调独杰出

　　冯惟敏的散曲创作，上承元曲的优良传统，充分发挥了北曲豪爽奔放的特色，题材广泛，内容丰富，语言通俗，气韵生动，具有极强的艺术生命力。他尤其注重描写民生疾苦、揭露社会弊端、讽刺官场丑恶、鞭挞政治黑暗，从而一改散曲创作大多拘泥于写景言情、往来赠答、吊古伤今之类的旧路老调，为之注入了一种新鲜而又凝重的活力。他的《农家苦》《忧复雨》《刈麦有感》等，反映了他体察民隐，对农民疾苦的同情心。另一些作品，或讽贪，或刺虐，或戳弊，或揭恶，均为警世醒民之作。

　　嘉靖年间，朝廷曾命令在山东开掘银矿。山东巡按段顾言虐政山东，贪官污吏也趁机搜刮民财，甚至强掘民家，以取随葬金银。冯惟敏对此写有《吕纯阳三界一览》，以辛辣的笔锋，直触官虎吏狼：

　　　　有钱的快送来，无钱的且莫慌，寻条出路翻供状。偷与我金银桥上砖一块，水火炉边油两缸，残柴剩炭中烧坑。若无有这般打点，脱与我一件衣裳。

在曲中，作者借描写鬼界，骂人世贪官，敲骨吸髓，甚至连死人也不放过。冯惟敏痛恨官场丑恶。他被任命为鲁王府审理时，"怒不赴任"，因而朝廷将他从"官场除名"。为此，他感事而作《折桂令·阅报除名》：

　　　　喜朝中一旦除名，俺才是散诞山人、自在先生……笑吾天地之间，半纸功名，六品五官，百样参差，十分潦倒，一味孤寒。破砂锅换蒜皮有何稀罕，死鸡儿熬白菜枉受艰难。从今后云水青山，竹杖黄冠。远离了世路风尘，跳出了宦海波澜……

他以一个苦涩的"喜"字，对待朝廷的"除名"，表明了一个正直的知识分子不与黑暗同流合污的坦荡胸怀。

冯惟敏一生郁愤，久居民间，对百姓苦难感触深刻，写出了许多为民呐喊的思想性极强的作品。如散曲《玉江引·农家苦》：

> 倒了房宅，堪怜生计蹙，冲了田园，难将双手扒。陆地水平铺，秋禾风乱舞。水旱相仍，农家何日足？

又如《胡十八·刈麦有感》：

> 穿和吃不索愁，愁的是遭官棒。五月半间便开仓，里正哥过堂，花户每比粮。卖田宅无买的，典儿女陪不上。

再如诗《易水上候刘刺史良久未至怀古感今漫赋》之三：

> 不愁饿死似前年，谷贱伤农倍可怜。捵粟出村终不售，寡妻何处觅官钱？

冯惟敏的散曲，往往直抒胸臆。给人的印象是：看到什么、听到什么、遇到什么、想到什么，只要是兴之所至，他都可以信笔写来。而且语言生动活泼，通俗易懂，非常口语化，因而也十分便于人们接受。如《清江引·八不用》：

> 乌纱帽，满京城日日抢，全不在贤愚上。新人换旧人，后浪催前浪，谁是谁非不用讲。

冯惟敏散曲的艺术风格，以真率明朗、豪辣奔放见长，因而被誉为曲坛上的辛弃疾。但也不乏清新婉丽之作。他的作品大量运用俚语俗谚，不事假借，极少雕饰，幽默诙谐，气韵生动，保持了散曲通俗自然的本色美。有时他将经、史、子、集中的书面语词入曲，任意驱遣，浑然天成，毫无生硬枯涩之弊。"后七子"的领袖王世贞在其《曲藻》中赞道："北调近时冯通判惟敏，独为杰出，其板眼务头、撺抢紧缓，无不曲尽，而才气亦足发之……"

嬉笑怒骂　杂剧大家

杂剧，是中国最早的戏曲种类，是元曲的戏剧形式。杂剧盛行于元代，许多著名的散曲作家也是杂剧大家。如关汉卿写《窦娥冤》，马致远写《汉宫秋》，王实甫写《西厢记》等。杂剧的结构相当严谨，一本戏基本上可以分作4折，体现戏剧情节发展的起、承、转、合的一般规律。基本角色有旦、末、净、杂，每类更有细致的区分。杂剧的音乐为北曲，其中，既有丰富多彩的腔调积累，又有严谨独具特色的结构形式，以及精湛的歌唱艺术和器乐演奏。

到了明代，杂剧仍然广泛流行于宫廷和民间。冯惟敏就是一位杰出的明代杂剧作家。他的杂剧代表作有《梁状元不伏老》和《僧尼共犯》。

《梁状元不伏老》通过描写剧中人物梁颢80岁才考中状元的情节，对封建科举制度进行辛辣的讽刺。其中蕴含作者自身经历的深切感受。"梁状元"即宋代的梁颢，宋代范正敏《遁斋闲览》中"梁颢八十二岁中状元"的记载，实是于史无征的稗闻，但正是这条稗闻触发了冯氏对科举的反思。剧中，梁颢上场即云：

> 自幼读了万卷诗书，颇有奇志，早领本省乡荐，屡试春闱不第，不觉双鬓斑然，年华高迈，妻子朋友们，常劝我选了官罢。我想读一场书，怎肯做那半截的前程，却不负了平生之志。

这无疑是作者的自白。冯惟敏青年时期考中举人，虽未被授予任何官职，但却对今后的道路充满信心。但是，后来的仕途失意却让作者的思想感情发生了翻天覆地的变化。《梁状元不伏老》一剧的主要内容就是让久困场屋的梁颢现身说法，道出50余年科场挣扎的酸楚。作者一方面着力刻画梁颢的老而弥坚，如首折写少年新进嘲笑梁颢衰老无能时，梁颢仍意气昂扬：

【油葫芦】则俺这万丈虹霓吐壮怀，包藏着七步才。你道你日边红杏倚云栽。俺道俺芙蓉高出秋江外。打熬得千红万紫无颜色，终有个头角改，精神快，都一般走马看花来。

【天下乐】休笑俺久困文场老秀才，从来志不衰！你休得逞聪明卖弄乖！子你那吃米粮，少似俺吃的盐。子俺这点灯草，多似你烧的柴。你休将井底蛙窥大海。

另一方面，在屡经失败之后，梁颢也无法不产生沮丧乃至辛酸的感觉：

【后庭花】志难酬，只落的酒淹衫袖。眼见的紫金鱼不上钩，小朱衣不点头，妙文章一笔勾，好才华一鼓休，响名声耳后丢，老道学眼不瞅，美前程水上沤，热心肠火上油。破头巾贼不偷，穷酸丁鬼见愁！

【叨叨令】见不上山遥水遥，走了些奔奔波波的道。捱不过缘薄命薄，撷了些凄凄凉凉的窖。赌不得才高道高，惹了些嘻嘻哈哈的笑。免不得魂劳梦劳，睡了些昏昏沉沉的觉。兀的不闷杀人也么哥！兀的不恼煞人也么哥！总不如胡学乱学，攒了些堆堆积积的钞。

唯其如此，人们在梁颢老当益壮的外表下，看到的却是由一种不合理的制度导致的人物的迂执与麻木，作者愈是刻画他的老而弥坚，人物的可悲意味也就愈浓重。人们也从中体味到作家对仕途经济的思索和对皓首穷经、汲汲于功名的人生价值的困惑与怀疑。

《僧尼共犯》的内容是写僧明进与尼惠朗苟合，被邻人捉至官司，钦辖司吴守常将二人打了一顿板子，断令还俗成亲，并说：

成就二人，是情有可矜。情法两尽，便是俺为官的大阴骘也！

僧尼私通而被揭出，官吏虽也借机敲诈勒索，但他终因顾忌自身的"惠政"而不予上报，判僧尼还俗，使他们结成真夫妻。冯惟敏为人好戏谑，他让明进和惠朗挨一顿打再欢欢喜喜结为夫妻，算是于情于法都有了交代，也是他的个性的表现。剧中唱词说：

　　都一般成人长大，俺也是爷生娘养好根芽，又不是不通人性，止不过自幼出家。一会价把不住春心垂玉箸，一会价盼不成配偶咬银牙。正讽经数声叹息，刚顶礼几度嗟呀。

在这里，作者对禁欲戒律所造成的人性痛苦表示了同情。作者透出观点："男女居室，人之大伦"，"传留后代，繁衍至今"，乃是天经地义的真理。其以"真性情"向"假道学"公开宣战，彻底戳穿程朱理学的虚伪性，这在当时是难能可贵的，与后来汤显祖在《牡丹亭》剧中"情"对"理"的斗争，有异曲同工之妙。冯惟敏通过这些感人的作品，明确地宣告了自己的文学观点是"性情说"。

南方之循吏　北方之朴学

——松林书院走出的山左第一藏书家李文藻

崔永胜

松林书院作为山东最早的书院之一，近千年来，培养了一大批蜚声全国的优秀人才，清代大藏书家李文藻就是松林书院走出的蜚声艺林的大藏书家。

一　李文藻事略

李文藻（1730~1778），字素伯，一字菎畹，晚号南涧，世居益都东关春牛街。乾隆二十四年（1759），以第二人举乡荐。明年，会试中式，又明年成进士。乾隆三十四年（1769），谒选广东恩平知县，又奉檄署新安县，后奏调潮阳县。期间分校广东庚寅、辛卯两科乡试。后擢桂林府同知，据刘序勤先生《青州碑刻文化》，青州云门山存李文藻题刻两种，其一曰："乾隆丁酉八月十二日，东郭李文藻登山拓唐宋石刻二十余种，信宿乃去。时假传将之桂林府。"当是李氏由粤东潮阳县升桂林府同知之前归家省亲时所刻。未及一年，乾隆四十三年（1778）八月四日卒于桂林官舍。

李文藻自幼聪慧，年13从父李远游曹家亭子，作一记，仿《赤壁赋》，见者以为神童。李文藻居官以精明强干著称。岭南俗多窃牛，牛皮色相似，获盗多不肯承认，地方官也没有办法。李文藻到任后，令有牛之家，各于牛角印烙私记。凡卖牛者，牙侩以印烙登记，以印交买主。如果牛被盗，先以印呈官，派隶役持印与此前登记之印记相对，一目了然。知府知道这个方法后，在全府推行。阳江百姓刘维邦以母病延道士作法，借邻居刀十柄，把刀绑在长梯上作法驱祟。下乡隶役勒索钱财不遂，于是取刀送县，诬陷刘图谋不轨。阳江县令听信一面之词，刘之家属上告，上司派李文藻查验，不听信一面之词，查明真相，将隶役法办。不久，阳江知县因为别的事被参劾，他以为是李文藻作梗，于是派遣亲信到恩平搜罗李文藻的罪过，来报复他。潜伏两月，一无所得。潮阳民俗好械斗，往往杀伤多人。李文藻到潮阳后，悬钟堂上，有将斗者，令地保火速进城，敲钟报告，立即派人去逮捕械斗之人。从此潮阳械斗之风稍息。广东之潮阳与海阳、揭阳俗称"三阳"，在这三地为官多能致富。但李文藻离开广东时，囊橐萧然，至番禺（今广州市），命人摹拓光孝寺贯休罗汉像四轴带回家乡，说："此吾广南宦橐也。"

李文藻磊落淡泊，与人交有始终，当时巨公硕儒如纪昀、钱大昕、翁方纲、戴震多与之交游。钱大昕典试山东，李文藻以第二人举乡荐，为文藻座主，称文藻为"天下才"，"在京师，日相过从；其归里也，每越月逾时，手书必至，得古书碑刻或访一奇士，必以告"。纪昀为文藻会试房师，亦多有书信往来。

二　李文藻的金石研究

李文藻的金石研究成就主要在于摩崖碑刻。文藻在粤东"尝乘舟出迎总督，小憩南海庙，命仆拓碑，秉烛竟夜，比晓，问总督舟，已过矣"。其耽于金石如此。"所过学宫、寺观、岩洞、崖壁，必停骖周览"，见有古碑必拓之。曾寄翁方纲"拓本数十百种"，疾革时遗言寄翁方纲编次者又百种（翁方纲《李南涧墓表》）。病危之时，还在诗中叮嘱家人："归帆还驻三吾驿，好遣游魂读古碑。"在此时，手不能握笔，由自己口述，外甥蒋器笔录成《李南涧先生易簀记》一卷。可见文藻对金石考证的钟情至死不渝。翁方纲在《李南涧墓表》中称："其余金石则专以所见为主，盖君意欲依曝书亭著录八门之目以编经籍，又欲以朱氏《经义考》存、阙、佚、未见之例以编金石。"李文藻借鉴朱彝尊《经义考》的编写体例，对金石著作编写体例的规范也做出了自己的贡献。

三　李文藻的藏书、刻书、著书

李文藻藏书之痴笃为历代藏书家所传诵。清代藏书家叶昌炽咏先生藏书诗曰：

> 所见所闻所藏弃，发凡真有著书才。
> 安知散帙非全帙，赶庙驱车日又来。

民国山东省立图书馆馆长王献唐先生咏山左藏书家李文藻、周书昌诗曰：

> 大云文献近如何，一例水西感慨多。
> 拼却芒鞋三十緉，冷摊僻市几回过。

李文藻藏书数万卷，皆亲自校雠，其藏书处为"竹西书屋"。每于市肆见古籍秘本，甚至典质衣服借债购买，又经常从朋友处借抄善本。李文藻曾于纪晓岚处借抄《易汉学》等书，夏日酷暑，汗沾衣襟，不以为苦。任官岭南期间，车载书籍几千卷自随。李文藻不仅藏书，他作为藏书家更大的贡献在于搜集、刻印名贤珍本。明代章丘李开先、清代新城王士禛等，身后书籍散失，李文藻慨然以裒辑为己任。把所藏、所见、所闻珍本编为《所藏书目》《所见书目》《所闻书目》，都记录翔实。

李文藻所刻书籍，多见济南周永年《贷园丛书》，周永年在序中说：

> 《贷园丛书》初集十三种，其版皆取诸青州李南涧家……余交南涧三十年，凡相聚及简尺往来，无不言传抄书籍之事。及其官恩平、潮阳，甫得刻兹十余种，其原本则多得之于余。今君之没已十一年。去年冬，始由济南至青州慰其诸孤，因携以来。忆君有言曰："藏书不借与藏书之意背矣，刻书不印其与不刻奚异？"尝叹息以为名言。使果由此多为流布，君之志庶几可以少慰矣！

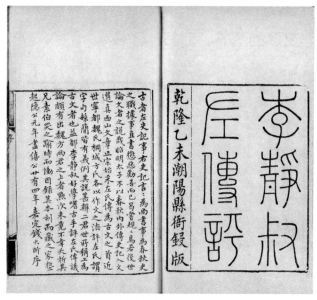

图 1　李文藻刻李文渊《左传评》书影

这 13 种图书包括：惠栋著《九经古义》16 卷、《易例》2 卷、《左传补注》3 卷，李文渊著《左传评》（图 1）3 卷，江永著《古韵标准》4 卷、《四声切韵表》不分卷，戴震著《声韵考》4 卷，曾宏父《石刻补叙》2 卷，钱大昕著《凤墅残帖释文》2 卷，张养浩《三事忠告》3 卷，张尔岐《蒿庵闲话》2 卷，赵执信《谈龙录》1 卷。另外，清代德州宋弼纂辑《山左明诗钞》35 卷，也是李文藻于乾隆辛卯刻于恩平。

李文藻著述丰富，在方志、金石等方面都卓有成就。他所修纂之乾隆《诸城县志》《历城县志》皆体例精洽，考订严谨，为清代全国名志。其金石著作主要有《泰山金石考》12 卷、《益都金石考》4 卷、《金石书录》4 卷、《尧陵考》4 卷、《山东元碑录》1 册、《云门碑录》1 册、《粤东金石略》《粤西金石刻记》。另还有古迹考证、碑跋多种，"益都、诸城、历城、潮州、泰山、灵岩、浯溪、南海庙、光孝寺零散所录金石文字，皆可自为一书"（李文藻《疡厄自祷文》）。为山东碑刻的传承做出了突出贡献。

另外，李文藻还著有《毛诗本义》《岭南诗集》《律诗合谱》《全唐五言八韵诗》4 卷（与益都张希贤合辑）、《南涧文集》《绿荫轩雅集录》等。

四　李文藻之身后

李文藻去世后，其藏书散出，一部分归潍县宋书升，一部分归一名曰寿字慢亭者。两人之藏书后都归章丘高淑性，民国时高氏后人图书管理不善，因匪患损失颇多，将余书托济南敬古斋代售，当时山东省立图书馆馆长王献唐先生收进一批。包括李文藻手抄、邵晋涵手校《新唐书纠谬》20卷6册，明刻《唐荆川先生文集》11卷10册，明刻《吕公实证录》7卷，《冯舍人遗诗》6卷3册，抄本《古文尚书考》2卷2册，《潜斋先生遗稿》5卷4册，《南涧底稿》不分卷4册，明本《类选笺释草堂诗余》4卷、《国朝诗余》3卷6册，《杜工部集》残本4册，《南涧文稿》不分卷2册，《绿荫轩雅集录》不分卷1册，《隶释》残本等。另年前，笔者于序勤先生处见明代青州曹珖著《大树堂说经》抄本1册，亦李文藻所藏。

李文藻藏书印较多（图2），经王献唐先生搜集，得20印，分录于下：朱文方印"大云山房"、白文方印"李文藻印"、朱文小方印"李文藻印"、朱文方印"南涧居士"、朱文双虬方印"李氏珍藏"、白文方印"左经右史"、朱文方印"素伯"、白文方印"李生"、朱文方印"字曰芳草"、朱文方印"辛巳进士"、白文长方印"繁露山长"、白文小长方印"竹西书屋"、朱文方印"李南涧藏书"、朱文方印"敦修堂"、白文横方印"青州东郭李氏藏书"、朱文横方印"拙斋先生伯子"、白文方印"李伯子"、白文方印"李静叔之伯兄"、白文方印"管窥轩藏书印"、白文方印"训厚堂藏书记"。

李文藻去世后，葬于青州东关东阁外之李氏祖茔。"文革"时，李氏祖茔遭到严重破坏，据知情者说，当时李文藻之父李远、其弟李文渊、李文濬墓室都被轻易打开，只有李文藻墓室坚固异常，最后用炸药炸开，棺木

图2　李文藻印章

中有铜剑一把、书籍一宗，当时棺中珍本秘籍随风飘散，村中小儿见之大惊失色，最后被集中付之一炬，令人唏嘘！

李文藻对青州周围文人影响深远，故周边学者对其著作广为抄录，视若珠璧。如其私淑昌乐阎湘蕙曾辑《南涧文集》3卷、《李南涧先生文集补》1卷、《南涧遗文补编》1卷，潍县高翰生据阎本重辑《南涧文集》，潍县刘鸿翱抄《李文藻四种》3册（此抄本为刘氏送日照王献唐抄本，上海古籍出版社1980年影印本即以此本为底本），由此亦可见李文藻对青州周边学界山高水长、筚路蓝缕之功。1929年，王献唐先生任山东省立图书馆馆长，曾专意搜集李文藻旧藏。闻潍县陈氏藏有李文藻画像，告贷辗转购得，并题诗以志。诗曰：

> 压装石墨倾南国，庋架琅书艳东城。
> 曾是人天摇落日，伶俜吞泪拜先生。

王献唐以省图书馆馆长之尊聚书尚如此之难，文藻以州县小官聚书之艰辛更可知。因此王献唐诗中除对乡贤的崇敬外，还有与文藻同为嗜书、嗜古之人的夫子自道，如果没有对文藻的感同身受，也不至于见像吞泪，伶俜下拜。鉴于民国时李文藻藏书散失殆尽，无人网罗之惨淡，王献唐在《李南涧之藏书及其他》一文中感叹"鲁人之负南涧深矣！"

鸣谢：
此文多有参考王献唐先生《李南涧之藏书及其他》一文。

新发现清代诗人李文藻手书佚诗

栾 华

最近，青州市政协文史委员房重阳同志在《清代书法选》一书中，发现了青州市清代诗人李文藻手书的一首散佚诗歌。这首诗，在内容、形式和书法艺术上，都堪称上乘之作。

李文藻（1730~1778），字素伯，号南涧，益都县（今青州市）城内东关人。清代乾隆二十六年（1761）进士，通经史，擅诗文、书法，好藏书，精于金石、方志、校勘之学，清代学者钱大昕誉之为"天下才"。曾先后任广东恩平县、新安县、潮阳县知县，广西桂林府同知。为官勤政廉洁，体恤民情，清代书法家、金石学家翁方纲称他为"北方之朴学，岭南之循吏"。著作有《岭南诗集》（8 卷）、《南涧文集》《泰山金石考》《历城县志》等 20 多种作品。新中国成立后，上海古籍出版社影印出版了《李文藻四种》，山东省古籍整理规划出版小组和山东省教育厅科研处，标注出版了他的《岭南诗集》等。

这首诗，是李文藻路过江西九江时，在小孤山下写的一首即景抒情诗（图 1）。内容是"彭泽县东无点尘，圆光孤影落清沧。呼名近有鞋山例，尔是泉明漉酒巾"。中心思想是歌颂陶渊明，在当时复杂的阶级斗争和污浊黑暗的社会里，维护心灵的自由，不愿违心以慕权贵，扭曲自我以媚世俗的高洁品操以及对后世的深远影响。

"彭泽县东无点尘"句，赞扬东晋大诗人陶渊明做彭泽县令时，所表现的蔑视权贵、不受世俗污染的可贵精神，及其对后世的深远影响。彭泽县，在今江西省九江市东北部，长江南岸，邻接安徽省。无点尘，不受污染。

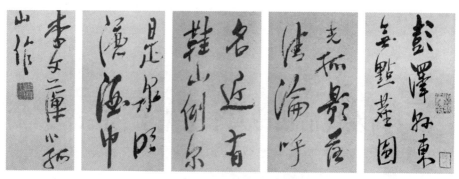

图1 李文藻《题小孤山》遗墨

点，中，着。尘，污染。陶渊明（365~427），字元亮，一说名潜字渊明，浔阳柴桑（今江西省九江市）人。曾在东晋义熙元年（405），为彭泽县令。这时郡里派一个督邮来县，县吏让他束带迎接，他说："我不愿为五斗米折腰，向乡里小儿！"（萧统《陶渊明传》）毅然拂袖辞归，隐居田园，"躬耕自资"，"不染尘俗"。在寂寞中体味着人生的意义，在孤独中探寻着艺术的奥秘，专注于田园诗的创作，以充实的内容，冲淡的风格，卓然名于后世，故称他灿烂生活过的地方为一方净土。

"圆光孤影落清沧"句，谓灿烂的天光映照出小孤山孤独的影子，落浮在江水的波纹上。圆光，即天光。圆，谓天体。《易经》："乾为天，为圆。"孤影，指小孤山的阴影。小孤山，在江西省彭泽县北，屹立于长江之中，"一柱直插天半。……山以特立不倚故得名，其云小者，则从彭泽之大孤别言之耳。"（《小孤山志》）清沧，清澈江水的波纹。沧，水的波纹。

"呼名近有鞋山例"句，谓所以叫作小孤山的名字，是仿照了近处鞋山命名的例子。鞋山，即大孤山。因山形像鞋，故名。大孤山位于江西鄱阳湖中，《水经注》介绍说："有孤石介立大湖中，周围一里，竦立百丈。"由此可知，因大孤山"孤石介立""竦立百丈"，故名之曰大孤山。例，仿照的准则。

"尔是泉明漉酒巾"句谓，你（小孤山）就是陶渊明在清明的江水中被酒润湿的头巾。漉，润湿。巾，这里指头巾。陶渊明和酒有不解之缘，他在《五柳先生传》中说，自己"性嗜酒"。梁萧统在《陶渊明集序》中说："渊明之诗，篇篇有酒。"《宋书·陶潜传》中更说，陶渊明"取头上葛巾漉酒，毕，还复著之"。

这首诗可译为：陶渊明任彭泽县令，不为五斗米折腰，不媚世俗的精神，将永远使彭泽为一方净土。阳光灿烂，小孤山的阴影落浮在清澈江水的波纹上。小孤山突兀矗立，昂首天外，可知它的命名是仿照了鞋山的例子；朝夕浸润着滚滚江水的小孤山，你就是陶渊明被酒润湿的头巾。

李文藻对陶渊明甩袖辞官的行动极其钦敬。他在《岭南诗集注·彭泽县七用前韵》中说，"暂时彭泽县，终古陶渊明"，并把陶渊明视为同道，称自己在广东恩平和潮阳做了 8 年的县令为"天边八载折腰人"（《岭南诗集注·湖口道中八首》）。此刻他置身在陶渊明所创造的这片净土上，看着滔滔的江水和竦立千丈的小孤山，怎能不心潮澎湃，发思古之幽情。诗的前半部分写彭泽县的洁净，小孤山孤独的阴影，是通过周围环境的描写点染陶渊明的形象。诗的末句，谓小孤山就是陶渊明润湿的头巾。诗人以极度夸张的手法摹写出陶渊明嗜酒性格的典型事物，突出了陶渊明对封建礼俗所表现的兀傲，以及"众人皆醉唯我独醒"的思想境界。"若复不快饮，空负头上巾"（《饮酒》），醉了才能大胆地向封建礼俗斗争，不然便对不住头上的这顶"儒冠"了。这浓重的一笔使陶渊明特立独行的高大形象，十分生动传神地立在了我们眼前。

书院师生情深传佳话

王　岩

松林书院，位于古九州之一的青州大地，其历史可以追溯到1000多年前的北宋，当时称为矮松园，王曾青少年时就读于此，后连中三元，官至宰相，政绩卓著，封沂国公，时人遂于园中筑王沂公读书台以志纪念。明成化五年（1469）青州知府李昂正式创立松林书院。自此，书院涌现出了不少硕师大儒，也留下了许多感人的故事。

乾隆二十三年（1758），松林书院山长因病卒于书院之斋。当时，在院生徒“各服吊，服加麻（各自穿上哀悼死者的衣服，穿上麻布丧服），哭甚恸”，既而远近僚宾、受知于严先生的举贡生童皆来祭奠，哭于灵前，“靡有不恸”，一时被传为尊师的佳话。

这位德高望重的书院山长名字叫严锡绥。

有关严锡绥的资料，文献记载语焉不详，仅在个别史料中发现零星的文字，但从中也可窥其名师风采。如咸丰《青州府志·职官表》载“严锡绥，乾隆十二年任安邱知县”，而光绪《益都县图志·官师志》载：山西曲沃人裴宗锡“由济南府同知擢知青州，为政持大体”，“尤好接引文士，延安邱进士严锡绥主讲松林书院，凡遇课期必亲临扃试，一时肄业诸生常数十百人。数年之间，登贤书、贡成均者十余人”。

“登贤书”，乡试中举；“贡成均”，考进国子监。文献主要介绍青州知府裴宗锡，为政坚持原则，重视文教，延请安邱进士严锡绥任书院山长，一时间肄业生徒数十百人。几年间，考中举人、进士10多人。其中提到严锡绥“安邱进士”一说属谬传，当为“安邱知县”。据咸丰《青州府志》

"选举表"，清代安邱进士中无此名；而据名士李文藻《南涧文集》记载，严锡绥为"前安邱县知县，浙江余杭人，乾隆十八年（1753）至二十三年（1758）任松林书院山长"，此说可取。另云"（裴公）以严先生曾宰安邱，甚有声，延主讲席。先生体公意，善诱特至"，裴公离任时，"单骑至院，与严先生剧谈（畅谈）松树下，犹为生等手画筑屋地，徘徊不忍别"。寥寥数笔，裴公兴学重教的形象跃然纸上，同时也看出作为山长的严先生育人循循善诱，也与知府一起具体筹划书院建设。严先生主讲期间，肄业附课于书院的举贡生童多达80余人（与《青州府志》中载"数十百人"差别不大），而几年间，考中举人、进士10多人，厥功甚大！

据考证，松林书院在康熙、乾隆年间办学盛况之大、培养人才之众，在整个山东省当名列前茅，青州府的其他学校如府学、县学等都无法与之比肩。据《山东通志》，康熙五十年（1711），山东省共考取举人46名，而松林书院培养的就有6名；康熙五十一年（1712），山东省考中进士12名，松林书院培养的就有2名；康熙五十二年（1713），山东省考中进士7名，松林书院培养了2名。

严先生主讲松林书院的乾隆十八年（1753），弟子刘宝璐中举；严先生去世后的第二年即乾隆二十四年（1759），弟子李文藻、朱廷基、张希贤3人同时中举；之后3人又分别考中进士，弟子王周山中举，弟子刘文远、毕发，也进入京师的国子监读书，被选拔为贡生。弟子们相继金榜题名，选为国家栋梁。严先生若泉下有知，当甚为欣慰！

严先生去世时，弟子们"以其辞属（通'嘱'，嘱托）于李文藻"，"文藻素受之深，不敢辞，谨捧笔而为之诔"，其《严先生诔》一文极尽对先生的崇敬和悼念之情。其中写道：严先生应邀入主松林书院，"沂公书屋，号曰松林，皋比（虎皮，后指任教的座席）教授，每难其人。前观察使，知师实深，谋于太守，赍质（赠送礼品）相迎。师以道尊，负笈（背着书籍求学）者众。鹿洞鹅湖（鹿洞，是指白鹿洞书院，鹅湖，指鹅湖书院，因大师会讲而扬名），后先辉映。"由于严先生学问渊博，人品又好，观察使和太守皆以礼相聘，其学识品德得到学生们的一致好评，许多人慕名而来学习受业。不仅如此，"吾师之学，腹笥（腹中所记之书籍和所有学问）郁（富有文采）盘（磅礴，广大的样子），发摘秘要，补缀残缺，非圣之书，摈而不观。吾师之文，伐毛洗髓（比喻剔除芜杂无用之物），屏去繁芜，诗书表里，小技雕虫，概置不齿（一概弃置不值一提）。其接多士（他与读书人交往），曾无厉色，朴茂温存，缠绵悱恻。"李文藻对先生的学问、品德推崇备至，对先生的感情也极深，"藻前一日，问师于床，执师之手，聆言琅琅，谁期信宿，溘然帝乡。於虖哀哉！巨箦东流，云门南崎，山水茫茫，非师故里，以师之好德，而竟至此，於虖哀哉！"——就在前一天，我还来到老师的床前探问，拉着老师的手，聆听老师的琅琅教诲，谁料才过了两天，老师怎么就突然离我们而去了呢？弥河水滚滚东流，云门山巍巍高耸，山水茫茫，也在为老师的离世而悲伤！青州不是恩师的故里，而恩师德行如此美好，怎么竟然撒手离我们而去了呢？唉，悲痛啊！

这位在先生灵前放声恸哭、令人潸然泪下的弟子李文藻，中举时名列第二，主考官清代学者钱大昕对他极为赞赏，曾对按察使沈廷芳说"此子天下才也，君得人矣！"他的殿试进士卷亦为"读卷官交口叹赏"。李文藻后来成长为乾隆年间大名鼎鼎的藏书家、目录学大家，继宋代赵明诚之后的又一金石学大家（图1、图2）。官至桂林府同知，只可惜在岭南任职期间，长年累月奔走于崇山峻岭之间，染上瘴气，不幸英年早逝，年仅49岁。李文藻一生著作等身，有《岭南诗集》8卷，《南涧文集》《毛诗本义》《南北史考略》《濮雅》《青社拾闻》《饾饤录》《隶补》《国朝献征录》《齐谚》《粤谚》《师友记》等数十种，金石学著作有《泰山金石考》12卷、《益都金石考》4卷、《金石书录》4卷、《山东元碑录》1册、《云门碑目》1册、《尧陵考》4卷等，此外他还主持或参与编纂了大量的地方志，其中的《历城县志》和《诸城县志》被列为全国名志。

（原载《潍坊日报·今日青州》2013年3月29日）

图 1　民国时爱好者收藏李文藻印章一。曰：南涧先生世居青州东关之春牛街，故其藏书印记曰"青州东郭李氏藏书"。印侧署"云隐作"。

图 2　民国时爱好者收藏李文藻印章二。曰：南涧先生藏书数万卷，任人借观，不自韬秘，故有"与朋友共"一印，视其他收藏家之"子孙永宝""借人鬻之为不孝"等印，专为子孙珍秘，绝不示人者不可同日而语矣。

兴学重教的青州知府裴宗锡

王 岩

据咸丰《青州府志》记载，清代乾隆年间有位青州知府，为政以身作则，坚持原则，宽缓不苛，清明正直。特别喜欢结交文人雅士，曾聘请进士、原安邱县知县严锡绥主讲松林书院，凡遇课期必亲临命题考试，一时修习学业诸生常数十百人。数年间，考中举人、进士或进国子监读书者达十余人。乾隆二十二年（1757）调任济南府，青州人攀辕遮留，纷纷请求留任，未果，人们遂在北城立碑，题曰"清正仁明"。松林书院诸生又在书院内为其立"去思碑"。这位深受人们感念爱戴的青州知府名叫裴宗锡。

裴宗锡（1712~1779），原名二知，字午桥，山西曲沃人。历任济南同知，青州、济南知府，直隶按察使，安徽、云南等地巡抚。他每到一地，政绩卓著，多次受到嘉奖，颇受皇上器重。早在乾隆三年（1738），皇帝巡幸五台山，诏其觐见，特赐"宗锡"之名，并认作义子。官至巡抚后，乾隆皇上准备用其为封疆大吏，因积劳成疾，于乾隆四十四年（1779）卒于云南任上。

兴学重教，惠及学子

据乾隆二十五年（1760）进士、清代藏书家、目录学家、金石学家李文藻《南涧文集》记载，裴宗锡担任青州知府期间，特别重视松林书院教育，奠定了松林书院在青州府乃至山东省突出的办学地位。

松林书院办学在明代正德、嘉靖年间曾一度辉煌，可惜万历八年

（1580）阁臣张居正毁天下书院，直到 111 年后清康熙三十年即 1691 年青州
兵备海防道陈斌如和青州知府金标主持重建松林书院，后观察使沈公、知
府王如玖、董承勋等，加以修葺，选拔青州府所辖 11 县的品学兼优的士子，
诵读其中，又言于上官，售府学闲田若干，将所得资金赠给书院，用十分之
一之利，充作山长的薪水以及生徒的学习津贴。李文藻认为，在裴公之前
的几任官员，令书院规模初定，而真正使书院有所成就的，非裴公莫属。
裴公没有所谓的轰轰烈烈的政绩工程，他所做的都是实实在在的小事。当
时的松林书院，每月都要考查诸生学艺情况，到规定的日期，即使遇到大
风雨，裴公也一定要亲临书院命题，安排考试事宜，授以义理法则，孜孜不
倦。为书院师生准备丰盛的饭菜，委派官府中的文书小吏做好服务，让院
师严格监考。评定完毕，按照甲乙等次，分别给予奖励。在裴公的重视之
下，又有每月 4 次的小型学业考查，由 3 位山长主持，所以生徒们都激励
奋进，毫不懈怠。在裴公当政的数年之间，在书院修习学业的生徒百余人，
考中举人、进士以及进国子监读书的贡生多人。难怪裴公离任之时，师生
感念其德，在书院为其树碑立传，详叙其崇尚文治、惠及书院学子之事。

选聘山长，多所造就

　　裴公对教育的又一重大贡献是选聘了当时颇有名望的原安邱知县严锡
绥做松林书院的山长。乾隆二十三年（1758），严先生病卒于书院。当时，
在院生徒"各服吊，服加麻，哭甚恸"，既而远近僚宾、受知于严先生的举
贡生童，包括在云门书院读书而曾来松林书院听过严先生之课的生徒，也
来祭奠，哭于灵前，"靡有不恸"，一时被传为尊师的佳话。
　　严先生缘何受到如此隆重的悼念？据李文藻《南涧文集》记载，严锡
绥为浙江余杭人，进士，曾任安邱县知县，乾隆十八年（1753）至二十三年
（1758）任松林书院山长。严先生主讲期间，肄业附课于书院的"举贡生童"
多达 80 余人，几年间，考中举人、进士 10 多人。据碑刻考证，康熙五十一
年（1712）和五十二年（1713），从松林书院考出的进士分别就有两名，举
人更是多名，松林书院在康熙、乾隆年间办学盛况之大、培养人才之众，在
整个山东省名列前茅。严先生主讲松林书院的乾隆十八年（1753），弟子刘

宝璐中举；乾隆二十四（1759）年，即严先生去世后的第二年，弟子李文藻、朱廷基、张希贤3人同时中举，而且李文藻考取第2名，被著名学者钱大昕称作"天下才也"；之后3人又分别考中进士，弟子王周山中举，弟子刘文远、毕发，也升入京师的国子监读书，被选拔为贡生，弟子们相继金榜题名，成为国家栋梁，严先生若地下有知，当甚为欣慰！

而选聘严先生做山长的正是青州知府裴宗锡。裴公可谓慧眼识真才的伯乐！正因为裴公重用严先生这样德高望重的名师，才使青州的科举取士如此成功，这对科举制度下人才的培养是多么大的贡献！

必先德行，而后文艺

倘使仅仅抓好了科举取士，就如同今日仅仅搞好了应试教育一样，这并不值得炫耀。而裴公还践行了书院教育敬道崇德之核心精神，极为重视诸生德行的培养，而且超过了科举之路上举人进士的培养，这才是他最值得称颂之处！

众所周知，中国古代书院往往把德业并重作为目标追求，而把德行放在比学业更为重要的位置上来对待，这是书院教育的特色所在。南宋朱熹认为书院是一个学者带领学者从事学术研究以及涵养道德人格的场所，其著名的《白鹿洞书院揭示》中所说"修身、处事、接物"之要，无不包含着涵养道德人格的意义和思想。作为以"化育人才"为己任的一种教育组织形式，书院教育始终践行以道为核心的人文精神。这种"德业并重"的思想为后代的书院所传承和发展。松林书院自开办起，即以"十三贤"（指宋朝寇准、王曾、富弼、范仲淹、欧阳修等13位有惠政的青州知州）和阁老刘珝、将军邢玠、状元赵秉忠、宰相冯溥等乡贤为表率，启迪诸生"仰止"并"思齐"。

据《南涧文集》记载，知府裴宗锡教育生徒，"必先德行，而后文艺"。他曾经说过："王沂公乡贡、礼部、廷对皆第一，亦不足传，其志不在温饱处，可法也。"王沂公，指宋代名相王曾，他是青州郑母人，青少年时就读于松林书院的前身——青州矮松园，后来参加州试、省试、殿试，连考三个第一，一举夺得解元、会元、状元，即所谓的"连中三元"。王曾中状元后，翰林学士刘子仪跟他开玩笑说："状元试三场，一生吃着不尽。"王曾正色作答："平生之志，不在温饱！"这体现出王曾宠辱不惊的平和心态和志存高远的宽广胸怀。王曾官至宰相，为大宋江山立下了赫赫功勋。而对于松林书院这位永远的骄傲——连中三元的宰相王曾，在青州知府裴宗锡看来，也不值得传扬，真正值得效法的是"曾辞温饱"（该词后来演变为儿童启蒙读物中的著名故事）的远大志向。这才是教育者的远见卓识！裴公与严先生对生徒总是循循善诱，春风化雨，润物无声。青州作为齐鲁大地礼仪之邦，至明清时期，教化非常显著。而此时书院诸生得到裴公之教，皆以笃实相勉，浮薄相戒，追求以德行为根本的学问，而不汲汲追求于功名利禄。

离别之际，青人攀辕遮留

正当松林书院蓬勃发展、方兴未艾之时，裴公调任济南府，即将离开他为之付出几多心血的书院了。调任前，裴公轻车简从，"单骑至院"，"与严先生剧谈松树下，犹为生等手画筑屋地，徘徊不忍别"。剧谈，"畅谈"义，裴公与严先生在书院松涛下畅谈书院前景，而且亲手绘就书院建设的蓝图。面对松林书院熟悉的一草一木，面对亲自选聘的书院名师严先生，即将离任的裴公内心怎能割舍！

对于重视民生、兴学重教的官员，在史册上总会留下浓重的一笔。据咸丰《青州府志》记载，早在裴宗锡之前的康熙年间，陕西咸阳人、湖北巡抚张连登出任青州知府期间，重视赈灾，惩治恶人，恩威并重，颇有政绩，又"修学宫，松林书院，范公亭，官廨，仓厫，民赖以苏"。后因事牵连罢职，"百姓号呼罢市"，奉特旨复职以后，"民皆踊跃如归父母"。松林书院也因此一度被称作张公书院。

而这一幕，在数十年之后的乾隆二十二年（1757）再度上演，而主角是青州知府裴宗锡，"青人攀辕遮留"，立碑于北郭，曰"清正仁明"。诸生衔恩刻骨，思公不能已，复于松林书院为立"去思碑"以示思念与爱戴之情……

（原载《大众日报》2014年6月18日）

名宦勋华高北斗　乡贤声价重南金

——松林书院乡贤祠名人考

王　岩　刘方田　闫玉新

　　明清时代，为祭祀名宦乡贤，各地建祠十分普遍。青州府建有名宦祠和乡贤祠。名宦祠也称名贤祠，俗称十三贤祠。明成化五年（1469），青州知府李昂创立松林书院的同时，奏请将府治仪门之西的名宦祠移建于书院，祭祀宋朝寇准、王曾、范仲淹等13位"有惠爱于青民"的青州知州，教育士子以十三贤为榜样，敬道崇德，刻苦攻读，建功立业。对此，人们已耳熟能详，而对于乡贤祠可能还有些陌生，本文着重作一介绍。

　　松林书院创立不久，院内喜雨亭改建为乡贤祠，以祭祀异地为官或治学、有所作为、颇有名望的青州知名人士。据嘉靖《青州府志》记载：

　　　　乡贤祠，在松林书院，即喜雨亭改建。祀春秋成瞷，战国王蠋、鲁仲连，汉谏议大夫江革，博士胡母生，御史大夫倪宽，孝子董永，河东太傅征士、辕固，郡掾祭酒薛方，晋孝子王裒，唐左仆射房玄龄，孝子孙昈，宋沂国文正公王曾，平江守仇念，侍郎王皞，中丞李之才，学士燕肃，冲退处士苏玉，状元苏德祥，御史张所，金尚书张行简，元佥事齐郁，侍郎于钦，御史傅让，学士马愉，大学士刘珝，孝子王让、冀琮，尚书陈经，布政使黄卿，副使冯裕，凡三十四人。二祠俱在松林书院，岁以春秋上丁日各用羊一、豕一、爵三、帛一致祭。

弘治十八年（1505）知府彭桓肇修名宦乡贤二祠，因其旧而增华，拓其宇而加丽。嘉靖四十三年（1564）知府杜思再修二祠，并重修松林书院，嘉靖四十四年（1565）春落成，副使陈梦鹤为之记。

明万历八年（1580），宰相张居正毁天下书院，松林书院未能幸免，柏树被伐，书院被拆，名宦、乡贤二祠被移走，直到清康熙三十年（1691）书院重建，四周环以围墙，院东建有名宦祠、乡贤祠（至咸丰和光绪朝，府学和县学两侧也分别建有名宦、乡贤二祠）、文昌阁和四照亭，书院名宦祠仍祀青州十三贤，而乡贤祠随朝代更迭，祭祀名单有所增益。据光绪《益都县图志》载：

> 入祠诸贤，《旧志》无文，兹依旧《府志》胪列如上。今祠，神牌多于旧者数倍，年代久远，无案牍可稽，姑依时代编录之，以俟厘定祀典者焉。

嘉靖《青州府志》最初载乡贤祠祀34人，至康熙《青州府志》载祀43人，康熙《益都县志》无考，咸丰《青州府志》载56人，光绪《益都县图志》载54人（县乡贤祠59人）。增加的乡贤中较为知名的有：明兵部尚书邢玠、石茂华，兵部侍郎、赠工部尚书、谥"端恪"冀鍊，光禄司卿冯惟讷，户部尚书王基，刑部侍郎朱鸿谟，工部尚书钟羽正，工部尚书董可威，礼部尚书赵秉忠及清代的内阁大学士冯溥等。

下面，对乡贤祠内祭祀的青州知名人士择要作一介绍。

大唐开国宰相房玄龄

房玄龄（579－648），别名房乔，字玄龄，临淄（属青州总管府）人，是唐朝开国宰相。博览经史，工书善文，18岁时举进士。协助李世民经营四方，削平群雄，夺取皇位，有"筹谋帷幄，定社稷之功"。贞观中，他辅佐太宗，总领百司，掌政务达20年；参与制定典章制度，主持律令修订，又曾与魏征同修唐礼；调整政府机构，善于用人，不求备取人，也不问贵贱，随材授任；恪守职责，不自居功。后世以他和杜如晦为良相的典范，合称"房谋杜断"。贞观二十二年（648）病逝，谥号文昭，配享太宗庙廷，陪葬昭陵。

三元宰相王曾

从矮松园走出的三元宰相王曾，"青州十三贤"之一，作为青州人，亦在乡贤之列，故嘉靖《青州府志》载亦殁祀乡贤祠，在《堂堂庙宇千年祀炳炳功勋万古传——青州十三贤考》一文中已有介绍，不再赘述。

博学多技的发明家燕肃

图1　燕肃发明莲花漏模型

燕肃（961~1040），字穆之，北宋益都人，后徙家曹州。文学治行，缙绅推之，胸次潇洒，巧思过人。宋真宗大中祥符间进士，官至龙图阁直学士，以礼部尚书致仕，人称"燕龙图"。学识渊博，精通天文物理，创造指南车、记里鼓、莲花漏等仪器（图1）。著有《海潮论》，绘制海潮图阐述潮汐原理。工诗善画，以诗入画，意境高超，浑然天成，为文人画之先驱。善画山水寒林，与王维不相上下。亦擅人物、牛马、松竹、翎毛等。《宣和画谱》著录御府所藏其作品有《春岫渔歌图》《夏溪图》《春山图》等37件。传世作品有《春山图》卷及《寒林岩雪图》，现均藏故宫博物院。

名臣之后状元苏德祥

苏德祥，祖籍密州，家居青州，其父苏禹珪五代十国时为后汉丞相。北宋建德元年（963）应进士第，一举夺得头名状元。大魁天下后，苏德祥衣锦还乡，时任青州知州的郭崇，设宴招待新科状元，使伶人献辞："昔年随侍，尝为宰相郎君；今日登科，又是状元先辈。"累官至右补阙，精通儒学，工于写诗。

元代历史地理学家、文学家于钦

于钦（1283~1333），字思容，益都郑母人，元代著名的历史地理学家、文学家，官至兵部侍郎。他天资聪颖，器资宏达，涉猎文史，博学多闻，以文雅之士闻名于当时，精心编纂《齐乘》，为山东现存最早的地方志，也是久负盛誉的全国名志。历代名家对《齐乘》"推挹备至"，清代《四库全书总目提要》指出，"是书专记三齐舆地"，"援据经史，考证见闻，较他志之但采舆图，凭空言以论断者，所得究多，故向来推为善本"。清代学者纪晓岚评价《齐乘》说："叙述简核而淹贯，在元代地理志之中，最有古法。"

于钦不仅擅长志乘，而且诗也写得好，但多散佚。《益都先正诗丛钞》收录他的《博兴风景》《济南作》《东方朔祠》3首。

辅政疏直刘阁老

刘珝（1426~1490），字叔温，青州朱良阳河人。明正统十三年（1448）进士，吏部左侍郎，同时天天给皇帝讲课，被誉为"讲官第一"。擢吏部尚书，加太子少保、文渊阁大学士，后加太子太保，进谨身殿大学士，位居阁老，即宰相。

刘珝自号"古直"，号如其人，性疏直（图2）。辅政耿直忠介，居官清正，不拘小节。晚年致仕还乡，事亲尽孝。弘治三年（1490）病逝（图3）。著《青宫讲意》《古直文集》等。弘治

图2　文和公刘珝

图 3 刘珝故园

皇帝对刘珝尊崇有加，得知刘珝逝世后，亲自撰祭联：

> 忠禅于国，允称一代名臣；孝表于乡，堪为三朝元老。

皇帝不忘其功绩，赠封"太保"，谥文和，赐祠额曰"昭贤"，定期派遣官员祭祀，乡里被命名为仁孝里。

刘珝家教严格，诗书继世，忠厚传家，子孙后裔中人才辈出。刘珝后代在科举中，出了6个进士、7个举人，包括皇帝荫封者，有25人在朝廷和地方担任要职，知名者如刘鈗、刘渊甫、刘澄甫等。其中刘珝之孙刘澄甫，正德三年（1508）进士。历任广西道监察御史、两淮巡盐兼治理河道、宣府大同巡按御史、山西左参议等职，办事干练，为官清正，不畏权奸。致仕返乡后曾在松林书院讲学，居青州城南云门山东麓花林疃，建"山泉精舍"，赋诗作画，以文会友，与冯裕、陈经等联手创办海岱诗社。

孝子冀琮

冀琮，字廷玺，先世由藁城徙居县东南之郑墓店。世有厚德，以孝悌教其家。父贞义，分家时把肥沃的土地让给大哥二哥，自取贫瘠者。每月会见族人，教导他们要孝敬父母、夫妻和睦。乡间百姓也受到教育，知府为表彰将其乡叫"孝悌乡"。

　　琼少承家法，非常孝顺。天顺间，任三河县知县，清慎自持，俸禄外不苟取。已报升霸州知州，母卒，琼弃官回家。翌年，父卒，哀毁益甚，既葬，庐墓侧，朝夕悲号，悲哀感动路人。常有万鸟绕树而啼，又有灵芝白兔奇异现象，人以为孝心感动所致。服丧已满，不仕。知府上表其事，受到表彰（图4）。时侍郎王让居邑之西部，也因孝受表彰，人谓之"青州二孝"。正德四年（1509）卒，年七十八。

图4　冀琮　三河县知县御封"孝子"

太子少保、兵部尚书陈经

　　陈经（1482~1549），字伯常，号东渚，青州益都人，曾在松林书院习儒学，正德九年（1514）进士，累官至户部尚书、礼部尚书和兵部尚书，加太子少保。为官清正，性情谠直敢言，尤恶奸党。嘉靖初，为西北边防事筹划对策，通宵达旦，废寝忘食；条上防御事，帝皆允行。性方介，"立朝三十年，门无私谒"，有古大臣之风。卒之日，囊橐萧然。嘉靖十四年（1535），母丧丁忧居里，与刘澄甫、冯裕等发起成立海岱诗社，潜心诗文创作，其诗作苍劲有力，气势恢宏，作品收入《海岱会集》。

江西布政使黄卿

　　黄卿，字时庸，号海亭，明朝青州益都人。正德三年（1508）进士，历知武进、涉县，迁守应州，所至皆以能称。升南京刑部郎，擢守太原，修废决滞，五阅月而郡大理。汾河决，疏导之，城未遭浸袭。升浙江右参政，再迁江西左布政使。庚子（1540）入觐，中道卒。平生嗜学，老而弥笃，虽隆冬盛暑，不废览阅。嘉靖年间回乡省亲，参与青州海岱诗社活动。

著有《编苕集》《编苕诗话》《闲抄漫记》《拟珠集》等。其《矮松园》诗，寓松林书院士子成才道理，乃切身体会之抒发。

图5 始祖裕画像

"北海文学世家"之祖冯裕

冯裕（1479~1545），字伯顺，号闾山，祖籍临朐。正德三年（1508）进士，累官至贵州按察副使。后退职还乡，在青州购地建宅，闲居青州城区近20年。

冯裕（图5）退隐后，家居讲学，尤好吟诗。与石存礼、陈经、黄卿、刘澄甫、刘渊甫、杨应奎等人，于青州北郭的禅林，结成"海岱诗社"，作诗唱和，被称为"海岱七子"。冯裕创作颇丰，《海岱会集》收其诗128首。冯裕以其为官清正和为文质朴而留名于世，同时，他也因重视教育和家学相承而惠及子孙。自裕始，冯氏家族前后6代，出过9个进士、4个举人，被称为"北海文学世家"。跻身文坛最为知名者有冯惟敏、冯惟讷、冯琦、冯溥等人。其三子冯惟敏曾师从大学士刘珝之孙刘澄甫，在松林书院习举子业，并于嘉靖十六年（1537）考中举人，后来成为著名的散曲大师，被称作明朝北曲第一人。

图6 二世祖惟讷画像

光禄寺卿冯惟讷

冯惟讷（1513~1572），字汝言，号少洲，冯裕第五子。25岁中进士，官至江西布政使、光禄寺卿。任职之余，冯惟纳（图6）潜心于学术创作，编纂有《青州府志》18 卷、《光禄集》10 卷。特别在文学研究和古籍整理方面成果显著，辑录《古诗纪》156 卷、《风雅广逸》8 卷，均收入清代编纂的《四库全书》。此外，还著有《楚辞旁注》《诗选约注》《文献通考纂要》《杜诗删注》等，对文学的探索有独到的造诣。

礼部尚书冯琦

冯琦（1557~1603），冯裕之重孙，字用韫，号琭南。他自幼嗜学，山东乡试第一，20 岁中进士。官至礼部尚书。"明习典故，学有根柢"，文章极有风采，每有奏疏，大家都相互传读抄录。皇帝对他很是器重。万历三十一年（1603）病逝于任上，年仅 46 岁。

冯琦（图 7）死后，留下遗表上奏朝廷，仍针对当时的弊政，请万历皇帝励精图治，披阅奏章，选补缺官，推诚接下，安抚人心。词语非常恳挚。明熹宗朱由校继位后，常常追念冯琦的功绩，6 次派遣朝官来青州立碑祭祀，赠官太子少保，谥号"文敏"，并追封入阁，有"死后入阁，冯琦一人"的说法。

图 7　四世用韫公琦遗像

忠于职守的兵部尚书石茂华

石茂华（1521~1583），字君采，号毅庵，益都人，嘉靖二十三年（1544）进士，任浚县知县。处理诉讼案件，人称公明决断。官至兵部尚书，巡视陕西、甘肃地区时，正值当地大灾荒，饥民遍地。石茂华奏准朝廷，免除徭赋，开仓赈灾，救助饥民。因政务劳累，一病

图 8　兵部尚书石茂华

不起，呕血而亡，以身殉职。石茂华（图8）在官40余年，极为勤政，忠于职守，为政清廉，史书称他"家资不称其官"。

清廉正直的户部尚书王基

王基，字启亭，青州左卫人。嘉靖四十四年（1565）进士，累官至浙江布政使、南京户部尚书兼兵、刑二部尚书，为政十分清廉。当上书要求致仕时，万历皇帝让他推荐一个最有才能的儿子出来做官，王基谢绝说："我的儿子如有才能，何必由我来推荐。如果没有才能，我推荐了，恰恰给我增添麻烦。我不能拿我的名声为子孙换官做。"

抗倭援朝邢大将军

邢玠（1540~1612），字搢伯，别号崑田，官至兵部尚书。明嘉靖十九年（1540）出生于青州城南，隆庆五年（1571）进士，在青州城里建有住宅，即原邢玠巷、将军巷处。家境清贫，父母皆德高义重之人，合葬《墓志铭》现藏于青州市博物馆。

图9 邢玠将军塑像

万历二十五年（1597），倭寇侵犯朝鲜，窥伺大明帝国，千钧一发之际，明神宗任命邢玠为兵部尚书，总督全军，率军入朝作战。邢玠一到朝鲜，"标剑登坛乃誓曰，必破倭，有死无二"，表明决心，鼓舞士气。在稷山、青山连败日军。第二年日海军几乎全被歼灭，抗倭援朝获得最终胜利。

邢玠奉命班师回国，万历皇帝亲自登楼接受献俘，对全体参战将士倍加奖赏。朝鲜人民为了表彰邢玠的丰功伟绩，在釜山建造纪念铜柱，并立祠绘像常年祭祀。至今邢玠的光辉业绩和名字，一直在朝鲜人民心中广泛传诵。

万历三十年（1602），邢玠病逝，噩耗传来，举国悲恸。皇帝钦赐御葬。邢玠墓位于青州城南扈家庙村东，原有墓道长百余米，御碑、华表、石人、石马、石羊、石象等矗立两侧，威严壮观，后湮坏（图9）。邢玠著述《征东奏议》《崇俭录》等书传世，当年用过的盔甲和朝鲜折扇以及诗文原件，现分别存放在山东省博物馆和中国国家博物馆。

兵部侍郎冀鍊

冀鍊，字纯夫，号康川，明青州府郑母村人。嘉靖二十三年（1544）进士，官至兵部右侍郎。为人端庄持重，颇有风骨，治学纯笃，为官专以孝悌训民，省刑简讼，民化从之。尝曰："一家化，即一家为商周；一邑化，即一邑为唐虞。"闻者以为名言。万历十五年（1587），74岁卒于家，赠工部尚书，谥端恪，御赐祭葬，这在朝臣中是少有的。祀乡贤祠。

冀鍊不仅是位治世能臣，还是位理学名臣，有古贤大臣之风。致仕后，应邀凝道书院（松林书院）讲学，其门生钟羽正，也是一代名臣。

工部尚书钟羽正

钟羽正，字淑濂，号龙渊，明代益都钟家庄人，曾在凝道书院（即松林书院）向冀鍊习儒学。万历八年（1580）进士，官至工部尚书。他不畏权势，严惩贪官，狠刹腐败之风，曾上书皇帝，力陈其弊，说："臣罪莫大于贪。然使内臣贪而外臣不应，外臣贪而内臣不援，则尚相顾畏莫敢肆。今内以外为府藏，外以内为窟穴，交通赂遗，比周为奸，欲仕路清、世运泰，不可得也。"钟羽正"清修如鹤"，罢官回乡后，闭门读书，地方官员和士大夫争相拜访，皆坚辞不见。冀鍊卒后，他撰《祭"端恪"冀老师文》表达痛悼之情。万历四十三年（1615），青州大饥荒。钟羽正倾资赈济，救活1500余人，朝廷赐"代天育物"的门匾表彰他的义举。闲居故乡近30年，崇祯十年（1637）去世，青人奔走号泣、焚香祷祝者不可胜计。著《崇雅堂集》等，主持撰写明万历《青州府志》。

刑部侍郎朱鸿谟

朱鸿谟,字文甫,益都人,曾在凝道书院(即松林书院)习儒学。后中进士,授吉安推官、南京御史。多次向皇帝建言减灾民赋徭、裁减皇室织造、惩治豪绅地霸,触怒权贵,多次被罢官,又多次被起用,官至刑部右侍郎,卒赠官刑部尚书。朱鸿谟一生清廉,死后甚至无钱安葬,经故旧僚属筹资,才顺利办完丧事。

工部尚书董可威

董可威,字严甫,万历二十三年(1595)进士。授卫辉府推官,断案平允。升南京吏部考功主事。辛亥,主计典,摘黜公平允当。迁光禄寺少卿、顺天府丞。两推巡抚宣大,皆以母老乞休未赴。丁忧,服丧完毕,补工部侍郎,晋工部尚书,修皇极三大殿成,力辞恩荫。旋告归。其性情和平坦易,不露锋芒。诗文宏博典丽,一归大雅。年七十二卒。

礼部尚书赵秉忠

赵秉忠,字季卿,明朝青州郑母人。万历二十六年(1598)状元。累官至礼部侍郎,所取士人如孙承宗、张玮、姚希孟、周顺昌等,或忠节,或介直,皆为一代名臣。赵秉忠仕途不顺,因门生弹劾魏忠贤受牵连,几被诬陷构罪,见国事日非,多次上书请求致仕。皇帝批准了他的辞呈,加官为礼部尚书。归家不久,因案再受牵连,被削籍夺俸。53岁愤懑而死。崇祯初年,朝廷为他平反,恢复其原官并加封太子太保,按大臣规格重新安葬。

赵秉忠殿试状元卷《问帝王之政与帝王之心》蜚声国内外。全文2460字,为1厘米见方的馆阁体小楷,字迹端正,无一误笔。前有"弥封关防"封闭简历,后有大学士及礼部、兵部、户部尚书等9位阅卷官的官职姓名,万历皇帝御笔朱批"第一甲第一名"。

状元卷原为赵秉忠13代孙赵焕彬保存,历经380年风雨沧桑,直到

1983 年，赵氏后裔把它捐赠给青州市博物馆。殿试状元卷系海内外孤本，填补了我国明代宫廷档案文物的空白。

辅弼重臣冯阁老

冯溥（1609~1692），青州益都人，字孔博，又字易斋，顺治四年（1647）进士。康熙十年（1671）授文华殿大学士，任职 12 年，73 岁致仕归乡。

在朝期间，康熙皇帝幼年登基，鳌拜等辅政四大臣专擅朝政，骄横跋扈，冯溥持正不阿，屡次谏言，被康熙帝"倚以为重"，赞扬他"端敏练达""勤劳素著"，是"辅弼重臣"。

冯溥为人重大义而不拘小节。今青州城内伙巷街，相传为冯、房两大家族退让垒墙形成的。冯溥承袭"北海世家"的诗

图 10　六世祖溥画像

书风尚，博雅多文采，精于诗章。告老还乡后，在原衡王府花园旧址，辟建园林，"筑假山，树奇石，环以竹树"，取"无独有偶"之意，名曰"偶园"，是我国唯一保存完好的康熙风格人造园林，现为青州旅游胜地。冯溥在此优游著述，达 10 年之久，著《佳山堂集》。83 岁病逝，赐祭葬，赠太子太保，谥"文毅"。

以上所列乡贤，官至宰相者有房玄龄、王曾、刘珝、冯溥四人，至六部尚书等二品职位者有陈经、冯琦、石茂华、钟羽正、邢玠、王基、董可威、赵秉忠等人，他们皆科举出身，不但为官正直，膏泽斯民，颇有政绩，而且大多博学多识，工于诗文，有文集传世，可谓青州学子为官、治学、做人的表率。其中王曾、陈经、黄卿、冀錬、钟羽正、朱鸿谟等人曾在松林书院（宋代称矮松园）读书或讲学，更成为松林学子之骄傲。

明代礼部尚书冯琦在《维世教疏》说："祠祀名宦，义在报功；祠祀乡贤，义在崇德。因以表扬前哲，亦以风励后来。"光绪《益都县图志》载：

"祀典，用以崇德报功，为民请命，奠终古之天地，淑万世之人口，功德尊隆，祀典特首重焉。山川林麓，高城神池，神物所凭。先贤名宦咸著功德于兹土，其有威灵赫奕，人心向往，虽疆域各异，亦并祀之。"这些都很好地说明了建祠的目的和意义。

松林学子、名儒陈梦鹤对书院中名宦乡贤二祠充满了仰慕之情。他在《副使郡人陈梦鹤记》中说："予自童子时辄闻吾青有名宦乡贤二祠，心窃慕之，稍长，为诸生，习举子业于松林书院，二祠，因见所谓名宦者有若人焉，为乡贤者有若人焉，乃历指而究之。其宦于斯者，为忠为义，为廉为节，政教不必其皆同，而操心则未始有不同者；其生于斯者，为孝为弟，为忠为良，造就不必其皆同，而制行则未始有不同者。诵读之余，每一瞻拜，则又喟然而叹曰：诸先哲没世而名不朽者，意在斯乎？意在斯乎，学问之道，舍是，吾谁与归？"陈梦鹤认为，名宦乡贤们各自的政治教化可以不同，但他们的忠义、廉节、孝悌、贤良的节操修养却未曾有所不同，诸位先哲殁世而名声永垂不朽的原因正在于此，这也正是后世学子在书院读书求学最值得学习的地方。

明代都御使、诗人陈凤梧有诗写道："万松承露郁森森，精舍门开傍绿荫。名宦勋华高北斗，乡贤声价重南金。"诗歌对书院祭祀的名宦乡贤的功勋和声誉给予了极高的评价。

千百年来，名宦乡贤，群星璀璨，闪耀在中华历史的长空。作为具体而形象的教育资源，供代代学子景仰学习：启迪诸生敬道崇德，见贤思齐，培养崇高的人格操守；激励士子进德修业，经邦济世，实现儒家"修身、齐家、治国、平天下"的远大理想。

参考资料

嘉靖《青州府志》、光绪《益都县图志》《青州上下五千年》。图片提供：刘序勤、冯振河、闫玉新。

（原载《青州通讯》2012 年 8 月 6 日）

状元郎与松林书院

王　岩　杨文琴

在青州一中校园内，有一个"校中校"——松林书院，其前身是宋代的矮松园，是一代名相王曾早年读书之处。王曾，青州益都县兴儒乡秀士里（今青州郑母）人。宋真宗咸平五年（1002）考中状元，取解试、省试、殿试连中三元。矮松园因出了个状元宰相而名声大噪。400多年后的明成化五年（1469），青州知府李昂于矮松园创立"松林书院"。

明万历二十六年（1598），距王曾中状元后596年，赵秉忠状元及第，现遗存状元卷为海内外孤本，更令其名声大震。赵秉忠（图1），字季卿，青州郑母人。从此，青州郑母因先后出了两名状元而闻名遐迩。

图1　明代状元赵秉忠画像

于是，有人进行丰富的联想：同是郑母人，宋代王曾中状元前曾在矮松园读书，明代赵秉忠中状元前也一定在松林书院读过书了。果真如此吗？

咱们先来看一下赵秉忠的成长经历：万历元年（1573），赵秉忠出生于山西文水县官舍，其父赵禧时任文水县丞；赵5岁，习文诵诗，父母教习于膝下；8岁，"动止文雅，眉目清秀"，就读于私塾（《临朐县旧志汇编》）；万历九年（1581），文水县发生灾疫，赵禧与知县设药局免费为民治病

（《文水县志》），赵随母回乡，时年 9 岁；10 岁，始于青州城里读书；万历十五年（1587），15 岁，参加青州府学童子试，补府学（青州府学，旧址在今城里偶园街西侧，民间称府文庙）读书（光绪《益都县图志》）；25 岁，参加乡试，中举；万历二十六年（1598），殿试《问帝王之政与帝王之心》，深得阅卷官赏识，万历皇帝朱笔御批"第一甲第一名"，时年赵秉忠 26 岁，高中状元。

再看松林书院的历史：明朝成化五年（1469），青州知府李昂奏请将府治仪门之西的"名宦祠"（即"十三贤祠"）移建于此。"檄属邑子弟知乡方而愤孤陋者，教育于兹，馆谷于兹"，松林书院正式创立。弘治十八年（1505）、嘉靖四十三年（1564）等数任知府几度重修松林书院。"万历八年（1580）阁臣张居正废天下书院，伐其树，后易之以柏。"（光绪《益都县图志》）松林书院难逃厄运。100 多年后，清康熙二十八年（1689），关中陈斌如奉命视察青州之际，与知府金标主持，在废墟上重建书院，壬申（1692）四月落成，有陈斌如《重建松林书院碑记》为证。

由上看出，赵秉忠回青州读书在万历九年（1581），中状元在万历二十六年（1598），而阁臣张居正废天下书院在万历八年（1580），从时间看出，赵秉忠中状元前天下书院已废，他怎么可能在松林书院读书呢？

考证的结果似乎让人有点遗憾：大名鼎鼎的状元郎竟然没有在颇有名气的松林书院读书！但历史就是历史，状元郎在松林书院读书只是一个美丽的传说，是人们的美好愿望而已。

可是，话又说回来，赵秉忠并不是与松林书院无关，相反，他对历史上的松林书院的确充满仰慕之情。赵秉忠同村老前辈冀錬，嘉靖二十三年（1544）进士，官至兵部右侍郎，致仕后应邀到凝道书院（即松林书院）讲学，郑母村西头的文庙，至今流传着赵状元和冀侍郎之间"负鸡请醉"的故事。冀錬的门生钟羽正，万历初进士，官至工部尚书，为官清正，是一代名臣。明嘉靖年间，松林书院达于鼎盛，肄业诸生科举入仕之多，显赫一时。据县志记载，有明一代，青州进士及第 61 人（不包括 3 个武进士），而嘉靖年间就有 15 人；举人 175 人，仅嘉靖朝就达 53 人。当然，这些成就不能尽归书院，但当时书院的盛名已远在府、县学之上却是公认的。书院培养的栋梁，再如正德九年（1514）进士陈经，官至太子少保、兵部尚书，生性耿介，说直敢言，其诗作苍劲有力，气势恢宏；陈经之子、一代名儒、诗人、嘉靖二十六年（1547）进士陈梦鹤曾回忆说："予自童子时辄闻吾青有名宦、乡贤二祠，心窃慕之。稍长，为诸生，习举子业于松林书院。"可见当时的士子以能在书院读书为荣，他们读书时松林书院办学之兴盛，在赵秉忠的《云门书院记》中也有所记载：

> 青州旧有凝道书院，在郡治西南，堂室严翼，桧柏环拱，每青蘋自龙鳞起，若万壑喷巨浪，题曰"书院松涛"，其创垂题咏载《郡志》。隆庆丁卯，督学者邹公善，讲明良知，羽翼圣道，设皋比函丈于此。一时贤哲师济景从，造士作人之盛，学士先生迄今数能言。

"青州有八景，书院松涛居其一。"状元所写凝道书院就是松林书院。从文中看出，当时书院教育培养人才之盛，的确在青州是空前的，后来的士子们常常津津乐道。试想，假如书院未废，数百年后的王曾读书台上，我们很可能会看到另一位状元郎刻苦攻读的身影了。

只可惜，"万历初年，柄臣挟当轴之势，废革天下书院，所司奉行太过，遂赭其地而空之，抑何阨（阨，通'厄'，灾难）欤？"赵秉忠对权臣当道、废天下书院的行径甚是痛恨，认为书院的毁弃是很大的灾难。

"人事自有代谢……越三十年，岁在癸丑，宪使平滦高公第，议复其旧。"癸丑年，即万历四十一年（1613），宪使高第与人商量在旧址上恢复书院原貌，"而故址茂林鞠为禾黍，经其地者，如入虚落，而闻叹息之声，何从修葺？"于是，"与王公家宾等拓爽鸠公署（即明朝布政分司署，现青州云门书院双语学校处），撤而新之，不数月而落成，南对云门山色，若排闼送青而至。高公颜其额曰'云门书院'，士皆欣忻（喜悦）道说，书院废而复兴，兴而巍焕改观，以得游其间为乐"。

本来要恢复松林书院，但因故址已满目荒丘，确实无法复建，于是知府王家宾等人将爽鸠公署改建成云门书院。从字里行间可以看出人们对于云门书院改建的欣喜之情，同时也流露出包括赵秉忠在内的士子对于松林书院因荒芜而无法恢复的痛惜、叹惋之情。

由是观之，赵秉忠对松林书院是仰慕的，只因书院被毁之历史原因，他不可能在此读书。值得庆幸的是，百年之后状元郎的形象被后人请进了松林书院"乡贤祠"中，作为后世之楷模，万世之师表，供历代学子景仰，这或许能弥补其生前的一点遗憾吧。状元郎才华横溢，为官忠正，忧国忧民，情系故里，泽被后世。其人格，其遗风，其精神一定深深熏陶了历代松林学子，使融进了状元元素的书院文化代代传承，源远流长。

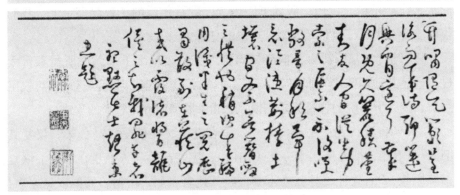

图 2　赵秉忠《琪山集·自序》

（原载《青州通讯》2012 年 1 月 31 日，有改动）

赵秉忠：状元及第留文名

隋同文　刘序勤

赵秉忠（1573~1626），字季卿，号琪阳，青州益都人。赵秉忠生长在一个书礼之家，从小就受到良好的家庭熏陶。曾祖赵绅、祖父赵通虽都未曾做官，但重视子孙教育。父亲赵禧"读书通大义"，生而笃厚。他曾经在青州城遇见一个被官府重刑拷打待毙的人，顿生恻隐之心，便把此人安置在弥陀寺，为其治疗伤病，救活了这个人。这个人非常感激，问恩人姓名，他避而不答。通过此事，他撰一副对联以自勉："暗里分明如秉烛，寸中检点莫欺天。"

赵禧曾任山西省文水县丞。在任期间，他为官廉洁，宽厚爱民。当地发生灾荒，饥民甚多，"露骸枕野"，"暴骨如阜"。赵禧见后，立即"遣人持箕掩锸，痊骼无算"，其费用全由自身俸禄支付。后来，赵禧为侍养老母，辞官回乡。离任之时，当地百姓万人泣泪送行。万历二十一年（1593），益都县发生大饥荒，粮价暴涨，"斗粟千钱"，赵禧不为钱财所动，拿出家中的存粮设粥棚赈济灾民。

在家庭的影响下，赵秉忠从小性情耿直，诚实好学，"卓荦有大志"。据志书记载，赵秉忠生于父亲任职的文水县官舍，"稍长，眉目皎皎，动止轩轩，如松风徐行，玉雪静秀，望之翩翩仙也"。后随父亲返乡，继续读书。少年时期的赵秉忠就显示出不同寻常的见地。当时，山东督学金事刘毅性情严厉，对学生要求苛刻。一次，在昌邑县组织院试，有人在鞋子中夹带小抄，被查出后受到严惩。此后，这位刘毅督学先生每次主持考试，都让学生脱掉鞋子，赤足进入考场。有次考试，正值下大雪，天气非常寒冷，光脚考试难以忍受，大家敢怒而不敢言。赵秉忠则挺身而出，赤足站在台阶上，质问刘毅说："先生您怎么能因为一个学生不出息而难为大家呢？难道您不知古代大开门庭广纳贤者的典故吗？"刘毅听后，大为悚动，马上改变脸色谢罪说："我知道错了！"从此之后，便取消了跣足进入考场的规定。

万历二十六年（1598），时年25岁的赵秉忠殿试考中状元，可谓风华正茂，少年得志，随即被授予翰林院修撰一职。但不久因父亲去世，回乡丁忧三年。名播故里的状元赵秉忠丁忧里居的消息不胫而走，慕名来访者络绎不绝。也有许多学子前来拜师求学，赵秉忠见此情景甚为感动，对众多求学者开门延入，热情接待，提供方便，一切学习食宿费用皆由自己供给，而且也不让求学者日后偿还。

万历三十一年（1603），丁忧期满的赵秉忠回朝复职。随即担任了礼部的会试同考官，高阳的名人孙承宗就出其门下。万历四十年（1612），赵秉忠升任詹事府庶子一职，并出任江南乡试的主考官。他所录取的考生，如张玮、姚希孟、周顺昌等，均为一代名臣。由于品学突出，赵秉忠声名大增，升迁为翰林院侍读学士，担负为皇帝讲解经学的任务。

一次，万历皇帝命找出各位先皇的实录查看，发现缺少建文皇帝朱允炆的，便责问原因。赵秉忠与同官赶紧解释说："不是缺少文皇帝的，而是文皇帝不能与其他先帝相比，所以不敢进呈。"万历皇帝明白了其中的意思，不再追问。但赵秉忠却趁机上奏说："建文帝在位四年，恭宽慈仁，无一失德，请复帝号、庙号，以慰神人。"皇帝沉思良久，说："事已久，不便更易。"赵秉忠继续劝说："过去高祖皇帝因胡惟庸、蓝田的狱案罢黜了许多功臣世袭的勋爵，到嘉靖朝才给予恢复。决定国家大事应当看该不该办，不应当考虑时间的长短。"

后来，赵秉忠迁任礼部侍郎，掌管詹事府。詹事府是东宫太子的官署，地位很重要。但从此以后，赵秉忠的仕途却并不顺利。万历皇帝怠于国政，几十年不上朝，不问政，不任命官员，只会搜刮天下钱财。在此情况下，赵秉忠也长期得不到升迁。万历皇帝死后，泰昌皇帝短命，天启皇帝即位，重用宦党头子魏忠贤。

天启三年（1623），东林党人同魏忠贤展开斗争，名臣杨涟弹劾魏忠贤 24 大罪状。但只会游戏玩耍的天启皇帝完全听从魏忠贤的，将杨涟罢官囚禁，最后虐杀。因为杨涟的奏疏出自赵秉忠门人缪昌期之手，缪昌期下狱论死，赵秉忠也难脱干系。魏忠贤数次当面责问。赵秉忠鄙视宦党，不为置辩。魏忠贤愈加嫉恨，多次在皇帝面前说赵秉忠的坏话。皇帝曾是赵秉忠的"学生"，对他印象良好，就说："你说的是那个穿短袍讲经学的吗？我看其人忠厚，正要重用他呢！"但是，赵秉忠看到国事日非，不愿同流合污，便多次上书请求致仕还乡。皇帝批准了他的辞呈，加官为礼部尚书，派驿官护送回家。

赵秉忠回到青州，住在城内"状元府"。据《青州明诗抄》载：

> 尚书故第在城内青龙巷软绿园，内有浓翠轩。公忤逆珰，罢归园居，著书甚富。当万历戊戌大魁后，建坊于第前，莲塘在公第后。

清代青州名士段赤亭曾作诗咏软绿园云：

> 十亩林塘学士居，绳溪妙句托双鱼。
> 封章不惜弹中贵，浓翠轩头好著书。
> 青龙巷口状元坊，笑卷珠帘爇篆香。
> 软绿园中歌舞罢，空余翠盖拥红妆。

诗中所说的青龙巷，在今青州市区东关。赵秉忠归家不久，魏忠贤大肆迫害东林党人，相继罢免了一大批具有正义感的朝臣。翰林学士刘钟英也在罢黜之列。而且，魏忠贤没有忘记赵秉忠，诬蔑他与刘钟英"久倚门户"，被削籍夺俸。天启六年（1626），53 岁的赵秉忠愤懑而死。崇祯初年，朝廷为赵秉忠平反，恢复原官，赠封太子太保，按大臣规格重新安葬。

赵秉忠创作颇丰，著有《琪山集》12 卷，诗、文各 6 卷，另有《江西舆地图说》1 卷。

赵秉忠的政绩长期鲜为人知，但他遗留至今的殿试状元卷（见图 1）却蜚声国内外。古代的"殿试"，也称"对策"，就是在皇帝面前答题。赵

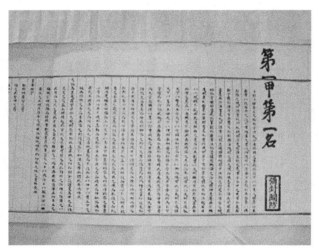

图1　赵秉忠状元卷（局部）

秉忠的状元卷以绫装裱，为一折子式书册。每折8开纸大小，共23折，长348厘米，宽46厘米。正文前有其本人简历："殿试举人臣赵秉忠年二十五岁，系山东青州府益都县人。由廪膳生员应万历二十五年乡试中式，由举人应万历二十六年会试中式，今应殿试。"后有三代简介并开具所学经书。赵秉忠在殿试中慎重运墨，一气呵成，以1厘米见方的馆阁体小楷书写，共2460字，字迹端正，无一误笔。卷首有万历皇帝朱翊钧以朱笔御批："第一甲第一名"，卷尾列有9位阅卷官的职务、姓名，加盖了"弥封关防"长印。故宫博物院王以坤、冯华两位老专家对该殿试卷进行了鉴定，他们在鉴定书中写道："明赵秉忠试卷，真迹。到目前为止，故宫宫廷档案还是空白。目前我们国家明代殿试卷发现的只有这一份真迹，可以说是无价之宝。"遂定为国家一级文物。

赵秉忠的殿试卷，尽管对万历皇帝有不少溢美之词，但也提出"天民说"作为此篇对策的精华。他主张统治者必须励精图治，以民为本，勤政为主；再辅以法治，整改吏治，安抚百姓，天下才能太平安乐。为此赵秉忠又提出了"立实心"和"举实政"的论点，也就是以法规治理国家并且加强道德教育。他认为二者并举，才能达到治国安邦的目的。正是赵秉忠的这些闪光思想得到了万历皇帝的赏识，钦定为状元。

状元卷原为赵氏后裔保存。历经380年风雨沧桑，直到1983年，赵秉忠 13 代孙赵焕彬把它捐赠给青州市博物馆。作为宫廷机要档案，如何流入民间？后人猜测，赵秉忠罢官回乡前，担心这份殿试卷被魏忠贤等人当作把柄，构陷自己，便利用担任礼部侍郎的职务之便，将其偷偷带出，藏于家中。幸运的是，这一举措使状元卷逃过了明末北京宫廷档案毁于兵火的灾难，从而使今天的人们得以欣赏这件绝世国宝。

赵秉忠不仅是独占鳌头的状元郎，还是一位有天赋的文学家和书法家。他以超群的才华写下了大量的诗词文章，保留在《琪山集》中，还在许多名胜古迹留下了题刻和碑记。

赵秉忠的诗歌创作具有很高的水平，留存下来的有 150 余首。其创作内容大致可分为三类，第一类是揭露封建统治的腐败，从不同角度反映他忧国忧民、关注民生、憎恶奸邪的思想倾向。万历三十八年（1610），赵秉忠目睹万历皇帝昏庸无能、怠政荒淫、忧心如焚、感事生怀，赋诗曰：

> 青蒲白简奏枫宸，封事年来叹积薪。
> 大海沉沉云漠漠，文书几阁尽生尘。

诗句直抒胸臆，影射万历皇帝长期不问政事，大臣们的奏章置诸几阁，任其堆积如山，尘灰满布。

天启六年（1626），已被罢官在家赋闲的赵秉忠，得知宦党头子魏忠贤迫害自己的得意门生周顺昌，激起了苏州人民的义愤，几万人自动聚集反抗暴政，受到魏忠贤宦党的残酷镇压，联想到自己的官场坎坷，禁不住愤然赋诗曰：

> 南国天声喧白昼，长风巨浪撼银河。
> 圣皇蚤建中和极，风不鸣条海不波。

诗人期望南国苏州的雷霆天声，能够震撼朝廷的腐败统治，但朝廷依然无动于衷，令人们愤怒和无奈。

第二类是描写山水景物，抒发遣兴自适的情怀。他在《琪山集自序》中说："迂拙之性，癖在山水，簪笏十一，岩栖十九，鸟语鱼行，烟歌竹啸，随天籁所至，咏而成诗，聊以遣性而自适耳。"从这段文字看，赵秉忠还写了不少的山水景物诗词，但在诗集中却选录不多，且入选的也多是"望南山而流涕兮，临流水而太息"之类，诗中往往另有深意。如《琪山集》卷九《秋月饮冶湖》中写道：

> 湖上一杯饮，秋风洒客衣。
> 绿疏溪柳瘦，红绽渚莲肥。
> 寻竹随棋局，观鱼立钓矶。
> 丘园心自惬，非与世相违。

赵秉忠与友人同游临朐冶源，赞赏秋天的冶源美景，绿疏柳瘦，渚莲红绽，竹中对弈，矶上垂钓，闲适静谧。但诗的末两句，说明赵秉忠在这闲适之景中，内心并不闲适，济世的大志不得实现的怨愤感情，无时不在他心里翻腾。

第三类是抒发自己郁郁不得志的愤懑之情，他眼见皇帝昏庸，魏阉柄政，屡兴大狱，荼毒无辜，无所不用其极，心情极为压抑。从作者现存的诗篇看，这些作品占了相当大的比重。如《感兴》：

> 宦途底处问通津，尘海蹉跎叹此身。
> 年长忽惊趋六甲，官闲早已历三辛。

这首诗的内容是感叹自己长期身居闲职，仕途坎坷，年华不再，不能实现报国理想，这对于一个锐意仕进的知识分子来说，其心境的愁闷困窘可想而知。另一首《秋日书怀》：

> 风落燕山木，秋悲汉苑臣。
> 孤蝉寒抱叶，旅雁晚呼宾。
> 老不嫌调瑟，闲惟叹积薪。
> 更思楚屈子，萧屑倍伤神。

这首五律诗的首联，触景生情，由秋风落叶，悲日月之匆匆，叹年华之不再；颔联以"孤蝉"之"寒抱叶"，"旅雁"之"晚呼宾"，暗喻自己孤寂、坚贞的操守，并盼望同道者的帮助。颈联，以汉代贾谊的故实，抒写自己忧国忧民，为国家的危难局势而痛心疾首的感情。尾联，以伟大的爱国诗人屈原自比，写自己请缨无路、报国无门的伤痛。感情极为沉郁悲壮。

赵秉忠的诗词也很有艺术特色，结构严谨，风格多样，语言华赡，想象丰富，多用典故，妙笔生花，以诗言志，志寓诗中，可谓诗如其人。

包天笑与青州府官立中学堂

郝 增

中西融会的苏州名士

图1　包天笑像

包天笑（图1），原名包清柱。1876年生于苏州桃花坞西花桥巷一个商人之家。因其父早逝，为生计所迫，17岁辍学后，开馆授徒当了私塾先生，19岁考中秀才。

教学之余，受留日学生新思潮的启发，在苏州发起成立了"励学会"及股份制的"东来书庄"社。出版了木刻的《励学译编》，经营新书报刊，传播科学新知及进步思潮。与友人杨紫麟共同翻译，在上海文明书局出版了英国作家哈葛德的小说《迦因小传》下半部。当时两人的署名是"吴门天笑生"和"蟠溪子"。及后又单独翻译出版了日文小说《三千里寻亲记》和《铁世界》。25岁时，经朋友介绍到南京盐务督办，李鸿章的侄女婿蒯礼卿家中做家庭教师。一年后，受蒯礼卿的委托，去上海筹备成立了金粟斋译书处，负责在商务印书馆校对出版著名翻译家严复的《原富》《穆勒名学》《群学肄言》《社会通诠》等新译作。此间，他收到了远在日本横滨的友人寄给他的数部由梁启超编辑出版的谭嗣同的遗著《仁学》，并与商务印书馆的经理夏瑞芳达成重印协议，重印了《仁学》1000部，夏瑞芳加印了500部，成为《仁学》的国内首版。

金粟斋译书处解散后，包天笑因病回到苏州家中就医。病愈后受聘于苏州"吴中公学"担任国文教员，与任英文教员的苏曼殊相识，二人遂成挚友。为筹办"苏州女学堂"，包天笑亲赴上海，参观学习蔡元培创办的"爱国女学"。因祖母病故，守丧在家，筹办的"苏州女学堂"遂告夭折。就在他赋闲在家，寂寞无度时，青州府官立中学堂监督之职，落在了他的肩头上。

清光绪二十七年（1901），清廷谕令"各省、府、州、县，大小学堂一律改为高等、中等、小学堂……"废科举，兴学堂，厉行新政的变革，在举国上下展开。

青州知府冯汝骙，于光绪二十八年（1902），将青州松林书院改为青州府官立中学堂。冯汝骙离任后，曹允源任知府。曹允源字根荪，江苏苏州人，丙戌进士，是由京官外放山东青州知府的。在学堂监督法小山受聘济南高等师范学堂后，他想到了开风气之先的老家苏州。当时的苏州，是江苏省的省会。曹允源便写信给他的亲家翁——苏州城内的名宿彭诵田老先生，让他举荐一位年轻练达，能中西融会贯通的乡人，来青州府官立中学堂做监督。彭诵田老先生经多方考察，举荐了苏州名士、后成为中国近代文学史上颇负盛名的鸳鸯蝴蝶派作家、中国新闻史上的知名报人包天笑先生。

执着整改的教育精英

包天笑应允就任青州府官立中学堂监督后，青州府即下了聘书，月薪银洋50两。那时国内币制南北有异，上海、苏州一带，已流行纸币的"洋钱"，而北方各省仍通用银两。50两银洋正好折合一小元宝，在苏州评估局估价为70块"洋钱"，在当时算得上高薪阶层了。

包天笑先到上海，购买了部分帮助教学用的书籍，然后乘轮船抵达青岛，通过胶济铁路直达青州府。去府衙拜会时，知府曹允源诚恳地说："我们是科举出身的人，当京官磨蹭了好几年，放了外任，对办学堂完全是外行。如今政府要厉行新政，通令各省府办中学堂，各县要办小学堂，这里本来有个云门书院（亦即松林书院），我们把它改为中学堂。原以为仍照书院制度，选拔几个高材生，在此肄业就是了，哪知现在新法，必须添置英文、算学、理化等课目，办成新式学堂，那就请一位专家来办理了，现请阁下担此重任，一切都要借重了……"举办学堂的优劣，是列入对知府考绩的重要内容，这就让曹允源认真对待了。他十分信任地将办学的权力，交付给了包天笑先生，使他全身心地投入到教学整改中去。

青州府所辖数十个县治，可学堂招收学生却十分困难。家境贫困的人家读不起书，殷实富裕之家，仍抱着科举取士的旧观念，不相信"洋学堂"，认为夷人之术，会误人子弟。尽管官府免费提供食宿，并给予一定的补助，但招生时仍如抽壮丁征兵员一样艰辛。经第一任学堂监督法小山，两年间不辞劳苦地开拓招揽，到包天笑接任时，青州府官立中学堂已由最初的16人，发展到60人。可课堂形式，依然传承未变，仍带有浓重的官衙气派。课堂正面设一师位，悬挂着红色的桌围，教师面南授课，学生面北听讲，颇似衙门审案的大堂。学生年龄差别极大，有30岁的举人，20来岁的秀才，也有十四五岁的童生。课程仅有一门，那就是由先生指定圈点《资治通鉴》，另外选《古文观止》中的文章课读。课堂上年龄较大的学生边抽着旱烟袋边听讲，烟雾缭绕，"乒乒乓乓"的叩烟锅声，此起彼伏，浓烈的旱烟气味充斥其间。

包天笑就任后，改革了课堂形式，改为教室西端设讲台、讲桌、黑板，撤销红色桌围；教师面东授课，学生面西听讲；设置课程科目表，在原国文的基础上，增加了修身、英文、算学、理化、地理、历史、博物、体操。英文教师为来自苏州的杜伯安，算学教师为宁波的胡菊如，理化教师则聘请了青州天主教堂的白先生和黄先生兼任，体操教师是来自常熟的徐粹庵。体操作为一门新兴的科目，带有些军事性质，很受学生们的欢迎和知府的重视。受曹知府的委托，包天笑在上海订制了60套灰色仿德国军人的制服操衣，托运回青州时，在青岛被德国人扣留查询，经多方解释后始得放行。

学堂规定了学期和假期，一年分两个学期，放暑假和寒假，春秋两季农忙时节，允许学生告假从事农忙。制定了周课表，规定各科教时，教师照表上课，星期天休息。在教室中贴出告示，严禁学生在课堂内抽烟和携带烟具。从此，青州府官立中学堂冲破了沿袭已久的书院制度，走向了新兴学堂的办学模式。

另外，学堂内沿袭一种见了老师行屈膝请安礼，带有一种卑躬屈膝的奴性。包天笑与教师们商量后决定废除，改为见了尊长行打躬、作揖礼。可学生们对打躬作揖都不太习惯，自上而下，如同从地上捧起一件东西，滑稽而又可笑。于是包天笑又建议改为见了老师垂手而立，喊一声老师就行了。这一礼节渐渐地在学堂内推行开来，继而在各学堂中流行起来。

有一天，学堂接到府里通知：有两个基督教美国长老会的神甫，下午要来参观新学堂。包天笑问监学李先生："我们要怎样招待他们？"李先生说："不必，随便领他们看看就好了。"到了下午，两个身材高大的神甫准时到来，二人既没有西装革履，也没有穿着神职人员的服装，而是身着蓝布长袍、黑尼马褂，脚上穿双梁缎面鞋，土布白袜子，头上一顶瓜皮帽，上有大红的帽结。除了高鼻梁，白皮肤，蓝眼睛外，一副地道的山东土著人的打扮，并说一口字正腔圆的山东话。他们怀着极大的兴趣，看了课堂的布局，仔细查看课程表的排列顺序及设置的科目，不住地用汉语说："好！好！"一年后，经知府报请省里批准，筹措出了一笔经费，新建校舍10间，学生增加到了80余人。

山东巡抚周馥，有一次从济南到青岛去与德国人交涉事情，途中在青州车站短暂停留。府里派了一个幕僚来到中学堂，对包天笑说："明天抚台大人过境青州，应请监督亲率全体学生，到车站列队迎接，以示本省本府兴学有效。"包天笑听后，十分不悦地说："不但我不到车站上去迎接，连学生们我也不叫他们到车站去迎接！办学堂是为的造就人才，不是为官场中送往迎来用的，今天接一个抚台，明天送一个藩台，一天到晚都跑火车站，不必再读书了。"这位幕僚碰了个钉子无功而返。因为这是在抚台面前，显示知府办学实绩的大事，知府衙门又派了一个更高级别的王姓幕僚来到学堂，对包天笑面陈学生去火车站迎接抚台对曹知府前程的重要性。包天笑才同意让监学李先生，代他率学生前往，结果教员学生去了十分之七。

辞去教职步入新闻界

光绪三十一年（1905）下半年，山东巡抚周馥升任两江总督，杨士骧接任山东巡抚。按照清朝官制，上司与下属如果是儿女亲家，下属按例呈请回避，曹允源与杨士骧恰是儿女亲家，曹允源自然按例呈请回避，调到湖北汉阳任知府。青州知府乃由一位从河南调来的段友兰充任。

段知府上任后，对包天笑厌恶官场、独立办学的态度，十分不满。有次他到学堂视察，会客厅的墙壁上挂了些从上海新购来的植物、动物彩色画图。这些画图都是日本印刷品，动物图中有水族一类，是一些鱼类、龟类的标本。段知府看了一会儿，面带怒容地问："谁主张把这些王八也挂在这儿啊？"立命撤去，继而又命学堂每月逢朔、望日拜孔，修改课程表，增删一些科目。每一次拜孔，兴师动众，学堂正常的教学秩序全被打乱，教员、学生啧有烦言。因办学理念不合，包天笑感到难以相处，将辞职书送到了知府衙门，南方来的几位教员也联袂上书辞行。

包天笑在青州府官立中学堂时，曾朴在上海创办了一个名叫"小说林"的出版所，并编辑出版了一个月刊也叫《小说林》，连载他的长篇纪实小说《孽海花》，已经在全国引起轰动。包天笑性喜弄笔，时有短篇小说和日文的长篇译著寄给《小说林》杂志，均立刻给以刊载。

狄楚青在上海创办的《时报》，足以称为中国报业史上的一次革命，它以对开四版，两面套红印刷的版式令人耳目一新。《时报》创立了简洁精悍的"时评"一说，刊登小说、诗话、笔记，因此教育界、文艺界、出版界对《时报》都情有独钟。包天笑每投以笔记、短篇小说，立见登载。继而狄楚青、陈景寒写信询问境况，示意在山东青州中学堂坐冷板凳，何不来《时报》加入其间呢？曾朴也给包天笑写信说："如果高兴到小说林来，我们正虚位以待，求之不得呢？"

于是，包天笑于光绪三十二年（1906）农历2月中旬，辞别青州府官立中学堂举家来到上海。从而进入《时报》馆，主编外埠新闻，并撰写时评，尔后主编《余兴》副刊。从此步入了新闻界，开始了长达14年之久的报人生涯。

在《时报》期间，包天笑结识了一群后来成为中国近代史上的风云人物。当时的叶楚伧、邵力子、张群尚未弃文从政，还都是望平街上的一帮穷文人呢。叶楚伧、邵力子主办的《民国日报》的《觉悟》副刊，在全国颇为有名，但却是望平街上最穷的报馆，常常是夜里编好了稿子，可无钱买纸印刷，只好由叶楚伧写一"今夜又断炊矣，恳借我 10 元，以疗我饥"的便笺，给相处不远的《时报》馆的包天笑。10 元可买 4 令纸，《民国日报》方得印刷。张群从日本早稻田大学法律系留学归来后，在《中华新报》任记者。史量才那时还在上海老西门高昌庙女子蚕业学校任校长，他是《时报》息楼里的常客，几乎每周必至。他洞悉《时报》的运营方式、办报理念，为其后接手《申报》，出任总经理，与《时报》比拼埋下了伏笔。包天笑在编辑《小说大观》季刊时，编辑签发了苏曼殊和陈独秀翻译的小说《悲惨世界》。苏曼殊化名苏子由，陈独秀笔名陈由己。

1909 年，包天笑参加了进步文学社团——南社，与著名作家陈去病、高旭、柳亚子、苏曼殊、马君武等出版了《南社小说集》。

短篇小说《一缕麻》

短篇小说《一缕麻》，发表在 1909 年 9 月《小说时报》第 1 期上，是一个梳头女佣到包家给包老太太和小姐们梳头时提供的小说素材。它的大意为：有两家乡绅人家，因莫逆通好，便指腹为婚成为至亲。后果生一男一女，但男子有些先天性的痴呆，碍于情分，女方不悔婚。聪颖、漂亮的女子嫁到男方后不久，却得了当时难于治愈的白喉重症。男子重于情分，日夜侍候，不幸被传染而死，女则无恙。在昏迷中，家人为之服丧，以一缕麻束其髻上……包天笑得到这一素材后，以小说家的眼光感觉到极富有传奇色彩，足以针砭传统礼教下的盲婚习俗。于是通过对人物的演绎、情节加工、心理描写等系列小说化的处理，创作成了一篇耐读的短篇小说。该小说在《小说时报》刊登后，即引起许多在校学生的关注。当时包天笑在编辑之余，应邀到上海的数家女校做代课教师，许多的女学生追问他："老师，果真有这事吗？"

小说发表 10 年后，即到了民国初年，梅兰芳在北京写信给包天笑，告诉他已将《一缕麻》改编成了京剧，不久在北京公演，特去信征求作者的同意。后来梅兰芳告诉包天笑，《一缕麻》公演后，在社会上影响很大。当时北京、天津有许多类似指腹为婚的人家，看过该剧后，就认识到了指腹为婚的害处，双方都自愿协议退婚了。

又过了近 10 年，越剧在上海盛行起来，著名越剧表演艺术家袁雪芬、范瑞娟又将《一缕麻》改编成了越剧，在上海公演，也曾轰动一时。

中国电影的创始者——上海明星电影公司的张石川、周剑云、郑正秋又将《一缕麻》改编成《挂名夫妻》，由卜万苍导演，阮玲玉主演。值得一提的是，该剧是阮玲玉投身银幕的处女作，由此一举成名，成为家喻户晓的影星。为此，包天笑感慨道："《一缕麻》这一短篇小说有什么好呢？但文艺作品这东西，如人生一般富有所谓运气的，忽然交起运来，有些不可思议了。"

笔名天笑与钏影楼

"清柱"这个名字是他刚要进学堂时，其父请当地一位很有名望的姚姓宿儒给起的，一直沿用到他考中秀才之后。

包天笑 23 岁时，通过阅读新书，一种新的思潮开始激荡他年轻的心灵。特别是看到清王朝对外软弱无能、割地赔款，仰洋人鼻息以生存，对内却对提倡"变革图强"的仁人志士，大加杀戮，毫不掩饰其"宁赠友邦，不与家奴"的卖国嘴脸，因此感到"清柱"这个名字，与时代十分不和谐了。当有些朋友有意或无意地问他"你包清柱的大名，是否有意要做清王朝的栋梁？"时，更让他惭愧万分，所以决定改名。

《论语》曰："士不可以不弘毅，任重而道远。"他便决定用"毅"字做己名。可苏州人的发音"毅"字和"二"字的发音相同，与"包二"谐音，形同俗称的张三李四。于是便在"毅"的前边加了一个"公"字，叫包公毅。为了将新名推广开来，包天笑请了几个名人书写过几次大红名片，其中有章太炎、张謇、狄平子等。

除沿用的实名外，"天笑"是他使用最多的笔名。许多人曾不止一次问他该名的出处和寓意，是不是出于对"杀身成仁"的谭嗣同仰慕，取其"我自横刀向天笑"诗句中的"天笑"二字以示敬仰？得到的答复是：为牵强附会的推测。他在家乡苏州做私塾先生时和杨紫麟共同翻译了英国人哈葛德的小说《迦因小传》，在自办的木刻杂志《励学译编》上连载，继而在上海文明书局印刷出版单行本时，随心所欲地署名为"吴门天笑生"，杨紫麟署名"蟠溪子"。因为那时小说这一体裁，在人们的心目中是"姑妄听之"的供人消遣的街谈巷议之说，与诗词文赋相比是不入流的旁门左道。人们对一些缺少事实依据的闲谈议论，都冠以"小说家之流言"。言外之意，虚构想象的杜撰成分居多，不可信以为真。所以不论写小说的人或是翻译小说者，大都采用笔名。如《留东外史》的作者向恺然，署名"平江不肖生"；《孽海花》的作者曾朴，署名"东亚病夫"。及至后来，为简约起见人们便将"吴门天笑生"叫"天笑生""天笑"了。包天笑进入《时报》馆后，与陈冷血二人在报纸上轮流撰写时评和刊登翻译小说，他署名一个"笑"字，陈则署名一个"冷"字，而广为人知。

而笔名"钏影楼"，是继"天笑"之后，用得较多的一个名字。不少人认为这个女性化十足，且带有脂粉气的笔名，一定隐含着名者的一段风流佳话或风花雪月的浪漫情调。其实不然，这个名字是为纪念他母亲在一个除夕之夜，拯救他父亲一位朋友的性命及全家的盛德之举。

在包天笑6岁那年的除夕夜，全家吃过年夜饭后，祖母及包天笑姐弟3人都已睡下，只有他勤劳的母亲在忙完了家务后，给他姐弟们熨叠明天新年时所穿的衣服，父亲则在盘点家庭的日用账目，计算一年中到底用了多少钱。时间已是午夜两点钟左右了。这时，忽听得有人叩门之声甚急，按苏州风俗，此时的叩门者，除了讨账的人外别无他者，可他们家并不亏欠人家的债务呀！他的父亲有些疑惑地打开了房门，看到来者是自己的老友孙君。

孙君进得门来，只见他精神惨沮，面色苍黄，一副焦灼不安的样子。包天笑的父亲急忙问他发生了什么事情，何以弄成这副模样？孙君叹了一口长气道出了他的缘由：他本在钱庄供职，月薪不过百余元，为了补贴家用，他私自挪用了钱庄四五百元的款子，做了投机生意，不想全蚀了进去。按照钱庄的规矩，到了年底职员亏欠的款子必须在新年之前全部交清，否则明年就得卷铺盖走人。孙君典质家中的一切，好不容易才凑了百余元钱，离四五百元的数目还相差甚远。如果错过了今夜的时间，明年一旦失业，他上有一个80多岁的老母亲，下有3个未成年的孩子，一家老小靠什么生活？更重要的一条，苏州的钱庄业是同帮相连的，你亏空钱款从一家出来，任何一家钱庄都不再录用你了！因此，孙君对包天笑的父亲说："包兄，如果今夜没有了法子，我孙某只有死路一条了！"包天笑的父亲听后显得有些无可奈何，爱莫能助地说："你若早两天来，还有法子可想，怎么直到这个时候才来呢？"包家过年家中仅留了十几块的零用钱，此时的钱庄亦都已关门歇业了，就是告贷也无门可进啊。

就在包父为难之际，包天笑的母亲招呼他来到内房中说："我看这位孙先生的面容不对，如果今晚这个年关不能过去，恐怕有性命之忧，他不是说只有死路一条吗？"

包父一脸沉重地说："我们现在也没有四五百元的现款可以接济他呀！假如他早两天来的话，甚至于在大除夕的白天来，我还可以给他在朋友中想办法解决，现在已是大半夜的时分，我上哪去给他弄钱呢？"

包天笑的母亲思索了一下说："你去问一下孙先生，如果不用现款也可以吗？"包父不解地问："不是现款是什么？难道这半夜三更的，还可以拿房契田单去做抵押吗？""难道金首饰不可以吗？"包天笑的母亲忙解释说。"你的意思，是愿意把你的金首饰，救助孙君吗？"包父惊讶地问。"救人之急，我很愿意的，你快去问孙君吧？""明天就是新年了，大家都要穿戴，你却没有了，这如何是好？"包父不免有些疑虑。"这有什么关系？即使我有，不穿戴出来，也是我自己的事啊，况且那副绞丝金镯沉沉甸甸的，我还有些懒得戴它呐。如果老太太问究起来，我实言相告，她也是慈善的人，决不会责备于我的。"

包父急忙走出内屋，将此事告知了孙君。孙君感激的泪水一连串地流了下来。包天笑的母亲将自己所有的金首饰，包括一对二两重的金丝手镯、名为"一根葱"的金戒指，给孩子们佩带的小金锁、小手镯，全拿了出来，对孙君说："救人须求彻底，请孙君尽量拿去就是了。"按当时的黄金价格，再加上孙君自己所典质的百余元，已经足够四五百元了，他明年的饭碗是一定确保无忧，牢靠得很了。在孙君拜谢辞别时，便对包天笑的母亲实言相告："大嫂，是你救了我的一条性命和全家。"说着从衣袋里掏出了一只圆形的牛角盒子，里面盛满了生鸦片膏。他说："我来包兄家中，是我最后一个希望了。如果这里再没有希望的话，我只得借此三钱生鸦片膏，毙命于这除夕之夜了……"

包天笑为纪念母亲的这一慷慨好义之举，慈善助人的情怀，遂取"钏影楼"的笔名以志纪念。1971 年 96 岁高寿时,香港大华出版社出版了他 30 万字的《钏影楼回忆录》,被后人誉为"清末民初的社会史、经济史尤其是文化史的珍贵资料"。《钏影楼回忆录》中有专门章节记述了古城青州的风土人情及青州府官立中学堂的沿革、规模与转型过程,是展现青州教育史的重要篇章。

包天笑还有一个笔名叫"染指翁",这是他出任明星电影公司编剧主任时用的。他将自己的译作《空谷兰》改变成电影剧本,拍成电影;又将译作《梅花落》改编拍成了电影。他担任编剧拍摄的《可怜的闺女》《风流少奶奶》,都成为当时风靡一时的影片。

1936 年 10 月,包天笑与鲁迅、郭沫若、茅盾、巴金、洪深等文学艺术界代表人物共 21 人,联合签名发表了《文艺界同仁为团结御侮与言论自由宣言》。在抗战期间,他与赵景深等著名文学家创作出了反映抗日题材的文学作品,对宣传抗日,教育民众,发挥了积极作用。

包天笑的主要作品有《碧血幕》《流芳记》《情网》《苦儿流浪记》及《钏影楼回忆录》等。1973 年 11 月 4 日病逝于香港,享年 98 岁。

"隐藏的大师"顾随在青州

王 岩

图1 顾随像

"我不说顾先生是教育家，那太一般了。顾先生讲课不是照本宣科，顾先生一到讲堂上，全副精神投入，那是怎样一个境界？就是一个好角儿登台，就是一个大艺术家，具有那样的魅力！"这位被红学大家周汝昌高度赞誉的老师叫顾随（图1）。

顾随（1897~1960），原名顾宝随，字羡季，别号苦水，晚号驼庵，河北省清河县人。1920年北京大学英文系毕业，初受聘于山东省立第十中学，后相继任教于山东省第一女子中学、青岛私立胶澳中学、天津女子师范学院，1929年10月开始陆续任教于燕京大学、北京大学、中法大学、辅仁大学、北京师范大学、天津师范学院（河北大学的前身）等多所高校，1960年9月病逝。

顾随是中国韵文、散文作家，理论批评家，美学鉴赏家，禅学家，书法家，文化研究专家。周汝昌这样评价他："一代名师，京津高校，无人不知，桃李满天下"，"近现代教育史上少见的全才"，"一位正直的诗人，而同时又是一位深邃的学者，一位极出色的大师级的哲人巨匠"。名师出高徒，他的弟子如今个个如雷贯耳：周汝昌、叶嘉莹、黄宗江、吴小如、史树青、郭预衡、沉樱、颜一烟、侯仁之、邓云乡，学生早已是名满海内外、扛鼎中国文化研究的大家，他却安于寂寞，被学界人士称为"隐藏的大师"。

事业从省立十中起飞

位于青州的山东省立第十中学是顾随教坛生涯的第一站，对此顾随女儿顾之京有回忆：

1920年夏，父亲结束了大学生活，走出了北大校园。他谋到的职业是山东省青州中学的教员。9月，他到达青州，开启了一生教书生涯的头一站。青州中学是省立中学，历史较久，父亲这个刚迈出校门的24岁的青年，在这所学校里，教国文和英语两门课程。那时的国文课主要是学古文，像父亲这样身兼两种不同语种的语言文学课，不仅在当时，就是在后来的学校里，恐怕也是极为罕见的。他在青州中学，

图2　1941年与辅仁大学国文系教授合影。前坐为顾随、余嘉锡，
后排右一为郭预衡，右二为周祖谟，右四为启功。

除教书、改作业，每日不外写字、作文、看书。

一个精通中英文两种语言的北京大学毕业生，踏上 20 世纪 20 年代中学的讲坛，呈献给学生的是完全不同于旧式教书先生的教师风采。好友冯至晚年回忆说："羡季是国文教员，由于他熟悉英语，又喜读鲁迅小说和周作人当时的散文，所以在课堂上古今中外旁征博引，很能开拓学生的眼界，受到学生们的欢迎……"

1921 年 6 月末，顾随来到济南做《民治日报》的记者、编辑。10 月，受聘于济南女子职业学校，重上讲坛。1922 年 12 月，又应省立十中新任校长周世明之请，返校担任教务主任。然济南女子职业学校的百余名学生诚恳挽留再三。经协商，顾随不得不经常于风天雪地间往返于青州、济南之间，直到 1923 年 3 月，省立十中的课由卢伯屏代上才结束。

创作在青州起步

这期间，顾随的创作已经起步。1921 年，他积极筹划组织通讯社，跟志同道合的文友通过信件互相交流，互相切磋。

他在给友人的信中说："我对于胡适之的新诗，固然欢喜，也不免怀疑。他那些长腿、曳脚的白话诗，是否可以说是诗的正体。至于近来自命不凡的小新诗人的作品，我更不耐看。诗是音节自然的文学作品，他们那些作品，信口开河，散乱无章，绝对不能叫作诗。我的主张是用新精神做旧体诗，该说一句话便是用白话表示新精神，却又把旧诗的题材当利器。"

据书法家欧阳中石先生回忆，顾随曾经说过，在诗歌创作上，青年时期曾与诗人冯至有过一个很有意味的"约定"，二人的诗都不含糊，为了逊让，二人把旧体与新体分划领域，各守一体，冯先生不再写旧体，顾先生不再写新体。这一说法，也很好地印证了顾随最初对于新旧体诗歌的看法。

顾随在青州期间的作品有散文《月夜在青州西门上》《梦想一》《梦想二》，小说《夫妻的笑》《爱疯人的慰藉》，新诗《送伯屏晋京》，旧诗《偶成二绝句》《游冯园》等，细细品味，可以窥见大师细腻而独到的审美情趣，发现大师早年对爱与美的追求与向往：

> 夜间十二点钟左右，我登在青州城西门上；也没有鸡叫，也没有狗咬；西南方那些山，好像是睡在月光里；城内的屋宇，浸在月光里更看不见一星灯亮。

> 天上牛乳一般的月光，城下琴瑟一般的流水，中间的我，听水看月，我的肉体和精神都溶解在月光水声里⋯⋯

散文《月夜在青州西门上》（图3）描绘的境界，使人很难与风雨如磐的旧中国、1920年的旧青州联系起来。牛乳一般的月光、琴瑟一般的流水，使作者忘掉了白天人事的纷扰，静谧的月夜和作者宁静的心境合二为一，使

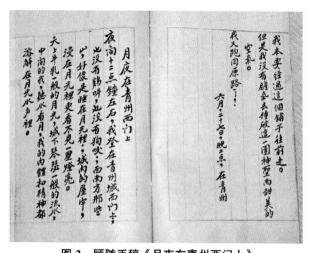

图3　顾随手稿《月夜在青州西门上》

作者达到了物我两忘的境界。正如朱自清先生1927年在荷塘月色之中偷来片刻的逍遥，"什么都可以想，什么都可以不想，便觉是自由的人"。

省立十中是大师教坛生涯第一站，也是其创作的起点。顾随居青州时间虽然不长，但对其人生的意义是重大的。顾随离青抵济后，在给省立十中任教的同事也是平生最好的朋友卢伯屏的信中多次提到青州，对青州的那段生活经历流露出浓浓的思念之情："弟连日办稿子上课，忙得不亦乐乎！回想在青州时登山临水饮酒赋诗，如在天上。""弟近日亦苦神经衰弱，不能读书作文，更无人可以晤谈，殊觉寡欢！回思在青州日，颇以为该地为僻陋，今则求之而不可得矣。得之则厌，不得则思：物莫不然也⋯⋯""昨夜十时，接得像片六张，至以为乐，使弟破岑寂不少也。

谢谢！共计1.紫藤、紫荆花下振千、枌生合影。2.阳河北望图。3.振千与公子、女公子合影。4.枌生啜茗、读书照像。5.伯屏阅《国耻刊》照像。6.范公祠全景。"

收获真诚而有诗意的友谊

在青州，除了教学和创作，顾随收获最大的可以说是一份值得他珍藏一生的真诚朴实而充满诗意的友谊。

1921年春季，顾随结识了刚刚到省立十中任教、长他数岁的涿州人卢伯屏。卢伯屏是位仁厚长者，忠诚正直而谦和，他们在省立十中虽只相处3个月，却从此开启了他们终其一生、情逾同胞的情谊。

1921年6月25日，在青州分别前，顾随作了4首白话诗《送伯屏晋京》，每一首都以"伯屏要走了！三个月的聚会、往来，而今要分手了！"为开端，表达对挚友的惜别之情。1921年至1930年，他们虽时时相聚，彼此间却仍是书函往来不断，10年之间顾随致卢伯屏的书函就达475封。

女儿顾之京回忆道："卢伯屏先生我的姐姐们都亲切地唤他'卢大爷'，卢季韶先生我们姊妹唤他'卢四叔'，卢大爷和卢四叔保存我父亲的全部信函共563通。'七七事变'后，卢大爷和卢四叔自北平奔赴大后方，家具衣物以至书籍俱弃置旧都，唯早已粘贴成册的好友顾随书信随身携带，自北平至河南而陕西再辗转至四川。卢大爷1939年病逝于四川，书信全由其弟卢四叔一人保管。卢四叔晚年退休于西北大学，谢世前两年20世纪80年代初将全部信札重新整理，辑为十四册，由后辈自西安携至北京，交给我的三姐之惠。仅是珍存好友书信的这一份诚笃之情，就值得在中国知识分子的交往史上大书一页。"

在青州，经卢伯屏介绍，顾随开始与当时同在北京大学就读的卢伯屏的四弟卢季韶以及被鲁迅称为"中国最为杰出的抒情诗人"的河北同乡冯至认识，从此结下了终生的友谊。1922年11月冯至给顾随的信中写道："伴小灯，夜凉透肌，远远犬吠……此时怀人，何须秋雨！"而顾随给冯至回信道："冬初的大风啊，我该如何感谢你，又怎样的恨你啊！你增加了我们朋友间的感情，却又增加了我们相思的情怀和孤独的悲哀。"

1990 年 9 月，为纪念顾随逝世 30 周年，年逾八旬的冯至撰写《怀念羡季》一文，深情记述他们之间早已无人知晓的早年交往:（我们之间的信）"如泉水喷涌，又如细水长流"，"尽量把心里想的、眼前看的、读书获得的告诉对方，对方也以此相报。"1924 年，顾随和冯至二人在济南和青岛一同度过了 40 天的暑假。冯至这样诗意地描绘这次齐鲁之游:"我和羡季几次大明湖上泛舟，历下亭前赏雨，品尝鲜嫩的蒲笋和某饭馆院内活水养育的鲜鱼，至今记忆犹新。我们于 7 月初到青岛。晴日我们去海滨游泳，雨时在室内读书谈天。羡季从前写诗，这时致力填词，也读西方的小说诗歌;我则写诗，写散文，写不像戏剧的戏剧，杂乱无章，想到什么就写什么。有时也沾染旧文人的习气，我们出游到太平山顶，在石壁上题诗，致使一年后羡季在一首《蝶恋花》前半阕里写:'一自故人从此去，诗酒登临，都觉无情趣，怕见太平山上路，苍苔蚀遍题诗处。'"

的确，冯至走后，顾随顿感落寞空虚。在给卢伯屏的信中,8 月 23 日说:"我自君培（冯至的字）去后甚懒，不能作长信。"8 月 26 日说:"弟自冯至去后，勇气消沉，百无聊赖。"9 月 1 日说:"君培去后，如失魂魄，日日茫茫然饮食出入，在五里雾中，书不能读，文更不能作。别离之情，日久而愈深。始知古人之词'别恨正如春草，更行更远还生'真掏心窜语也。"

那时的中国正处在风雨飘摇、人们苦闷彷徨的时代。顾随与卢伯屏、卢季韶、冯至之间的这一段交往，正如诗人冯至所说"其中一片深情仿佛还延续着 2500 年前《诗经·小雅》里'嘤其鸣矣，求其友声'的歌唱"。

经师易得，人师难求

顾随学识渊博，教学有方，无论执教中学还是大学，讲课都十分精彩。弟子杨敏如回忆:"顾先生讲课像海绵吸水一样吸引着学生。燕京当时是学分制，每学期学生要选课，课程表一贴出来，顾先生的课同学们争着选，很快就满员了。每到上课的时候，没有选上顾先生课的学生就搬着小凳来听课，不少人甚至就坐在窗台上。"

弟子叶嘉莹说:"先生之讲课往往旁征博引，兴会淋漓，触绪发挥，皆具妙义，可以予听者极深之感受与启迪。我自幼诵读古典诗歌，却从未聆听过像先生这样生动而深入的讲解。因此自上过先生之课后，恍如一只被困在暗室之中的飞蝇，蓦见门窗之开启，始脱然得睹明朗之天光，辨万物之形态……我以为先生平生最大之成就，实在还并不在其各方面之著述，而更在其对古典诗歌的教学讲授……纯以感发为主，全任神行，一空依傍。'奇外无奇更出奇，一波才动万波随'，先生讲课，真可说是飞扬变化，一片神行。是我平生所接触过的讲授诗歌最能得其神髓，而且也是最有启发性的一位非常难得的好老师。"

经师易得，人师难求。顾随凭借着自己丰厚的学识和鲜明的人格魅力深深影响着学生，他以叶嘉莹为传法弟子，但绝非小儒式的把弟子拘囿于自己门下（图4）。顾随在1946年致叶嘉莹的信中有一段堪称经典的话语："年来足下听不佞讲文最勤，所得亦最多。然不佞却并不希望足下能为苦水传法弟子而已。假使苦水有法可传，则截至今日，凡所有法，足下已尽得之……不佞之望于足下者，在于不佞法外，别有开发，能自建树，成为南岳下之马祖，而不愿足下成为孔门之曾参也。"

顾随以马祖与曾参为喻，深愿弟子超过自己，"别有开发，能自建树"。

图4　顾随与学生叶嘉莹（二排右一）等在家中

叶嘉莹自1948年离开北平后，再也没有机会见到自己的老师，但她实现了老师对她的期望，以出蓝之青告慰老师的在天之灵。近年，叶嘉莹以老师晚年名号"驼庵"在南开大学设立了"叶氏驼庵奖学金"，奖励后辈学子，也表达对恩师的深深纪念之情。

顾随在古典文学研究方面是有独见卓识的学者，他还发表了大量的散文、小说，特别是词的创作，更是独步文坛，与著名词曲学家吴梅并称"南吴北顾"，被称作继王国维之后的又一座高峰。他还是中国文学史上最后一位杂剧作家，其剧作最大的成就是使中国旧传统剧曲在内容方面有了一个崭新的突破。顾随精于书法艺术，师从书法大家沈尹默，草楷皆工，为现代书法名家。

2009年11月7日，中华诗词研究院在北京举办了以"缅怀恩师品德，传承文化精髓"为主题的顾随诗词研讨会，两岸三地及海外著名学者参加，会上提出顾随现象是值得中国教育界思考的话题，倡议创立顾随先生学术研讨会。海峡两岸和谐文化交流协进会会长陆炳文先生受托当场赠送中国国民党荣誉主席吴伯雄的题词"随缘和谐"以志纪念。

顾随先生做过包括山东省立十中在内的多所中学的教员，当过记者，执教过多所大学，更是登上了中国最高学府——北京大学的讲坛，成为桃李芬芳、高山仰止的大师，为世人树立了一座文化和教育的丰碑。他教坛生涯的第一站是山东省立十中，他是山东省立十中的骄傲，也是今天青州人的骄傲。

（原载《大众日报》2013年4月20日，有改动。
感谢顾之京教授以及郭伟红、闫玉新老师提供线索和部分资料。）

附 录

松林书院有关文献资料

嘉靖《青州府志》史料

王　岩　校注

名宦祠

名宦祠，在松林书院。祀战国齐相鲍叔牙，汉齐相曹参、卜式，刺史隽不疑，北海太守朱邑，青州刺史法雄、王望、王龚、李膺，乐安太守陈蕃，北海相孔融，刺史臧洪，魏东莞太守胡质，刺史王凌，晋刺史胡威，南宋刺史沈文秀，魏刺史慕容白曜，北齐明庆符，隋萧琅，唐司马参军孔齐卿，刺史王昕，北海太守李邕、赵居贞，五代刺史马允卿，宋知青州寇准、曹玮、王曾、庞籍、李迪、范仲淹、富弼、欧阳修、赵抃、张方平、吴奎、程琳、孔道辅、陈执中、余靖、苏轼、刘挚、曾布、曾孝序，元益都总管范完泽，国朝知府孟迪、赵伟、李昂，凡四十七人。祠旧在府治仪门左。成化丙戌，知府李昂奏请建于松林书院。祀宋青州守寇准、曹玮、王曾、庞籍、李迪、范仲淹、富弼、欧阳修、赵抃、张方平、吴奎、程琳、孔道辅一十三人，名曰名宦祠。

祭酒[①]　陈鉴《记》

曰：维[②]是北海故郡，旧为齐国，号称大府。我朝法古为治，仍复青

---

① 祭酒：国子监的主管官，明、清祭酒从四品。

② 维：语气词，用于句首或句中。

州之号，府治益都，统^① 州一，县十有三^②。东北据海，西南距^③ 岱，业务^④ 农桑，利擅^⑤ 盐铁，士好经术，习尚^⑥ 豪悍^⑦，邦域之东，亦维剧郡^⑧。入国初^⑨ 来，逮^⑩ 今百年，为之守者不过薄书稽会^⑪ 之间而已，稍知务民稼穑、拯民疾苦，已如夜光晁采^⑫，而况求其能表显先贤、作兴斯道^⑬ 者乎？

成化丙戌^⑭，仁和李侯文举^⑮ 来为守，即能敷德施惠，发奸摘伏^⑯，疏弊源而清之，培利本而厚^⑰ 之。未几，政通人和，百废俱举。府旧有祠，祀宋贤守寇忠愍，曹武穆，王范二文正、庞庄敏，李张二文定、富欧二文忠，赵清献，吴文肃，刘忠肃，程文简诸公之有惠爱于青民者。后祠废，祔^⑱ 其主于土神之祠。祠既庳隘^⑲，位亦贬损，非所以^⑳ 崇贤报德，侯心歉^㉑ 焉。暇日偶适^㉒ 城坤^㉓ 隅，因得隙地，高亢明爽，面山为屏，清致可爱，已为浮屠所据。不请诸朝，不白^㉔ 于有司，辄构宫宇像佛其中，环树

① 统：总管。
② 州一，县十有三：指明朝青州府统辖益都、临淄、博兴、高苑、乐安、寿光、昌乐、临朐、安邱、诸城、蒙阴、沂水、日照 13 县和莒州一州。
③ 据：居，处。距：至，到。
④ 业：产业。务：致力于，从事。
⑤ 擅：占有。
⑥ 习：习俗。尚：崇尚。
⑦ 豪悍：豪放勇猛。
⑧ 剧郡：大郡。
⑨ 国初：指明朝初年。
⑩ 逮：到。
⑪ 薄书：据天一阁藏明代方志选刊《青州府志》，当为"簿书"，指官府的文书、档案。稽：考察，考核；会，读作 kuài，总计，算账。
⑫ 晁采：晁通"朝"，早晨；采，阳光。
⑬ 作兴斯道：兴起、发扬为政之道。
⑭ 成化丙戌：指明成化二年，即 1466 年。
⑮ 李侯文举：指松林书院的创建者李昂，字文举。
⑯ 敷德施惠，发奸摘（tì）伏：广泛地施以道德、恩惠，揭发奸佞的坏人，揭发隐秘的事情。
⑰ 利本：利益之根本；厚：重视。
⑱ 祔（fù）：使附祭于。
⑲ 庳隘：低矮狭窄。
⑳ 所以：用来。
㉑ 歉：愧疚。
㉒ 适：到。
㉓ 坤：古以八卦定方位，西南叫坤。
㉔ 白：报告。

松百章，俨然①一兰若②矣。侯曰："吾旁求而未得，彼安③肆而恣为？是可忍，孰不可忍也！"于是乎撤诸其像，进④诸其徒，尽易旧规，一由新观。乃迁主其中，仍塑诸公之像，衣冠皆如宋制，匾其楣曰："名贤祠"。前为两斋⑤，左曰"思齐"，右曰"仰止"，以为致斋之所。缭⑥以周垣，而门其中。垣之外复为二轩，左曰"藏修"⑦，右曰"游息"。延四方有学行者居之，以为师。檄属邑子弟知乡方⑧而愤孤陋者，教育于兹，馆谷⑨于兹。复垣其外，而统题其门曰"松林书院"。即日，率僚属师生为文以祭之，大归以崇正黜邪为陶⑩人心之具。

祠固不足为诸贤之重轻也，又虑久而或堕，复具颠⑪末入疏之。若⑫曰："准（寇准）等立朝大节炳然史册，守青伟绩宛在人心，人亡实存，百代攸⑬著。祠之故领之地，不惟⑭起敬守臣，抑且⑮师范⑯承学⑰，所补实大，乞定为著令，载之祀典⑱，以永永无斁⑲。"诏特可之，下礼部定其仪式以行。侯既得旨，欣跃再拜谢恩命。又谓：兹惟⑳盛典，不可无载述以诏诸后属者。书最来京，因予友中书舍人李君应祯谒予成均㉑，请为文识

---

① 俨然：好像。
② 兰若：寺庙。
③ 安：怎么。
④ 进：赶走。
⑤ 斋：书房，学舍。
⑥ 缭：环绕。
⑦ 藏修：专心向学，使业不离身。藏，心常怀抱学业也；修，修习不能废。
⑧ 知：智，聪明。乡方："乡"通"向"，"乡方"即归向仁义之道。
⑨ 馆谷：食宿。
⑩ 陶：造就，培养。
⑪ 颠：本，始。
⑫ 若：用于句首，无实意。
⑬ 攸：通"悠"，深，长，远。
⑭ 不惟：不只，不仅仅。
⑮ 抑且：而且。
⑯ 师范：学习的榜样。
⑰ 承学：传承师说而学习。
⑱ 祀典：记载礼仪制度的典籍。
⑲ 斁（yì）：厌弃。
⑳ 惟：用于句中，表肯定或强调语气。
㉑ 因予友中书舍人李君应祯谒予成均：通过我的朋友中书舍人李应祯君到国子监里拜见我。中书舍人，官名，明清时掌书写诰敕、制诏、银册、铁券等，从七品。成均：古代大学名，此指国子监。

诸^① 石。

表显^② 先贤，作兴斯道，守令分内事也。奈之何人不之为，而为之者斯其难矣，在李侯亦非难事？窃慨夫叔世^③ 颠置，蛊蚀心志，虽士大夫未有舍佛而成丧^④ 者，盖谓其祸福生死人也。波颓风靡、漫不可救之余，乃有如侯者，断然知佛之不可信、僧之不足恤，一旦扫除之若尘坌^⑤。然非真能见理明信道笃，不克臻^⑥ 此，此其所以为尤难也。虽然狄文惠^⑦ 巡抚江南，去吴楚淫祠^⑧ 千七百余所，当时以为难，逮今犹香人齿颊^⑨。视^⑩ 侯之为，若合符节^⑪。《诗》曰："维今之人，不尚有旧。"^⑫ 亶^⑬ 其然乎？举此以例其余，不必询事考言，然后知其为贤守也。如侯者，焉得百数十，布诸天下四方，宁有不治^⑭ 者乎？惜乎！未之多得也，故特著之于篇。若夫诸贤之良法美政，守土之臣所当模范者，史册具在，愚何庸赘。^⑮

知府彭桓^⑯ 修，自为《记》（弘治十八年）

曰：世有穷天地而长存、亘古今而不可废者，必其出于人心之公而关

① 识：通"志"，记；诸：兼词，之于。
② 表显：表彰显扬。
③ 叔世：末世。
④ 舍佛而成丧：舍弃信佛而供奉先贤灵位。
⑤ 尘坌（bèn）：尘土。
⑥ 克臻：能够达到。
⑦ 狄文惠（630~700），名仁杰，字怀英，汉族，唐代并州太原人，文惠为其谥号。唐武周时期杰出的政治家。曾担任国家最高司法职务掌管刑法的大理丞，判决了大量的积压案件，以不畏权贵著称。在他身居宰相之位后，辅国安邦，可谓推动唐朝走向繁荣的重要功臣之一。以民为忧，后人称之为"唐室砥柱"，是我国历史上以廉洁勤政著称的清官。
⑧ 淫祠：过多的祠堂。
⑨ 香人齿颊：犹言使人齿颊留香。
⑩ 视：比较。
⑪ 若合符节：好像与符节一样契合。符节，中国古代朝廷传达命令、征调兵将以及用于各项事务的一种凭证。用金、铜、玉、角、竹、木、铅等不同原料制成。用时双方各执一半，合之以验真假，如兵符、虎符等。
⑫ 维今之人，不尚有旧：语出《诗经·大雅·召旻》："於乎哀哉，维今之人，不尚有旧。"意思是："悲哀啊，不知如今满朝人，是否还有旧忠臣？"
⑬ 亶（dǎn）：诚然。
⑭ 治：治理得好，安定太平。
⑮ 愚何庸赘：我何必多说呢。
⑯ 彭桓：吉水人，进士，弘治十八年至正德三年任青州知府。

乎世教之大者焉。故虽一乡一邑之小，苟有贤人君子功业振于当时，而名声垂于后世者，必为之祠庙，修其祭祀，所以劝① 也。有若寇忠愍公、曹武穆公，王文正公，庞庄敏公、程文简公，范文正公、李文定公、欧阳文忠公、富文忠公、张文定公、赵清献公、刘忠肃公、吴文肃公诸贤之德业闻望，炳炳宇宙间，长如日星。况于其故领之郡，流风② 余泽，存而未泯，则其数椽之宫，一笾一豆③ 之设，所以④ 昭前烈之休光⑤ 而启后学之仰慕者，其⑥ 可废也哉？

弘治乙丑，予承乏⑦ 青州，视事⑧ 之三日，谒于松林书院，得瞻十三贤之遗像而拜焉。顾视祠宇，久而败剥，溜穿残壁，薜杂余画，础压断垣，碑横茂草。问其松，则已斫而薪之矣。问其地，则已入德府之籍而为有力者之所播种矣。泚然⑨ 汗出，不啻⑩ 芒刺之在背也。既而谂⑪ 于益都知县金禄曰："兴废举⑫ 坠，时予与汝之责。抑遏前美，坐视其坏，亦时予与汝之羞。地之夺者⑬ ，不可佃⑭ 而复之乎？松之伐者，不可植而有之乎？垣之颓、碑之仆者，不可起而筑之乎？瓴甓⑮ 之缺裂、绘事之漫漶⑯ 者，不可去而易⑰ 之乎？"金禄跃然曰："唯"。乃为券以纳其岁入之租，而祠之地始属于县官⑱ ，又会⑲ 其修理之费，增其洒扫看守之役，

---

① 所以：用来……的。劝：勉励，奖励。
② 流风：前代流传下来的好风尚。
③ 一笾一豆：笾，豆，古代礼器，笾盛果品，豆盛肉类，借指祭祀时的礼仪等。
④ 所以：用来。
⑤ 休光：盛美的光华。
⑥ 其：表反问语气，怎么。
⑦ 承乏：在任官吏常用的谦辞，言所任职位一时无适当人选，暂由自己充任。
⑧ 视事：官吏办公。
⑨ 泚然：汗出的样子。
⑩ 不啻：如同，好像。
⑪ 谂（shěn）：规劝。
⑫ 举：振兴，崛起。
⑬ 地之夺者：被夺取的土地。
⑭ 佃：租种。
⑮ 瓴甓（líng pì）：砖。
⑯ 漫漶：模糊难辨。
⑰ 易：改变。
⑱ 县官：指朝廷，官府。
⑲ 会（kuài）：总计，算账。

严其军校混扰之禁，以请于当道 ①，而皆允焉。于是，择监工，裒 ② 羡余 ③，鸠 ④ 匠石，撤朽完毁，拓隘崇庳 ⑤，不逾月而告成。盖甓之甃 ⑥ 者若干尺，瓦之覆者若干楹，为窗牖 ⑦ 以达其疏明，以扃鐍 ⑧ 以固其启闭。前门后寝 ⑨，始复旧观；左廊右庑，焕然新饰。祠之内外隙地，补艺 ⑩ 以松而益树 ⑪ 以柏，取其凌霜雪而后凋、干云霄 ⑫ 而不挠也。既竣 ⑬ 事，金禄以记请。

予曰：十三贤之事业文章，不待祠而存也。然必欲祠之者，仰其德泽，慕其声光。思同其时而不可得，得睹其像设，登其堂阶，而仿佛乎容仪 ⑭ 之相接、謦欬 ⑮ 之若闻，以起其效法之心焉。此祠之所以作 ⑯ 也，前之作者太守李公之用心亦勤 ⑰ 矣！祭祀之期，牲帛 ⑱ 之数，又为之请于朝以定之矣，勒于石以垂 ⑲ 之矣，复其人以守之矣。及其久也，不能以不坏。而当其坏也，又不能以不修。此所谓出于人心之公而关乎世教之大者，虽穷天地亘古今而不可废也。然则继是而修之者，固当复有其人，而摧松柏以为薪、鞠垣牖以为圃者，亦可以少戒也哉！是为记。

---

① 当道：执政者。
② 裒（póu）：聚。
③ 羡余：官员向皇室进献的盈余。
④ 鸠：聚集。
⑤ 拓隘崇庳：窄的拓宽，低矮的加高。
⑥ 甃（zhòu）：砌井壁，泛指用砖砌物。
⑦ 窗牖：窗户。
⑧ 扃（jiōng），门闩；鐍，（jué）有舌的环。
⑨ 寝：卧室。
⑩ 补艺：补种。
⑪ 益树：增种。
⑫ 干云霄：直冲云霄。
⑬ 竣：竣工。
⑭ 容仪：容貌，举止。
⑮ 謦欬（qǐng kài）：咳嗽，这里指言笑。
⑯ 作：建造。
⑰ 勤：劳累，辛苦。
⑱ 牲帛：祭祀的猪牛羊和布帛等物品。
⑲ 垂：流传。

遗爱堂

遗爱堂，在府治松林书院，国朝成化间知府李昂建。提学佥事杨琅纪略：

堂以遗爱名，纪不忘也。昔宋盛时，光岳英华孕^①为贤哲，如范、富、欧、寇、王、李、庞、程、孔、曹诸公，皆挺然出为世。人豪相继，出守于青。所至不动声色，凡施为措置，不近名，不希宠，不执偏，不挠势，务求合于人心，而顺乎天理。故当时民安物阜，边臣不惊，丰功盛烈，载诸简册。去今四五百年，闻其流风余韵，尚慨然歆慕不能已。由其至诚恳切，有以孚契于人心故耳，岂人力所能为耶？成化二年，钱塘李侯昂以夏官主事，莅守是邦。越三载，政通人和，乃择地于城西之隅，庙貌诸公而敬事之。又即庙后隙地构堂，绘诸公政绩于四壁。匾"遗爱"者，以著青民有甘棠之爱^②，而诸公当时之政无异于召公也。

乡贤祠

乡贤祠，在松林书院，即喜雨亭改建。祀春秋成瞯，战国王蠋、鲁仲连，汉谏议大夫江革、博士胡母生、御史大夫倪宽、孝子董永、河东太傅征士、辕固、郡掾祭酒薛方，晋孝子王裒，唐左仆射房玄龄、孝子孙既，宋沂国文正公王曾，平江守仇念、侍郎王曋、中丞李之才、学士燕肃、冲退处士苏丕、状元苏德祥、御史张所，金尚书张行简，元佥事齐郁、侍郎于钦、御史傅让，国朝学士马愉、大学士刘珝、孝子王让、冀琮，尚书陈经、布政使黄卿、副使冯裕。凡三十四人。二祠俱在

---

① 孕：培育，培养。
② 甘棠之爱：指对官吏的爱戴。甘棠，木名，即棠梨，高大的落叶乔木，春华秋实，花色白，果实圆而小，味涩可食。出自《诗经·召南·甘棠》："蔽芾（fèi）甘棠，勿剪勿伐，召伯所茇（bá）。"蔽芾（fèi）：小貌。一说树木高大茂密的样子。茇（bá）：草舍，此处用为动词，居住。相传周武王时期，大臣召伯奉武王之命巡行南方地区，广施仁政，大大减轻了老百姓的负担，但这些政策遭到其他大臣的反对，他们纷纷攻击与诬陷召伯。召伯为表忠心与清白，死在甘棠树下。召伯死后，民众怀念他，从此不再砍伐甘棠树。

松林书院，岁以春秋上丁日，各用羊一、豕一、爵三、帛一致祭。嘉靖四十四年，知府杜思修。

副使郡人陈梦鹤记

曰：古之君子成德立行，身没[1]而名不朽者，何哉？诚[2]而已矣，穷达[3]显晦不与焉。诚也者，成[4]也。成己之谓全德[5]，成物[6]谓之善政[7]，德、政备，人已立[8]夫。然后托于世，而列于君子之林矣，此之谓不朽。

予自童子时辄闻吾青有名宦、乡贤二祠，心窃慕之。稍长为诸生，习举子业于松林书院。二祠，因见所谓名宦者有若[9]人焉，为乡贤者有若人焉。乃历[10]指而究[11]之，其宦于斯者，为忠为义，为廉为节，政教不必[12]其皆同，而操心[13]则未始[14]有不同者；其生于斯者，为孝为弟[15]，为忠为良，造就[16]不必其皆同，而制行[17]则未始有不同者。诵读之余，每一瞻拜，则又喟然而叹曰：诸先哲没世而名不朽者，意在斯乎？意在斯乎，学问之道，舍是，吾谁与归？且诸名贤之在当时，抑孰[18]知后世之推信[19]若

---

① 没：通"殁"，死亡。
② 诚：真诚。
③ 穷达：穷，处境困难，达，显达。
④ 成：成功。
⑤ 全德：道德上完美无缺。
⑥ 成物：使社会有所成就。
⑦ 善政：好的政绩。
⑧ 立：建树，成就。如"三十而立"之"立"。
⑨ 若：代词，这些。
⑩ 历：逐一，普遍。
⑪ 究：探究。
⑫ 政教：政治与教化。不必：不一定。
⑬ 操心：操守，品行。
⑭ 未始：不曾。
⑮ 弟：通"悌"，敬爱兄长。
⑯ 造就：成就，功绩。
⑰ 制行：制度，品行。
⑱ 孰：哪里。
⑲ 推信：推崇，赞誉。

此也？顾^① 以责任所在牧养^② 元元^③ ，休戚^④ 痒疴^⑤ 若切一体^⑥ ，而穷居^⑦ 默念，制行存心，稍有不慊^⑧ ，即为辱亲^⑨ ，即为得罪于邻里。

《语》云"若保赤子"^⑩ ，又云"见善，若不及，见不善，若探汤"^⑪ ，此岂有纤毫患得要誉^⑫ 之心哉？惟自尽其诚而已。古之人自尽其成，故各造其极。而当时望之，后世仰止，初非有二致也。其穷达，其显晦，又乌能一律齐耶？故曰易地则皆然。是故敷施于有政，即其存之于心者也，涵养于吾心，即其达之于政者也。政达而成物^⑬ ，内存而成己。成己，仁也；成物，知^⑭ 也。仁知合一而内外无间，则德全行立，而君子之能事毕^⑮ 矣。故宦也而名称焉，乡也而贤称焉，以垂不朽，以永血食^⑯ ，祠祀之典^⑰ ，夫谁曰不然？

武川杜郡伯以名进士来牧^⑱ 吾青，心诚而政和，乃以甲子之夏肇修二祠。因其旧而增华，拓其宇而加丽，公之所以^⑲ 光阐先德者厚矣！他日必有籍^⑳ 之以同不朽者，岂惟地方先哲之幸云尔哉？旧宦祠在府治内，贤祠在儒学内，先年改建于书院。院故宋王文正公曾读书处，便爽垲^㉑ 妥幽

---

① 顾：只是。
② 牧养：管理。
③ 元元：平民，百姓。
④ 休戚：喜乐和忧虑。
⑤ 痒疴：疾病痛痒。
⑥ 一体：关系密切，如一个整体。
⑦ 穷居：穷，自始至终的整段时间；居，平居，平时。
⑧ 慊（qiàn）：诚意。
⑨ 亲：父母。
⑩ 若保赤子：保，抚育，养育；赤子，百姓代称。《荀子·王霸》："上之于下，如保赤子。"
⑪ 探汤：因探沸水把人烫伤，比喻戒惧。
⑫ 要誉：求取声誉。
⑬ 成物：使社会有所成就。
⑭ 知：通"智"，智慧。
⑮ 能事：能干的事，擅长的事。《周易·系辞上》："引而伸之，触类而长之，天下之能事毕矣。"
⑯ 血食：享受后代牺牲品祭祀。
⑰ 典：法则，制度。
⑱ 牧：管理。
⑲ 所以：用来……的。
⑳ 籍：登记，记载于典籍。
㉑ 爽：明亮。垲（kǎi）：地势高而土质干燥。

灵^① 也。久之，而栋宇颓坏。至是，公更新之。越明年乙丑春落成，命小子^② 识^③ 之。公清谨宽厚，每时尽心，盖不动声色而百废俱举，此特其可书者一耳。若大夫德大政，兹固不暇纪也。

祀日，祭品，州县同。

---

① 妥：安坐。幽灵：先贤的灵魂。
② 小子：自谦之词。
③ 识：通"志"，记叙。

宋史·王曾传

王曾，字孝先，青州益都人。少孤，鞠①于仲父②宗元，从学于里人张震③，善为文辞。咸平中，由乡贡试礼部、廷对，皆第一。杨亿④见其赋，叹曰："王佐器⑤也。"以将作监⑥丞通判⑦济州。代还，当召试学士院。宰相寇准奇⑧之，特试政事堂，授秘书省著作郎⑨、直史馆⑩、三司户部判官⑪。

---

① 鞠（jū）：养育。
② 仲父：叔父。古代以"伯仲叔季"排行，仲父为父亲的弟弟中年龄最长者。《释名·释亲属》："父之弟曰仲父。仲，平也，位在中也。仲父之弟曰叔父。叔，少也。"
③ 张震：《王曾传》说"里人张震有道之士也，曾从学之……"。
④ 杨亿（974~1020）：北宋文学家，"西昆体"诗歌主要作家。字大年。建州浦城（今属福建浦城县）人。年十一，太宗闻其名，诏送阙下试诗赋，授秘书省正字。淳化中赐进士，曾为翰林学士兼史馆修撰，官至工部侍郎。性耿介，尚气节，在政治上支持丞相寇准抵抗辽兵入侵。又反对宋真宗大兴土木、求仙祀神的迷信活动。卒谥文，人称杨文公。
⑤ 佐器：辅佐皇帝的人才。
⑥ 将作监：古代官署名，掌管宫室建筑，金玉珠翠犀象宝贝器皿的制作和纱罗缎匹的刺绣以及各种异样器用打造的官署。一般设有监二人，从三品；少监二人，从四品下；丞四人，从六品下，等等。
⑦ 通判：官名，在知府下掌管粮运、家田、水利和诉讼等事项。
⑧ 奇：意动用法，认为是奇才。
⑨ 著作郎：官名。三国魏始置，属中书省，为编修国史之任。晋惠帝时起，改属秘书监，称大著作郎。南朝末期为贵族子弟初任之官。至唐代，主管秘书省属下之著作局，高宗龙朔间一度改称司文郎中。其下设著作佐郎、校书郎、正字等官。宋代沿置，掌修纂"日历"。明代废。
⑩ 史馆：官署名。北齐始置，以宰相兼领，称监修国史。
⑪ 户部判官：史书上大多称"判户部事"，名义上掌理全国的土地、户口、钱谷、财赋等，但当时户部归"三司"管，所以"户部判官"当时并无实权。

景德初，始通和契丹^①，岁遣使致书^②称南朝，以契丹为北朝。曾曰："从其国号足矣。"业已遣使，弗果易^③。迁右正言、知制诰兼史馆修撰。时瑞应^④沓至，曾尝入对，帝语及之。曾奏曰："此诚国家承平^⑤所致，然愿推而弗居^⑥，异日或有灾沴^⑦，则免舆议。"及帝既受符命，大建玉清昭应宫。下莫敢言者，曾陈五害以谏。旧用郎中官判大理寺，帝欲重之，特命曾。且谓曾曰："狱，重典也^⑧，今以屈卿。"曾顿首谢。仍赐钱三十万，因请自辟^⑨僚属，着为令^⑩。迁翰林学士。帝尝晚坐承明殿，召对久之。既退，使内侍谕曰："向思卿甚，故不及朝服见卿，卿勿以我为慢^⑪也。"其见尊礼如此。

知审刑院。旧违制^⑫无故失，率坐徒^⑬二年。曾请须亲被旨乃坐。既而^⑭有犯者，曾乃以失论。帝曰："如卿言，是无复有违制者。"曾曰："天下至广，岂人人尽晓制书，如陛下言，亦无复有失者。"帝悟，卒从曾议。再迁尚书主客郎中，知审官院、通进银台司，勾当三班院。遂以右谏议大夫^⑮参知政事。

---

① 契丹：出现在中国东北地区的一个民族，契丹的本意是"镔铁"，也就是坚固的意思，这是一个剽悍勇猛的民族。契丹亦指这个民族所建立的政权。公元916年，耶律阿保机称帝，国号契丹，后改称辽，统治中国北部，辽朝先与北宋交战，"澶渊之盟"后，双方长期维持平稳关系。
② 致书：送达国书。
③ 弗果易：结果没有改成。
④ 瑞应：祥瑞的征兆。
⑤ 承平：国家太平。
⑥ 推而弗居：推恩而不要居功自傲。
⑦ 灾沴：灾祸。
⑧ 狱，重典也：诉讼，是重要的法制。
⑨ 辟：征召。
⑩ 着为令：定为法令。
⑪ 慢：怠慢。
⑫ 违制：违反制令。
⑬ 率坐徒：率，一律；坐，获罪；徒，服劳役。
⑭ 既而：不久。
⑮ 右谏议大夫：官名。秦代置谏议大夫之官，专掌议论。北宋前期，为寄禄官。神宗元丰改制，升从四品，复专掌讽喻规谏，左隶门下省，右隶中书省。

时宫观皆以辅臣为使。王钦若^①方挟符瑞^②，傅会帝意^③，又阴欲排异己者。曾当使会灵，因以推^④钦若，帝始疑曾自异^⑤。及钦若相，会曾市^⑥贺皇后^⑦家旧第^⑧，其家未徙去，而曾令人舁^⑨土置门外，贺氏诉禁中。明日，帝以语钦若，乃罢曾为尚书礼部侍郎、判都省，出知应天府。天禧中，民间讹言^⑩有妖起，若飞帽，夜搏人^⑪，自京师以南，人皆恐。曾令夜开里门，敢倡言者即捕之，卒^⑫无妖。徙天雄军，复参知政事^⑬，迁吏部侍郎兼太子宾客。

真宗不豫^⑭，皇后居中预政，太子虽听事资善堂，然事皆决于后，中外^⑮以为忧。钱惟演^⑯，后戚也。曾密语惟演曰："太子幼，非宫中不能立。加恩太子，则太子安；太子安，所以^⑰安刘氏也。"惟演以为然，因以白^⑱后。帝崩，曾奉命入殿，庐^⑲草遗诏："以明肃皇后^⑳辅立皇太子，权

① 王钦若（962~1025），中国北宋初期的政治家。字定国，谥文穆，临江军新喻（今江西省新余县东门王家）人，真宗时宰相，属于当时主和派的势力，主张国都南迁，与当时主战的寇准对立。此外，他亦因主导编纂《册府元龟》而知名。王钦若为人奸邪险伪，善迎合帝意。与丁谓、林特、陈彭年、刘承珪交结，时人谓之"五鬼"。
② 方挟符瑞：依靠祥瑞符兆。
③ 傅会帝意：迎合皇帝的意旨。
④ 推：推让。
⑤ 自异：自己制造不和。
⑥ 市：买。
⑦ 贺皇后：指北宋孝惠皇后（929~958），贺氏，开封（今河南开封）人，宋太祖赵匡胤的第一位妻子。
⑧ 第：府第。
⑨ 舁：抬土。
⑩ 讹言：谣传。
⑪ 搏人：抓人。
⑫ 卒：终于。
⑬ 参知政事：官名。简称"参政"。是唐宋时期最高政务长官之一，与同平章事、枢密使、枢密副使合称"宰执"。唐制以中书令、侍中、尚书仆射之外他官任宰相职，给以"参知政事"等名义。以参知政事为副宰相。
⑭ 豫：舒适，快乐。
⑮ 中外：朝廷内外。
⑯ 钱惟演（962~1034）：北宋诗人。西昆诗派代表诗人。字希圣。临安（今浙江杭州）人。他是吴越王钱俶的次子，随父降宋。历任右神武军将军、知制诰、翰林学士、工部尚书，官至枢密使。他为人趋炎附势，尤善以联姻手段依附皇族，攫取权力。
⑰ 所以：用来。
⑱ 白：报告。
⑲ 庐：官员值班室。
⑳ 明肃皇后（968~1033）：名刘娥，是宋真宗赵恒的皇后，宋朝第一位摄政的太后，功绩赫赫，常与汉之吕后、唐之武后并称，史书称其"有吕武之才，无吕武之恶"。

听断 ① 军国大事。"丁谓入，去"权"字。曾曰："皇帝冲年 ② ，太后临朝，斯已国家否运 ③ 。称'权'，犹足示后。且增减制书有法 ④ ，表则 ⑤ 之地，先欲乱之邪？"遂不敢去。仁宗立，迁礼部尚书。群臣议太后临朝仪 ⑥ ，曾请如东汉故事 ⑦ ，太后坐帝右，垂帘奏事。丁谓独欲帝朔望 ⑧ 见群臣，大事则太后召对辅臣决 ⑨ 之，非大事令入内押班 ⑩ 雷允恭传奏禁中 ⑪ ，画可以下 ⑫ 。曾曰："两宫异处，而柄归宦官，祸端兆矣 ⑬ 。"谓不听。既而允恭坐诛，谓亦得罪。自是两宫垂帘，辅臣奏事如曾议。

谓初败，任中正 ⑭ 言："谓被先帝顾托 ⑮ ，虽有罪，请如律议功。"曾曰："谓以不忠得罪宗庙，尚何议邪！"时真宗初崩，内外汹汹 ⑯ ，曾正色独立，朝廷倚以为重。拜中书侍郎兼本官、同中书门下平章事 ⑰ 、集贤殿大学士、会灵观使。王钦若卒，曾以门下侍郎兼户部尚书，为昭文馆大学士、监修国史、玉清昭应宫使。曾以帝初即位，宜近师儒 ⑱ ，即召孙奭、冯元劝讲 ⑲ 崇政殿。天圣四年夏，大雨。传言汴口决，水且 ⑳ 大至，都人恐，欲东奔。帝问曾，曾曰："河决奏未至，第 ㉑ 民间妖言尔，不足虑也。"已而

---

① 权听断：暂且听理决断。
② 冲年：幼年。《魏书·李孝伯传》："高宗冲年纂运，未及追叙。"
③ 否（pǐ）运：厄运。
④ 法：法度。
⑤ 表则：表率，准则。
⑥ 仪：仪式。
⑦ 故事：旧例。
⑧ 朔望：农历每月的初一为"朔"，十五为"望"。
⑨ 决：决断。
⑩ 押班：宋宦官官名。在副都知下，供奉官之上。
⑪ 禁中：指帝王所居宫内，也作"禁内"。
⑫ 画可以下：批画可以这样下达。
⑬ 祸端兆矣：是祸患开始的征兆。
⑭ 任中正：字庆之，曹州济阴人。进士及第，官至工部尚书。素与丁谓善，谓且贬，左右莫敢言者，中正独营救谓，降太子宾客、知郓州。
⑮ 顾托：顾念信托。
⑯ 内外汹汹：朝廷内外骚动不宁。
⑰ 同中书门下平章事：宋朝初年，宰相的官衔沿用唐制，称为同中书门下平章事，简称为同平章事。
⑱ 宜近师儒：应该接近儒者为师。
⑲ 劝讲：劝学讲学。
⑳ 且：将要。
㉑ 第：只是。

果然。陕西转过使置醋务，以榷^① 其利，且请推其法天下，曾请罢^② 之。

曾方严持重，每进见，言利害事，审^③ 而中理；多所荐拔^④，尤恶侥幸^⑤。帝问曾曰："比^⑥ 臣僚请对，多求进者^⑦。"曾对曰："惟^⑧ 陛下抑奔竞而崇恬静^⑨，庶几^⑩ 有难进易退之人矣。"曹利用恶曾班^⑪ 己上，尝怏怏不悦，语在《利用传》。及利用坐事^⑫，太后大怒，曾为之解^⑬。太后曰："卿尝言利用强横，今何解也？"曾曰："利用素恃恩，臣故尝以理折^⑭ 之。今加以大恶，则非臣所知也。"太后意少释^⑮，卒从轻议。

始，太后受册^⑯，将御^⑰ 大安殿，曾执^⑱ 以为不可。及长宁节上寿，止共张便殿^⑲。太后左右姻家稍通请谒^⑳，曾多所裁抑^㉑，太后滋^㉒ 不悦。会玉清昭应宫灾，乃出知青州。以彰信军节度使复知天雄军。契丹使者往还，敛车徒^㉓ 而后过，无敢哗者。人乐^㉔ 其政，为画像而生祠之。改天平军节度使、同中书门下平章事、判河南府。景祐元年，为枢密使。明年，拜右仆射兼门下侍郎、平章事、集贤殿大学士，封沂国公。

———————————

① 榷（què）：专卖。
② 罢：废除。
③ 审：详细。
④ 荐拔：荐举提拔。
⑤ 尤恶侥幸：特别厌恶投机成事。
⑥ 比：近来。
⑦ 多求进者：多是谋求晋升的。
⑧ 惟：希望。
⑨ 抑奔竞而崇恬静：抑制奔走竞争而提倡闲适安静。
⑩ 庶几：几乎，差不多。
⑪ 班：位居。
⑫ 坐事：因事获罪。
⑬ 解：辩解。
⑭ 折：使他折服。
⑮ 释：缓解。
⑯ 册：册封。
⑰ 御：驾临。
⑱ 执：坚决。
⑲ 止共张便殿：只在便殿供应设置。
⑳ 谒：拜见。
㉑ 裁抑：裁减抑制。
㉒ 滋：更加。
㉓ 敛车徒：约束车马部属。
㉔ 乐：喜欢。

曾进退^①士人，莫有知者。范仲淹尝问曾曰："明扬^②士类，宰相之任也。公之盛德，独少此耳。"曾曰："夫执政者，恩欲归己，怨使谁归^③？"仲淹服其言。初，吕夷简参知政事，事曾谨甚，曾力荐为相。及夷简位曾上，任事久，多所专决^④，曾不能堪^⑤，论议间有异同，遂求罢。仁宗疑以问曾曰："卿亦有所不足邪？"时外传知秦州王继明纳赂^⑥夷简，曾因及之。帝以问夷简，曾与夷简交论^⑦帝前。曾言亦有过者，遂与夷简俱罢，以左仆射、资政殿大学士判郓州。宝元元年冬，大星晨坠其寝^⑧，左右惊告。曾曰："后一月当知之。"如期而薨^⑨，年六十一。赠侍中，谥文正。

曾资质端厚，眉目如画。在朝廷，进止皆有常处，平居寡言笑，人莫敢干以私^⑩。少与杨亿同在侍从，亿喜谈谑，凡僚友无不狎侮^⑪。至与曾言，则曰："余不敢以戏也。"平生自奉甚俭，有故人^⑫子孙京来告别，曾留之具馔。食后，合^⑬中送数轴简纸，启视之，皆它人书简后裁取者也。皇佑中，仁宗为篆其碑曰"旌贤之碑"，后又改其乡曰"旌贤乡"。大臣赐碑篆自曾始。仁宗既祔庙^⑭，诏择将相配享^⑮，以曾为第一。曾无子，养子曰绛。又以弟子融之子绎为后，尚书兵部郎中、秘阁校理致仕^⑯，卒。

子融字熙仲。初以曾奏，为将作监主簿。祥符进士及第，累迁太常丞、

---

① 进退：进用、斥退。
② 明扬：显扬，多指举用人才。
③ 怨使谁归：宾语前置句，即"怨使归谁"，怨恨将归给谁呢？
④ 多所专决：多有专权决断。
⑤ 堪：忍受。
⑥ 纳赂：行贿赂。
⑦ 交论：相互辩论。
⑧ 寝：寝室方向。
⑨ 薨：古代称诸侯之死，后世有封爵的大官之死也称薨。
⑩ 干以私：用私事求请。
⑪ 狎侮：戏弄轻侮。
⑫ 故人：老朋友。
⑬ 合：通"盒"，盒子。
⑭ 祔庙：附祭于先帝宗庙。
⑮ 配享：亦作"配飨"，合祭。
⑯ 致仕：古代官员正常退休叫作"致仕"，古人还常用致事、致政、休致等名称，盖指官员辞职归家。

同知礼院。献所为文，召试，直集贤院。尝论次 ① 国朝以来典礼因革 ②，为《礼阁新编》上之。以其书藏太常。

权 ③ 三司度支、盐铁判官。任布请铸大钱，行之京城。三司使程琳集官议，子融曰："今军营半在城外，独行大钱城中，可乎？"事遂寝 ④。权同纠察刑狱、知河阳。又集五代事，为《唐余录》六十卷以献。进直龙图阁，累迁太常少卿、权判大理寺。乃取谳狱 ⑤ 轻重可为准者，类次以为断例 ⑥。

拜天章阁待制、尚书吏部郎中、知荆南。盗张海纵掠襄、邓，至荆门。子融阅州兵，将迎击之，贼引去。迁右谏议大夫、知陕州，徙河中府。既而勾当三班院 ⑦，迁给事中，以尚书工部侍郎、集贤院学士知兖州。不赴，改刑部侍郎致仕。英宗即位，进兵部，卒。

本名皞，字子融。元昊反，请以字为名。性俭啬 ⑧，街道卒除道，侵子融邸店尺寸地，至自诣开封府诉之。然教饬 ⑨ 子孙，严厉有家法。晚学佛氏，从僧怀琏游。

（注解：杨文琴）

---

① 次：编写。
② 因革：沿革。
③ 权：权摄，暂任官职。
④ 寝：停止，平息：其议遂寝（那种议论于是平息）。
⑤ 谳狱：讼案。
⑥ 类次以为断例（类编作为断案例则）。
⑦ 三班院：宋官署名。北宋前期特有的人事管理机构，其职事继承于宣徽院。
⑧ 俭啬：俭朴吝啬。
⑨ 教饬：教育，教导。

历代文献所录王曾事迹

《原隰杂志》载：王沂公父虽不学，而雅重儒道。每遇敝纸必掇，洗涤以香水，收之。尝曰："愿我子孙以文学显。"一夕，梦宣圣抚其背曰："汝敬吾教甚勤恳，汝已老无可成就，当遣曾参来生汝家。"晚年得一子，乃沂公也，因名曾。

《续通鉴长编》载：天禧五年秋七月，参知政事王曾自言幼孤，育于季父故太子中舍致仕宗元及世母严氏，及是改葬，请追赠官封，诏从之。又乾兴元年夏四月，封参知政事王曾乳母朱氏为福昌县太君。

《东都事略》载：张震，有道之士也，曾从之学。谓有将相之器。

《石林燕语》载：王文正以行卷见薛简肃公，其首篇《早梅》云："雪中未问和羹事，且向百花头上开。"简肃读之，喜曰："足下殆将状元了，做宰相也！"

《宋朝事实类苑》载：王沂公为布衣时，以所业贽吕文穆（蒙正），中有《早梅》诗，其警句云："雪中未问和羹事，且向百花头上开。"文穆云："此生次第，已安排作状元宰相矣。"已而果然。

《青箱杂记》载：王沂公《有物混成赋》云："不缩不盈，赋象宁穷于广狭；非雕非琢，流形罔滞于盈虚。"则宰相陶钧运用之意，已见于此赋矣。又云："得我之小者，散而为草木；得我之大者，聚而为山川。"则宰相择任群才，使大小各得其所，又见于此赋矣。

《陈恕传》载：咸平五年，恕知贡举，自以洪人避嫌。凡江南贡士悉被黜退，而所取以王曾为首。及廷试糊名考校，曾复得甲科，时议称之。恕每叹曰："吾得曾，名世才也，不愧于知人矣。"

《东轩笔录》载：王沂公曾青州发解及南省廷试，皆为首冠。中山刘子仪为翰林学士，戏语之曰："状元试三场，一生吃着不尽。"沂公正色答曰："曾平生之志，不在温饱。"

《归田录》载：咸平五年，南省试进士，《有教无类赋》，王沂公为第一。赋盛行于世，其警句有云："神龙异禀，犹嗜欲之可求；纤草何知，尚熏莸而相假。"又用钱之法，自五代以来以七十七为百，谓之"省陌"。今市井交易，又克其五，谓之"依除"。咸平五年，陈恕知贡举，选士最精。所解七十二人，王沂公曾为第一。御试又落其半，而及第者三十八人，沂公又为第一。故京师为语曰："南省解一百，'依除'；殿前放五十，'省陌'也。"是岁取人虽少，得士最多。

《石林燕语》载：王沂公初就殿试时，固已有盛名。李文靖公沆为相，适求婿，语其夫人曰："吾得婿矣！"乃举公姓名曰："此人今次不第，后亦当为公辅。"是时，吕文穆公家亦求姻于公。公闻文靖言，曰："李公知我。"遂从李氏。唱名果为第一。

《宋景文笔记》载：莒公尝言王沂公所试"有教无类""有物混成"赋二篇，在生平论著绝出，有若神助。杨亿大年亦云："自古文章立名不必多，如王君二赋，一生衣之食之不能尽。"

《宋稗类钞》载：王沂公状元及第，还青州故郡。府帅闻其归，乃命父老倡乐迎于郊。公乃易服乘小驷，由他门入。遽谒守，守惊曰："闻君来，已遣人奉迓。门司未报君至，何为抵此？"王曰："不才幸忝科第，岂敢烦郡守父老致迓？是重其过也。故变姓名，诳迎者与门司而上谒。"守叹曰："君真所谓状元矣。"遂卜其远大。

《石林燕语》载：寇莱公初入相，王沂公时登第，后为济州通判，满岁，当召试馆职。莱公犹为识之，以问杨文公曰："王公何如人？"文公曰："与之亦无素，但见其两赋，志业实宏远。"因为莱公诵之，不遗一字。莱公大惊曰："有此人乎？"即召之。故事馆职者，皆试于学士院或舍人院，是岁，沂公特试于中书。

《续通鉴长编》载：知制诰王曾，有从妹适孔冕家，而闺门不睦。曾从东封，因至冕家，啜茗中毒，得良药，乃解。事已暴露，曾密疏，言方行大礼，愿罢推究。宰相亦以冕先师之裔，将有褒擢，遂隐其事。而嗣宗独谓曾诬陷冕，惧反坐乃求寝息。会愆雨，嗣宗请对，言："孔冕为王曾所讼，傥朝旨鞫问，加之锻炼，则冕终负冤枉。"上亟召王旦等诘其事，旦曰："孔冕之罪，朝议特为容隐，不令按问，诚非冤枉也。"

《宋朝事实类苑》载：王沂公、李观察维、薛尚书映，一日谒公（指王旦）。公托病，薛有不平之色。公婿韩亿时在门下，见之。一日，以此启白公，公曰："韩郎未之思耳？王、薛皆李之婿，相率而来，恐有所干于朝廷事。果不可，沮之无害。若可行，答以何辞？执政之大忌也。"韩乃谢曰："非亿所知。"后果李文靖有所请。

《宋朝事实类苑》载：韩魏公言：王沂公德器深厚而寡言，当时有得其品师一两句者，人皆以来荣。某为谏官时，因纳扎子，忽云："近日频见章疏，甚好，只如此可矣。向来如高若讷辈，多是择利。范希文，亦未逸近名。要须纯意于国家事尔。"公闻此言，益自信也。

《渑水燕谈录》载：景德中，朝廷始与北虏通好，诏遣使将以"北朝"呼之。王沂公以为太重，请但称"契丹"本号可也。真宗激赏再三，朝论寝之。

《东都事略》载：契丹始修好，所致书以"南北朝"冠国号之上。曾言："春秋外夷狄爵不过子，今与抗称两朝，非外夷狄之意。"真宗嘉之。

《儒林公议》载：真宗与北戎修好，遣使称北朝，公卿以下恬然无异论。时王曾为著作郎直史馆，独抗章曰："古者尊中国、贱夷狄，直若首足。二汉虽议和亲，然体亦不至均。今若是与之抗立，首足并处，失孰甚焉。臣恐久之非但并处，又病倒置。顾其国号契丹足矣。"真宗深所激赏。然使者已往，遂已。识者是之。

《沂公言行录》载：祥符中，公在掖垣，时瑞应沓臻。公尝对上语及之。公奏曰："斯诚国家承平所感而致，然愿推而勿居。异日或有灾沴，则免夫舆议。"退又白于执政。及后飞蝗旱暵，乃亟被擢用焉。

《渑水燕谈录》载：祥符中，王沂公奉赐契丹，馆伴耶律祥颇肆谈辩，深自炫鬻，且矜新赐铁券。沂公答以"勋臣有功高不赏之惧，故赐铁券，以安反侧耳。何为辄及亲贤？"祥大沮。按：据云，亲贤则此作耶律祥，是也。

《涑水纪闻》载：祥符中，王沂公奉使契丹，馆使邢祥颇谈辩，且矜其国中有赐铁券者。公曰："铁券者，勋臣有功高不赏之惧，赐之以安反侧耳，何为辄及亲贤？"

《续通鉴长编》载：八年冬十月，以翰林学士晁迥权判吏部流内铨，迥以父名佺为辞，乃命与知通进银台司盛度两换其任。时曾亦领银台司，宰相议令迥代曾，上曰："朕闻外议谓曾尝封驳诏敕，自是中书衔之，多沮曾所奏，今若罢去，是符外议矣。"且曰："臣等本无忌曾之意，今圣慈宣谕为宰司避谤，请迥与度相易，曾如旧。"上可之。

《东都事略》载：九年，以右谏议大夫参知政事时，王钦若挟祥瑞迎合人主意，阴排异己者。真宗怒责大臣当傅会国事，何遽自异耶！曾曰："君从谏谓明，臣尽忠谓义。陛下不知臣不肖，使待罪政府，臣知义而已，不知异也。"

《宋人轶事汇编》载：祥符末，王沂公知制诰。一日见王文正公，问："君识吕夷简否？"沂公曰："不识。"退而访之。吕公时为太常博士，通判滨州，人多称其才。他日复见文正，问如初，沂公具所闻以对。文正曰："此人异日与舍人对秉钧轴。"沂公曰："何以知之？"文正曰："吾亦不识，但以奏请得之。"沂公曰："奏请何事？"文正曰："如不税农器等事。"沂公姑应之。及丁晋公败，沂公引为执政，从容道文正语，二公嗟叹。

《续通鉴长编》载：天禧元年春三月，以枢密使王钦若为会灵观使。初置使，命参知政事兼领，于是曾次为之。钦若方挟符瑞固恩宠，意得此。曾因恳辞焉，上颇不怿。

《续通鉴长编》载：曾既罢，往谒王旦，旦疾甚，辞弗见。既而语其家人曰："王君介然，他日德望勋业甚大，顾余不得见尔。"且曰："王君昨让会灵观使，颇拂上旨，而进对祥雅，词直气和，了无所慑。且王君始被进用，已能若是。我自循任政事几二十年，每进对，上意稍忤，即踧踖不能自容，以是知其伟度矣。"

《续通鉴长编》载：天禧三年上言："府民五户共扑买酒场岁课三万余缗，逋欠积久，其两户已破产，三户累尝披诉，而计司虑亏岁课，不肯与夺。乞赐蠲减。"上谓辅臣曰："南京，太祖兴王之地，比他处尤当优恤，岂可靳兹小利，重困吾民。"乃诏依东、西京例，令民取便买曲酤酒，其三户逋欠悉除之。

《儒林公议》载：真宗疾革，留皇太子决政资善堂。刘太后讽宰相丁谓谋临朝。物议忧疑。王曾说皇后戚钱惟演曰："帝仁孝结于民心深矣，今适不豫且大渐，天下莫不属于储君，而皇后遂欲称制以疑百姓。公不见吕、武之事乎？谁肯附者？必如所谋，刘氏无处矣！公实后肺腑，何不入白，即帝不讳，立储为君，后辅政以居，此万世之福也。"后悟，不复有他志。

《东轩笔录》载：真宗初上仙，丁晋公、王沂公同在中书，沂公独入札子，乞于山陵以前，一切内降文字，中外并不得施行。又乞今后凡两府行下文字，中书须宰臣、参政，密院枢密使副签。书员方许中外承受。两宫可其奏。晋公闻之，愕然自失，由是深惮沂公矣。

《宋人轶事汇编》载：真宗上仙，明肃召两府入谕之，一时号泣。明肃曰："有日哭在，且听处分。"议毕，王曾参政，当秉笔，至云淑妃为皇太妃。曾卓笔云："适来不闻此。"丁崖州曰："遗诏可改耶？"众皆不敢言，明肃亦知之，始恶丁而嘉王之直。

《宋朝事实类苑》载：真宗初上仙，丁晋公，王沂公同在中书，沂公独入札子，乞于山陵已前，一切内降文字，中外并不得施行。又乞今后凡两府行下文字，中书顺宰相参政，密院枢密使副签，书员方许中外承受。两宫可其奏。晋公闻之，愕然自失，由是深惮沂公矣。

《宋朝事实类苑》载：真宗晏驾，二府同受遗诏，辅立仁宗及皇太后权听断军国事。宰相丁谓欲去"权"字，王沂公时参大政，独执之曰："皇帝冲年，太后临朝，斯非国家常典，称'权'犹足示后。况言犹在耳，何可改也？"谓虽深憾其言，然"权"字遂不敢去。

《儒林公议》载：皇储践祚，遗诏军国事权听后旨，议久未决。丁谓迎合后意，乃上议太后朝近臣处大政，皇帝朝朔望，独见群臣，余日庶务令入内押班雷允恭传奏禁中，取可否即下中书复。谓党皆附和，以为便。曾对曰："天下公器，岂可两宫异位，又政出宵人，乱之本也，不可。"乃引后汉马、邓故事奏：凡御朝，帝坐左，母后坐右，而加帘焉，奏事以次如常仪。纳之。

《宋人轶事汇编》载：丁谓当国，权势震主，引王沂公为参知，诮事谓甚至。既登政府，每因暇闻上谓言，必涕泣作可怜之色，晋公问之数矣。

一日又问，对曰："曾有一私家不幸事，耻对人言。曾少孤，惟老姊同居。一外甥不肖，为卒，受杖责多矣。老姊在青州乡里，每以为言。"言讫又涕下。谓亦恻然，因为沂公言："何不入文字乞除军籍？"公曰："曾既污辅臣之列，而外甥如此，岂不辱朝廷，自亦惭言于上也。"言毕又涕下。谓再三勉之曰："此亦人家常事，不足为愧。惟早言于上，庶脱其为卒之苦尔。"自后谓数勉之，留身上前奏知。沂公必泣下曰："岂不知军卒一日是一日事，但终自羞赧耳。"晋公每催之，且谓沂公某日可留身奏陈，沂公犹不欲。谓一日且责沂公门户事乃尔缓，谓当奉候于阁门，沂公乃留身。既留身，逾时至将进膳，犹不退，尽言谓之盗权奸私。且言："丁谓阴谋诡谲多智数，变乱在顷刻。太后、陛下若不亟行，不惟臣身齑粉，恐社稷危矣。"太后大怒，许之，乃退。晋公候于阁门，一见其甚久，即顿足捩耳云："无及矣！"沂公既出，遇谓于阁门，含怒不揖而出。盖悟见卖，含毒而已不觉也。故知权数在谓之上。

《东轩笔录》载：景德末年，天书降，改元祥符，作玉清昭应宫，建宝符阁，尽哀天书置阁中。虽上意笃信，而臣下或以为非。真宗上仙，王文正公曾当国建议，以为天书本为先帝而降，不当留在人间。于是，尽以葬于永定陵，无一字留者。文正之识虑微密，皆如此也。

《东都事略》载：逾年，进吏部尚书。尝请用孙奭、冯元劝讲殿中，又自采圣贤事迹会解，用为规劝。

《续通鉴长编》载：正月甲辰，上谓辅臣曰："驸马都尉柴宗庆求为使相，如何？"王曾对曰："先朝石保吉、魏咸信皆历行阵有劳，晚年方除使相。且将相之任，岂容私请。"上曰："固也。卿等可召宗庆谕之。"又：二月壬戌，遣官祀九宫贵神。上因谓辅臣曰："祠日适与真宗大忌同，其施乐耶？"王曾曰："但设而不作尔。"又问古今乐之异同，曾曰："古乐用于天地、宗庙、社稷、山川、鬼神，而听者莫不和悦。今乐则不然，徒娱人耳目而荡人心志，自昔人君流连荒亡者，莫不由此。"

《续通鉴长编》载：水之作也，宰执方晨朝未入，俄有旨放朝，王曾亟附中使奏曰："天变甚异，乃臣等燮理无状，岂可退安私室，恬然自处。"亟请入见，陈所以备御之道。同列有先归者，闻曾如是，皆愧服焉。

《续通鉴长编》载：是岁八月，命官考试开封府、国子监举人。宰臣王曾等因言："自唐以来，遴选儒臣，授以文柄，可否进退，委之攸司，或升黜之间，不副公议，即覆行考试，严加惩责，比来条目繁密，关防周至，善则善矣，然于推心责成、拣贤拔俊之理，恐未允惬。今言事者必曰'此皆先朝旧规，不可轻议改革'。殊不知先帝孜孜选士，务要尽公，思皇之念，本不如此，盖当时近臣不悉渊衷，罔知大体，有此擘画。伏乞圣慈，渐次体当事理，他后别加详定。"上然之。又九月，命翰林学士夏竦蔡齐、知制诰程琳等重删定编敕。帝问辅臣曰："或谓先朝诏令不可轻改，信然乎？"王曾曰："此憸人惑上之言也。咸平中，删太宗诏令，十存一二。盖去繁密之文以便于民，何为不可。今有司但详具本末，又须臣等审究利害，一一奏禀，然后施行也。"上然之。又十二月，上谓辅臣曰："朕欲元日率百官先上皇太后寿，然后御天安殿受朝贺，其令太常礼院草具其仪。"皇太后曰："岂可以吾故而后元会之礼哉？"曾对曰："陛下以孝奉母仪，太后以谦全国礼，请如太后命。"因再拜称贺。上固欲先上太后寿，既退，出墨诏付中书。又五年三月，上谓辅臣曰："知州、同判，民之表也。今审官院一以名次用人，可乎？"王曾曰："不次用人，诚足以劝群吏，然须更为选任之法乃可也。"又翰林学士兼龙图阁学士、权知开封府陈尧咨自负其能，冀速登用，颇不快于执政者，尝有谤言达于上。太后惑焉，他日以问王曾等，曾既具对，且曰："臣等职在弼谐，敢不心存公正，然谗人罔极，亦不可不察也。"太后犹未信，曾曰："是非曲直，在于听断之审，请以药物谕之，医方谓药有相使相反恶者，而甘草为国老，以其性能和众药，故汤剂中不以寒温多用之。而斑蝥有毒，若与众药同用，必致杀人。此其验也。"太后大悟。八月，以尧咨为宿州观察使、知天雄军。又六年二月，上谓辅臣曰："登州采金，岁益数千两，其官吏宜降诏褒谕。"王曾对曰："采金既多，则农民皆废业而趋利，不当更诱之。"上曰："诚如所言。"又太后欲擢太常丞、直史馆马季良为侍从，曾难之。会曾移疾，太后谕中书，令亟行除命，季良为充龙图阁待制，执政承顺且遽，故季良止以三丞充待制，盖三丞未有预内阁清职者，朝论哗然，益重曾之守正云。又初，范仲淹遭母丧，上书执政，凡万余言。王曾见而伟之，亦知仲淹乃晏殊客也。于是，殊荐人充馆职，曾谓殊曰："公实知仲淹，舍而荐此人乎？已为公置不行，宜更荐仲淹也。"殊从之。十一月，以仲淹为秘阁校理。又七年二月，户部侍郎、参知政事吕夷简以本官平章事。始，王曾荐夷简可相，久不用。张士逊将免，曾因对言："太后不相夷简，以臣度圣意，不欲其班枢密使张耆上尔。耆一赤脚健儿，岂容妨贤至此！"太后曰："吾无此意，行用之矣。"于是，卒相夷简，以代士逊。

《湘山野录》载：胡大监（名旦）丧明岁久，忽襄阳奏入。胡某欲诣阙乞见，真宗许之。既到阙，王沂公谓诸公曰："此老利吻，若获时，必妄讦时政。"因先奏曰："胡某瞽废已久，廷陛舞蹈失容，巩取笑于仗卫，乞令送中书问求见之因。"真宗令阁门传宣："送旦于中书，或有陈叙，具封章奏上。"胡知，甚憾之。至堂，方及席，沂公与诸相具诸生之礼，列拜于前。旦但长揖。方坐，沂公问曰："丈近日目疾增损为何？"胡曰："近亦稍减，见相公参政只可二三分人。"其凉德率此。再问所来之事，坚云引对。内待再传圣语，既无计，但言襄阳无书，乞赐一监。诸相曰："此必不可得。"急具札子奏，批下，奉圣旨依奏，乞见宜不允。

《宋朝事实类苑》载：明肃太后临朝，一日问宰相："福州陈绛，赃污狼藉，卿等闻否？"王沂公对曰："亦颇闻之。"太后曰："既闻而不劾，何也？"沂公曰："外方之事，须本路监司发擿。不然，台谏有言，中书方可施行。今事自中出，万一传闻不实，即所损又大也。"太后曰："速选有风力更事者，任一人为福建路转运使。"二相禀旨而退。至中书，沂公曰："陈绛，猾吏也，非王耿不足以擒之。"立命进耿。吕许公（夷简）俯首曰："王耿亦可惜也。"沂公不喻，时耿为侍御史，遂以为转运使。

《渑水燕谈录》载：王沂公当轴，以厚重镇天下，尤抑奔竞。张师德久次馆阁，博学有时望而不事造请，最为鲁简肃所知。一日，中书议除知制诰，鲁盛称张才德，沂公以未识为辞。鲁密讽张见沂公，张辞不往。鲁屡讽之，张重违鲁意，始缘职事一往，沂公辞不见，张大悔恨。他日，中书复议，鲁无以易张，曰："向已为公言之矣。"沂公曰："张公器识行义，足以为此，然尚有请谒尔。"逾年，方命掌诰。沂公之取人如此。

《补笔谈》载：有一朝士与王沂公有旧，欲得齐州，已差人，乃与庐州，不就，曰："齐州地望卑于庐州，但于私便尔。相公不使一物失所，改易前命，当亦不难。"公正色曰："不使一物失所，惟是均平。若夺一与一，此一物不失所，彼一物必失所。"其人惭沮而退。

《曹利用传》载：旧制，枢密使虽检校三司兼侍中、尚书令，犹班宰相下。乾兴中，王曾由次相为会灵观使，时重宫观使，诏利用班曾上，议者非之。未几，曾进昭文馆大学士、玉清昭应宫使，将告谢，而利用犹欲班曾上，阁门不敢裁。帝与太后坐承明殿久之，遣押班趣班，阁门惶惧莫知所出，曾抗声目吏曰："但奏宰臣王曾等告谢。"班既定，而利用怏怏不平。帝使同列慰晓之，仍诏宰臣、枢密使序班如故事。

《宋贤事汇》载：王沂公当国，一朝士与有旧，欲得齐州。公以齐州已差人，与庐州，不就，曰："齐州地望，卑于庐州，但于私便耳。相公不使一物失所，改易前命，当亦不难。"公正色曰："不使一物失所，惟是均平。若夺一与一，此一物不失所，彼一物必失所。"其人惭沮而退。

《宋贤事汇》载：王沂公当国，进退士人，莫在知者。范文正公乘间讽之，曰："明扬士类，宰相之任，公盛德独少此耳。"沂公曰："夫执政而欲使恩归之。怨将谁归？"范公服其言。

《续通鉴长编》载：天圣七年六月丁未，大雷雨，玉清昭应宫灾。曾以使领不严，累表待罪。甲寅，罢曾为吏部尚书知兖州，寻改青州。

《宋朝事实类苑》载：王文正公曾，李文定公迪，咸平、景德间，相继状元及第。其后更践政府，及罢相镇青，又为交程。故文正送文定移镇兖海诗，有"锦标得隽曾相继，金鼎调元亦荐更"之句。又云："并土儿童君再见，会稽章绶我偏荣。"盖文定再镇兖，而青社，文正乡里也。

《儒林公议》载：太后既上尊号，欲御天安殿受册，曾执不从，遂降御文德。由是大失太后意。及玉清宫宫灾，曾为宫使，乃免相，出知青州。知者谓曾之大节，邦家赖焉。

《东原录》载：沂公知大名府。一日，迎赦书，有禁军两指挥相憎嫉，一指挥在弄门关者，轮其关因击在右一指挥，中两人，皆毙。沂公密令申报，判云："令赴市曹处斩，讫奏。"于时，坐客及人多不知。至来日，其在右指挥一名诉左指挥更有他事，沂公见其有酒，即令验之，决脊配春州。已而两军方宁帖。

《续通鉴长编》载：明道元年十二月，知天雄军、天平节度使王曾加同平章事，知天雄军如故。二年十一月，徙判天雄军王曾判河南府。始，陈尧咨与曾有隙，曾实代尧咨于天雄，政有不便者，徐更之，弥缝不见其迹。

及去，尧咨复继曾后，见府署及什器皆因尧咨旧规，但完葺无所改，叹曰：
"王公宜其为宰相，我度量诚不及也！"

《沂公言行录》载：沂公留守洛师，岁歉，里有囤积者，饥民聚党胁
取。临郡以强盗论报，死者甚众。公但重笞而释之，远近闻，以为法，全
活者数千计。乃上言，国初淮浙未下之日，尝命陕雍晋绛岁漕粟以赴京师，
遂诏给陕粟二十万储廪充，而民息肩，于今赖之。又校书郎张子奭居三川
间，尝请见王沂公，延于便坐，屏左右语曰："闻尹阙令刘定基贪虐无状，
民将兴讼。"又出书一轴，悉数其罪，且曰："为吏至此，诚不足念。若举以
成狱，则平民罹其害者，不啻千人。今将先事除之，如何？"子奭对以汉薛
宣故事，公颔之。未几，檄召令至府，面诘之，仍示以乡来书轴，俾自阅
之。刘首伏不敢有隐，且求解去。翌日，以疾告自免，由是讼息而民安。

《归田录》载：王文正公曾为人方正持重，在中书最为贤相。尝语："大
臣执政不当收恩避怨。"尝谓尹师鲁曰："恩欲归己，怨使谁当？"闻者叹
服，以为名言。

《儒林公议》载：王曾仆射有台宰之量。每进擢时材，不欲人归恩在
己。初参大政，尝荐苏惟甫者可当烦使。惟甫至京师，屡造其门，不敢辄
语以私。一日，久奉朝请，资用已乏困。旬澣吉旦，诣公语余，遂及身计，
公答以他辞。惟甫退所馆，已有持敕者在门，乃新命江淮都大发运使，实
朝行之极选，乃王公日所署敕也。惟甫惭叹久之。其他事多类此。范仲淹
被遇极深，尝赞之曰："久当朝柄，未尝树私恩，此人之所难也。"公曰：
"恩若自树，怨使谁当？"识者以为明理之言。

《龙川别志》载：王沂公复入相，吕文靖专决事，不少让。二公不协，
王公复于上前求去。上问所以，乃曰："夷简事多以贿成，臣不能尽记。王
博文自陈州入知开封，所入三千缗。"上惊，复召吕公，请付有司治之。乃
付御史中丞范讽推治，尤之，乃请罪求去。盖吕公族子昌龄以不获用为怨，
时有言武臣王博古尝纳贿吕公者。昌龄误以博文告，王不审，遂奏之。上
大怒，遂以王公知郓州。吕公亦以节钺知许州。王公虽去位，天下至今以
正人许之。

《儒林公议》载：吕夷简、王曾同在相府。曾公忠守道，夷简专用小，
数笼引党类，复纵其子公绰交结人士，盛纳货赂，其门如市。曾知而恶之。

夷简权宠日盛，范仲淹辈数于上前攻其短，既而言者相继斥逐。曾寖不乐，然曾性醇厚，又不欲有欺于同列。一日，先白夷简欲面启求退，夷简答之曰便。俟旬时，作表章当与公同避贤路耳，既而夷简急拜章求罢，不复白曾，曾颇后。时上方疑曾不能容夷简。曾怒为所卖，乃密奏夷简赃私，坏公朝纲纪。上乃诘曾实状，曾素不知主名，不能对，遂两罢政柄。

《续通鉴长编》载：初，命曾以左仆射知青州，既入谢，求改郓州，乃加资政殿大学士判郓州。按：景祐五年，郓州新学碑结衔云：推诚保德，崇仁守正，协恭忠亮，翊戴功臣。资政殿大学士、开府仪同三司、尚书左仆射判郓州军州事兼管内河堤劝农司群牧使、上柱国、沂国公，食邑一万二千五百户，食实封五千五百户王曾。

《厚德录》引王子融《沂公言行录》载：沂公执政，外亲戚可任者言之于上，否则厚恤之以金帛。自奉甚薄，待客至厚，薄于滋味，无所偏嗜，庖人请命，未尝改馔。事诸父诸母尽其孝，仅葬外氏十余丧，嫁姻族孤女数人。凡四镇所至，悉兴学校，辍奉钱以助其费。青州仍出家藏书篇卷甚广，以助习读。

《东都事略》载：曾前后辅政十年，处天下事审而中体，性俭，素居，家人不见其喜愠之色。在上前，开陈处可，辩博有余，每广朝大会，盛服正色，郎谒者视，进止如有分寸。士大夫服其清修，莫敢干以私者。王称论曰："章献拥幼君、制天下，时大臣怙权，乘之以逞。曾毅然奋忠，临大节而不可夺，卒使帝室尊荣，祸乱不作。可谓社稷之臣矣。夫贤者以身为天下用，而安危系焉。曾佩安危之寄，功烈光明，何愧于古？宜仁宗之旌异"云。

《宋贤事汇》载：王沂公奉身俭约。每见家人华衣，即瞑目曰："吾家素风，一至如此。"故家人一衣稍华，不敢令公见。一日，有同年孙冲子京来辞。公留饭，安排馒头。食后，合中送数轴简纸。开看，皆是他人书简后截下纸。其俭如此。

《宋人轶事汇编》载：钱谪汉东，诸公送别至彭婆镇。钱相置酒作长短句，俾妓歌之，甚悲，钱相泣下，诸公亦泣下。王沂公代为留守，御吏如束湿，讶其多出游，责曰："公等比寇莱公如何？莱公尚坐奢纵取祸，况其下者。"希深而不下敢对。永叔取手板起立曰："以修论之，莱公之祸不在杯酒，在老不知退耳。"时沂公年已高，若为之动。

《东都事略》载：皇祐中，曾弟子融言："臣兄曾事章圣、兴诸生，不十年，总大政；其后拜玉几，下闻顾命，章献听政。臣兄确然秉正勤翊，王家大业以安。陛下幸诏词臣勒铭隧石，诚得天笔篆额，敷贲前人，死且不朽。"因以唐明皇所题裴耀卿碑额上之。仁宗乃御篆"旌贤碑"三字赐其家，其后踵为故事。

《续通鉴长编》载：皇祐二年，追封曾妻南阳县太君蔡氏为莒国夫人，继室赞皇县太君李氏为沂国夫人。

《续通鉴长编》天禧五年，以曾子奉礼郎纲为大理评事。盖曾本有子，而前卒矣。

《续通鉴长编》载：熙宁八年，开封府言："故相王曾子绎等分家财，有赐书及御集等，欲令置曾家庙，毋得借出。宜借差兵三人守视，仍于众分傚。屋钱内割留，充岁时祭享。"从之。

《续通鉴长编》载：同知礼院王皞言："谥者行之表也，善行有善谥，恶行有恶谥，盖闻谥知行，以为劝戒。六典：太常博士掌王公以下拟谥，皆堕其功德而为之褒贬。职事官三品以上，散官二品以上，佐吏录行状申考功，下太常拟谥讫，申省拟定闻奏。近日臣僚薨卒，虽官品合该拟谥，其子弟自知父祖别无善状，虑定谥之际，斥其缪戾，皆不请谥。窃以谥法自周公以来，垂为不刊之典，盖以彰善瘅恶，激浊扬清，使其身殁之后，是非较然，用为惩劝。今若任其迁避，则为恶者肆志而不悛。欲乞今后凡有臣僚薨谢，不必候本家请谥，并令有司举行。如此，则隐匿无行之人，有所沮劝。若谓须佐吏录行状申乞，方行拟谥，臣略观方册，别无明证。惟春秋卫公叔文子卒，其子戍请谥于君，曰：'日月有时，将葬矣，请所以易其名者。'臣谓春秋之时，周德下衰，于是礼坏乐缺，公叔之卒，有司不能明举旧典，故至将葬始请谥于君。且周制，太史掌小丧赐谥，小史掌卿大夫之家赐谥读诔。以此知有司之职，自当举行明矣。"又言："兄弟同朝，如遇覃恩，俱该封赠父母。除中书、枢密院外，乞许令列状陈请，仍于告身具列兄弟职位，特比常例优与推恩。"诏并从之。

云门书院记

赵秉忠

　　青州旧有凝道书院，在郡治西南，堂室严翼，桧柏环拱，每青蘋自龙鳞起，若万壑喷巨浪，题曰"书院松涛"，其创垂题咏载《郡志》。隆庆丁卯，督学者邹公善，讲明良知，羽翼圣道，设皋比函丈于此。一时贤哲师济景从，造士作人之盛，学士先生迄今数能言。万历初年，柄臣挟当轴之势，废革天下书院，所司奉行太过，遂赭其地而空之，抑何扼欤？人事自有代谢，培垒可为师保，厘旧饬新，用以观文成化，以俟后之君子。越三十年，岁在癸丑，宪使平滦高公第议复其旧。而故址茂林鞠为禾黍，经其地者，如入虚落，而闻叹息之声，何从修葺？谋于郡大夫王公家宾等，乃拓爽鸠公署，撤而新之。聚材庀工，首捐数十缗为倡。已而府若县应之，己乡荐绅应之，己乡三老子弟应之。不数月而落成，木虋黝垩，严而不华，重门缭垣，堂皇号舍皆爽垲，都雅经体面，势言言哙哙。南对云门山色，若排闼送青而至。高公颜其额曰"云门书院"，士皆欣忻道说，书院废而复兴，兴而巍焕改观，以得游其间为乐。郡大夫即修月会课，诸士鼓箧而从，倚席而谈，藏修游息，而养乐更深矣。甲寅春，郡大夫具书诏余曰：愿有述以劝多士，请从"云门"而演之。

　　海岱惟青，群山襟带。远望层峦叠𪩘，峭壁攒峰，罗拥周迴，蜿蜒迤逦，高下起伏，千态万象，奇奇怪怪，莫可名状。其最高而耸秀俨若天阙者为云门，峙吾青土国，与天地有与立焉。青人即视以为奥区，亦只游览登眺而止。宪使独表山灵，赐嘉名于书院。窃谓，大块凝厥灵秀俪美与人，绵亘千里，隆庞磐礴，有若偃而卧者，其厚重类夫人之质也；拔地插天，上极云汉，有若竦而立者，其高峻类夫人之行也；云洞天开，俊伟宏敞，望之若悬镜、若拱璧者，其光明洞达类夫人之文也。士君子必暗室屋漏，无疚无愧，以函养其厚重之质；必介特中立，无阿无倚，以砥砺其高峻之行。而后，撮邱籍之要眇，采群言之芳润，无陂无伪，出之为光明洞达之文，譬之山鳌奠穹然，廉隅崭然，峰距距然，时出肤寸之云，吐噏雷雨，以沾霖于天之下，或亦山之至文也。有如薄质，行为无奇，呫哔自夸，翩翩文藻，即卿云自命，终亦归于无文。盖不质不介，其言浮，未有能文者。裴行俭曰："士，先器识而后文艺，多士其勖诸。"矧夫厚其质以立德也，峻其行以立功也，充其文以立言也。处而私淑贤圣，鹑衣敝履，歌出金石，行而黼黻皇猷，表海殿邦，铭勒彝鼎，斯无忝于地灵，无负于诸大夫菁莪乐育之化。诗不云乎："高山仰止，多士其勖诸。"

《黄崑圃政绩碑》碑文

赵执信

　　山左^① 督学使者^② 黄崑圃先生视事^③ 三年，清惠翔洽^④，政教修明^⑤，举前政之以尤异著^⑥ 者，皆有过之无不及焉。时天子御宇^⑦ 长久，加意^⑧ 文治，慎学臣之选；而先生以高第^⑨ 盛名，周旋^⑩ 禁^⑪ 近者二十年，孚^⑫ 于帝心，用^⑬ 能奉宣德意^⑭，以大称厥^⑮ 职。既还朝有期矣，人士皇皇如失所恃，则走巡抚都御史请留焉。既为具奏请不可得，则相与树丰碑于青州之松林书院，跻^⑯ 先生于十三贤之间。于戏！其^⑰ 无愧也乎！

　　盖^⑱ 学使者之为职也，方今最难，上之委^⑲ 之也重，而下之求之也

---

① 山左：古代地理以西为右，以东为左，山左即山东。
② 督学使者：清代提督学政别称督学使者，简称督学。
③ 视事：治事，任职。
④ 清惠翔洽：清正宽厚，祥和融洽。
⑤ 政教修明：政令教化整饬清明。
⑥ 尤异：特别显扬著名。
⑦ 御宇：帝王统治天下。
⑧ 加意：注意，留意。
⑨ 高第：考试或考核官立优等。第，等级。
⑩ 周旋：应接，交际。
⑪ 禁：宫禁。
⑫ 孚：信服，信任。
⑬ 用：因为。
⑭ 奉宣德意：信奉宣扬道德义理。
⑮ 厥：代词，其，他的。
⑯ 跻：跻身。
⑰ 其：副词，表感叹语气。
⑱ 盖：发语词，可不译。
⑲ 委：托付，交付。

繁。徇① 人则必失己守②，已则固必将远于人情。且以千万士子各竞以心，各怀所欲，而以一身持其平，而厌③ 其心以塞其口，是固非徒④ 区区守一己者之所能办也。先生悠然处之，绰若⑤ 有余。于诸生两试乎定高下，毫发无所苟⑥ 。所最惬⑦ 赏者聚而饮食，教诲之于历下、于兹书院，皆能有所成就。其文义卑陋者⑧ 类⑨ 优容⑩ 之，不轻降黜⑪ 。郡县守令或以小故请褫⑫ 诸生者，一无所听⑬ 。士咸畏而爱之。先是，童子入学既有定额，其文得当者及额之半，即人心帖然⑭ ，先生必使文溢于额，无一幸获者。或有非意干请⑮ ，先生毅然持之，贲育⑯ 不可夺也。虽操弓挟矢之流，寸长薄技，皆得自通矣。胥吏⑰ 惟供奔走⑱ ，始也禁其挟⑲ 私，久则无私可挟尔。好推崇先达，表章⑳ 幽隐，于文行可宗㉑ 者，立楬守令祀之学宫，不使其子孙知。其或名实不显者，必斤斤㉒ 访察，无少瞻徇。盖先生衡鉴㉓ 精敏，或亦兼夫学力，若其皭然㉔ 不滓㉕ 之节，挺然不挠之气，乃寓于温

---

① 徇：顺从，遵从。
② 守：节操，操守。
③ 厌：通"餍"，满足。
④ 非徒：不仅仅。
⑤ 绰若：宽绰的样子。
⑥ 苟：苟且，随便。
⑦ 惬：快意，满足。
⑧ 卑陋：低下浅陋。
⑨ 类：大抵，大都。
⑩ 优容：宽容。
⑪ 降黜：降级，贬低。
⑫ 褫（chǐ）：剥去，夺。
⑬ 听：听从，接受。
⑭ 帖然：安定的样子。
⑮ 干请：求取，请求。
⑯ 贲育：战国时期的勇士孟贲和夏育。《史记》："虽自谓贲育亦不能夺之矣。"
⑰ 胥吏：官府中办文书的小吏。
⑱ 奔走：驱使，役使。
⑲ 挟：藏，怀藏。
⑳ 表章：表彰，表扬。
㉑ 宗：尊崇，敬仰。
㉒ 斤斤：明察的样子。
㉓ 衡鉴：衡器和镜子。衡可以量轻重，镜子可以照美丑，指辨别是非善恶的尺度。
㉔ 皭然：洁白、洁净。
㉕ 滓：不受污染。

厚和平之中，是殆^① 其天性固然，然以是跻十三贤之列，又何让^② 焉！

　　松林书院者，在州城内西南隅。有宋先贤王沂公于其地赋古松^③，后人因建书院，祀沂公及富文忠、范文正而下十有三君子。迄今六百年矣，而未益一贤者，非无人也，有其人而无关于斯土，或斯土有人而未尝莅政如沂公者，则不可以祀也。书院于明中叶而芜废^④，近岁修复之^⑤。修复之者，遂欲自列于诸贤之间，是殆不自知者也。不自知者，人亦不之知，若黄先生可以十有四而无愧者矣！夫无愧于往代名贤，乃可以归报圣天子，而有炜^⑥ 于国史，则其为一省一郡之所尸祝^⑦ 而勿替^⑧ 也，岂不宜哉！先生名叔琳，大兴人，辛未第三人及第，历官翰林侍读，改鸿胪少卿。

康熙岁在壬辰夏五月　　益都赵执信记并书

青郡僚属绅衿^⑨ 公立

（注解：王岩）

---

① 殆：大概。

② 让：谦让，辞让。

③ 宋先贤王沂公于其地赋古松：宋代王曾青少年时在矮松园读书，后连中三元，成为一代名相，封沂国公。曾作《矮松园赋并序》，今松林书院内有王沂公读书台遗址。

④ 书院于明中叶而芜废：明代万历八年（1580）阁臣张居正下令毁天下书院，松林书院废。

⑤ 近岁修复之：康熙三十年（1691），观察使陈斌如主持重建松林书院；康熙四十五年（1706），青州知府张连登修松林书院。

⑥ 炜（wěi）：红而有光泽。

⑦ 尸祝：立尸而祝祷，表示崇敬，此为"崇拜"义。

⑧ 替：停止。

⑨ 绅衿：绅，绅士，有官职而退居在乡者；衿，青衿，生员所服，指生员。泛指地方上体面的人。

严先生诔 ①

李文藻

　　乾隆二十三年七月 ② 日松林书院山长 ③ ，原任安邱县知县严先生以疾卒于书院之东斋，年六十几。先生讳锡授 ④ ，字艾堂，浙江余杭人，于是主讲席 ⑤ 六年矣。其生徒在书院者，敛以美椑 ⑥ ，俾 ⑦ 附于身无遗憾，各服吊，服加麻 ⑧ ，哭甚恸。既而远近僚宾来致赙 ⑨ 奠，靡有不恸。十日后，青之举贡生童，尝肄业附课 ⑩ 于书院者，咸承赴而集，自张云会 ⑪ 以下八十有 ⑫ 人，谋

---

① 诔（lěi）：古代用以表彰死者德行并致哀悼的文辞，后成为哀祭文体的一种。
② 据清光绪刻功顺堂丛书本，此处缺字。
③ 山长：即书院院长。元代书院设山长，讲学之外，并总领院务。清乾隆时改称院长，清初与清末仍名山长。
④ 据咸丰《青州府志》记载，当为"锡绥"。
⑤ 主讲席：即主持书院的主要负责人。
⑥ 敛以美椑（bì）：即把尸体敛于上好的棺木里。椑，内棺。《礼记·檀弓上》："君即位而为椑。"郑玄注："椑，谓棺亲尸者。"
⑦ 俾（bǐ）：使。
⑧ 各服吊，服加麻：各自穿上哀悼死者的衣服，或为之穿上丧服。
⑨ 赙（fù）：赠送。
⑩ 肄业：此谓修习其业。附课：附于书院听课修习学业。
⑪ 张云会：字与京，乾隆年间岁贡生。据清代学者杨滇《邑先辈纪略》记载："亲受业者有三进士、六举人，为生员食饩（公家按月供给粮食等物资）者不计其数"，"三进士：李南涧文藻、朱荆园廷基、张木斋希贤；六举人：叔祖书岩公、王周山山周、李维华也，其三则他邑来学者，忘其名氏矣"。
⑫ 据清光绪刻功顺堂丛书本，此处缺字。

于既望^① 庚子会哭匶前^②，以竭瓣香束刍之献^③，且欲排缵著行，载诸素旗，而群以其辞属^④于李文藻，文藻素受知深，不敢辞，谨捧笔而为之诔曰：

吾师得性，肇出南华^⑤，避庄而严，忌助起家，条分叶布，富春之涯猗欤^⑥！侍郎为师，高祖总督，仓场无废^⑦，不举自是而降，扬声接武^⑧，限于明府^⑨，屈于广文^⑩。曾祖与祖，志弗全伸，文章名世，政教在人，显考无年，著述则多，茂才^⑪中殒，留憾巍科^⑫。师每及之，涕泗^⑬滂沱。维师之生，秀眉湛睩^⑭。未及龆龀^⑮，受书家塾，春葩吐芬，凤毛骥足，甫游黉序，未冠而孤，哀哀茕立，髓泪骈枯，双鹤助哭，集于倚庐。吴越之俗，殡而不葬，师曰忍乎？撰日营圹，一抔土干，信吾所向，壮登贤书，计偕于京，骅骝驰路，雕鹗掔空，三年教习，于咸安宫。教洎天潢，荣邀墨绶，邑号难治，苗遮于莠，师实薅之，爬痒栉垢，师始莅邑。水旱根连，民有

---

① 既望：夏历每月十五日为望，十六日为既望。如苏轼《前赤壁赋》："壬戌之秋，七月既望，苏子与客泛舟游于赤壁之下。"
② 匶："柩"的古字。已盛尸体的棺材。《释名·释丧制》："尸已在棺曰柩。"
③ 以竭瓣香束刍之献：束刍，吊丧的礼物。刍，青草。《诗·小雅·白驹》："生刍一束，其人如玉。"《后汉书·徐稚传》："林宗（郭泰）有母忧，稚往吊之，置生刍一束于庐前而去。"后世因称吊丧礼物为生刍，亦为束刍。
④ 属：通"嘱"，嘱托。
⑤ 南华："南华真人"的简称，即庄子。
⑥ 富春，水名。浙江在富阳、桐庐县境内的一段称富春江，是著名的风景区。猗欤，叹词。表示赞美。《诗·周颂·潜》："猗与漆沮，潜有多鱼。"郑玄笺："猗与，叹美之言也。"
⑦ 仓场：官方收纳粮食或其他物资的场所。清置仓场衙门，以户部侍郎主之，掌京仓（京城内外粮仓）、通仓（通州粮仓）的政令。
⑧ 扬声：为丧家助哀。唐李匡文《资暇集》卷下："丧筵之室，俾妓婢唱悲切声，以助主人之哀者，谓之扬声。"不知起自何代。接武：步履相接，前后相接。
⑨ 明府：汉代对郡守的尊称，即"明府君"的省称。唐以后则多用以称县令。
⑩ 广文："广文先生"的简称。泛指清苦闲散的儒学教官。
⑪ 茂才：即秀才，汉代推举人才的科目之一。明清时期科举考试中的秀才有时也沿用此名。此指优秀人才。
⑫ 巍科：魏科，犹言高第。谓科举考试名在前列。《宋史·蒋重珍传论》："蒋重珍自擢魏科，既居盛名之下，而能树立于当世，可谓难矣。"
⑬ 涕泗：眼泪与鼻涕，形容悲痛之至。
⑭ 秀眉湛睩：秀眉，清秀的眼眉。《后汉书·郑玄传》："秀眉明目，容仪温伟。"湛睩，清澈明亮。
⑮ 龆龀：龆与龀，皆指儿童换牙。因以指童年。

菜色，师为泫然^①，绘图上告，蠲^②其税钱，民获苏醒，始甘寝食。劝学重儒，祛华崇实，三稔政成，拂衣一昔，雉驯^③在野，鱼悬于堂^④，循吏着绩，史乘应详，藻姑略焉，述藻所伤。沂公书屋，号曰松林，皋比教授，每难其人。前观察使，知师实深，谋于太守，赍质相迎。师以道尊，负笈者众^⑤，鹿洞鹅湖^⑥，后先辉映。吾师之学，腹笥郁盘^⑦，发摘秘要，补缀缺残，非圣之书，摈而不观。吾师之文，伐毛洗髓^⑧，屏去繁芜，诗书表里，小技雕虫，概置不齿。其接多士，曾无厉色，朴茂温存，缠绵悱恻，终日退然，若不胜力，雯日之光，春风之和，庶几遐年，愈久不磨，胡天不吊，钟以百疴。于虖哀哉^⑨！藻前一日，问师于床，执师之手，聆言琅琅，谁期信宿^⑩，溘然帝乡^⑪。于虖哀哉！巨篸^⑫东流，云门^⑬南峙，山水茫茫，非师故里^⑭，以师之好德，而竟至此。于虖哀哉！谁视含敛，实惟门生。谁奉几杖，老仆零丁，所不见者，藐孤八龄。于虖哀哉！真返天上，招魂人间，德词汇德，泪驶如泉，伏愿灵槎，早归径山。于虖哀哉！

此篇以《功顺堂丛书·南涧文集》为底本，以《李文藻四种·南涧文集》为参校本。

（注解：王岩）

---

① 泫然：流泪的样子。
② 蠲：减免。
③ 雉驯：谓地方官施行仁政，泽及禽鸟。
④ 悬鱼：《后汉书·羊续传》："府丞尝献其生鱼，续受而悬于庭；丞后又进之，续乃出前所悬者以杜其意。"后以"悬鱼"指为官清廉。
⑤ 负笈者众：笈，书箱。谓背着书箱来求学的人很多。
⑥ 鹿洞：指白鹿洞书院。鹅湖：山名，亦为书院名。江西省铅山县北荷湖山，有湖，多生荷。晋末有龚氏者，畜鹅于此，因名鹅湖山。宋淳熙二年（1175）朱熹与吕祖谦、陆九渊兄弟讲学鹅湖寺，后人立为四贤堂。淳祐中赐额"文宗书院"，明正德中徙于山巅，改名"鹅湖书院"。
⑦ 腹笥：语出《后汉书·边韶传》："边为姓，孝为字，腹便便，五经笥。"笥，书箱。后因称腹中所记之书籍和所有的学问为"腹笥"。
⑧ 伐毛洗髓：比喻剔除芜杂无用之物。
⑨ 于虖哀哉：感叹语气词。
⑩ 信宿：指连宿两夜。引申指两三日。《水经注·江水二》："流连信宿，不觉忘返。"
⑪ 溘然：忽然。帝乡：神话中天帝住的地方，借指人死后之所。"溘然帝乡"指忽然去世。
⑫ 巨篸：据元代于钦《齐乘》，"巨篸"即青州城东的弥河。
⑬ 云门：指青州城南云门山。
⑭ 非师故里：因严锡绶为浙江余杭人，青州非其故里，故有此说。

青州太守裴公遗爱碑记 ①

李文藻

乾隆二十二年十月十一日，河东裴公以天子之命去守济南，青之人攀辕泣下，为醵钱 ② 树碑北郭外，题曰"清正仁明"。于是公去青六年矣。公去且逾月，其受教诸生思公不能已，乃谋所以不朽者，即松林书院而立石焉。按：书院在宋时为王沂公矮松园，明成化年间太守李公始益种松，辟为教育人材地，其后兴废不常，详载观察陈公 ③ 碑记。

陈公修筑在康熙辛未岁，迄今皇帝已近六十年，始遇观察沈公、前太守王公、董公，重剪榛莽 ④ ，而拔十一县士，诵读其中。又言于上官鬻郡学旷田若干，须以其金隶书院，营什一之利，用充山长修脯及生等膏火之赀 ⑤ ，于是书院规模略定，而成立者实公也。公治绩不可缕指数，生等立石

---

① 此碑原在松林书院，现已无存，仅在《南涧遗文》中见此碑文。裴公：即裴宗锡，据光绪《益都县图志》记载，裴宗锡为山西曲沃人。由济南府同知擢知青州，为政持大体，不以苛察为，明正身率，属人莫敢欺。尤好接引文士，延安邱进士严锡绶主讲松林书院，凡遇课期必亲临扃试，一时肄业诸生常数十百人。数年之间，登贤书、贡成均者十余人。二十二年调济南，青人攀辕遮留。立碑于北郭，曰"清正仁明"。诸生复于松林书院为立"去思碑"。后官至云南巡抚。
② 醵（jù）钱：凑钱。
③ 陈公：即陈斌如，陕西华州人，贡生，清康熙二十八年（1689），以山东按察司金事出为青州兵备道，重修松林书院，康熙辛未岁（即康熙三十年，1691），书院重修竣工。
④ 重剪榛莽：榛莽，杂乱丛生的草木。即重新整理杂乱的草木。
⑤ 山长修脯及生等膏火之赀：山长，此即书院院长。元代书院设山长，讲学之外，并总领院务。清乾隆时改称院长，清初与清末仍名山长。修脯，修和脯，皆干肉。后世借用为老师的薪水。膏火，指供给学生的津贴。清吴荣光《吾学录初编·学校门》："诸生中贫乏无力者，酌给薪水，各省由府州县董理酌给膏火。"

书院，具道圣朝重右文^①，合述其惠。在书院者，月必课艺^②，至期虽大风雨，必躬临命题，亦以义法^③，孳孳^④无倦色。馈具丰腴^⑤，驱使多胥役，而以学师监焉。评骘^⑥毕，分别甲乙，各予楮毫^⑦。月四课，其三山长主之，故生等自是皆自自励。于公为郡数年之间，肄业^⑧百余人，之诸生领乡荐者二，中乙榜者一，贡成均者一，食饩^⑨者十，童子补国子生者四人，郡邑学者△十有△。嘻！其非我公作人之效欤！

先是无锡陈先生、仁和成先生，相继为山长。公至，以严先生^⑩，曾宰安邱，甚有声，延主讲席。先生体公意，善诱特至。文翁为汉循吏，史传但称其兴学一节，如公者，岂有愧于古人欤？抑公教生等，必先德行，而后文艺，尝曰："王沂公乡贡，礼部廷对皆第一，亦不足传，其志不在温饱处^⑪，可法也。"夫青州为齐鲁经术礼仪之乡，至于唐宋元明代，有著者益。得公之教，生等咸以笃实相勉，浮薄相戒，务为有本之学，而不亟亟于科目^⑫，则所以望生等，与生等之所以副公望者，方未有艾也^⑬，而公则去矣。公去前数日，单骑至院，与严先生剧谈^⑭松树下，犹为生等手画筑屋

---

① 重右文：崇尚文治。《宋史·选举志三·学校试》："国家恢儒右文，京师郡县皆有学。"

② 课艺：课，考查，考核。凡定有程序而试验稽核，均曰课。课艺即考查诸生学艺情况。

③ 义法：义理法则。后亦指桐城派古文家，亦以称著文应遵循的准则。清方苞《又书〈货殖传〉后》："《春秋》之制义法，自太史公发之，而后之深于文者亦具具焉。"

④ 孳孳：通"孜孜"，勤勉努力。

⑤ 丰腴：丰厚，丰富。

⑥ 评骘（zhì）：评定。

⑦ 各予楮毫：楮毫，纸与笔。因楮皮可造纸，故用为纸的别称。

⑧ 肄业：修习学业。

⑨ 食饩：公家按月供给粮食等物资。

⑩ 严先生：指严锡绥。详见李文藻《严先生诔》。

⑪ 其志不在温饱处：宋代名相王曾青少年时就读于青州矮松园，后来参加州试、省试、殿试，连考三个第一，一举夺得解元、会元、状元，即"连中三元"。王曾中状元后，翰林学士刘子仪跟他开玩笑说："状元试三场，一生吃着不尽。"王曾正色作答："平生之志，不在温饱！"体现出王曾宠辱不惊的平和心态和志存高远的宽广胸怀。

⑫ 不亟亟于科目：不在科举之路上急切追求。"亟亟"即"汲汲"，急切追求的样子。科目，分科取士的项目。唐制，取士之科，有秀才，有明经，有进士，有俊士，有明法，有明字，有明算等。又有大经小经之目，故称科目。明清虽仅有一科，仍沿用科目。

⑬ 方未有艾：即方兴未艾。正在发展，没有终止。

⑭ 剧谈：流畅的谈吐。后来用作畅谈的意思。《汉书·扬雄传》："口吃不能剧谈，默而好深湛之思。"

地，徘徊不忍别。是公虽去，又有惓惓^①于此者，则生等衔^②恩刻骨，世世奉之者，当何如哉！公名宗锡，字默堂，号午桥，江西巡抚都察院左都御史。乾隆二十有二年李文藻记。

此篇以《南涧遗文》为底本。

（注解：王岩）

---

① 惓惓（quǎn quǎn）：同"拳拳"，诚恳，深切之意。《论衡·明雩（yú）》："区区惓惓，冀见答享。"
② 衔：心中怀着。

李南涧墓志铭

钱大昕 [①]

己卯之秋 [②]，予奉命主山东乡试，得益都李子南涧，天下才也。填榜日，按察沈公廷芳在座，起揖贺予得人。越三日，南涧投刺请见 [③]，与语竟日，所见益奇于所闻。南涧与人交有终始，虽交满天下，独喜就予。在京都日，相过从，其归里也，每越月逾时，手书必至，得古书碑刻，或访一奇士，必以告，及出宰剧县 [④]，在七千里之外，奔走瘴疠 [⑤]，簿书填委 [⑥]，而书问未尝辍，覼缕千百言 [⑦]，从不假手幕客。予尝梦游南涧官斋，觉而书

① 墓志铭：埋在墓中的志墓文。用正方两石相合，一刻志铭、一题死者姓氏、籍贯、官爵，平放在棺前。《李文藻四种》卷四《南涧先生易篑记》（李文藻病重时口授，其外甥蒋器记）乾隆四十三年（1778）七月一日记："行述、行状不必作，专差一人至钱老师（指钱大昕——注者）家求一墓志，即用我自作年谱，呈送作底稿。"墓志铭的石刻，现保存在青州市博物馆。作者钱大昕（1728~1804），字晓征，一字辛楣，号竹汀，江苏嘉定人，历任翰林院侍讲学士、詹事府少詹事、提督广东学政。乾隆四十年（1775），居丧归里，引疾不仕。嘉庆初，仁宗亲政，廷臣致书劝出，皆婉言报谢。归田30年，潜心著述课徒，晚年自称潜研老人。曾与纪昀并称"南钱北纪"。一生著述甚富，后世辑为《潜研堂丛书》刊行。
② 己卯：清乾隆二十四年（1759）。
③ 投刺：递名帖求见。刺，名帖。
④ 宰剧县：主宰政务繁重的县分。指在广东恩平、新安和潮阳任知县。
⑤ 瘴疠：山林温热地区流行的恶性疟疾等传染病。
⑥ 簿书填委：官署文书堆积。
⑦ 覼（luó）缕：谓委曲详尽而有条理，多指语言。

至，意甚异之，殆所谓同气相求者^①。去岁，南涧自粤西贻予书^②，言生痈于尻，甚剧，自后久不得音问，又数感恶梦。今冬，其弟文涛使来告曰^③："吾兄以去年八月四日，病痈终于官舍，遗命不作行状^④，以自编《年谱》乞先生铭其墓。"呜呼！南涧果死矣，世岂复有此才哉！

南涧讳文藻，字素伯，一字茝畹，晚又号南涧。先世自枣强迁益都之春牛街。祖元盛，父远，皆以南涧贵，赠如其官。南涧天资俊朗^⑤，年十三，从父游曹家亭子，作一记仿《赤壁赋》^⑥，已有思致^⑦。十五学为诗。二十一补县学生。好博览今古，不为世俗之学，所至必交其贤豪长者。既以第二人举乡荐，明年，会试中式，又明年，成进士，廷对策博赡^⑧，为进士最，以补试例不与进呈之列，然读卷官交口叹赏无异词。久之，谒选得广东恩平县知县，到任后，奉檄署新安县^⑨，又奏调潮阳县知县，以海疆三年俸满，保荐擢广西桂林府同知，未及一年而没。其居官以清白强干称。岭南俗多窃牛，牛皮色相似，虽获盗，多不承，有司无如之何^⑩。南涧始至，令有牛之家，各于牛角印烙私记，凡赴墟卖牛者^⑪，牙侩以印烙登簿^⑫，以印付买主，如告失牛，先以印呈官，官遣役持印验墟薄，无得隐

---

① 同气相求：同气，同类。原谓具有相同性质的事物互相感应，后比喻志趣相投的人自然结合在一起。
② 粤西：广东省西部地区。粤、广东省简称。贻，致送。
③ 文涛：李文藻的大弟，字仲平，有诗名。
④ 行状：原指人的品行或事迹。后多用为文体名，亦称"状""行述"，是记述死者世系、籍贯、生卒年月和生平概略的文章。
⑤ 天资俊朗：天赋的才智出众。天资，天赋的才能，天然的品质。俊朗，才智出众。
⑥ 《赤壁赋》：指宋苏轼的《赤壁赋》。
⑦ 思致：思想意趣。
⑧ 廷对策博赡：李文藻在乾隆二十五年（1760）会试中中试。《李文藻四种》卷二录其两篇对策：一篇题为《策问》的对策后面附有考官们的批语曰："征引该洽——大主考钱批。洞悉源流——大主考叶批。于汉魏以来诗人，标举眉目，品骘处亦复荟萃众家，知其汲古深矣——本房加批。"在另一篇题为《第三问》的对策后面，附有考官们的批语："体大思深——大主考钱批。考据明治——大主考叶批。知古知今斯为经世之学——本房加批。"
⑨ 奉檄：恭敬地捧着官府谒选任命的文书。
⑩ 有司：官吏。古代设官分职，各有专司，故称有司。
⑪ 墟：亦作"圩"。我国岭南某些地区农村定期集市的称俗。
⑫ 牙侩：旧时集市贸易中以介绍买卖为业的人。

者。大府善其法^①，下所部行之。阳江民刘维邦^②，以母病延道士作法^③，借邻人刀十柄，缚梯上以驱祟，吏索钱不遂，取刀送县，诬以不轨。南涧奉檄往勘，廉得其实，白于上官，释之。未几，阳江令以它事被劾，衔南涧甚，遣亲信仆潜至恩平，欲探阴事中伤之，居两月，无所得，乃已。潮阳民好械斗，往往杀伤多人，南涧至则悬钲于堂上，有将斗者，令地保驰入城，击钲以告，立往拘治，众则散矣，自是械斗稍息。县故有东山书院，延进士郑安道为师^④，购经、史、子、集数十种，以教学者。潮阳与海阳、揭阳^⑤，俗称"三阳"，仕其地者多致富，南涧去官之日，囊橐萧然。还至番禺^⑥，命工摹光孝寺贯休画罗汉四轴以归^⑦，曰："此吾广南宦橐也。"

性好聚书，每入肆见异书，辄典衣取债致之，又从友朋借抄，藏弄数万卷^⑧，皆手自仇校^⑨，无挽近俚俗之本^⑩。于金石刻搜罗尤富，所过学宫寺观，岩洞、崖壁，必停骖周览。有仆刘福者，善椎拓，携纸墨以从，有所得，则尽拓之。尝乘舟出迎总督，小憩南海庙，命仆拓碑，秉烛竟夜，比晓，问总督舟，已过矣。其诗古文皆自摅所见^⑪，不傍人门户，视近代模拟肤浅以为大家，蔑如也。然口不道前辈之短，以为非盛德事。过岭后，治公事日不暇给^⑫，而诗益工，邮亭僧院，信笔留题，虽舆隶皆知

---

① 大府：高级官府。
② 阳江：县名。在广东省西南部沿海，漠阳江下游。
③ 延，聘请，作法，法，犹法术，方术。作法，指旧时方士、术士们施行用以迷惑人的那些神秘手法。
④ 郑安道：清广东省潮阳进士。李文藻称他为"粹然儒者"（见《李文藻四种》卷四《南涧先生易簪记》乾隆四十三年（1778）七月一日）。
⑤ 海阳、揭阳：海阳，即今广东省潮州市；揭阳，即今广东省揭阳市。连同潮阳，清俱属潮州府。
⑥ 番禺：即今广东省花县。
⑦ 光孝寺：在广东省广州市内。原系东晋隆安五年（401）所建王园寺，宋绍兴二十一年（1151）改光孝寺。寺内建筑为珍贵艺术遗产，为全国重点文物保护单位。贯休，五代前蜀画家、诗人。僧。本姓姜，字德隐，婺州兰溪（今属浙江）人。能诗，部分作品能反映当时社会现实。工画，所作水墨罗汉及释迦弟子诸相，称为"梵像"。存世《十六罗汉图》相传是他的作品。有《禅月集》。
⑧ 弄（jǔ）：收藏。
⑨ 仇校：校对文字。
⑩ 挽近：犹言近世、近代。
⑪ 摅（shū）：抒发。
⑫ 日不暇给：暇，空闲。给，足。谓事务繁忙，时间不够用。

为才子也①。生平乐道人之善，乡先正诗文可传者②，必撰次表章之。元和惠定宇③、婺源江慎修④，皆素未相识，访其遗书刊行之。德州梁鸿翥⑤，穷老而笃学，月必诵《九经》一过，乡里咸目为痴，南涧一见奇之，为之延誉，遂知名于世。其在岭表，士子以文就质无虚日，独称钦州冯敏昌⑥、顺德胡亦常、张锦芳⑦，作《岭南三子歌》⑧，其奖借后进，诚有味乎言之也。

予尝戏论南涧有三反：长身多髯，赳赳如千夫长，而胸有万卷书，一也；生长于北海，官于南海，二也；湛思著书，欲以文学显，而世称其政事，三也。嗟乎！以南涧居家之孝友，当官之廉干，与友之诚信，固已加人一等，乃其所笃嗜者，文章也。文人之病，恒在骄与吝，而南涧独否，使其得志，必能使古之文士有以永其传，今之文士不致失其所，而竟不遂，此吾所以为斯世惜也。悲夫，悲夫！南涧娶邢氏，先卒。继室周氏，生子三人：章鄄、章棉、章姚，俱幼。女子三人。

铭曰：伟哉李生，文中之雄兮。四部七略⑨，罗心胸兮。名登甲科⑩，官至五品，不为不庸兮。胡为不与石渠兰台之选⑪，以昌其文，乃以能吏终

---

① 舆隶：赶车的差役。
② 先正：指前代贤人。
③ 惠定宇：清代经学家。详见李文藻《岭南诗集》《潮阳集》卷二《惠定宇〈九经古义〉刻成，寄示周书昌二十韵》诗注①。
④ 江慎修：江西婺源人。
⑤ 梁鸿翥：见李文藻《岭南诗集》《潮阳集》卷二《寄周书昌》诗注⑥。
⑥ 冯敏昌：清广西钦州人。字伯求，号鱼山。乾隆进士，由庶吉士改户部主事。遍游五岳，工诗。有《罗浮草堂集》
⑦ 胡亦常、张锦芳：见李文藻《岭南诗集》《潮阳集》卷三《赠苏梧冈朝阳》诗注④。他二人与冯敏昌合称"岭南三子"。
⑧ 《岭南三子歌》：李文藻《岭南诗集》《潮阳集》卷一中有《〈岭南三子诗〉示胡生亦常》诗。可能《岭南三子歌》即指《岭南三子诗》。
⑨ 四部七略：四部，群书的通称，七略，汉刘歆撰。我国最早的图书目录分类著作。七略包括《辑略》《六艺略》《诸子略》《诗赋略》《兵书略》《术数略》《方技略》。
⑩ 甲科：明清称进士为甲科。
⑪ 石渠兰台：石渠，犹石渠阁。汉宫中藏书之处。汉初萧何曾以藏入关所得秦之图籍。至成帝时，又于此藏秘书。宣帝甘露三年（前51）与诸儒韦玄成、梁丘贺等讲论于石渠。兰台，本为汉代宫廷藏书处，设御史中丞掌管，后置兰台令史，掌书奏；又因班固曾任兰台令史，故后世也称史官为兰台。唐高宗时曾改秘书省为兰台，故唐人诗文中常称秘书省为兰台或兰省。

兮！昔裴几原自占死期不过戊戌岁①，任彦升常恐不过五十，果四十九而云逝②。嗟哉李生，年寿适与同兮。恒干不可留③，修名永无穷兮④；广固之里⑤，宰木翳如⑥，千秋万岁，过者下马曰，才子之幽宫兮⑦！

钱大昕《潜研堂文集》卷四十三

（注解：栾绪夫）

---

① 裴几原：南朝梁昭明子。名子野，字几原，曾为著作郎等官。
② 任彦升（460~508）：南朝梁文学家，名任昉，字彦升，乐安博昌（今山东寿光）人。仕南朝宋、齐、梁三代，梁时任义兴太守等职。以表、奏、书、启诸体散文擅名。明人辑有《任彦升集》。
③ 恒干：指人的躯体。恒，常。干，体。
④ 修名：盛美的名声。
⑤ 广固：古城名。故址在今山东青州市西北。十六国时汉青州刺史筑城于尧山南，因有大涧甚广，易于防守，故名，为青州治所。南燕慕容德建都于此。东晋义熙五年（409）刘裕克广固，城毁。
⑥ 宰木：坟墓上的树木。翳如：障蔽，谓树木茂盛。
⑦ 幽宫：墓室。

编后记

　　书院是中国古代特有的一种文化教育组织形式，在培养人才、教化人生、传承文化、学术研究等方面曾经发挥过重大作用。同样，青州松林书院不仅有 1000 余年的悠久历史，而且办学数度辉煌，并一脉相承、发展为现在的山东省青州第一中学。

　　"松林书院是书院文化的青州活化石"（杨玉圣教授语）。深厚的书院文化成为古青州文脉源远流长的活水之源、文化之本，影响久远。2012 年，青州一中松林书院文化研究中心、青州市松林书院文化研究会相继成立，并成功举办了第一届"松林书院文化论坛"，这对于研究松林书院文化、挖掘青州丰厚的文化底蕴、打造"文化青州"这一特色品牌具有重要的意义。

　　为此，我们编辑了《松林书院及其文化传承》一书。本书选取有关松林书院文化研究的相关文章，分上、下两编。上编基本属于松林书院的综合性研究，下编是有关松林书院十三贤祠、乡贤祠和书院名人的文章。需要说明的是，"青州十三贤"中寇准、范仲淹、富弼、欧阳修等名宦形象早已深入人心，因篇幅所限，有关文章不再收入，仅保留赵抃一人；三元宰相王曾既属于十三贤，又属于乡贤，更是松林书院的历史名人，故录其相关研究文章及史料多篇；此外还涉及有关乡贤及书院改制后的名人包天笑、顾随等的研究文章。附录为松林书院有关文献资料。

　　在本书编写过程中，青州市委市政府、青州市教育局、青州一中、青州市博物馆、青州市档案局、青州市图书馆等单位给予了大力支持，并得到了赵习功、张国钟、栾华、夏爱民、刘方田、徐清华、郭伟红、闫玉新、汲鹏等学者同仁的无私帮助，特别是得到了隋同文、傅有德、李森、王瑞霞、阎星年、崔永胜、房重阳、有令衡、房永江、闫金亮等领导和专家的悉心指导。在此，我们一并表示衷心的感谢！

2013年11月，青州市获国务院批复，评定为国家历史文化名城。作为青州历史文化的一部分，松林书院文化蕴含丰厚，而本书所辑文章仅能展现书院文化瀚海之一滴。在编写过程中，因经验欠缺，水平所限，粗疏谬误之处在所难免，恳请各位专家学者以及广大读者不吝赐教！

编　者

2014年6月

《青州文库》

青州研究院　筹办

杨玉圣　崔照忠　主编

《松林书院及其文化传承》（夏永军、王岩　主编）

《新城镇化建设之路——青州模式研究》（崔照忠　著）

《从千年书院到现代名校——青州一中史》（夏永军、杨玉圣　主编）

《赵秉忠状元卷文献汇编》（崔照忠　主编）

《龙兴寺文化研究》（杨玉圣　主编）

《青州发展模式研究》（李安增、杨玉圣　主编）

《青州诗文选》（杨玉圣、李传桐　主编）

《青州是个好地方》（杨玉圣　著）

《青州杨氏族谱》（杨玉圣、杨云生　主编）

《学术共同体文库》

中国政法大学县域法治中心　主办

杨玉圣　主编

《依法治国与县域法治》（李树忠、尹洪阳、王树国　主编）

《小区善治研究》（杨玉圣　著）

《社会性别与生态文明》（胡玉坤　著）

《文化的薪火》（沈登苗　著）

《读书的学问——任东来教授书评集》（吴耘、杨玉圣、胡晓进　编）

《有厚度的学术人生——任东来教授追思集》（李剑鸣、杨玉圣、胡晓进　编）

《美利坚史论》（满运龙著）

《批评家的学问人生——伍铁平教授追思集》（杨玉圣、王庆　主编）

《宪治论》（李树忠　著）

《文明危机论》（朱光烈　著）

《文与学的裂变和整合》（吴励生　著）

《士大夫与中国法律传统》（陈景良　著）

《人口、健康与发展》（胡玉坤　著）

《学术期刊与学术评价》（仲伟民　主编）

《刘绪贻教授论文选》（杨玉圣　编）

《文颖文存》（杨玉圣　编）

《一元多线历史发展观——罗荣渠教授史学论集》（杨玉圣　编）

《中国大转型语境中的史学变迁》（王学典　著）

《法学论衡》（孙新强　著）

《大学新理念》（刘道玉　著）

《法治的英国经验》（程汉大　著）

《大学治理新论》（杨玉圣、马小泉　主编）

《县域法治与县域善治》（李树忠 等　主编）

《法外逍遥》（杨玉圣　著）

《美国政治与法律文库》

中国政法大学美国政治与法律研究中心　主办

满运龙　杨玉圣　主编

《美利坚政制之渊》（满运龙　著）

《美国革命起源的宪制观》（Jack P.Greene 著，满运龙、杨玉圣　译）

《人人生而平等——格林教授论文集》（满运龙、杨玉圣　编）

《美利坚共和国》（James Bryce 著，杨玉圣 等　译）

《追求幸福》（Jack P.Greene 著，杨玉圣　译、满运龙　校）

图书在版编目（CIP）数据

松林书院及其文化传承/夏永军，王岩主编.—北京：社会
科学文献出版社，2015.1
（青州文库）
ISBN 978-7-5097-6696-5

Ⅰ.①松…　Ⅱ.①夏…　②王…　Ⅲ.①书院－介绍－
青州市　Ⅳ.① G649.299.524

中国版本图书馆 CIP 数据核字（2014）第 247786 号

·青州文库·

松林书院及其文化传承

主　　编 / 夏永军　王　岩

出 版 人 / 谢寿光
项目统筹 / 张晓莉　张倩郢
责任编辑 / 张倩郢

出　　版 / 社会科学文献出版社·人文分社（010）59367215
　　　　　　地址：北京市北三环中路甲29号院华龙大厦　邮编：100029
　　　　　　网址：www.ssap.com.cn
发　　行 / 市场营销中心（010）59367081　59367090
　　　　　　读者服务中心（010）59367028
印　　装 / 三河市东方印刷有限公司

规　　格 / 开　本：787mm×1092mm 1/16
　　　　　　印　张：24.5　插　页：0.5　字　数：388千字
版　　次 / 2015年1月第1版　2015年1月第1次印刷
书　　号 / ISBN 978-7-5097-6696-5
定　　价 / 139.00元